ウォルト・ディズニー

創造と冒険の生涯

完全復刻版

ボブ・トマス
玉置 悦子／能登路 雅子 訳

講談社

ウォルト・ディズニーと妹ルース(1913 年)。

父イライアス・ディズニーと母フロー
（1913 年、カンザスシティ）。

カンザスシティにて
十代のウォルト。

シカゴ、マッキンリー高校時代に校内誌『声』に描いた漫画。

フランスで、赤十字のアメリカ救急部隊の運転手をしていたころ（1919 年）。

漫画家ウォルト・ディズニーの絵入りレターヘッド。

ラフォグラム社内風景(1922 年)。

ラフォグラム社の仲間とともに(ウォルトは後部座席、1922 年)。

カメラをのぞくウォルト
(1923 年、ハリウッド)。

《アリスコメディー》の主役マージー・ゲイを囲んで。
左からハム・ハミルトン、ロイ・ディズニー、ヒュー・ハーマン、ウォルト・ディズニー、ルディ・アイジング、アブ・アイワークス、ウォーカー・ハーマン(1926年)。

ミッキーマウスを描く
アブ・アイワークス(1929年)。

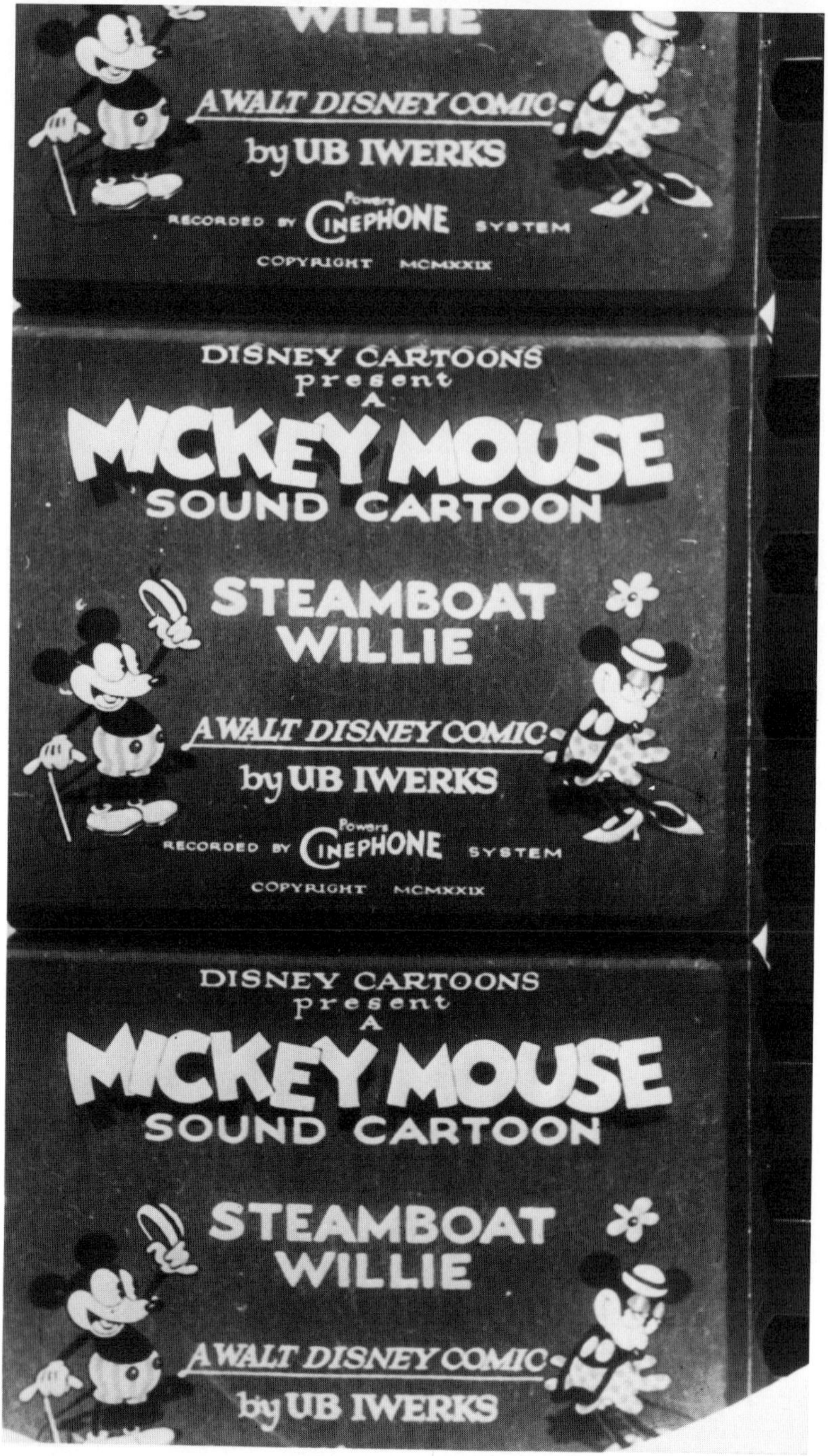

『蒸気船ウィリー』(1928 年)のタイトル部分のフィルム。

ハイペリオンのスタジオ前でミッキーとウォルト（1931 年）。

ミッキーマウス商品は爆発的な人気をよんだ（1931 年）。

1932年、ミッキーマウスを生みだしたことにたいして、アカデミー特別賞が贈られた。オスカーを前にウォルト(左)、ロイ、そしてミッキー。

ハイペリオンのスタジオのオフィスにて(壁にミッキーのシルエットがみえる)。

ポロを通じて、ウォルトは、ハリウッドのさまざまな映画人と親交を深めた
（左は俳優のレスリー・ハワード）。

スタッフとのミーティングで。

両親の金婚式を祝って集うディズニー家の兄弟たち。
前列左から長男ハーバート、母フローラ、父イライアス、四男ウォルト、
後列左から次男レイモンド、三男ロイ（1938 年）。

1939 年 2 月 23 日、『白雪姫と七人のこびと』にアカデミー特別賞が贈られた。
シャーリー・テンプルからオスカーを受けるウォルト。

『ファンタジア』のための模型とともに。
左から、振り付け師ジョージ・バランシーン、
作曲家イゴール・ストラビンスキー、
ウォルト・ディズニー(1939年12月)。

『バンビ』の制作にあたって、鹿をデッサンするディズニー美術教室のアーティスト。

ウォルトを悩ませたバーバンクのスタジオでのストライキ(1941 年)。

南米旅行のスナップ(1941 年)。

『空軍力の勝利』のストーリーボードを検討するセバースキー少佐とウォルト(1942 年 7 月)。

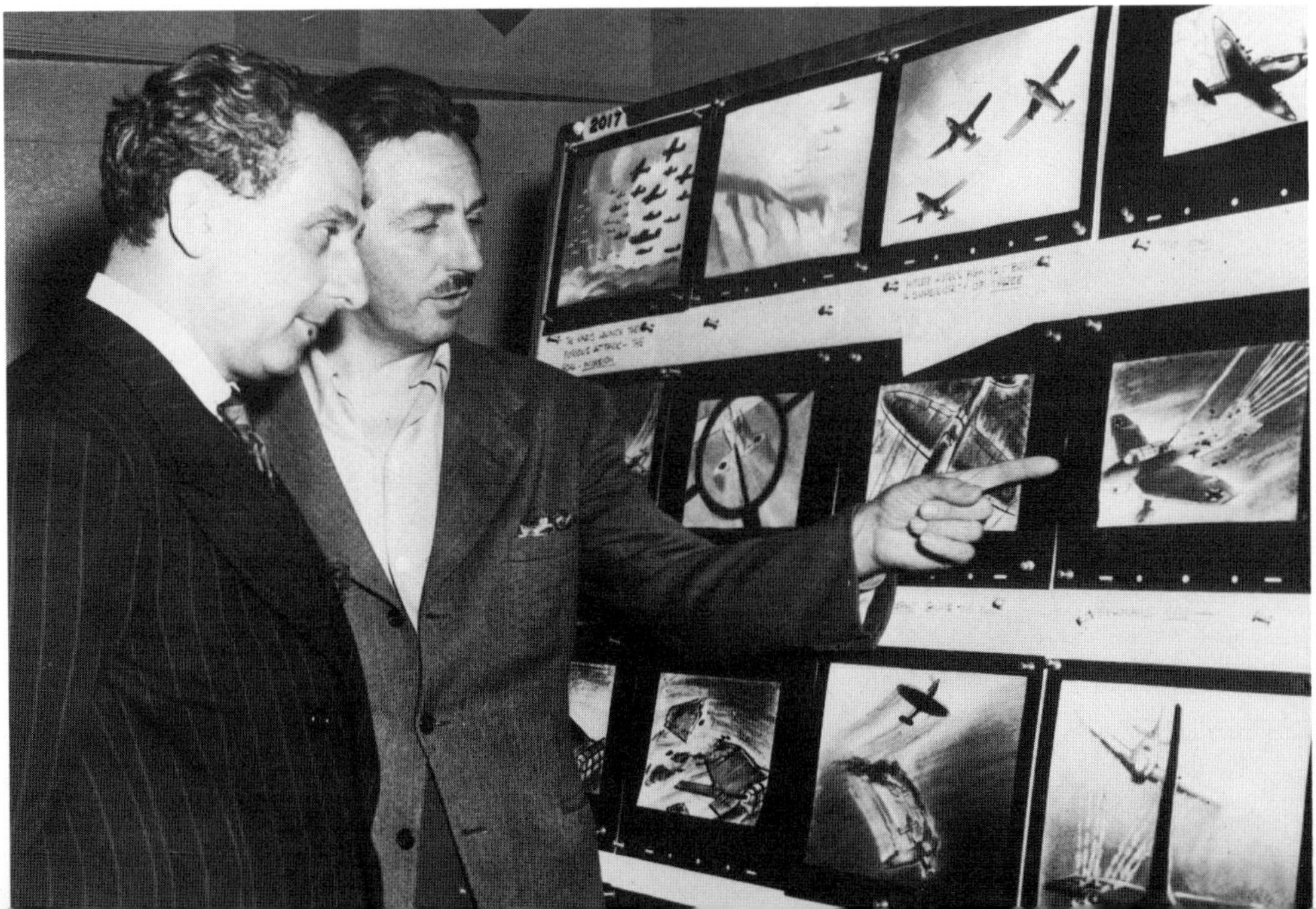

ウォルトと長女ダイアン。

イギリスに向かう船上でのディズニー一家。
左から次女シャロン、妻リリー、長女ダイアン、ウォルト（1949 年）。

スタジオでキャロルウッド・パシフィック鉄道を試運転するウォルト。

イギリスで撮影された『宝島』のセットで、主演のロバート・ニュートンと語る。

1954年のアカデミー賞授賞式で。

1954年、花嫁ダイアンを教会へエスコートするウォルト(後方にシャロン)。

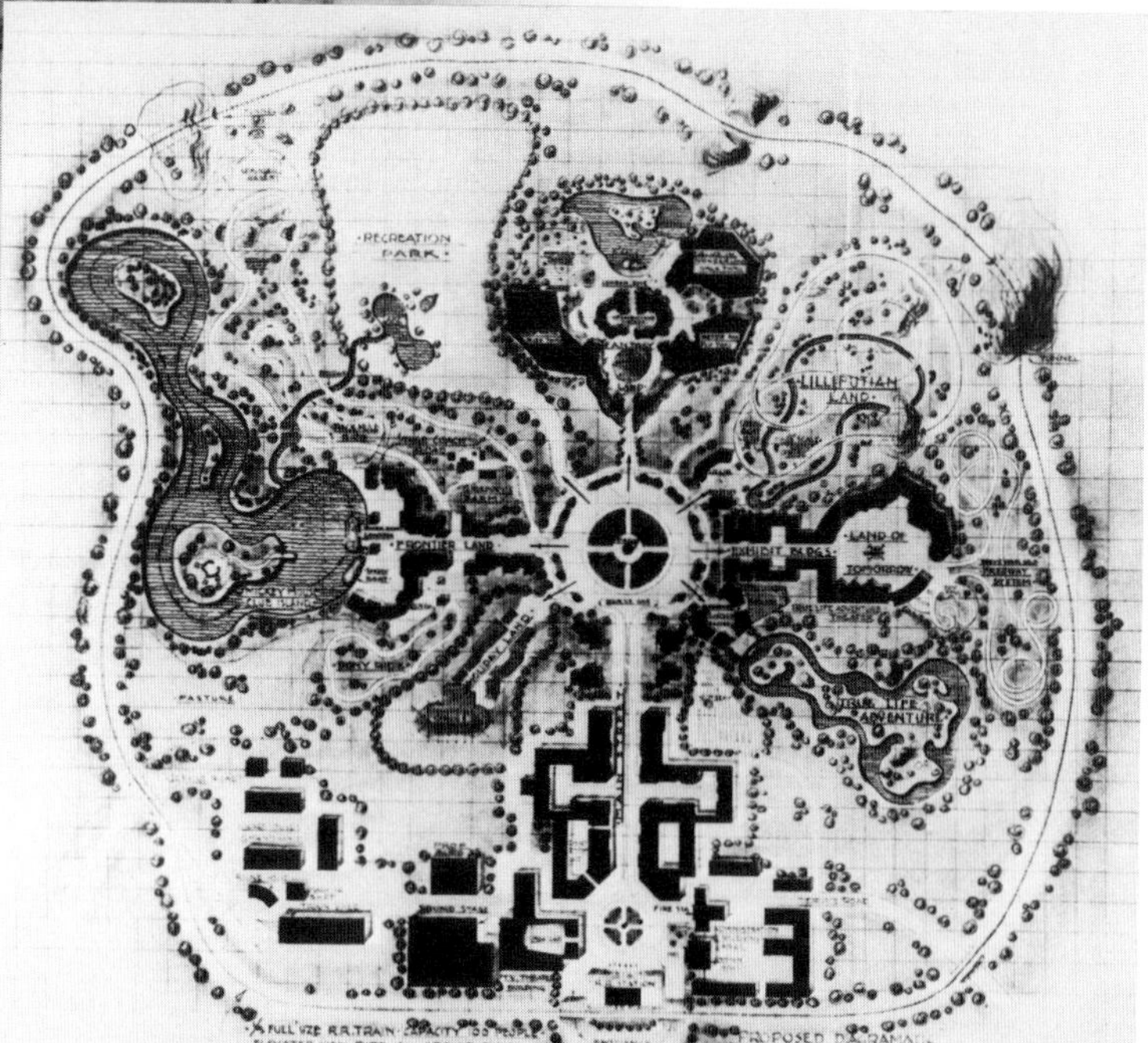

マービン・デービスによるディズニーランドの見取図（1953年9月12日現在）。

ハーブ・ライマンによるディズニーランドの完成予想図。

ディズニーランドの一般開園初日、
訪れた最初の子どもたちを迎えるウォルト(1955 年 7 月)。

テレビ番組《ミッキーマウス・クラブ》のセットで。
ウォルトの右は、プロデューサーのビル・ウォルシュ、左はディレクターのシドニー・ミラー。

父イライアス・ディズニーの名前の入った窓の下に立つウォルト（ディズニーランド内）。

1961年、娘夫婦とともに。
左からロン・ミラーとダイアン、ウォルトとリリー、ロバート・ブラウンとシャロン。

ロンドンのディズニー通りにて妻リリーと。

1964年8月27日、ハリウッドのグローマンズ・チャイニーズ劇場での
『メリー・ポピンズ』のプレミアショー。
ウォルトをはさんで、主演のジュリー・アンドリュースとディック・バン・ダイク。

ジョンソン大統領から自由勲章を贈られるウォルト（1964 年）。

ウォルトに自由財団賞を贈るアイゼンハワー元大統領（1965 年）。

フロリダ・プロジェクト（後のウォルト・ディズニー・ワールド）用地にて。
左からウォルト、ロイ、カード・ウォーカー、ジョー・ファウラー。

ウォルト・ディズニー

創造と冒険の生涯

完全復刻版

ナンシー、ジャネット、キャロラインの三人の娘に——
彼女たちのディズニー時代の楽しい思い出とともに

凡例

一　左に掲げるかぎと括弧が、各種の題名やディズニーランド関係の名称について使われる場合、次のように使い分けた。

『』……映画題名、音楽題名、書籍名、新聞・雑誌名

《》……映画やテレビ番組のシリーズの総称名

「」……ディズニーランドのテーマランド名、アトラクション名

二　映画の題名は、日本で公開されたものはその邦題で記し、未公開のものは原題にそって訳した。なお、公開の邦題が二種あるものについては、新しいほうを採った。

三　長い引用文は本文より二字下げで記した。

四　口絵の写真は、一点のみ入れ替え、他はすべて原著と同じものを収録した。

五　目次の小項目は新たに作成したものである。

目次

第三部　アニメーションの新世界（一九三四—一九四五年）　143

第四部　広がる地平（一九四五—一九六一年）　217

プロローグ

「ディズニーランドは子どもだけを相手に作ってるんじゃない。人はいつから子どもでなくなるというのかね。大人の中に、子どもという要素がすっかり消えてしまってると、君は言いきれるかい？　いい娯楽ってやつは、老いも若きも、誰《だれ》にでもアピールするものだ。親が子ども連れで来られるところ、いや、大人どうしで来ても楽しめるところ……。僕はディズニーランドをそんな場所にしたいんだ」

　ウォルト・ディズニーは私にこう語りながら、オープンカーのハンドルを握っていた。いい匂《にお》いのするオレンジ畑が、広い道の両側に広がっていた。車の幌《ほろ》は下ろしてあったが、四月の朝のひんやりとした空気にディズニーは気づいていないようだった。バーバンクのスタジオからロサンゼルスのダウンタウンを通り、オレンジ郡に広がる果樹園の真ん中を貫くこの道路の景色も、彼の眼中にはなかった。この高速道路《フリーウエー》はここ一年というもの、彼がしょっちゅう往復してきたルートであった。運転席のディズニーは、目下アナハイムに建設している遊園施設の説明に夢中になっていた。

「僕の娘たちがまだ小さいころの話だけどね。日曜日にはよく遊園地に連れていったんだ……。僕はベンチでピーナツをかじりながらまわりを見まわしてみた。そして、思ったんだ、もうちったあましなとこがないのかねってさ。大人もいっしょに楽しめるところがね。このとき考えたことを実現するのに、十五年かかったよ」

　車はハーバー通りから折れて、とてつもなく広い黒っぽい敷地に入っていった。そこはディズニーランドの駐車場で、塗りたての白線が一台一台の駐車スペースを区分していた。端のほうではロードローラーが行ったり来たりしながら、湯気の立つアスファルトをならしていた。ディズニーは入り口の前で車を止めた。見上げると、ペンキを塗り終わったばかりの鉄道の駅が、頭上高くそびえている。ディズニーの到着を待っていたスタッフの一人、ジョー・ファウラーは、ディズニーランド建設の現場最高責任者であった。

「うまくいってるかい？」

ディズニーはきいた。

「ええ。今朝パ、ー、ク、をひと回りしたんですが、開園予定には間に合うと思いますよ。ぎりぎりですがね。でも間に合います」

ファウラーは答えた。

「そう願いたいね」ディズニーは、にが笑いをしながら言った。「でなきゃ、看板をいっぱい用意しなきゃならないからな。『この出し物、近日大オープン』ってのをね」

「その心配はありませんよ」

こう太鼓判を押すファウラーにディズニーは言った。

「でも万一ってことがあるからね。開園に備えて、幔幕《まんまく》をたくさん注文しといたよ。準備ができていない部分は、それでぼ、ろ、が隠せるだろう」

テキサス生まれのハンサムなアール・シェルトンが、見回りに使うジープを取りにいった。ディズニーは自分の車にもたれかかり、靴を脱いで、茶色のウエスタンブーツにはき替えた。彼は、灰色のズボンに黒のジャケット、赤いチェックのシャツという格好で、首にネッカチーフを巻いていた。白いテンガロンハットをかぶると、ディズニーのカウボーイ姿はすっかり整った。

ディズニーは鉄道線路の真下の通路を大股《おおまた》で歩き、「タウンスクエア」をざっと眺めると、駅に通じる階段を上っていった。私はそのあとに続いた。

「ここはね、汽車を待ってる人の、ちょうど良い日陰になるんだ」

そう言いながら、彼は、明るく風通しの良い駅を見まわした。

「ほら、この細かい木の細工。十九世紀の鉄道駅の写真やスケッチを何百と集めて、細部まですべて再現したんだ」

ウォルト・ディズニーはプラットホームにしばらく立ったまま、シュッシュッと煙を吐きながら駅に入ってくる蒸気機関車の姿やホームの客が汽車を待ちきれないでいるありさまを、頭に描いているようだった。

階段の下で、シェルトンがジープを用意して待っており、私たちはそれに乗り込んだ。ジープは「タウンスクエア」のカーブを勢いよく曲がると、「メインストリート」をゆっくり進みはじめた。建物はまだ半分しか塗装を終わっておらず、鉄骨もいくらか露出していた。しかし、ディズニーの頭の中には、今世紀はじめ、彼が少年時代を過ごしたミズーリ州の田舎町にあったメインストリートのイメージができあがっていた。

彼は、一軒一軒の店が完成したときのようすをいろいろ話しはじめた。大理石のテーブルと針金細工の椅子《いす》を並べたアイスクリームショップ。タフィーをこねたり、チョコレートファッジを作っているところをお客に見せるキャンデーストア。蓄音機と自動ピアノのある楽器店。それに、スクリーンが六つもある無声映画館——。飾り気のない、素朴な口調で語るときのディズニーは、平均的アメリカ人そのものであった。しかし、ディズニーランドがどんな姿で観客の前に登場するかを説明するときの彼の表情は、まるで何かに取りつかれているかのようだった。右の眉《まゆ》が高くつり上がり、目は輝きを増し、口ひげがぴくぴく動いた。

ジープが円形の植え込み部分にやってくると、ここでは作業員がオリーブの巨木を植えるのに必死になっている最中だった。

「ここがディズニーランドの中心《ハブ》で、ここから、それぞれ四つの〝国〟に行けるようになっているんだ」ディズニーが説明した。「親がここの木陰に座っていたければ、そのあいだ、子どもたちはどっかほかへ遊びにいける。この中心から、すぐどこへでも行けるように設計したんだ。ほらね、世界博覧会なんかに行くと歩いて歩いて足が棒になっちまうだろ？　僕なんか、いつもそうなんだ。でも、ここじゃ、お客さんの足が痛くなってもらっては困るんだよ。疲れてイライラするからね。僕は、お客さんに楽しい気分で帰ってもらいたいんだ。隅から隅まで見てもらっても、まあ三キロ以上歩くということはないはずだよ」

私たちはまず、「おとぎの国《ファンタジーランド》」に入っていった。ここはディズニーのお気に入りの場所だった。橋を渡ると、ジープは、青屋根の塔がそびえる「眠れる森の美女の城」の中を通り抜けた。城の中庭には、材木や梱包《こんぽう》用の木箱、ペンキを塗りたての看板などが散乱していたが、ウォルトの目には、そこの完成後の晴れ姿がはっきりと浮かんでいた。

「開拓の国《フロンティアランド》」に入ると、目の前の大きな溝に「マーク・トウェイン号」の船体ができかけのまま横たわっていた。やがてこの船が、まるで昔、ミシシッピ川を上り下りした蒸気船のように、ゆったりと水をかき分けながら進んでいく姿を、ディズニーは私に語ってくれた。続いて、熱帯ジャングルを造成中の「冒険の国《アドベンチャーランド》」、そして巨大な月ロケットが空を指している「未来の国《トウモローランド》」――。

園内をひとめぐりすると、ディズニーは現場の作業員数人とその日の問題を話し合っていたが、やがて、ブーツと帽子を脱ぎ、帰り支度をした。そして、まだ舗装されていない「メインストリート」からお城をもう一度ふり返りながら、私に言った。

「忘れないでくれよ。最大のアトラクションはまだここに来ていないんだから」

「何ですか、それは」

私は尋ねた。

「ひとだよ。ここをひとで埋める。そうしたら本当のショーがはじまるんだ」

一九五五年のこの年、ウォルト・ディズニーは五十三歳であった。すでにアニメーション映画を芸術にまで高め、おとぎ話の世界に大きな貢献をしていた彼は、今また別の事業を成し遂げようとしていた。ディズニーランドは、映画産業におけるディズニー漫画と同様、野外エンターテイメントの分野でもその斬新《ざんしん》さのゆえに比類ない成功を収めることになったのである。

パークの建設および宣伝の資金源となったテレビのシリーズ番組と合わせ、ディズニーランドは彼の企業経営三十年の歴史にはじめて財政的安定をもたらした。ウォルトの兄ロイ・ディズニーは、これでやっと従業員に給料を払ったり弟の夢を叶《かな》えてやるために、銀行に金の無心をしにいかなくても済むようになったのである。しかし、ウォルトは以前から、財政的困難のことを一度たりとも心配したことはなかったし、金の工面から解放されたからといって創作意欲を失うというようなこともなかった。それどころか、その一生の最後の十年間に、ウォルト・ディズニーは自分自身とスタッフを新たな創造の高みに押し上げたのである。

自分の人生の持ち時間があとどれくらい残されているかを、ウォルトは絶えず意識していたようであり、何かをやり遂げようとするときには、持ち前の短気な性格が顔を出した。だから時として、彼は一緒に仕事がしにくい相手であった。だが同時にディズニーは、スタッフの中から最高の能力を引き出すという、すぐれた才能を持っていた。彼の刺激によって、自分たちにどれだけ大きな仕事が達成できるかを目のあたりにしたディズニーのスタッフは、彼ら自身びっくりさせられたものだった。が、ディズニーはけっして驚いたりしなかった。彼はいつも最高のものを期待したし、それを手に入れるまでは情け容赦しなかった。彼の鋭い想像力が仕事仲間をむりやり目標に駆りたてたと言っていいだろう。

ウォルト・ディズニーはとびきり話し上手であった。それは、スタジオの〝汗かき部屋《スウエットボックス》〟と呼ばれる暑苦しい試写室で、五、六人のアニメーターを相手にしているときであれ、ニューヨークのラジオシティ・ミュージックホールで、ぎっしり埋まった観衆を前に話しているときであれ、変わりはなかった。彼のコミュニケーションの方法は同じである。ディズニーは、人間の心をとらえる一種神秘的な力を備えていた。そのせいか、知識人の中にはディズニーに対し警戒心や不信感を抱く者もあり、彼らはディズニーの失敗を小躍りして喜んだ。事実、ディズニーは何度か失敗を経験したが、考えてみれば、あれだけ多くのことをやって失敗がまったくないというほうがおかしい。しかしながら、彼は徹底的な楽観主義者であり、失敗の経験も、自分をばかにした評論家、けちな銀行家、造反社員、詐欺をしでかした配給会社、そのほか映画業界の大勢の厄介者をも、まったく意に介さなかった。その生涯を閉じるまで、ウォルト・ディズニーの構想は広がり続け、それは、総合芸術大学や未来都市の建設計画にまで進んでいった。

いったいなぜ、こんなことが可能だったのだろうか。一人の人間がどうやって、あれほど多様なエンターテイメントを作りだし、世界の何十億という人間の心を虜《とりこ》にすることができたのだろうか。これこそ、ウォルト・ディズニーの人生の謎《なぞ》である。

その答えは彼の生い立ちからは出てこない。彼の両親はごく普通の人間であり、見果てぬアメリカの夢を追いながら、あちこちと移り住んだ。また少年時代のウォルトは、できの良い生徒ではなく、授業中、空想に耽《ふけ》ってばかりいた。漫画を描くことが何よりも好きだった彼は、それで身を立てようとしたが、ぱっとした作品はついに生まれず、自分より腕の良い漫画家を雇えるようになると、本人はまったくあきらめてしまった。中西部カンザスシティの出身で、これという教育も受けていないこの一人の漫画家が、そしてはじめて作った映画会社が失敗して破産した彼が、その後、無類の想像力を駆使してさまざまな作品を生みだし、未来都市の創造にさえ着手することができたとは、容易には信じられない。その功績からみれば、ウォルト・ディズニーは天才といえるかもしれない。しかし、天才という言葉は、映画界ではもはやそれほどの意味をもたないし、真の天才であったとしても、どこかにその秘密《わけ》があるはずである。

ディズニーの謎に対する答えの大部分は、彼が映画の仕事に入ってまだ間もないころに、自分で選びだした表現形態にある、と私は思っている。漫画は、映画媒体の中でもっとも製作者の統制のきくものである。アニメーターが、自分で創りだした登場人物を描き、それに動きを与え、そのアクションを引き立たせる背景を後ろに用意する——。それは完全なコントロールの世界である。

ディズニーの登場以前、漫画といえばお粗末なものであった。平面的な登場人物が、稚拙な背景の前でぎごちない動きをする。これに対しディズニーは、登場人物に滑らかで人間らしい動きをさせるよう主張して譲らなかった。彼は大げさなアクションからではなく、登場人物の性格からユーモアを表現したいと思っていた。漫画に出てくる人物の動作は、見る者になるほどと思わせるはっきりしたものでなければならず、あいまいな動きは絶対に許されなかった。

ディズニーは、彼の制作する漫画が説得力をもち、観客に楽しさをたっぷり提供するよう、常に努力を怠らなかった。漫画映画に音と色を加えたのも、ウォルト・ディズニーである。またアニメーターにうるさく注文をつけ、長編漫画を作るに足る腕を磨かせた。そしてアニメーションを長編にまで引き上げていくと、彼はまた新たな目標に挑んだ——俳優を使った劇映画、自然記録映画、テレビ番組、そしてディズニーランド。それは、観客をただの見物人から参加者に変えていくという、いわば自然な移行過程であった。ディズニーは、映画製作者としての三十年間に学びとった技術とショーマンシップのすべてを、ディズニーランドに注ぎ込んだのである。彼の考え方は、映画の手法を土台としていた。つまり、観客を一つのシーンから次のシーンへ滑らかに移動させ、細かく計算した諸要素を結びつけて、人間の五感のすべてに訴える一つの世界を演出するのである。

　ディズニーランドの設計者は、映画スタジオの美術監督たちであった。彼らは、物語を進行させるセットや背景の制作技術を心得た芸術家である。彼らの作りあげた「メインストリート」は、小さな町にかつて存在した、どんな目抜き通りとも違っていた。ディズニーランドの「メインストリート」は、すべての商店がお互いを引き立たせており、看板やペンキの色に至るまで完全な調和がとれている。それは、見る者の目に心地よく、すんなりと入ってきた。〈昔のメインストリートは、こんなふうだったに違いない――〉と、パークを訪れる客は考えたものだ。しかしながら、それはあくまで、そうであるべき理想のメインストリートだったのだ。

　ディズニーランド建設後、ウォルト・ディズニーは、一九六四年から六五年にかけて開催されるニューヨーク世界博に向けて、何点かの展示物を制作する仕事を引き受けた。博覧会という、ディズニー側のコントロールの十分きかない新しい分野に不安顔のスタッフを尻目《しりめ》に、ディズニーはこのとき何を考えていたか。それは、世界博の計画を進めていたある日、彼が、設計者の一人であるジョン・ヘンチに言った言葉の中に、ちらりとうかがえる。

「君は、未来都市ってやつを作ってみたくないかい？」

　ウォルトはニヤッと笑ったが、この会話はそれで途切れてしまった。都市生活に秩序を回復するため、ほかの企業と共同事業を組む――。世界博への参加が、こうしたディズニーの長期計画の一部であることにヘンチが気づいたのは、あとになってからのことである。その構想は、まず、ディズニーランドの様式に従った別のパークをフロリダに作り、そして次に新しいタイプの都市を建設する、というものであった。

　ミッキーマウスから未来都市へ。ディズニーが持っていた才能は、まさに想像を絶するほど幅の広いものであった。こうした彼の創造の発展過程をたどり、ウォルト・ディズニーという人間とその時代を描いてみようというのが、この伝記である。

第一部　中西部時代（一九〇一―一九二三年）

1

イジニー・シュール・メールは、ノルマンディー沿岸の一寒村である。一九四四年六月六日、連合軍が上陸した海岸は、そこから数キロ離れたところにあるが、それより九百年前、この海岸からノルマンディー公ウィリアムの率いるフランス軍が、イギリス征服を目ざして船出をした。その一行の中に、ユーグ・ディジニーと息子のロベールがいた。ディジニー一家はそのままイギリスにとどまり、名字《みようじ》を英国ふうにディズニーと改めた。十七世紀半ば王政復古のころ、一族の中でアイルランドに渡りキルケニー郡に住みついた一派があった。その子孫で、一八〇一年に生まれたアランデル・イライアス・ディズニーは、一八三四年、弟のロバートとともに、それぞれの家族を連れてリバプール港から船に乗った。アメリカで新生活を始めるためである。ひと月の船旅を終えて、一行は十月三日にニューヨーク港に着いた。二人の兄弟はここで別れ別れになり、ロバートは中西部の農村へ、イライアスはカナダのオンタリオにあるゴドリッチの開拓村へと向かった。

イライアス・ディズニーは広大なこの土地に胸をふくらませた。急流には鱒《ます》が泳ぎ、鹿の棲《す》む森は生き生きとして、草原には野イチゴや野生のスモモが辺り一面生い茂っていた。メイトランド川の岸に粉ひき場を建てたイライアスは、隣近所の人たちを相手に小麦をひいたり、材木を切る仕事に精を出した。妻のマリアは、一八三二年にアイルランドで生まれたケップル・ディズニーを頭《かしら》に十六人の子どもを産んだ。ディズニー製粉所の商売は長いあいだ繁盛したが、やがて不況がゴドリッチ村を襲い、イライアスは借金の返済に窮した。

長男のケップルは、やはりアイルランド生まれの移民であるメアリー・リチャードソンと結婚した。石油掘りから塩田の経営まで、さまざまな事業を試みたものの、カナダの冬を嫌ったケップルは、一八七八年に上の息子であるイライアスとロバートの二人を連れて、カリフォルニアの金鉱目ざして旅立った。その道中、彼はカンザス州で鉄道代理業者のすすめにあい、エリスという町に近いユニオン・パシフィック鉄道の所有地を二百エーカー買い求めた。この新しい農場にケップルは家族全員を呼び寄せたが、木材を買う資金がなくて、家は最初、芝土でこしらえた。家畜と小麦で農場が軌道に乗りはじめてからも、彼は鉄道会社が要求する木材の高値が気に入らず、自ら石を切りだして家を建てた。

ケップルの十一人の子どものうち、いちばん年長のイライアス・ディズニーは農場の生活に飽き足らず、鉄道の修理工場に出かけていき、機械工となった。彼の仕事仲間に、のちの自動車王国の創立者、ウォルター・クライスラーがいた。イライアスはユニオン・パシフィック鉄道をコロラドに延ばす工事に加わったが、鉄道がデンバーまで開通すると、見習い大工の職をお払い箱となった。デンバーには働き口がなく、イライアスは二人のアマチュア音楽家と一緒に酒場の周りでバイオリンを弾いてなんとか食いぶちを得ようとした。しかし儲《もう》けは微々たるもので、結局、故郷エリスの農場に戻っていった。

イライアスがカンザスに帰ったのには、実はほかにも理由があった。ディズニー家の隣人チャールズ・コールの美しい娘、フローラ・コールのことである。コール家の家系はスコットランド系とイングランド系の血が混じっており、先祖のトマス・コールがボストンに移民してきたのは、一六三六年であった。トマスの子孫、エバー・コールは一八二五年にオハイオ州に移り、その息子チャールズは大学を中途でやめて、一八四九年のゴールドラッシュとともにカリフォルニアへ向かった。ところが、目当ての金が見つからずにオハイオに戻ったチャールズは、やがて、妻と十人の子どもを連れてカンザス州エリスに移り、学校の教師となった。しかし、大平原の猛吹雪に耐えかねた一家は、ふたたび一八八四年、フロリダへの移住を決心した。

一方、ケップル・ディズニーもカンザスの厳しい冬にほとほと嫌気がさしており、息子のイライアスとともに隣人のコール一家に同行してフロリダに向かった。やがて、父ケップルはフロリダに定住する計画をやめてカンザスの農場に引き返したが、イライアスだけはフロリダにとどまることにした。そして、四十エーカーの農場を買ったイライアスは、小学校の教師となったフローラ・コールへの求愛を続けた。二人は一八八八年の元日、フロリダ州アクロンにあるフローラの両親の家で結婚式を挙げた。イライアスは二十八歳、花嫁は十九歳であった。

イライアスはまず、自分の農場を売って、デイトナビーチにホテルを一軒買ったが、観光商売の不況で廃業の憂き目に遭った。一八八八年十二月八日には長男のハーバートが生まれ、イライアスは田舎の郵便配達をするかたわら、小さなオレンジ農園を経営した。

そのうちオレンジの収穫が霜で全滅し、イライアスはマラリアにとりつかれてしまった。彼は、どこかほかの土地に移って人生を切り開こうとした。それは、運が傾いてくると彼がよく取る手段であった。このとき、イライアスはシカゴを新天地に選んだ。

七十年ぐらい前まで、シカゴはミシガン湖畔に寄り集まった粗末な小屋の一群にすぎなかった。が、イライアス・ディズニーが妻と幼い息子を連れてここにやってきた一八八九年には、人口百二十万の大都会に発展しており、小麦と牛肉を東部に、衣料品と脱穀機を西部に送り出す鉄道交通の要地になっていた。田舎町しか知らないイライアスは、都会の喧噪《けんそう》に度肝を抜かれたが、フロリダでの失敗のあと、今度こそ成功しようと心に誓ったのだった。まずは家族の住む場所が必要である。イライアスはユニオン・パシフィック鉄道で覚えた大工の技術を使って、自分で家を建てることにした。設計は妻のフローラがすると言いだした。

「家の設計図を書くなんてわけないことだわ。どんな家が住み心地がいいかってことにかけちゃ、女のほうがよっぽどよく知ってるしね」

こうして妻が書いた設計図をもとに、イライアスは無駄のない、こぢんまりとした家をトリップ街一二四九番地に建てた。今とは違い、当時シカゴ北西地区で舗装道路といえば、このほかにもう一本あるだけであった。イライアスは、家をペンキで白く塗り、縁はブルーにした。この家の清潔なラインと経済性は人々の称賛の的となった。そこで彼は住宅を建てる商売を始め、見込みのある買い手には、銀行からローンを取りつけた。妻のフローラは設計図作り、建材の買い付け、それに帳簿管理の役目を引き受けた。買い手が望めば、彼女は室内装飾まで請け負った。また、一八九三年に建設業界が不況に陥ると、イライアスはシカゴで開かれた世界博覧会会場の大工となって、日当一ドルで週七日、休まずに働いた。この博覧会は、コロンブスのアメリカ大陸到達四百周年を記念する一大イベントであった。

一方、イライアスの一家はしだいに人数が増えていった。一八九〇年十二月三十日にレイモンド・アーノルド・ディズニーが、一八九三年六月二十四日にはロイ・オリバー・ディズニーが生まれていた。一家は聖パウロ会衆派教会に属しており、イライアスはそこの牧師、ウォルター・パーと親交を結んだ。イライアスは信者のために自分の手で新しい教会を作るという申し出をし、高い傾斜屋根のついた、簡素で実用的な建物をこしらえた。フローラはこの新築の教会でオルガン奏者となり、イライアスも牧師の休暇中、説教の代理を引き受けたりした。一九〇一年、イライアスとパー牧師の妻が両方とも身ごもると、イライアスは牧師にある提案をした。

「わたしの赤ん坊が男だったら、牧師さん、あなたの名前を付ける。あなたの赤ん坊が男だったら、わたしの名を付ける、っていうのはどうでしょうか」

ウォルター・パーはこの案に賛成した。

一九〇一年十二月五日、日曜日であった。トリップ街の家の二階で、ディズニー夫妻に四男が生まれた。約束どおりイライアスは牧師の名前をとって、この子をウォルター・イライアス・ディズニーと名づけた。一方、パー夫妻のほうにも男の子が生まれ、イライアスという名前が付けられたのである。

八年半ぶりの子どもの誕生に、母のフローラは幼いウォルターに惜しみない愛情を注いだ。ウォルターは気だてが良く、父親譲りのかぎ鼻をした兄たちよりも器量よしで、母はウォルターに好んでフリルの付いたかわいらしい洋服を着せた。すぐ上の兄のロイは不平ひとつ言わずに弟の子守をし、ウォルターを乳母車に乗せてトリップ街を行ったり来たりした。そのうえ、ロイは自分の稼いだ小遣いでウォルターにおもちゃを買ってやったりもした。その姿は二人のその後の関係を暗示しているかのようでもあった。

ウォルターの誕生後二年たって、ディズニー家にはじめての女の子、ルース・フローラが生まれた。そのころ、父イライアスはこの大都会で自分の子どもを育てることを憂慮するようになっていた。隣近所はポーランド系、アイルランド系、スウェーデン系移民で埋めつくされていた。彼らのほとんどは勤勉で信心深い人々であった。しかし旧大陸から受け継がれた昔ながらの家族の絆《きずな》は崩れかかっており、親が生きるための金を必死でかき集めている一方で、野放しにされた子どもたちが暴れまわる光景も見られた。また、のちにアル・カポネをはじめとする悪名高き犯罪者の巣窟《そうくつ》となったシセロも、ディズニーの家からあまり遠くない所にあった。

近所の男の子二人が市電の車庫で泥棒をはたらき、警察官を殺害した罪で逮捕されるという事件が起こったとき、イライアスは決心を固めた。

「フローラ、あの子たちは、うちのハーバートやレイモンドと変わらない年ごろなんだよ。何がなんでも、この都会のごみためから抜け出さにゃいかん」

妻も、昔なつかしい田舎の雰囲気の中に家族を移すという夫の意見に賛成した。そこでイライアスは、成功のチャンスがあると以前から聞いていたコロラドとアラバマの町をいくつか回ってみたが、これという場所は見つからなかった。そのあと、彼は弟のロバートが土地を持っていたミズーリ州マーセリーンを訪れた。そこは土地も肥沃《ひよく》で、緑の丘がなだらかな起伏を描いていた。町はこぢんまりとしていて感じが良く、必要な物資も揃《そろ》えば、炭鉱や油田などの産業のおかげで経済的にも安定していた。マーセリーン——この町こそ、豊かな暮らしを打ち立て、子どもたちを健全なキリスト教の雰囲気の中で育てていける場所だ。イライアスは、そう自分に言いきかせた。

2

ウォルト・ディズニーは、シカゴで過ごした幼いころのことをまったく記憶していない。しかし、マーセリーンの思い出は彼の胸に一生涯焼きついた。当時住んでいた場所について、ディズニーはこんなふうに回想している。

「広い芝生の前庭がある、それは美しい農場でね。そして、あのしだれ柳の大木……。果樹園が二つあった。あんまり大きなリンゴがなったもんで、わざわざ遠くから人が見物に来たんだっけ――」

マーセリーンは鉄道の発展によって生まれた町だった。一八八八年、アチソン・トピカ・アンド・サンタフェ鉄道は、南西部からミズーリ州まで延び、州のほぼ中心部にあるリン郡の鉄道沿線に新しい村が誕生した。カンザスシティからおよそ二百キロ離れたこの村に最初に入植した人々は、鉄道会社の担当責任者の娘の名をとって、ここをマーセリーンと名づけた。

ディズニー一家が移ってきた一九〇六年四月当時、マーセリーンはすでに人口五千人の町に発展していた。住民の大半は農場で果物や野菜、小麦、大麦を栽培したり、牛や豚を育てては大都市の市場へ送って生計を立てていた。父イライアスは、家屋付きの土地四十五エーカーをエーカー当たり百二十五ドルで求め、支払いのほうは、自分が商売で建てたシカゴの家から入るはずの金を当てに、分割払いをすることにした。

イライアスと上の三人の息子は早速、仕事にとりかかった。春用の畑を耕し、主にトウモロコシを、そしてわずかながら小麦と大麦を植えた。また、自分たちの家庭用に乳牛や、豚、鶏、鳩《はと》を買い込んだ。妻のフローラも休む間もなく働いた。大量の食事の支度、男たちのシャツや作業ズボンの洗濯や繕い、菜園の耕作などの仕事に精を出し、また、バターを作っては町の食料品屋で物々交換をした。フローラの手作りのバターは味も純度もとびきりで、店のカウンターの特別の場所に並べられたものだ。

亜麻色のくせ毛と利発そうな目をした少年ウォルトは、よく母親にくっついて仕事を手伝い、そのウォルトのあとを幼い妹ルースが追い回した。農園とそれを取り巻く環境は、この少年にとってつきることのない驚きと歓《よろこ》びの世界だった。ウォルトは家の近くの橋の下で泥んこ遊びをし、近所の農家の人が四輪馬車で通り過ぎると、恥ずかしそうに手を振った。

季節のゆるやかな移り変わりの中で、ウォルトはしだいに農場生活のリズムを楽しむようになっていった。サトウモロコシの取り入れは家族総出で行われた。父と兄たちが茎を切って、それを圧搾機に投げ入れる。その一方でウォルトが機械につながれた馬を引っ張って、中身の茎がどろどろにつぶれるまでぐるぐる歩かせる、という具合であった。できあがった糖蜜《とうみつ》は大きな貯蔵おけに入れ、朝食のパンケーキにかけて食べたり、ケーキやクッキーを焼くときに使った。豊作の年には余った分をサイホンで茶色のつぼに移し、食料品屋に持っていって、ほかの商品と交換してもらった。

収穫のときもそうであったが、豚を食用に処分する季節になると、近所の農家は互いに助け合った。イライアスも近所の人たちの手を借りながら、煮え湯の沸きたつ大釜《おおがま》に殺した豚をつけて毛をそぐと、よくといだナイフで肉を切り、ハムやベーコン、ソーセージ、ヘッドチーズなどの用途別に分けるのだった。

ウォルトの行動半径は、彼が成長するにつれ、農場の外へと広がっていった。時には兄のロイも一緒だった。近くの森にはクルミ、ヒッコリー、ハシバミ、カキ、野生のブドウやリンゴの木々が生い茂り、それぞれの季節においしい実がなったし、森に棲《す》む動物たちをじっと観察することも楽しかった——野ウサギ、キツネ、リス、フクロネズミ、そしてアライグマ。また、木々の間を丹念に探して回ると、ウズラ、カラス、鷹《たか》、キツツキ、マキバドリ、コウカンチョウ、ミソサザイ、ツバメ、野鳩などが見つかった。夏の暑い日、ウォルトとロイは数キロ歩いてイエロークリークと呼ばれる小川にたどり着くと、ゆるやかな水の流れに体を冷やした。

ディズニー農場からそう遠くない田園地帯を、サンタフェ鉄道が通っていた。レールに耳を押し当て、汽車が近づく音を聞きながら、ウォルトは、乗っている機関士が伯父のマイク・マーティンでありますように、といつも願うのだった。この伯父はフォートマディソンとマーセリーン間の機関区を受け持っており、縞《しま》もようの袋に入ったキャンデーのおみやげを持ってよく泊まりにきていた。ウォルトにとってもう一つの楽しみは、農場の前の道を、エンジンをポッポッとふかしながら走る馬なし馬車を眺めることだった。それは、マーセリーンに自動車がお目見えして、まだ間もないころであった。

農場で過ごした少年時代、芸術に対するウォルトのはじめての試みとして、家族がよく口にする思い出話がある。そのできごとから七十年もたったのち、あるインタビューの中で妹のルースがこう回想している。

「ある日、家族がみんな町へ出かけてしまって、ウォルトと私は二人きりで留守番をしていました。私たちはコールタールの入った大きな樽《たる》を見つけて、こっそり開けてみたんです。中を覗《のぞ》きながら、ウォルトが『絵を描くのにちょうどいいぞ』と言いだしましてね。『家の壁に塗ろうよ』って言うんですよ。私はあとで消えるかどうか心配で、そのことを聞いたのですが、兄は『もちろん消えるさ』って平気な顔をしてるんです。それで私たちは、表通りに面した、我が家の白壁にタールを塗りはじめました。大きな棒にタールをたっぷりつけて、兄はたしか家の絵を描きましたっけ。煙が出ているところをね。私はジグザグ模様を描きました。それも二本もね。しばらくして、タールが取れないとわかったときの、あの恐ろしい気持ちったら。……今でもよく覚えていますよ。帰ってきてそれを見た父は、怒りのあまり、それを消そうともしませんでした。私たちがマーセリーンの家を引っ越したとき、その落書きはまだ壁にこびりついたままでした」

ウォルトに文字の読み方を教えたのは、母であった。妹のルースが学齢に達するまで、ウォルトも学校に行かせないほうが都合が良いと勝手に判断した父イライアスのおかげで、ウォルトがパーク・スクールに通いはじめたとき、彼はもう七歳になろうとしていた。小学校とハイスクールを兼ねたその校舎は二階建てのレンガ造りで、およそ二百人の生徒が通っていた。ウォルトは当時の標準教科書である『マガフィー読本』を読み、算数、書き方、地理、それにスペリングを勉強した。成績のほうは、せいぜい〝良〟程度であった。というのも、彼は学校の勉強よりもおもしろいことを次々と発見していたからであった。

マーセリーン時代のウォルト・ディズニーは、数々の忘れがたい人々に取り巻かれていた。クレヨンと画用紙を手にカンザスシティからやってきては、ウォルトに絵を描くことをすすめた優しいマーガレット叔母さん。七十を越えても茶目っ気たっぷりで、孫のウォルトに近所の農場からカブを失敬してこさせたディズニーおばあちゃん。先の細くとがったバンダイクひげを床屋で整えさせているあいだも葉巻を口から離さなかった、洒落者《しゃれ》のロバート叔父さん。よそでは愚か者呼ばわりされても、身内の者は大人になり損なった少年として扱っていたエド叔父さん。子どもじみたことの好きな大人であるこのエド叔父さんは、ウォルトにとって格好の遊び相手であった。二人は野原を一緒に歩きまわった。町へ行きたくなると、エド叔父さんは、いとも簡単に汽車に向かって停止の合図をして、ひょいと乗り込むのだった。また、ウォルトは、近くの農場に住むイラスタス・テーラーの家に遊びにいっては、この南北戦争の老兵が語る激戦の思い出話に耳を傾けた。

ところで、イライアス・ディズニーは、社会主義思想のはびこる大都会からやってきたということで、はじめのうち近所の農場から疑惑の目で見られていた。食品加工業者や鉄道会社の一方的な要求に腹を立てた農民の中には、アメリカ公正連盟に加入すべきだというイライアスの主張に耳を傾ける者もいるにはいたが、たいていの住民はこの種のことに興味を示さなかった。マーセリーンに農民組合を結成しようとしたイライアスの望みは、失敗に終わったのである。

だが、その急進的な思想にもかかわらず、イライアスはしだいにマーセリーンの人々に好かれるようになった。勤勉でまじめななかにも、たわいない一面をもつイライアスは、日曜日になると、馬を四輪車につないで例のテーラーじいさんの家へ出かけていき、そこで一、二時間のあいだ、テーラーの娘のピアノに合わせて仲間と一緒にバイオリンを弾いて楽しんだ。背のまっすぐな椅子《いす》に腰かけたままこの演奏会を見ていたウォルトは、音楽に心をすっかり奪われつつも、父のこうした意外な一面に驚かされるのだった。

ふだんのイライアス・ディズニーは、たいてい冷静沈着であり、陰気でさえあった。この開拓農場で妻と五人の子どもを養うことは、予想以上の重荷となって彼の肩にのしかかっていた。失敗するのではないかという不安にさいなまれるイライアスは、上の息子たちに多くのものを要求した。父に対する息子たちの反逆がそれまで爆発に至らなかったのは、母フローラの機知に富んだユーモアのおかげであった。

ところが、あるとき、ハーバートとレイモンドは、ロバート叔父さんから父が借りた土地に作物を植えて百七十五ドル稼ぐと、それぞれ一個二十ドルの金時計と鎖を買い込んだ。それがむだ遣いだと言って二人を責めた父親は、残りの金の使いみちを尋ねた。

「若い雌牛と子馬を一頭ずつ買おうかと思ってるんだ」

と、ハーバートは答えた。

「そいつはだめだ」父はきっぱりと言った。「この農場には借金がたくさん残っておる。だから、その金は借金の返済に充てることにする」

ハーバートもレイモンドも父の横暴にはこれ以上、我慢できなかった。翌日の正午、ハーバートは馬で町へ行き、銀行から自分とレイモンドの貯金を下ろした。夕食のあと、二人は仕事疲れを理由に早目に部屋に引き揚げると、やがて、窓からこっそり抜けだし、荷物をサンタフェ鉄道の駅まで運んだ。二人は、九時半のシカゴ行きの列車に乗った。

二人の息子に家出されたイライアス・ディズニーはショックを受け、四十五エーカーのこの土地を豊かな農場にしようという彼の夢も大きな打撃をこうむった。そうでなくとも、イライアスは農業に対してもともと偏狭な考え方を持っていて、自ら収穫を悪くしていた。

「作物に肥料をやるなんて、男にウイスキーをくれてやるようなもんだ。しばらくは気が紛れていい気持ちになっとるかもしれんが、そのあとは、前より苦しくなるに決まっとる」

と、彼は頑固に言い張るのだった。

やがて、ミズーリ州をかんばつが襲い、農場の井戸が干あがってしまった。イライアスは井戸を掘り直したが、水はほとんど出てこなかった。一方、果樹園のリンゴが熟したのはちょうど市価が下がっているときで、イライアスは自分の父がカナダでしていたように、リンゴをわらの間に埋めて新鮮さを保とうとした。そして冬が訪れると、一家はそれを家から家へと売り歩いた。また、妻のフローラは自分でこしらえたバターを土地の人々に売った。イライアスは、もったいないからと言って家ではバターの使用を禁じたが、フローラは自家製のパンにバターをこっそり塗っては、その面を裏返しにして子どもたちに与えたのだった。彼女が夫の意に背くことは、こんなときを除いては、ほとんどなかった。

イライアス・ディズニーの不運は一九〇九年の冬、その極に達した。彼は腸チフスにかかり、続いて肺炎を起こした。農園の仕事はロイの肩にかかってきたが、その責任は十六歳の少年には重すぎた。フローラは農場を売ろうと言いだし、イライアスもしぶしぶ首をたてに振った。四年間、身を粉にして働いた農場であったが、いざ売るとなると買ったときと同じ売り値しかあてにできなかった。

ロイは荷馬車に馬をつなぎ、弟のウォルトとともに農場の外に出ていった。そして、大平原の凍《い》てつく寒さに震えながら、二人は電信柱や柵《さく》にビラを張ってまわった。それは、近日、ディズニー農場で行われる競売を知らせるビラであった。ロイとウォルトの兄弟は、かわいがっていた動物たちがよその農家に売られていくのを悲しげに見守った。二人は、生まれたときからずっと育ててきた生後半年の子馬を特別にかわいがっていたが、その子馬は競売人の手で、ある農家に売り渡された。四輪車の後ろにつながれて田舎道を引かれていく子馬の姿に、二人の少年は涙を流した。

イライアスはカンザスシティに引っ越す計画を立てていたが、彼も妻のフローラも学年の途中で子どもを転校させるのは避けたいと考えた。そこで一家はノースカンザス街五〇八番地に家を借り、一九一〇年の春、学校が終わるのを待って、マーセリーンをあとにした。ウォルト・ディズニーがここで暮らしたのはわずか四年足らずであったが、マーセリーンでの日々は彼の生涯のどの時期よりも強烈な印象を残した。四十年後、彼はカリフォルニアの自宅の敷地に仕事場として納屋をこしらえたが、それはマーセリーンの農場にあったものをそっくりそのまま再現したものであった。

3

ものごころがついてから、幼いウォルト・ディズニーが知っていたのは、静かな田園や田舎道の風景だけであった。だが今、ウォルト少年の目の前には市街電車や自動車がひしめく大通りが広がっていた。建物は九階にも十階にもそびえ立ち、劇場には数えきれないほどの電球がまばゆいばかりに光っていた。そして、さまざまな音の洪水——もの売りの呼び声、ビールを積んだ荷馬車がガタガタいいながら通り過ぎる音、石畳の道路をカンカン鳴らして走っていく消防車の音。都会は何もかもが奇妙で落ち着かないところであったが、そこには八歳のウォルト・ディズニーの胸を躍らせる何かが潜んでいた。

ディズニー一家が最初に住んだカンザスシティ東三一番街二七〇六番地の家は狭苦しい住まいで、トイレも家の中にはなく、裏庭に建っていた。父イライアスはそれまで、重労働ばかりの人生を過ごしてきたのだったが、健康を害した今、それを続けることはできなかった。そこで、新聞販売業を始めることにした彼は、一世帯当たり三ドルの販売権を買い取って、朝刊の『タイムズ』紙と夕刊および日曜版の『スター』紙の配達を七百軒受け持った。ウォルトは妹のルースと一緒にベントン小学校に通っていたが、やがてロイとともに父の新聞配達の仕事を手伝うようになった。ウォルトは毎朝三時半に起きて、四時半に配送トラックから新聞を受け取りにいった。

イライアスにとっては、五十一歳という自分の年齢に難色を示す新聞社を、やっとの思いで説得して手にした販売権である。自分の力をぜひとも証明せねば、と彼が思ったのも無理からぬことであった。それでイライアスは、配達少年に対し、新聞を自転車からポーチにぽいと投げてはいけない、風に吹き飛ばされないよう、玄関前にきちんと置くように、と厳しく言い渡したのだった。さらに、冬のあいだは、新聞をわざわざ二重扉の内側に差し込むよう言いつけた。

来る日も来る日も、朝と夕、ウォルトは新聞配達を続けた。六年間のうちで休んだのは病気の四週間だけであった。雨が降ろうが吹雪が吹こうが、新聞は配達しなければならない。まだ幼いウォルトは何度も吹きだまりにころげ落ち、首まで雪に埋もれた。嵐《あらし》の日など、自分の受け持ち区域の最後にあるアパートにたどり着くと、ウォルトはほっと息をついた。スチーム暖房のきいた廊下を階から階へと新聞を配達して回ると、ウォルトは時折、玄関ホールに座り込み、うたた寝をした。冷えきった体に暖かさが心地よくしみていった。やがて、はっと目が覚めた彼は、〈はてな、アパートに新聞を配り終わったのだったかな。あ、学校に遅れる〉といつもあわてふためくのだった。受け持ち区域のどこかに新聞を配達しわすれたのではないかという不安は、その後も繰り返し夢となって、ウォルト・ディズニーを晩年まで苦しめた。

父はほかの配達少年には給料を払ったが、ロイとウォルトには一セントもくれなかった。家に住まわせ食べさせてやっている、というのが父の言い分であった。二人の息子は不満だった。たとえ父親のために働くのであっても、仕事に対しては、それ相応の報酬があってしかるべきだ、と思ったのである。すでに高校を卒業していた十九歳のロイは、父親の権威主義と癇癪《かんしゃく》にもはや耐えきれなくなっていた。

「父さんは僕をまだ子ども扱いしてる」

と、ロイはウォルトにこぼした。結局、ロイも二人の兄と同様、家出をする決心を固めた。一九一二年のある夏の晩、ロイは両親の家からそっと姿を消した。

ロイがいなくなったあと、今まで以上の責任がウォルトの肩にかかってきた。ほかの新聞配達の少年があてにできないときには代わりをさせられたり、配ったはずの新聞がなくなって、特別にまた配達を命じられるのは、決まってウォルトだった。父イライアスが自宅を増築したときも、ウォルトはその手伝いをさせられた。父はなんでも自己流のやり方というものを持っており、ウォルトをたびたび叱《しか》った。

「なんだ、おまえのその鋸《のこ》の使い方は。板はこうやって切るんだよ、こうやって！」

父はウォルトの尻《しり》を鋸の平らな部分でピシャリとたたいた。彼は怒ると、板切れであろうがハンマーの柄《え》であろうが、ちょうど自分の手に持っていたものでウォルトをたたいた。だからウォルトは、そろそろ爆発するな、というときになると、いち早く逃げることを覚えた。

「そんなこと、ウォルトに注文するほうが無茶ですよ。まだ子どもじゃありませんか」

あいだに入ってイライアスをなだめるのは、母フローラであった。

ウォルトはウォルトで、自分なりの楽しみを発見していた。町にサーカスが来ると、彼はパレードの最初から最後までついて歩きながらくまなく見物し、妹のルースは兄を追っかけるのに必死だった。そしてウォルトは、自分でもサーカスのパレードをやろうと思いつき、おもちゃのワゴンでこしらえただしの飾《かざ》りつけをルースや近所の子どもに手伝わせたりした。また、妹がはしかで寝込《ねこ》むと、ウォルトは慰めに絵を描いてやった。その中には、紙をパラパラとめくると、中の人物が動いているように見える仕掛けの絵もあった。ウォルト・ディズニーがはじめてアニメーションらしきものを試みたこのとき、彼は九歳であった。

イライアスは自分の事業の相次ぐ失敗に気を落としながらも、金儲《もう》けの新しい方法を常に考えだした。農園にいたころのあのおいしいバターの味を思い出した彼は、マーセリーンの酪農場に頼んで定期的にバターを供給してもらった。それをフローラが荷馬車に積んで、家から家へと売り歩いたのである。ウォルトもついて歩いたが、母はけっして息子に荷車を押すことはさせなかった。ディズニーの母子がバターを売る道筋には裕福な住宅地もあり、ウォルトの同級生が何人かそこに住んでいた。そのときに感じた恥ずかしさを、ウォルトは長いあいだ忘れることができなかった。

ウォルト・ディズニーが学校生活の大半を過ごしたベントン小学校は、彼にとって、生涯なつかしい思い出の場所であった。しかし、母親が熱心に宿題を見てくれたにもかかわらず、ウォルトの小学校の成績は、ぱっとしなかった。この子は注意力散漫で規定の学習課程についてこられない、と教師たちは口を揃《そろ》えて言った。それには、早朝の新聞配達による疲労も確かに影響していただろう。と同時に、ウォルトはいわゆる普通の学習方法というものに従うのがいやだったのである。彼は教室で与えられた読み物にはほとんど関心を示さなかった。だが、その一方、公共図書館をよく利用した。ウォルトはマーク・トウェインを片っぱしから読んだ。トウェインのミズーリ州での少年時代は、ウォルト自身の思い出に似通っていた。また彼は、十九世紀後半の人気作家ホレイショー・アルジャーの筆による、無一文の少年が奮闘努力の末、富と名声をかちえるという立志伝や、二十世紀に入ってハワード・ガリスが発明少年トム・スウィフトを主人公として書いた冒険シリーズに夢をふくらませ、スティーブンソン、スコット、ディケンズなども夢中で読みふけった。

ウォルトは昔から絵を描くことが好きだったが、図画の時間でさえ、彼は先生を喜ばせることができなかった。

「みなさん、先生の机の上の花を写生してごらんなさい」

四年生のとき、担任の教師がクラスの子どもたちにこう言った。教室を一巡して生徒の写生ぶりを見ていた先生は、ウォルトの机の横で立ち止まった。画用紙には、人間の顔のついた花が描いてあり、葉っぱの代わりに腕が生えていたのである。先生の言うことに従わなかったということで、ウォルトはこっぴどく罰せられたのだった。

それでも、ウォルトは自分の目に映ったままの絵を描きつづけた。彼がまず興味を示したのは、父親が購読していた社会主義系の小冊子、『理性に告ぐ』に載っている政治漫画を真似《まね》することだった。そのおかげで、シルクハットをかぶり、大きく突き出た腹に金時計をぶらさげている資本家と、作業服姿の労働者の絵を描くのがすっかりうまくなった。風刺漫画が上達したウォルトは、ある日、顔見知りの床屋に出かけていき、客の似顔絵を描いた。店主のハドソンはそれが大いに気に入り、毎週来て漫画を描いてくれ、とウォルトに頼んだ。こうしてウォルトの作品は、額に入れて床屋の壁に飾られ、その代わり、彼はただで散髪をしてもらったのだった。

ベントン小学校の同級生、ウォルター・ファイファーとウォルトのあいだに友情が生まれたのも、ウォルトの絵のうまさがきっかけとなっていた。ある日、ウォルトは学校で仲良しになったウォルターの家に遊びにいった。ウォルターはおたふくかぜで寝ていたが、ウォルトは画用紙と木炭を持っていって、この病気の友だちに絵の描き方を教えてやった。
それからというもの、ウォルトはファイファー家にしょっちゅう出入りするようになった。厳格なディズニー家とは対照的に、この家庭はいつもにぎやかな冗談が飛び交い、温かな雰囲気に満ちていた。音楽や観劇を愛好するファイファー一家を通して、ウォルト・ディズニーの目の前にボードビルの演芸ショーや映画の新しい世界が開けた。ウォルトの父は、この種の娯楽を軽佻浮薄《けいちょうふはく》で時間のむだと決めつけていたため、ウォルトがウォルター・ファイファーと劇場や映画館に通いはじめたことは父には内緒であった。

ファイファー家のピアノを囲んで、二人はボードビルの劇場で仕入れてきたジョークや歌を披露してみせたり、漫画映画を真似てパントマイムを演じてみせた。また、ファイファーの父のコーチを受けて、ちょっとした自作の芝居を小学校で披露したこともあった。

ウォルトが五年生のときだった。リンカーンの誕生日の日、父の山高帽をボール紙と靴クリームでシルクハットに改造し、これも父親の教会用燕尾服《えんびふく》を着込み、顎《あご》にはつけひげ、頬《ほお》にはいぼをくっつけて、リンカーンに扮装《ふんそう》した。このいでたちで学校に現れたウォルトに、校長のコッティンガムはすっかり感心してしまった。そこで校長はウォルトを連れて教室を一つ一つ回って歩き、ウォルトは有名なゲティスバーグの演説をみんなの前で暗唱してみせた。これは、その後もウォルトが卒業するまでベントン小学校の年中行事となった。

そのうち、ウォルトと親友のウォルター・ファイファーは地元の劇場の夜の素人芝居にも登場するようになった。チャップリンの物真似などを演じて四等賞の賞金二十五セントをもらったこともあった。『チャップリンと伯爵』『ふたりのウォルト』『ベントン小学校の少年たち』といった寸劇を二人は次々と考えだし、ウォルトは新聞配達を続けるかたわら、芝居のリハーサルに励んだのであった。さて本番、という夜になると、ウォルトは父親に見つからないように、自分の部屋の窓からこっそり抜けだして劇場へ向かった。ところが、ある晩、イライアスとフローラは娘を連れて、珍しく近所のボードビルに出かけていった。プログラムが進み、曲芸師が次の出し物の紹介をした。
「さて、ただ今より、私の頭の上に三つの椅子《いす》を積み上げ、そのてっぺんに少年を乗せてご覧に入れます」
高く積み上げられた椅子の上で、ふらふらと体のバランスをとっている少年を見上げたイライアスとフローラは、あっと驚いた。それは息子のウォルトだったのである。

毎日の新聞配達のほかにも、ウォルトは薬局に医師の処方箋《しょほうせん》を届ける仕事や、新聞の立ち売りなどもしていた。また、学校の昼休みには、学校の向かいの菓子屋の掃除をしに出かけ、そのお駄賃として温かい昼ごはんにありついた。仕事はウォルトにとって、絶え間のない、気の遠くなるような日課となっていた。朝、暗いうちに起きて洋服に着替えるときなど、靴のひもを結びながら眠ってしまうというようなこともたびたびあった。だから、仕事の合間のわずかな時間に、配達先の家の玄関前に置いてあった模型機関車をいじったり、友だちとフットボールやホッケーをするといった気晴らしは、ウォルトの心を何よりも慰めてくれたのである。

ウォルトは兄のロイがたまに家に帰ってくるのを心待ちにしていた。ロイは家出をしたのち、貨物列車に無賃乗車してカンザス州エリスの叔父、ウィリアムのところへ行っていた。そして彼は叔父の農場で働いていたが、やがて、カンザスシティにあるファースト・ナショナル銀行の預金係の職を見つけてディズニー家へもどってきた。八歳半という年齢の差こそあれ、ロイとウォルトの兄弟はマーセリーン時代と変わらぬ親密な関係をもちつづけ、ロイは弟に世の中のことをいろいろと教えてやった。

市街電車の乗車賃五セントを節約するためには何キロでも歩く、といった調子の父の倹約ぶりをよく知っていたウォルトは、ものをねだるということをめったにしなかったが、それでも欲しいものが一つあった。それは、つま先の部分が金属で、靴ひもに革飾りのついた長い革のブーツだった。あの靴があれば、水たまりや雪解けのぬかるみの中で新聞配達をするのにちょうど助かるからと、彼は父親に頼んだ。母フローラも夫を懸命に説得してくれた。一九一六年のクリスマスの日、欲しかったブーツがツリーの下に置いてあるのを見つけたウォルトは大喜びだった。それからというもの、この少年は毎日、真新しいブーツをはいて朝夕の新聞配達に出かけていった。

早春のある日のことだった。夕刊の配達を終えたウォルトは、いつものドラッグストアで友だちとソーダを飲もうとして往来を渡っていた。道にころがっていた氷の塊を勢いよく蹴《け》ったとたん、鋭い痛みが全身を走り、ウォルトは悲鳴をあげた。氷についていた蹄鉄《ていてつ》用の釘《くぎ》がブーツの底を破って足の親指に突き刺さったのだった。ウォルトの靴はそのままピッタリと氷の塊にくっついてしまった。

が、助けを呼ぶウォルトの声は市街電車の騒音にかき消されてしまった。彼は二十分もの長いあいだ、一人激痛に耐えていた。ようやく、通りかかった馬車の運転手がウォルトの足にへばりついた氷をたたき割って、医者に連れていってくれた。病院に着くと、医者はこう言った。

「君にゃ気の毒だが、その痛みを止めるものは何もないねえ。まあ、しばらく辛抱してくれよ」

医者は二人の助手にウォルトの足を持たせ、ペンチを使って親指の釘を抜いた。それから、ブーツを脱がせ傷口を開けると、破傷風の予防注射を打った。そのあいだウォルトは、額に脂汗をにじませながら痛みをこらえた。

毎朝、新聞を配達するという難業から解放された次の二週間は、ウォルトに自分の将来をあれこれ考える時間をもたらしてくれた。彼は、医者か弁護士になるという夢を、このとき、きれいさっぱりと捨ててしまった。学校の成績が良くないうえ、ディズニー家には息子を大学にやる経済的余裕などなかったのだ。ウォルトは芝居の世界に魅力を感じていた。彼は大勢の客の前で芸を披露することが何よりも好きだった。といっても、本場のボードビルの世界で競争を生き抜く自信はなかった。

ウォルトがいちばん興味をもっていたのは漫画を描くことだった。床屋のハドソンの店に来る客も、ベントン小学校のクラスメートたちも、ウォルトの描いた漫画を見て、プッと吹きだした。また、カンザスシティ美術学院の児童絵画教室は、ウォルトにとって、普通の学校へ通うよりもずっと楽しみだった。やがて、足の傷が治り、新聞配達にふたたび戻ったころ、ウォルトは漫画家になる決心を固めていた。

カンザスシティに移って七年の歳月が流れていた一九一七年、イライアス・ディズニーの心中にはふたたび不安が広がっていた。新聞販売の仕事は思っていたようには伸びず、信頼のおける配達少年はなかなか確保できなかった。そこへ、耳よりな話が持ち込まれた。シカゴのゼリー製造工場の利権が一万六千ドルで手に入り、それに合わせて、工場建設の責任者という地位ももらえるというのである。イライアスは全財産をはたくことにした。それには、息子のウォルター名義の二十ドルも入っていた。

その年の六月、八年制のベントン小学校を卒業したウォルトは、父のあとを受け継いだ新店主が経営する新聞販売店を手伝うため、ひと夏カンザスシティにとどまった。やがて、いちばん上の兄、ハーバートが妻と娘を連れて引っ越してきて、ウォルトやロイと同居することになった。ウォルトはロイのすすめで鉄道の仕事に応募することにした。ロイ自身もふた夏のあいだ、サンタフェ鉄道の売り子となって、列車内で新聞や飲み物、果物にキャンデーなどを乗客に売った経験があったからである。十五歳のウォルトは一歳さばを読んで車内販売の担当会社に仕事の申し込みをした。就職に必要な保証金十五ドルは、ロイが銀行で働いた金から出してやった。

社名入りのバッジと金ボタンのついた青いサージの制服に身を固めて、ウォルトはカンザスシティの鉄道駅に行き、商売道具を受け取った。売りかごには、果物やポップコーン、ピーナツ、チョコレート、清涼飲料などがぎっしり詰まっていた。初日は、カンザスシティから同じミズーリ州内のジェファーソンシティに至る八時間の乗車であった。ウォルトは、喫煙車の指定された座席に売りかごをいったん置くと、列車の入り口に戻った。そして、汽車が動きだすと、彼は車掌の後ろのステップに澄まし顔で立った。プラットホームにいる子どもたちに自分の制服姿をぜひとも見せびらかしてみたかったのである。

十五歳のウォルト・ディズニーにとって、鉄道の世界はロマンに満ちていた。それまで旅行の経験といえば、シカゴからマーセリーンへ、そしてマーセリーンからカンザスシティへの引っ越しの旅しか彼は知らなかったのだ。だが今やウォルトは、六つの州にまたがるいろいろな鉄道路線を乗り回すことができた。

一日中、車内で働き続けたウォルトは、鉄道ホテルや木賃宿で一泊し、翌日カンザスシティへ戻るというスケジュールであった。コロラド州プエブロに行ったときのことである。ウォルトは以前に、気の良さそうなセールスマンが、ぜひ行ってごらん、とすすめてくれた宿泊所のことを思い出した。その住所を捜しあてると、緑のビロードのガウンを着た、優しそうな女性が愛想よく迎えてくれた。その女性はウォルトがどこからやってきたのかを尋ねると、ビールを取ってくると言って部屋の奥に消えた。一人になったウォルトは周りの優雅な調度品や金色のピアノに感心し、ここの宿泊費は自分の予算では足りないのではないかと気をもみはじめた。と、二階のほうから笑い声が聞こえたかと思うと、若いカウボーイ姿の男が美人と腕を組んで、赤じゅうたんの階段を降りてきた。

〈待てよ、ここは、ふつうの簡易宿泊所じゃないぞ——〉

突如気づいたウォルトは、一目散にそこを逃げだした。

夏休みの鉄道販売の仕事はウォルトがまた一つ成長するのに役立ったが、金儲けにはならなかった。売りかごの中の腐りかけた果物にはハエがたかり、車掌の命令で汽車から投げ捨てなければならなかった。空きびんも回収に手こずり、売りかごから商品が盗まれたりして、それらをみんな弁償しなければならず、ウォルトの損失は増える一方だった。

夏も終わりに近づいていた。シカゴの両親のもとへ行ってハイスクールに通いはじめる日も間近い。ウォルトが出した赤字は兄のロイが肩代わりしてくれた。つまり、就職時にロイが貸してくれた保証金の十五ドルはそのまま会社に取られた格好になってしまったのである。

4

一九一七年九月、ウォルトはシカゴ、マッキンリー高校に入学した。その年十月発行の校内誌『声』には、こんな記事が載っている。

新入生諸君は、今年を飛躍の年にしようと張りきっている。これまでの状況を見るかぎり、彼らの誇りと決意は見かけ倒しのものではなかったといえるだろう。事実、彼らはすでに、活気あふれる高校生活の中に積極的に参加している。

新入生の一人、ウォルター・ディズニー君は、優れた美術の才能を発揮し、このたび『声』の漫画家に選ばれた。……

ウォルトはついに、自分の描いた漫画を印刷してもらう機会を与えられたのだった。『声』に掲載される彼の漫画は、軽快なタッチとユーモアにあふれ、戦争に行きたくてうずうずしている彼自身の気持ちがよく表れていた。海軍に入隊した兄のロイがセーラー襟の制服に身を固めて訓練先から帰郷したときなど、ウォルトは兄が羨《うらや》ましくてしかたなかった。背丈こそロイとほぼ同じくらいまでに伸びていたのに、入隊するにはまだ年齢が足りなかった。ウォルトは『声』誌上の自分の漫画の隅に、「さあ夏休みだ――アルバイトをしない者は戦場に行こう」とか「戦時貯蓄印紙を買おう――貯蓄こそ国家奉仕の道」といったスローガンを忘れずに書き込んだ。

ウォルトはまた、『声』のカメラマンとしても活躍し、週三日はシカゴ美術学院の夜間クラスに通って人体や動物の構造、ペン画法、漫画の描き方などを学んだ。講師の中には、『シカゴ・トリビューン』紙の漫画家ケーリー・オアや『ヘラルド』紙のリロイ・ゴシットなどもいて、ウォルトは新聞社にある彼らのオフィスを訪問することを許された。彼は自分の部屋にいつまでも籠《こも》ったまま何枚も絵を描き、一つの作品が完成するまで他人には絶対見せなかった。

やがてウォルトはギャグのファイルを作りはじめた。ボードビルに何時間も座り込んでは、漫画に使えそうなギャグを次々に書きとめたり、ヘイマーケットとかスターとかガーターといった劇場では、バーレスク・ショーのコメディアンからいろいろなギャグを拝借した。当時のバーレスクは家族ぐるみで楽しめる喜劇ショーとして人気があり、後年のようにストリップまがいの下品な見せ物にはまだなっていなかった。ウォルトはジョークをまとめると、いちばんおもしろいのを選んでは父の前で試してみた。イライアスはにこりともせずに聞いていたが、二日もたったのち、真顔でよく息子に言ったものだった。

「なあウォルター、おまえが言ったあのジョークだがね、ありゃおもしろいな。うん、めっぽうおもしろいよ」

イライアスは息子がなぜそんなに芸能の世界に夢中になっているのか理解できなかったし、また、漫画家になりたいという彼の望みに賛成する気もなかった。ただしウォルトが一家の経済になんらかの貢献をするかぎり、美術通信講座などの授業料は出してくれた。ウォルトは自分でも父のゼリー工場の雑用係をして働いた。びん洗い、キャップ閉め、ペクチン抽出のためのリンゴつぶし、木箱の釘《くぎ》打ち、果ては夜間のガードマンまでつとめた。

しかしゼリー工場の仕事は週七ドルにしかならないため、ウォルトはそこをやめた。そして時給四十セントを払ってくれるウィルソン通りの高架鉄道で、ガードマン兼、乗客整理係として働きはじめた。毎日放課後になると、制帽をかぶりバッジを付けて高架鉄道に飛び乗り、シカゴのターミナルに向かった。整理係の仕事は、ゲートから乗客が列車に乗り込むとベルを二回鳴らして運転士に発車の合図を出す、というものだった。

一九一八年の春、マッキンリー高校の一年目を終えたウォルトは、夏休みのアルバイトとして、友だちと一緒に郵便局で仕事をした。年齢をごまかして手に入れたこのアルバイトは、勤務時間が一日十二時間から十四時間にも及び、ウォルトは郵便物の仕分けをしたり、市内電車や高架鉄道のフリーパスを使って日中の速達配達をした。

ある日、主任から車を運転できるかと尋ねられたウォルトは、

「もちろんできます」

と答えた。カンザスシティにいた時分に、二気筒の乗用車を運転した経験があったからだ。だが彼が運転を命じられたのは、なんと前進とバックがそれぞれ四段切り換えの郵便トラックだった。ウォルトはシカゴの街をよろよろ運転しながら配達をして回ったが、車庫に戻るころには、このトラックの操作をすっかりマスターしていた。

日曜日には市電に乗り、グランド通りにある桟橋のいちばん先まで行って到着の郵便物を受け取った。郵便物は休暇中の人々が郷里へ宛《あ》てて出した絵葉書がほとんどだった。ウォルトはそれを持って、いったん郵便局の馬小屋に帰る。そして今度は馬に馬具を付けて荷車につなぎ、ダウンタウンの各ホテルに備え付けの郵便箱から郵便物を回収しに出かけるのだった。この仕事の初日、局の主任がウォルトにこう注意した。

「いいかい、馬はしたいようにさせとくんだよ。郵便箱のある場所もちゃんとわかってるし、帰り道もきちんと覚えてるからな。とにかく手綱をさわらなくていいんだよ」

手綱に手をかけないというのは、これはなかなかむずかしいことだった。車が無遠慮に横を突っ走っていくときなどは、特にそうだった。だが馬は確かにすべてを心得ていた。集配の道順を記したメモも要らない。馬は郵便箱の前に来るときちんと止まってくれるので、ウォルトは飛び降りて箱の中身を集めるだけでよかった。

馬車に乗っての郵便回収作業はこうして万事スムーズに運んだのだが、ちょうど折り返し地点にあたる大きなホテルに到着したとき、ウォルトは冷や汗をかくことになった。ロビーに入って郵便物をかき集めたあと外に戻ってみると、さて、馬がいない。ウォルトはあわてふためいた。荷馬車いっぱいに郵便物を積んだまま、このごった返す繁華街に馬が消えてしまった。どうしよう、自分の責任だ。真っ青になった彼は建物の前を行ったり来たりして、交差す

る路地を捜し回ったが、馬の姿はどこにもない。ウォルトは憂鬱《ゆううつ》な気持ちでホテルの玄関に戻ってきた。が、何気なくホテルの通路を見ている彼の目に、その向こう側の通りで例の馬がじっと待っている姿が飛び込んできた。この馬がホテルの周りをぐるりと半周して、建物の反対側で郵便局員を待つように仕込まれていた、ということをウォルトは知らなかったのである。

一九一八年の夏は、ウォルトにとって最高の夏だった。郵便局での勤務時間は長かったが、それは単調な骨折り仕事ではなかったし、オフィスに閉じ込められることもなく、たいてい屋外を走りまわっていた。夜は、同じ学校の女の子をデートに誘っては映画館やボードビルへ出かけていった。

生まれてはじめて、自分の思うままに使える小遣いをたっぷり手にしたウォルトは、八ミリカメラかカヌーを買おうと考えた。ガールフレンドはカヌーがいいとすすめたが、結局ウォルトはカメラを買うことに決めた。彼は路地で、三脚の上に据え付けたカメラを前に、チャーリー・チャップリンの真似《まね》をしてはそれをフィルムに収めて楽しんでいた。

夏も終わりに近づいたころ、連合軍はマルヌにおける二度目の戦いでドイツ軍の侵攻を食い止め、フランスのフォッシュ元帥は反撃開始を命じていた。ウォルトはますます従軍したくてたまらなくなり、両親に言った。

「年とってから僕の孫にきかれたらいやなんだよ。『どうしておじいちゃんは戦争に行かなかったの？ 怠け者だったから？』なんてさ」

海軍にいたロイはサウスカロライナ州のチャールストンに駐屯していたが、その後ニューヨークとフランスを往復する船上勤務に配属となった。その上の兄のレイモンドは陸軍に入っていた。ウォルトは自分も兄たちの仲間入りがしたくてたまらなかった。このまま秋の新学期にのこのこ学校に戻っていくことなど、とうてい考えられなかったのである。

郵便局の友だちだったラッセル・マースもウォルトと同じ気持ちでいた。二人は国境を越えてカナダ軍に志願することに決めた。アメリカ軍より年齢が多少足りなくても良かったからである。しかし、中身がぎっしり詰まった息子のスーツケースをラッセルの母親が見つけたことから、この企ては水に流れてしまった。ラッセルはウォルトとの計画を母親に白状し、彼女がフローラに警告を出したのである。

ところがある日、郵便局に出勤してきたラッセルが興奮した面持ちでウォルトに言った。

「おい、僕らが入れそうなのができるみたいなんだ。アメリカ救急部隊っていう志願兵だけのグループでさ。赤十字の一部なんだけど、運転手が要るんだって。年はあんまり厳しく言わないらしいぞ」

二人は正午になると、赤十字の本部に駆けつけた。救急部隊に志願できる年齢は十七歳以上ということであった。二人とも十六だったラッセルとウォルトは、年齢と名字《みょうじ》をごまかし、セント・ジョン兄弟ということで応募した。そこまではうまくいったが、パスポートの申請をする段で、二人ははたと困った。両親の署名が要るというのだ。ウォルトはやむなく両親に計画を打ち明けた。

「そんな許可なんか俺《おれ》は出さんぞ。息子の死亡証明書にサインするのと同じじゃないか」

父のイライアスは、きっぱりとそう言った。だが母のフローラは、上の息子三人が家出同然の形で親もとを離れていったことを持ちだし、ウォルトまでそういうことになってほしくないと言い張った。

「あなた、この子の決心はもう固いんですよ。家出されるよりは、これにサインしてやって居場所をちゃんと知ってたほうが、私は安心ですわ」

するとイライアスは、

「そうかい、じゃ、おまえ、俺の代わりにサインするがいいさ。俺にはできんね」

と言い捨て、部屋をさっさと出ていってしまった。フローラは夫の筆跡を真似てパスポート申請用紙にサインすると、ウォルトは生まれた年の一九〇一年というのが一九〇〇年に見えるよう、〝一〟を〝〇〟と丸めて書き直した。

ウォルトとラッセルはふたたび赤十字に行って書類を提出すると、ただちに採用となった。二人の少年は早速、制服を受け取ると、シカゴ大学の近くの遊園地跡に張りめぐらされたテントの詰め所に出頭した。そこで二人は、タクシー会社であるイエロー・キャブの機械工から、モーターの修理法や地形の険しい土地での運転の仕方などを教わった。

ところがちょうどそのころ、シカゴの町をインフルエンザの大流行が襲った。ウォルトもそれにやられてしまい、症状が悪化したため入院することになった。しかし病院に運ばれる途中、ウォルトの自宅がシカゴ市内にあることを知った救急車の運転手がこう言った。

「あんたは家に届けてやるよ。こんなにすごい勢いでインフルエンザが蔓延《まんえん》しているんじゃ、病院に入ったって生きちゃ出られないぜ」

ウォルトは運転手の忠告に従った。一方、病院に収容された仲の良い友だち二人は翌日、本当に死んでしまった。

母のフローラは、来る日も来る日も高熱にうなされるウォルトを懸命に看病し、パップ剤の湿布を続けながら解熱薬のキニーネをうんと飲ませた。ウォルトの部屋には暖房がなかったので、彼は両親の寝室に寝かされていたが、やがて妹のルースもインフルエンザにかかってしまい、彼女のベッドは台所のレンジの横に移された。インフルエンザは猛烈な勢いで広がり、何百人というシカゴ市民の命を奪った。ついにフローラまでやられてしまったが、彼女はそれでも、二人の子どもの看病を休まず続けたのだった。

やっと熱が下がり、元気を回復したウォルトは、救急部隊に戻った。ところが行ってみると、彼の部隊はすでに出発したあとだった。ラッセルももういなかった。ウォルトは別の部隊に配属されると、コネチカット州サウンドビーチに送られ、そこでフランス行きを待つことになった。

一九一八年十一月十一日、休戦条約の締結によって大戦が終わったというニュースがもたらされると、アメリカ国内は喜びにわき返った。が、サウンドビーチで待機していた赤十字の志願兵たちは、複雑な心境だった。志願兵としての大義名分がなくなった今、もう平時の運転手としてしか働けないのだ。彼らは、自分たちのことを皮肉をこめて〝失業部隊〟と呼ぶ一方、キャンプの規律が厳しすぎて自分たちはまるで召集兵のようだと不服を言いはじめた。そしてホームシックが風土病のように広がった。ウォルトも母の手料理が懐かしく、また、「あなたの帰りを待ってるわ」と約束してくれたガールフレンドが恋しかった。

ある明け方、懐中電灯の光がバラック兵舎の中をすばやく交差したかと思うと、誰《だれ》かが叫んだ。

「みんな起きろ！　起きるんだ！　五十名がフランス行きだ！」

隣に寝ていた仲間がウォルトをゆさぶった。

「おい、ディズ、起きろよ。五十人、フランスに行くんだってさ」

ウォルトはいかにも眠たそうに、

「どうせ僕なんか入ってないよ」

とつぶやくと、また眠りに落ちてしまった。ところが五十番目に呼ばれた名前は、ウォルター・ディズニーであった。仲間たちの手でベッドから引きずり出されたウォルトは、一時間後には、すでにホーボケンへ向かう汽車の中にいた。その夜、錆《さ》びかかった家畜輸送船ボーバン号はウォルトを乗せ、静かに岸壁を離れた。十一月十八日のことであった。


弾薬を積んだ船で大西洋を横断するというこの新しい冒険が始まるやいなや、戦争が終わってしまったというウォルトの失望感はどこかへ消えてしまった。ドイツ軍の潜水艦Uボートを警戒する必要はもうなかったとはいえ、船は、機雷がたくさん仕掛けられている水域を慎重に避けて通らねばならなかった。ウォルトは危険を承知で、弾薬がしまってある船倉の蓋《ふた》の真上で眠った。

十二月四日、ボーバン号はフランス、ルアーブルの港に入港した。アメリカ救急部隊はそこからパリ行きの列車に乗るため、鉄道の駅まで分列行進した。ウォルトは自分が鉄道の売り子のアルバイトをした夏、なじみになったアメリカの機関車に比べて、フランスの機関車がずいぶん小さくてかわいいのにびっくりした。そして、フランスの田園を突っ走る汽車の窓の外の景色をじっと見ながら、高い生け垣やポプラ並木が小さな農園の境界に植わっているようすを眺めていた。

パリの町は、まるで、まだ戦時中のような姿だった。タクシーに乗ってシャンゼリゼ通りを行くと、歩道は軍服姿の男たちで埋まっていた。エトワール広場の記念碑はどれも砂袋で固められていたし、手押し車の大砲がガタガタとうるさい音をたてては何台も通り過ぎた。ウォルトは、パリ郊外のサン・シールにあるアメリカ救急部隊の本部に出頭しなければならなかったので、市内はさっとしか見物できなかった。が、それでもフランス陸軍士官学校のあるこのサン・シールは、パリの華やかさに触れたあとではいかにも幻滅だった。志願兵たちの宿舎としてあてがわれたのは、じめじめとして薄ら寒い大邸宅で、ウォルトは固いベッドに横たわり、新聞紙を体に巻きつけてやっと眠りについた。食事も豚肉と豆の煮込みばかりという、うんざりするものだった。十二月五日、十七歳の誕生日の朝を迎えたウォルトは、わびしかった。

ウォルトはサン・シールからパリの第五避難病院に移動し、やがて配車センターの担当に回された。要するに陸軍将校のためのタクシー運転手である。ウォルトは大佐だの少佐だのを各本部や病院、公使館などに送り届ける仕事を続けるうちに、まもなくパリ市内の地理をすっかり覚えてしまった。時には、指定された行き先が売春宿のこともあった。

ウォルトはある日、豆や砂糖を満載したトラックを被災地のスワソンに運転していくよう、本部から命じられた。彼は助手を一人選ぶと、パリの郊外を抜け、田園地帯へとトラックを走らせていった。ところがある村を過ぎた地点でモーターがカランカランと変な音をたてだした。その雑音はだんだん大きくなって車体までひどく揺れだし、そしてついに、カタカタカタッという音をたててエンジンが止まってしまった。ウォルトは車の惰力を使って道の角を曲がり、鉄道の見張り小屋がある道路わきにトラックを止めた。どうやらピストンロッドが折れたらしい。ここであれこれいじくってみてもとても直らないだろう、とウォルトは考えた。「車から絶対離れないこと」という赤十字の運転手心得を思い出した彼は助手に、今通り過ぎたばかりの村から汽車に乗り、本部に応援を頼んでくるよう言いつけた。二月の寒いさなか、持久戦を覚悟したウォルトは、トラックの運転台に座り込んだ。

夜になると、ウォルトは寒さで足の感覚がなくなってきた。そこで彼は、おぼつかないフランス語で鉄道の見張り番に話しかけ、小屋の中に一緒に居てもいいかと尋ねてみた。見張り番は快く迎えてくれ、この若いアメリカ人から差しだされたパン、チーズ、牛肉の缶詰、チョコレートなどの非常用の食糧を喜んで受け取った。ウォルトは、その窮屈な小屋でうとうとしながら一夜を明かした。三十分ごとに見張り番が石炭を足してくれるちっぽけなストーブの暖かさが、五体に心地よくしみわたった。

パリからの応援が来ないまま翌日が過ぎ、三日目がきた。ウォルトは、空腹としびれるような疲れをどうすることもできず、村の宿屋まで歩いていくと食事を注文して部屋をとった。テーブルに運ばれたごちそうをよく見ると、骨付きの羊肉とグリンピースに混じってゴキブリが一四入っている。ウォルトはゴキブリだけ皿の外にぽいとつまみ出し、食べ物をものすごい勢いでかき込むとベッドにもぐり込んだ。

ハッと目が覚めたとき、ウォルトは狼狽《ろうばい》した。知らない間にまる一昼夜眠ってしまったのだ。あわてて踏切のところに駆け戻った彼はサッと血の気が引いていくのを覚えた。トラックがない——。ウォルトは、パリで自分を待ち受けているであろう処罰のことをあれこれ想像しながら、重い足を引きずって村に引き返した。貨物列車が到着すると、彼は乗務員に頼んで屋根の上に乗せてもらった。

本部にたどり着いたウォルトは、はじめて事の次第がわかった。応援を求めにやった助手は、二日間も酔っ払ってぶらぶらしたあげく、やっと事故の報告をしたのだった。故障したトラックはパリまで牽引《けんいん》され、積んだ食糧は無事であった。ウォルトは受け持ちのトラックを放棄したという重大な過失を問われようとしていた。だが、第五避難病院のしんせつな軍曹が将校の査問委員会でウォルトの弁護に立ち、この若い運転手はトラックのそばで二晩を過ごし、物理的に可能なことはすべて実行したのだ、と主張してくれた。将校たちは全員納得し、おかげでウォルトは無罪放免となった。道草を食っていた助手のほうは留置所送りと決まった。

戦争終結後、アメリカ兵はどんどんフランスを去っていた。赤十字の配車センターの仕事もめっきり減り、ウォルトはふたたび配置転換となった。今度はナンシーに近いヌフシャトーの軍人用簡易娯楽所である。ウォルトは暇つぶしに紙と鉛筆を取りだして漫画を描くようになり、それらをアメリカの二大ユーモア雑誌である『ライフ』誌と『ジャッジ』誌に送ってみた。だが作品はどれも丁寧な言葉を印刷した断り状とともに返送されてきた。

ウォルトは郷里の学校の校内誌に宛てて手紙を書き、それに自画像とか自分の目に映った兵士や捕虜などの姿を挿絵として入れた。また配属先の軍人施設に張るポスターを描いたり、兵士が家に送るための漫画を描いてやったり、自分が運転する救急車の屋根の覆い布に艶《なまめ》かしい女の絵を描いたりした。またウォルトは、フランス人将校から軍功章のメダルを借り、自分の上着にそれを真似て描き写したところ、娯楽所の同僚が見て、金を払うから自分の服にも描いてくれと頼んできたりした。

ウォルトは、土産物の商売を始めていたジョージア州出身のある野心的な男と手を組むことにした。この男は、帰国を前にしていた下級兵士たち、特に実際の戦闘に参加しなかった歩兵たちが戦争の記念品を欲しがっていることに目をつけたのである。ヌフシャトー駅に停車中の歩兵輸送列車が機関車を交換しているあいだ、彼は列車の通路に入り込んで、戦場で拾い集めてきたドイツ軍のヘルメットを兵隊たちに売り歩いた。彼はある日、ウォルトが自分の小型トランクに迷彩色を塗っていたのを見つけ、言った。

「おい、ディズ。俺のヘルメットにも狙撃兵《そげき》のやつみたいな色を塗ってくれないか?」

ウォルトはしぶしぶ承知した。そして、乾きの早いシェラックワニスを使っていかにも古びた感じのするヘルメットに塗りあげ、一個につき五フランの金を受け取った。ジョージアから来たこの男は、そのヘルメットにさらに泥をなすりつけ、鉄砲の弾を撃ち込み、その穴のぎざぎざに髪の毛を数本くっつけると、それらを軍用列車の中で高く売りつけたのであった。

ウォルトは、この商売から得た金と自分の月給の半額である五十二ドルを合わせて、母親に送った。またある日、兵舎でさいころ賭博《とばく》をやってみたところ、三百ドルもの金が転がり込んだ。ウォルトは急いでアメリカン・エクスプレスの事務所に駆け込み、妹のルースに腕時計を買ってやって残りは貯金しておいてほしいという伝言を付けて、その金をそっくり母親に送った。

八月、ヌフシャトーの施設は閉鎖され、ウォルトはパリに移動した。パリの町はすっかり変わっていた。軍服姿もあまり見かけなくなったし、住民の生活のテンポや気分も平常に戻りつつあった。サン・シールにあったアメリカ救急部隊の本部もすでに閉鎖され、そこにいたウォルトの仲間たちも引き揚げていったという話だった。その一方で赤十字は、戦時下のアルバニアで救急車の運転手として働ける者を募集していた。月給百五十ドルという、今まで手にしたこともない高給はウォルトにとって魅力だった。

ちょうどそのとき出くわしたのは、シカゴで一緒に赤十字に入ったラッセル・マースであった。二人はコニャック入りのフレンチコーヒーをすすりながら郷里のことを話し合ううち、筏《いかだ》を作ってハックルベリー・フィンのようにミシシッピ川を下ってみよう、という冒険を思いついた。ウォルトもラッセルもたまたまシェパードの子犬を買っていたので、犬も筏下りに連れていくことに決めた。ラッセルは即刻アメリカに帰国する予定だと言うので、ウォルトは彼に七十五ドルを渡して自分の犬を預け、先に連れて帰ってくれるよう頼んだ。

シカゴからやってきたこの二人の少年は、故郷の友人や家族に送る絵葉書用の写真を撮るため、パリ市内の写真屋に行った。十七歳のウォルトは憧《あこが》れの軍服に身を包み、誇りに満ちた表情でカメラに収まった。自分がフランスにいるあいだに大人になったということを、この写真でみんなに知らせたかったのだ。

一九一九年九月三日、司令官のパーシング将軍が部下を引き連れてパリを去ると、ほかの米軍部隊もそれに続いた。アメリカ救急部隊もようやく解体され、残っていた志願兵は帰国の途に就くため、みなマルセイユに送られた。ウォルトは船に乗り込んだ。いよいよアメリカに帰るのだ。そしてそこでは彼の人生がまさにこれから始まろうとしていたのである。

5

フランスで過ごした一年間は、まだ十八にもならない中西部の一少年をすっかり大人にしてしまった。ニューヨークに到着したウォルトは夢と希望ではちきれんばかりであった。彼はマンハッタンの巨大なエネルギーを肌で感じながら、高層ビルの建ち並ぶ街中をいかにも落ち着きはらった足どりで歩き回った。ニューヨークでいちばん楽しかった思い出の一つは、チャップリンの新しい喜劇映画を二本見たことであった。

ウォルトは急いでシカゴの我が家に戻った。が、外国から帰郷した若者がよく経験するように、彼の期待もまた見事に裏切られてしまった。ウォルトは自分を待っていると約束してくれたガールフレンドに、フランス製のレースと香水をお土産に持ち帰った。ところが彼女は三か月前に結婚してしまっていたのである。それに、預けておいたシェパードを引き取りにラッセルのところに行くと、子犬はジステンパーにかかってすでに死んでいた。ラッセル自身はといえば、働き口もガールフレンドもちゃんと見つけていて、ミシシッピ川の川下りのことなど、もうまるで頭になかった。

両親のイライアスとフローラは、いちばん下の息子の変わりようにずいぶん驚いた。ウォルトは、背丈が一七五センチ、体重七五キロにもなっており、肩幅も広がってがっしりした体格に成長していた。変わったのは体つきだけではない。顔つきもなんとなく世間慣れした感じだった。父イライアスは帰ってきた息子のこういう雰囲気にあまり感心しなかった。

ヨーロッパであれだけの体験をしてきたウォルトにとって、学校に戻ることなどとても考えられなかった。かといって、父が週給二十五ドルを出すと言ってくれるゼリー工場の仕事も、気がすすまなかった。

「父さん、僕はああいうタイプの仕事が好きじゃないんだよ」

ウォルトはそう言ってはっきり断った。イライアスは、何千人もの失業中の復員軍人が喜んで飛びつきそうな仕事なのに、と言ってもう一度すすめてみたが、ウォルトの心は動かなかった。

父は尋ねた。

「そんなら、ウォルター、おまえ、いったい何がやりたいんだ？」

「僕はね、漫画を描くアーティストになりたいんだ」

「アーティストになるって、おまえ、どうやって食べていくつもりなんだ？」

「それがわからないんだよ」

ウォルトは素直に認めた。だが彼は、このままシカゴにとどまることだけはしたくなかった。この町は騒々しくて汚いし、どうも好きになれなかった。彼はカンザスシティに戻ることに決めた。その年、一九一九年の二月に海軍を除隊した兄のロイがそこに落ち着いていたし、昔なじみの友だちにも会いたかった。それに『カンザスシティ・スター』紙なら、政治漫画を描く漫画家としてきっと雇ってくれるにちがいないと彼は確信していた。ウォルトは父の望みをよそに、さっさと荷物をまとめると汽車に飛び乗った。

カンザスシティに着いたウォルトは、ベルフォンテーン街にあるディズニーの家でロイと再会を喜び合った。そして二人の兄弟は、夜のふけるのも忘れて外国の冒険談に花を咲かせた。ロイはふたたびカンザスシティのファースト・ナショナル銀行で窓口係として働いており、月に九十ドル稼いでいた。彼は早く昇進して交際中のエドナ・フランシスと結婚したかった。この女性は、海軍でもこの銀行でもロイの同僚であるミッチェル・フランシスの姉であった。

ウォルトは、フランスで描いた作品をいくつか引っさげて、『スター』紙の事務所を訪ねた。が、漫画家の空きがないということで門前払いを食ってしまった。『カンザスシティ・ジャーナル』紙の事務所では編集長が会ってくれ、ウォルトのことを気に入ったようだったが、残念ながらここでも空きがないという返事であった。

がっかりしたウォルトがロイに事情を打ち明けると、ロイは、もっと現実的な職を探すように弟を説得しようとした。だが、ロイが銀行の友人にウォルトのことを何気なく話したところ、その友人は見習いを探している商業アーティストを二人知っていると言いだした。ロイはすぐさまウォルトに電話し、グレイ広告社ビル内のペスメン＝ルビン商業アートスタジオに応募してみるよう伝えた。ウォルトは急いでダウンタウンにあるこのスタジオへ駆けつけた。ルイス・ペスメンとビル・ルビンの二人の経営者はウォルトの熱心な態度に感じ入り、彼の描いたパリの風景画を見たあと、翌日からそこで働くよう言った。給料は後日決定ということであった。

新入社員のウォルトは、農機具や農業資材のメーカーの広告やレターヘッドの下絵を描くことになった。最初の課題は、鶏の産卵促進用飼料を売る会社のもので、ウォルトは鶏が巣いっぱいに産んだ卵がかえり、中から$《ドル》マークが飛びだしている図を描いてみせた。ペスメンは美術学校の夜間クラスでも教鞭《きょうべん》をとっており、たいていの若い学生が自分の作品を批判されるのを嫌うことをよく知っていた。だがウォルトは例外で、直されると素直に従った。

一週間目の終わりに、ウォルトの給料が発表になった。月五十ドルである。

「それで結構です」

ウォルトはやりかけの仕事から目を離しもせず答えた。家に帰ってロイにそのニュースを伝えたとき、ウォルトは、あの半額でも喜んで承諾するところだった、と白状したのだった。

自分の仕事ぶりを上司に喜んでもらおうと、ウォルトは懸命だった。ペスメンは、ニューマン劇場で配るプログラムのカバーのデザインを毎週描いていたが、あるときウォルトに、表カバーの仕上げをするよう指示した。普通ならこれだけでまる一日かかるところを、ウォルトはカバー両面を三時間で仕上げ、しかも、彼独自のタッチを加えるのを忘れなかった。

このペスメン＝ルビンのスタジオにアブ・アイワークスという風変わりな名前を持つ、のっそりした感じの青年がいた。彼はオランダ移民の息子で、ウォルトと同年輩であった。アブもまた、高校を中途退学していた。彼は以前、金融会社や農場で働いた経験があり、一九一九年の秋にこのスタジオに雇われて、レタリングやエアブラシの仕事をしていた。一か月遅れでウォルトが入社してくると、この二人の十八歳同士は仲の良い友だちになった。ウォルトは、ここでの面接のときに描いたレタリングのサンプルをアブに見せた。応募者はたいていアルファベットをいろいろデザインするものだが、ウォルトは自分の名前を使ってサンプルを描いていた。

「ウォルター・ディズニー、W・E・ディズニー、ウォルト・ディズニー、ウォルター・イライアス・ディズニー」

どれがいちばん良いかウォルトがアブに尋ねると、アブは、

「ウォルト・ディズニーだな」

と答えた。ウォルトも同感だった。

二人の青年は、農業関係のカタログからクリスマス用のデパートや劇場の広告に至るまで、膨大な量の仕事をこなした。が、その年の年末ラッシュが終わると、二人ともお払い箱になってしまった。

一九二〇年の年が明けた。ウォルトとアブ・アイワークスは、自分たちで商売を始めようと話し合った。ウォルトの幼友だちでもあり寸劇の相手役でもあったウォルター・ファイファーが、彼の父親に頼みこんで革職人組合の機関紙用のレタリングの仕事を持ってきてくれた。また、『レストラン通信』という業界誌を編集していた知り合いのアル・カーダーは、定期的な仕事は十分ないが、自分のオフィスの机を二台使うようすすめてくれ、その引き換えとして、たまにデザインの仕事をしてくれればいいと申し出てくれた。ウォルトは、これがアブと一緒に事業を始める良いチャンスだと思い、フランスで稼いで母に預けておいた金を送ってもらった。

ウォルトとアブは、会社の名前をディズニー＝アイワークスとしたかった。しかし事務所を置くことにした鉄道株取引所のビルのロビーに社名を載せてみたところ、後ろについた〝アイワークス〟という名前がいかにも〝眼の仕事〟、つまり眼鏡か何かを作る会社に聞こえることに気がついた。そこでしかたなく順序を入れ替え、アイワークス＝ディズニー商業アーティスツに決めた。アイワークスがデッサンやレタリングを一手に引き受け、ディズニーが漫画家兼セールスマンという役割分担である。ウォルトは印刷屋から劇場、商店、石油会社などを精力的に訪ねまわって

仕事を取ってきた。おかげで最初の月は百三十五ドルもの純益をあげ、これはペスメン＝ルビンで働いていたとき以上の報酬であった。

しかしアイワークス＝ディズニーの会社は、たった一か月続いたきり開店休業となってしまった。一月末、アブが『スター』紙上にこんな広告を見つけたからである。

アーティスト求む
漫画および水彩画の描けるベテランに定職あり
カンザスシティ・スライド・カンパニー
セントラル通り一〇一五番地

二人で話し合った結果、ウォルトが応募すべきだということで意見が一致した。彼が面接に行ってみると、会ってくれたのはその会社の社長、バーン・コーガーであった。コーガーはウォルトの描いた漫画が気に入り、週給四十ドルではどうかと申し出た。ウォルトは待遇の良さにびっくり仰天したが、本当は始めたばかりの商売をアブと続けながら片手間にできるパートタイムの口が欲しかったのだ。しかし、コーガーが探しているのは、あくまでもフルタイムの漫画家であった。

ウォルトはふたたびアブと話し合ってみた。アブはウォルトにその仕事に就くようしきりにすすめながら、自信ありげに言った。

「こっちの商売は、僕がちゃんとやっていくから大丈夫だよ」

だが、アブはセールスマンになるにはあまりにも内向的な性格で、商売はみるみるうちにすたれていった。その年の三月、ウォルトがコーガーを説得してアブも同じ会社に雇ってもらうや、アイワークス＝ディズニーのほうは宙に浮いた形となってしまったのである。

ウォルトが勤めはじめたこのスライド制作会社は、カンザスシティ・フィルム・アド社と社名を変更し、事務所もシャーロット街二四四九番地に移転した。ウォルトは今、動く漫画作りに首をつっこんでいた。映画館で上映する一分ものの広告フィルムの制作である。だが動画の技術はまだ原始的なものだった。人間や動物の絵を紙に描いて切り取り、台紙の上にピンで止める。その人形の関節を少しずつ動かしてはコマ撮りをし、見る者の目に人形があたかも動いているかのような錯覚を起こさせるのである。

アーティストたちは人形を切り取ると、アクションの概略を書いたものと一緒にしてカメラマンに回した。ウォルトはカメラマンのジミー・ラウリーと親しくなり、彼から、アニメーションの感じをうまく出すようなコマ撮りの方法を教えてもらったりした。まもなくラウリーは、ウォルトにカメラの操作さえ許してくれるようになった。

しかしウォルトは、こういうお粗末なアニメーションの作り方に飽き足らなかった。ニューヨークで制作される《マットとジェフ》とか《道化師ココ》などのシリーズ漫画は、見ていてはるかに現実感があった。これらは切り抜き人形ではなく、一枚一枚描いた原画をもとにしていたからである。この技法をぜひ学んでやろうと決意したウォルトは、市立図書館に行って二冊の本を見つけた。一冊はカール・ラッツ著の簡単な手引書で、動画の基本に関するもの。もう一冊は写真家エドワード・マイブリッジによる古典的著作ともいうべきもので、人間と動物の動きの研究書であった。ウォルトは馬やスポーツ選手が走る姿をとらえたマイブリッジの写真を穴のあくほど眺めた。そして写真のコピーを取って本を返すと、そのコピーの束を自分の机のわきに置いて、デッサンの参考とした。

ウォルトはまた、会社のコピーライターから回ってくる広告文が気に入らなかったので、自分で勝手にギャグをはめ込んだ。ある銀行の広告では、筏《いかだ》に乗ったまま川を流されていく男の姿を描き、「人生は漂うだけでは渡れない」とキャッチフレーズを入れた。また別の銀行用には、一頭の牛を追い掛けている蒸気機関車の絵に、「正しい軌道に乗らないで貯蓄をしようとしたって無理！」という一行を加えた。

ウォルトとロイは、まだ両親の所有になっていたベルフォンテーン街三〇二八番地の家に長兄のハーバート夫妻と同居していた。二人ともロイの恋人であるエドナの家によく遊びにいったが、そういうときはタイミングよく食事の時間にぶつかるようにしたものだった。

駆けだしアーティストのウォルトは、自分自身のスタイルというものを作りつつあった。使う言葉こそまだ洗練されておらず、時折、品のない言葉が飛びだしてきたものの、自分を表現することにかけては実に見事だった。特におとぎ話や、描こうとしているギャグの場面を説明するのは格別の腕前だった。またウォルトは、安定した給料を稼いでいたおかげでちょっと洒落《しやれ》た服を身につける余裕もできた。カンザスシティのアーティストたちが集まるダンスパーティーがあると、ウォルトは頭の先から足の先まできまったウエスタンふうの衣装でさっそうと現れ、その姿はまるでハリウッド映画に登場するカウボーイのようにハンサムだった。背丈もすっかり伸びて一八〇センチ近くあったし、フィルム・アド社で働く女の子の中からデートの相手を見つけることなど朝飯前だった。

ウォルトのアイディアのすばらしさは、フィルム・アド社での彼の作品を水際立ったものにしただけでなく、時にはデッサンの未熟さをも補ってくれた。帽子メーカーの映画館用コマーシャルを担当したとき、彼は帽子の広告にかならず登場してくるような美男美女の顔が自分には描けないと悟るや、帽子の下から滑稽《こつけい》な顔をのぞかせてみた。これには社長のコーガーのみならず、映画館の観客も大喜びした。

自分でいろいろ実験をしてみたいと思ったウォルトは、会社のコマ撮りカメラを一台貸してほしいとコーガーに頼んでみた。コーガーは最初は断ったものの、ウォルトがあまり何度も頼むのでとうとう折れた。ウォルトはロイの手を借りて、自宅の車庫の中に仮のスタジオを作った。そして毎晩、白熱電球の当て方を工夫しながら満足のいく原画の写真が撮れるまで、夜中を過ぎても実験を繰り返した。

こうして、一日中フィルム・アド社で働いたあと、夜は自分のスタジオで何時間もがんばるという日が続いた。ウォルトが作った短いアニメーションの宣伝フィルムが、地元ニューマン劇場の支配人、ミルトン・フェルドの気に入ると、今度はフェルドのほうからいろいろと新しい題材を提案してくれるようになった。劇場の開館記念日、政治キャンペーン、クリスマス用の宣伝などである。またフェルドは、無声映画の字幕を声を出して読む観客がいて困るのだがなんとかいい解決策はないだろうか、と相談をもちかけてきた。そこでウォルトは、そういうはた迷惑な観客の頭を木槌《きづち》でポカリとたたいたり、床の落とし穴から通りにほうりだしてしまう愉快な豆教授の漫画をこしらえた。

ウォルトは自分の制作するフィルムをニューマン・ラフォグラムと名づけた。その中で現在残っているのは数本しかないが、そこには、まだアニメーションを始めたばかりのアーティストとしては驚くほどの腕前が見てとれる。一枚の漫画がウォルトの手でみるみるうちに完成していくという画面をフィルムの早回しで仕上げていた彼は、やがて本格的なアニメーションに挑むに十分な知識を身につけた。その一例として、市の警察職員が恒例のように引き起こすスキャンダルを題材にした『カンザスシティ、春の大掃除』がある。画面では、警察官が行進しながら本部に入っていくと、中でものすごい乱闘騒ぎが起こる。やがてたたきのめされた警察官が建物からつぎつぎにほうりだされてくる。そして中から一人の男が出てきて入り口に看板をかける。その看板には「警察官募集」の文字——。スキャンダルつづきでうんざりしていたカンザスシティの市民は予想どおりこのフィルムに満場の拍手を送った。

以前からウォルトは、ニューヨークの漫画スタジオで使っている技術を真似《まね》てみたいと考えていた。それで、セルロイドのシートを買うようにフィルム・アド社の社長コーガーをせき立てていた。許可をもらったウォルトは、早速新しいセルロイド板を百枚注文した。だが、仲介人が勝手に注文の内容を変えてしまい、届いたのは一度使用済みの安物で、傷が入っていたりまだインクの跡が残っているようなしろものだった。それでもウォルトは、同僚と一緒にそれを一枚一枚、溶液をつけた柔らかい布できれいに拭《ふ》いた。ニューヨークのプロの漫画家たちがみんなしているように、自分もついにセルロイド板に漫画が描けるのだと思うと、彼は心が躍った。

ウォルトの夢はどんどんふくらんでいった。彼はさらにコーガーに提案してみた。

「うちでも短編のアニメーション映画を作って映画館に売れればいいと思うんですが」

だがコーガーはそれをはねつけた。中西部各地の映画館に向けて宣伝用フィルムを販売するというフィルム・アド社の商売はすでにかなり繁盛していた。今さら危険を冒してまで新しいものを手がける理由は、社長の彼にとって何も見当たらなかったのである。

ロイ・ディズニーはまじめで良心的な銀行員として勤め先から認められていた。給料も上がり、エドナ・フランシスとの結婚を真剣に考えていたところだった。しかし、ひどいインフルエンザにかかって扁桃腺《へんとうせん》を取り除く手術をした直後、喉《のど》から出血した。そこでレントゲン写真を撮ってもらったところ、肺に点状の影が発見された。結核であった。退役軍人局はロイをニューメキシコ州サンタフェの病院に送る手配をした。それは、ロイとエドナにとって辛《つら》い別れであった。二人は結婚できないまま、五年の月日を送ることになった。

一方、父のイライアス・ディズニーは、またもや事業に失敗した。彼が投資していたゼリー工場が破産に追い込まれ、社長は詐欺罪で刑務所に送られたのである。イライアスはふたたび居場所を変えて運を開こうと考え、妻のフローラとともにカンザスシティに戻ってきた。大工仕事を探すためであった。しかし大戦後の不景気の中で建築業も打撃を受け、仕事はほとんどなかった。

やがて、オレゴン州ポートランドの郵便局に転勤していた長男のハーバートが、両親に、ポートランドに来て一緒に住むようにと誘ってきた。イライアスはそれに応じる決心をし、一九二一年十一月、妻フローラと娘のルースを連れて汽車に乗り込んだ。駅まで見送りにきたウォルトの目が涙でうるんでいたのに、ルースは気づいていた。ウォルトはさよならを言うと、足早に駅を去っていった。

ベルフォンテーン街の自宅が新しい家主の手に渡り、ウォルトは荷物をまとめて下宿に移った。映画づくりのほうは車庫が手狭になっていたため小さな仕事場を借りることにした。それに、仕事量も一人ではきり回せないほど増えていたので、漫画作りを勉強したい少年を求める広告を出してみた。三人の応募者があった。ウォルトは狭苦しい仕事場で夜間授業を行い、漫画づくりの要点を少年たちに教えた。そして、給料は払えないが、これから商売がうまくいけばかならず利益を分配すると彼らに約束した。自分はきっと成功する、とウォルトは信じていたからである。

しかし、ラフォグラムのフィルムが本当に成功を収めるには、一分程度の時間ふさぎを作って映画館に納めているだけでは、とうてい話にならなかった。次のステップは、ニューヨークのスタジオが制作しているような短編漫画を手がけることである。そこでウォルトは、有名なおとぎ話を現代ふうにアレンジし、ギャグを入れてシリーズ漫画を作る計画をたてた。彼はまず第一作として『赤ずきん』を選ぶと、若いスタッフと一緒に六か月、夜間その制作に励んだ。

ウォルトはこの映画のできばえにすっかり満足し、週給六十ドルという高給をもらっていたフィルム・アド社をやめてしまった。そして地元の投資家から一人当たり二百五十ドルないし五百ドルをかき集め、合計一万五千ドルを資本金として、一九二二年五月二十三日、ラフォグラム・フィルム社を設立したのである。ウォルトはアブ・アイワークスにもフィルム・アド社をやめるよう説得し、結局、ラフォグラム社は前のアイワークス＝ディズニーの資産を引き継いだ形となった。二人はアニメーターを五人雇い、さらに営業マネージャー、トレースと彩色係の女性、セールスマン、秘書をそれぞれ一名置いた。事務所は三一番街とフォレスト通りが交差する地点にあるマコナヘイビルの二階で、五部屋がひと固まりになった一角に全員がおさまった。

ラフォグラム社は、『赤ずきん』の形式に従っておとぎ話の映画制作を開始した。買い手を探すためニューヨークに出かけたセールスマンは、ピクトリアル・クラブという配給業者と話をまとめて帰ってきた。やがて百ドルの小切手に添えて、漫画映画六本に対し一万一千ドルを支払うと約束した手紙が相手方から郵送されてきた。ラフォグラム社の従業員はみな、飛びあがらんばかりに喜び、ウォルトは一挙に五本の制作にとりかかった。『ブレーメンの音楽隊』『ジャックと豆の木』『三びきのくま』『長靴をはいた猫』『シンデレラ』である。

ラフォグラム社のオフィスは若いエネルギーにあふれる仕事場だった。社長のウォルトは二十歳。彼は経営者としてふんぞり返ることなく、アニメーションも多少描けば、カメラの操作から〝セル〟と呼ばれるセルロイド板を洗う作業もした。従業員の多くはまだ十代だったが、漫画づくりにかけてはウォルトに負けないほどの熱意を持ち、よく真夜中を過ぎても働いたものだった。会社の財政が苦しくて、週給の半分ずつしかもらえないことが何週間と続いても彼らは気にしなかった。

ウォルトが大枚三百ドルを投じて買った撮影機ユニバーサル・カメラはいろいろと役立った。週末にはそれをオープンカーの後部座席に据え付け、クランクを回しながらカンザスシティの繁華街を走り回った。帽子のつばを後ろにしてかぶり、ウォルトはさながらハリウッドのカメラマンだった。車には、「このフィルムは明晩アイシス劇場にて上映予定」と書いた大きな札がぶら下がっていた。

彼はまた、セルズニック、パテ、ユニバーサルといったニュース映画の通信員の仕事にもこのカメラを利用した。ニューヨークの事務所から取材の依頼電報が入ると、漫画の撮影は一時中止となり、ウォルトはスタンドからカメラを外し、三脚をつかんで表に飛び出した。そしてレンタカーの駐車場へ駆け込むと、借りた車のフロントガラスに報道用のステッカーを張り、一目散に現場へ向かうのだった。

さらにウォルトは、このカメラを使って赤ん坊のフィルムを撮影する商売にまで手を広げた。そして、できあがったフィルムをその親の自宅で映写するという出張サービスも提供した。

しかし一九二二年の秋ごろには、さすがの若いラフォグラム社の社員でも活気を保つのがしだいにむずかしくなる状況が生まれていた。おとぎ話の短編をピクトリアル・クラブに次々と送っていたのに、肝心の金が入ってこない。契約によれば、サインして六か月後に支払いが開始されることになっていたが、それを待っているあいだにピクトリアル・クラブはついに倒産してしまったのである。その結果、七分の短編漫画を合計六本制作した見返りとしてラフォグラム社が手にしたのは、頭金の百ドルだけであった。

給料袋の中身がだんだん寂しくなるにつれ、従業員が一人、二人と、会社を離れはじめた。アブ・アイワークスもフィルム・アド社に戻っていった。下宿屋に払う金も底をついたウォルトは、アブの部屋に二週間ほど転がり込んだが、その後はラフォグラム社の事務所に寝泊まりした。家賃が前払いしてあったからである。しかし事務所には風呂《ふろ》がなかったので、彼は一週間に一度、鉄道の駅に足を運び、公衆浴場で体を洗った。浴槽一杯の湯とタオルに石けんで一回十セントだった。それからウォルトは、両親や妹のルース、兄のロイなどを見送ったあのプラットホームに行き、しばらくじっとそこに佇《たたず》んでいた。汽車に乗り込んでは駅を離れていく乗客の姿を眺めながら、ウォルトは涙が流れるのをどうすることもできなかった。

「あのときは本当に寂しかったよ」

ウォルトはこのときのことを後年、そう回想している。

暮れも押し迫った十二月のある日、地元の歯科医トマス・マクラムから、歯科衛生を推進するフィルムを制作してほしいとの依頼がひょっこり飛び込んできた。このときウォルトは、質入れしていた自分の靴を請け出す一ドル五十セントすらなく、マクラムは自ら足を運んでウォルトの事務所までやってきてくれたのだった。ウォルトは元の従業員に何人か帰ってきてもらい、『トミー・タッカーの歯』と題するフィルムを仕上げた。思いがけなく手に入れた五百ドルの金に、彼はふたたび闘志を燃やした。

ウォルトはラフォグラム社を立て直すため、何か良い映画材料はないものかと思案した。彼はマックス・フライシャーが作った《インク壺《つぼ》より》の漫画に感心していたが、これは、アーティストの仕事机の上で漫画のキャラクターが動くという趣向であった。それならテクニックを逆にして、アニメーションの画面に生の人間を入れたらどうだろう――。ウォルトはそこで、漫画のキャラクターに交じって人間の女の子が次々と冒険をするという『アリスの不思議の国』のアイディアを思いついた。そしてバージニア・デービスという、愛嬌《あいきよう》のある六歳のモデルを雇った。彼女はメアリー・ピックフォードのような巻き毛をした女の子である。ウォルトは彼女のアクションを無地の垂れ幕の前で撮影する一方、あとで漫画に描く部分のストーリーを作っていった。

ウォルトはニューヨークの配給業者に宛《あ》てて、かなり意気込んだ手紙を送った。そのうちの一通、一九二三年五月十四日付けの手紙は、《インク壺より》やそのほかの漫画を配給していた女性、マーガレット・ウィンクラーのもとに届いた。

我々は、実に才気あふれるアニメーション漫画を新しく開発し、現在その第一弾を制作中であります。この映画のアイディアは画期的なもので、あらゆる階層の観客にアピールして大ヒットすることまちがいありません。人間の子役がアニメーションの画面の中で、漫画キャラクターと一緒にアクションを繰りひろげるのであります。……

さらにウォルトはウィンクラーに対し、ラフォグラム社が以前ピクトリアル・クラブに出した漫画をサンプルとして見てほしいと書いた。ウィンクラーが折り返しよこした手紙に勇気づけられたウォルトは、実際の制作にとりかかった。

しかし、映画づくりの資金は減る一方だった。有力な債権者や兄のロイからのわずかばかりの差し入れ金も、またたく間に消えてなくなった。同じビルの一階にある食堂のつけもどんどんかさみ、店の主人でギリシア人のジェリー・ラゴスは、つけがついに六十ドルになると、一緒に経営している相棒がうるさいのでこれ以上は勘弁してくれとウォルトに言ってきた。二日後、ジェリーがラフォグラム社の事務所に上がってみると、ちょうどウォルトが箱に腰かけて、煮込み豆の缶詰を缶からじかに食べているところだった。これを見たジェリーは思わず言った。

「よう、ウォルター、俺《おれ》はあいつがなんて言ったって平気だよ。さあ、下へ来て飯を食いな」

『アリスの不思議の国』が未完成のまま、ウォルトの資金はまったく底をついてしまった。彼は会社に投資してくれた後援者のところを回り、ラフォグラム社をなんとか救ってほしいと嘆願した。が、みんな、自分が注ぎ込んだ金のことはもうとっくにあきらめており、これ以上援助する気など毛頭なかった。六月十八日、ウォルトはウィンクラーに宛てて、映画の制作は都合で遅れるが、七月はじめまでには仕上げて自らニューヨークに持参するつもりだ、と手紙を出した。

彼はロイにも手紙を書き、苦境を訴えた。ロサンゼルス西部にあるソーテル地区の病院へ移っていたロイは返事をよこした。

「おまえ、もうそっちはいいかげんやめたほうがいいよ。これ以上、どうにもならないと僕は思う」

ウォルトは倒産の覚悟を決めた。その後、何年もたって事業の清算にケリがついたとき、各債権者は要求額の四五パーセントを受け取った。ピクトリアル・クラブの後継者からわずかながら金が入ったからであった。

同じカンザスシティのある漫画制作会社が、ウォルトに来ないかと声をかけてくれた。が、ウォルトは事業に失敗したこの町を早く去りたかった。そして漫画づくりのことも忘れてしまいたかった。彼は、漫画スタジオのメッカ、ニューヨークとはまったく逆方向のハリウッドに行こうと決心した。映画の監督になるつもりだった。ただし、唯一の問題は、汽車の切符を買う金がないことであった。ウォルトは家を一軒一軒訪問して赤ん坊の写真を撮り歩き、そのあとでカメラを売り払うと、カリフォルニア行きの片道切符を買った。

ウォルトは七月、カンザスシティをあとにした。チェックの上着に、ちぐはぐなズボン。手持ちの現金は四十ドル。革まがいの旅行鞄《かばん》には、ワイシャツが一枚、パンツが二枚、ソックスが二足にわずかばかりのスケッチ用具が入っていた。だが、ウォルトが手に握りしめていたのはカリフォルニア行きの一等車の切符であった。

第二部　漫画づくり（一九二三―一九三四年）

6

ウォルト・ディズニーが、半分しか中身の詰まっていない旅行鞄《かばん》を手にカンザスシティから出てきた一九二三年、ハリウッドは、いうなれば企業都市の様相を呈していた。映画製作者たちがカリフォルニアに進出しはじめてまだ十年とたってはいなかったが、今や映画は一つの産業としての地位を確立しつつあった。ハリウッドのレモン畑を切り崩しては大型のスタジオがいくつも建ち、周辺のカルバーシティやサンファーナンド平原のカフエンガ峠の周りにも、数々のスタジオが出現していた。ウォルトは、ロサンゼルスで隠居生活を送っていた叔父のロバート・ディズニーの家に落ち着くと、太陽の光り輝くこの新世界を探索しはじめた。

叔父の家のすぐそばは、マック・セネット監督が数多くのドタバタ喜劇を撮影したエデンデール地区であった。それから、あまり遠くないところに、グリフィス監督が作った『イントレランス』の巨大なセット、バビロンの廃虚《はいきょ》があった。ウォルトはまた大型の赤い市電に乗ってカルバーシティに行き、『ベン・ハー』のために作られた古代ローマの大競技場、サーカス・マクシマスに驚異の目をみはった。さらに彼はハリウッドのラブレア通りをぶらつき、英国ふうの平屋造りが並んだチャップリンのスタジオの前を通り過ぎては、あの尊敬するチャップリンにひと目でもいいから会えないだろうか、と密《ひそ》かに考えたりした。

ウォルトは、スタジオの中で働いてみたいと思った。映画の監督がしたかったのだ。彼はまず、ユニバーサル・スタジオの人事課に行ってみた。そして、カンザスシティでの自分の職歴を話し、監督の仕事はないだろうかと問い合わせた。が、いとも簡単に断られてしまった。

ほかのスタジオでも職の申し込みをしたが、結果はどこも同じであった。カンザスシティから出てきたような青二才など、誰《だれ》も相手にしてくれなかった。ウォルトは、どんな仕事でもいいからスタジオの中で働かせてほしいと食いさがったが、「今はなんの空きもありませんので」と断られるのがおちだった。

手持ちの金もなくなり、叔父のロバートに払う部屋代と食事代を合わせた週五ドルさえ、兄のロイから借りなければならなかった。ウォルトはロサンゼルス西部にある退役軍人病院を訪ね、入院中のロイに自分のいらだつ気持ちを打ち明けた。ロイは、漫画づくりに戻ったほうがいいとすすめたが、ウォルトは納得しなかった。

「だめだよ、兄さん、もう遅すぎる。やるんなら六年前に始めるべきだったんだ。ニューヨークのやつらを追い抜くなんて、僕には今さらできっこないよ」

しかしアニメーション映画は、娯楽映画として作られるようになって十年この方、たいした進歩は遂げていなかった。J・スチュアート・ブラックトン、ウィンザー・マッケイ、ジョン・R・ブレイといった先駆者の試みを土台に、漫画映画の制作が本格的な段階に入ったのは一九一四年のこと、アール・ハードがセルロイド板に描いた動画を背景画の上に乗せて撮影するという画期的方法を考えだしたときである。それ以来、アール・ハードの《ボビー・バンプス》、マックス・フライシャーの《道化師ココ》や《インク壺《つぼ》より》などをはじめとするシリーズ漫画が続々と登場した。だが、ほとんどの作品は動く続き漫画《コミック・ストリップス》の域を出なかった。キャラクターは平面的なうえ、ギャグからギャグへと忙しく動きまわるだけで、筋書きなどというものもまるでなかった。

ウォルトが自信をなくすというのは、めったにないことだった。が、彼は、自分がニューヨークの漫画スタジオにいるプロと競争できるはずがないと、本気で考えていた。それにハリウッドでは、スタッフとして働いてくれる漫画家もいない。アニメーションの仕事は一〇〇パーセント、ニューヨークに集中していたからだ。それでウォルトは相変わらず、映画スタジオでの職を探しつづけたのだった。

叔父のロバートは、ウォルトが働き口もなければ将来の展望も持っていない、と小言を言った。ウォルトの心はついに決まった。映画産業の中に割り込むには、漫画づくりしかない――。彼は、以前のやり方でお笑い漫画を作って映画館に売り込むことから始めようと考えた。そして、乾物用の空き箱や不用の木材をかき集めると、叔父の車庫の中に撮影台を組み立てた。

粗末な機材でなんとか漫画づくりを進める一方、ウォルトはもう一つの可能性を追求することにした。カンザスシティで作っていた『アリスの不思議の国』がまだ映画業界進出のための通行手形になるかもしれない、と考えたからである。ウォルトは、「漫画家　ウォルト・ディズニー」と印刷された便箋《びんせん》を注文すると、ニューヨークの配給業者、マーガレット・ウィンクラーに手紙を書いた。

ご連絡いたします。このたび私は、カンザスシティのラフォグラム・フィルム社とは縁を切り、前にお話ししたような新しいシリーズ漫画を制作するため、ロサンゼルスにスタジオを設立中であります。このような新企画の漫画制作には、なんといってもキャストに使える質の良いタレントが揃《そろ》い、制作施設も手近にある映画産業の中心地に居を構えることが、どうしても必要だからであります。

今後、前のスタッフの中から厳選のうえ、何名かをここに呼び寄せ、まもなく一定のスピードで制作を開始する予定であります。私としては、どこか映画スタジオの中に自分の作業場を確保し、技術的に細かい点とコメディーの状況設定をさらに研究して、この漫画の中に盛り込むつもりでおります。……

カンザスシティにいるラフォグラム社の債権者たちは、ウィンクラーの試写用に『アリスの不思議の国』を外に持ち出すことに同意してくれた。十月十五日、ウィンクラーからの電報が届いた。

シリーズ、モノニナルル。ハジメ六本、各千五百払ウ。映画受ケ取ルゴトニ、全額スグ送ル……。

すでに夜も遅くなっていた。ウォルトはバスに乗ってソーテルの病院に行き、ベランダに張り出したロイの病室に入っていった。ロイは驚いて目を覚ました。弟のウォルトが、そばで一枚の紙切れをひらひらさせながら嬉《うれ》しそうににっこり笑っている。

「何ごとだよ」

ロイは小声でささやいた。

「やったんだよ！　いい話なんだ！」

ウォルトは、思わず大声を出してしまった。同じ病室の患者が身動きする気配に、ロイは「しっ」とウォルトを制すると、小声で説明するよう言った。ウォルトは電報の内容を話しはじめた。これこそ、彼がアニメーションの商売にやっと本格的に乗りだせる、またとないチャンスだ。だが、それにはどうしてもロイの援助が要るのである。

「ねえ、ロイ、やろうよ」

ウォルトは懸命に頼んだ。ロイは落ち着きはらったようすで、見通しを検討した。ウォルトは約束どおりに映画を全部納めることができるだろうか。ウォルトは、できる、と答えた。儲《もう》けはあるか。ウォルトは計算してみた。映画は一本七百五十ドルで制作できる。ということは、百パーセントの利益だ。

「よし、ウォルト、やってみよう」

ロイは言った。ウォルトはにんまり笑って兄の肩を軽くたたくと、暗い病室を忍び足で出ていった。

翌朝、退院したロイは、二度と病院に戻らなかった。肺の患部はすでに治っており、その後、結核に煩わされることもなかった。彼は、毎月もらえる八十ドルの軍人恩給の中から二百ドルの金を貯めており、それをこの新しい事業に注《つ》ぎこんだ。彼はまた、地元の銀行を訪ねまわってローンを申し込んだが、映画の商売はリスクが高すぎるということで、どこからも断られてしまった。こうなると頼りにできるのは叔父のロバートしかいない、とロイは考えた。だが叔父は、

「ウォルターは、借金を返さんからな」

と言って、渋い顔をした。ウォルトの兄レイモンドが、ラフォグラム社に投資した金六十ドルをまだ返してもらって

いない、とこぼしているのを聞いていたからである。しかしロイの説得のかいあって、叔父のロバートは甥《おい》たちの新しい事業のために五百ドル貸すことを、やっとのことで承知した。

一九二三年十月十六日、ウォルトとロイのディズニー兄弟は、ウィンクラーとの配給契約にサインした。《アリスコメディー》のシリーズ六本の配給料は各千五百ドル、その後の六本に対しては各千八百ドル、さらにその後はウィンクラー側が望めばもう二本の制作を要求できる、という内容であった。

ウィンクラーは前の電報の中で、アリス役は未完成の映画の中で使った同じ女の子にしてほしいと特に注文をつけていた。そこで、アリス役のバージニア・デービスの父親は自分の仕事をやめ、カンザスシティから家族ぐるみでカリフォルニアに引っ越してきた。ウォルトは、バージニアの出演料として月に百ドル払うことを約束した。

ウォルトは不動産屋に行って、月十ドルという格安の貸し部屋を一つ見つけてきた。そして彼は、二百ドルの中古カメラを買うと、ロイに操作の仕方を教えた。またトレース・彩色係として、女性二人を週給十五ドルで雇った。アニメーションは全部ウォルトの仕事であった。

十二月十五日までに納めると約束していた第一本目、『アリスの海の一日』は予定どおりに仕上がり、クリスマスの翌日、ウィンクラーから嬉しい電報が届いた。フィルムのできばえはまずまずで、早速小切手を郵送した、とある。ディズニー兄弟は、やがて到着したそのはじめての小切手を手に、大いに励まされたのだった。

ウォルトは、シリーズ第二作目『アリスのアフリカ狩猟』にとりかかった。彼は、オフィスから三ブロック離れた交差点わきにある空き地を、月十ドルで借りることにした。そこはバージニア・デービスや、一人五十セントの出演料で呼び集めた近所の子どもに芝居をさせる撮影所となった。アリスに連れられて出演している犬は、叔父ロバートが飼っていたシェパード犬のペギーであった。

一九二四年二月、ウォルトは第一号のアニメーターとして、ハム・ハミルトンを雇った。そして、キングスウェル通り四六四九番地の小さな店舗に事務所を移した。賃貸料は月三十五ドルで、さらに七ドルで借りたそこの車庫もオフィスに改造した。店の窓ガラスには、「ディズニー・ブラザーズ・スタジオ」の文字が書きこまれたのだった。

配給者であるマーガレット・ウィンクラーとの意見の交換を通じて、ウォルトは、ありきたりのドタバタ喜劇とはひと味違う漫画の制作に試行錯誤を重ねていった。こうしてできあがった三作目『アリスのおっかな冒険』が気に入ったウィンクラーは、これを利用して、アリス漫画のシリーズをニューヨーク周辺の州で売り込んだ。《アリスコメディー》は結局、一九二四年三月にはじめて一般の劇場で公開された。

ウォルトは、次の映画に進むごとに製作費もよけいかけるようになっていった。そのため、彼の儲けはだんだん少なくなるどころか、時にはまったく残らないこともあった。スタジオにもっと資金が要ると考えたウォルトは、ロイに恋人のエドナからすこし融通してもらうよう提案してみた。

「そんなこと、絶対だめだよ」

ロイは反対した。にもかかわらず、ウォルトはカンザスシティに残っているエドナに手紙を出し、ロイには内緒で金を貸してほしいと頼んだ。保険会社に勤めながら多少の貯金をしていたエドナは、二十五ドルの小切手をウォルトに送ってよこした。しかし、それを見つけたロイは激怒した。

一九二四年五月末、ウォルトはともかくも、《アリスコメディー》の最初の六本を作り終えた。彼はアニメーションの大部分を受け持ったのだが、それはきつい骨折り仕事であった。自分がもっと脚本作りに時間をかけられれば仕事もずっとはかどるだろうに、とウォルトは思った。彼はギャグを考えだすのは得意だったが、一流のアニメーターになるには絵を描く実力が足りないことを自覚していた。ウォルトは、アブ・アイワークスの応援を頼むことに決めた。

当然のことながら、アブはカンザスシティから離れるのを渋った。前にウォルトと一緒に仕事をしたとき、給料が千ドルも未払いになっていたからだ。もっともアブは、のちに清算金として四百五十ドルを受け取ることになった。だが、その当時フィルム・アド社で週給五十ドルを稼いでいた彼にとっては、安定した今の職を捨ててハリウッドのディズニー・ブラザーズ・スタジオという、将来も定かでないところに移るのは、いかにも無鉄砲なことに思えた。しかしウォルトは、人を説得することにかけてはたぐいまれな才能を持ち合わせていた。結局アブは、かつてのパートナーであったウォルトに宛《あ》て、カリフォルニア行きを決心した旨、手紙を書き送ってきたのである。

アブの給料は週四十ドルということで二人は合意した。そして六月末、アブはカリフォルニアにやってきた。ウォルトはおかげで、ギャグやストーリーに自分の全エネルギーを投入できることになった。と同時に、アニメーターとしての役割には、ここで一生の別れを告げたのである。

アブがスタッフの一員となった今、ロイとウォルトの取り分はほとんど残らなかった。二人ともすでに叔父ロバートの家を出て、下宿屋の一室に同居していた。食事は自分たちで作るか、そうでなければ近所のカフェテリアでとった。二人の兄弟は、すこしでも食事代を節約しようと工夫した。たとえばそのカフェテリアに行ったときは、ウォルトが肉類の皿を取り、ロイが野菜を取る。そしてテーブルにつくと、それぞれの皿から半分ずつ取って分けあった。

アブが仲間入りしてくれたおかげで、《アリスコメディー》の漫画は質も制作のピッチもぐんと上昇した。ただ、金まわりだけはすこしも良くならず、ニューヨークに宛てて書くウォルトの手紙にはあせりの色さえ表れはじめた。というのは、マーガレット・ウィンクラーがチャールズ・ミンツという男と結婚し、夫のミンツが会社の采配《さいはい》を握るようになっていたからである。それ以来、製作者と配給者の関係は以前のように誠意のあるものではなくなってしまった。ミンツは約束の半額しか送金してくれなかった。ウォルトは、漫画の質を向上させるために利益は度外視して制作しているという状況を説明し、契約どおりの金額を払ってほしいと懇願した。しかしミンツは、自分の会社も資金不足なので、これ以上支払いのテンポを速めるわけにはいかないと突っぱねた。

一方《アリスコメディー》の喜劇的要素がだんだんとうまく出るようになるにつれ、大衆や評論家の反応も良くなった。『モーション・ピクチャー・ニュース』紙は『アリスの西部劇サーカス』を評してこう書いている――「漫画家ウォルト・ディズニーは、実際に演技をする人間と漫画を結合するうえで新奇な方法を編みだした。非常におもしろく、実に楽しい作品である」。ロンドンの『キネマトグラフィック・ウィークリー』誌も『アリスと三びきのくま』について、「漫画と俳優の演技が見事に一体となっている」ことを認め、『ムービング・ピクチャー・ワールド』誌は『アリスとカニバルズ』を評して、「ウォルト・ディズニーのこのシリーズ漫画は……一本一本がその前の作品より想像力に富み、気のきいたものになっている。特にこの映画はまったくすばらしい」と絶賛した。

一九二四年十二月、ミンツは新契約の申し出をしてきた。アリス漫画をさらに十八本追加して各千八百ドル、それに映画のレンタル料からあがる利益を一部分配する、という条件である。これでようやく、ディズニー・ブラザーズ・

スタジオにも安定した足場ができることになった。ウォルトは、ラフォグラム社での仲間だったヒュー・ハーマンとルディ・アイジングの二人を、新たにカンザスシティから呼び寄せた。

兄と弟がひと部屋に同居するというのは、精神的になかなか疲れることであった。ウォルトもロイもお互いに神経がとがってきて、ささいなことでも言い争いの種になった。特に食事をめぐって二人はよくけんかをした。食事の用意をするのは、ウォルトより下宿にいる時間が多かったロイの担当だった。午後、昼寝をするよう医者に命じられていた彼は、いつも仕事を早目に切りあげて帰宅したからである。ある夜ウォルトが、夕食がまずくて食べられないといいちゃもんをつけると、ロイはかっとなった。

「そうかい。なんだ、おまえなんか。俺《おれ》の作ったものが気に入らないんなら、いっそのこと、一緒に住むのもやめようじゃないか」

そこで、ロイはエドナ・フランシスに電報を打ち、カリフォルニアに来て自分と結婚してほしいと申し込んだ。

一九二五年四月七日、エドナが母親に付き添われてやってくると、四日後には叔父のロバート・ディズニーの家で結婚式の運びとなった。ディズニーの両親イライアスとフローラも、長男ハーバートと一緒にポートランドから駆けつけた。新郎のロイの付き添い役にはウォルトがなり、一方、新婦に付き添う女性には、スタジオでトレースと彩色の仕事をしていた美しい娘、リリアン・バウンズがなった。

リリーの愛称でみんなに呼ばれていたリリアンは、アイダホ州ルイストンの開拓者一家に生まれた。そして、一九二三年地元の商業学校を中途退学すると、ロサンゼルスに嫁いでいた姉の家に遊びにやってきた。そのとき彼女は、ディズニー・ブラザーズ・スタジオでセルロイド板に漫画を写しとって彩色する仕事をしている女性に出会い、もう一人空きがあることを知って応募してみた。リリーを面接したウォルトとロイは、彼女が魅力的で仕事もてきぱきやりそうなうえ、家が近くだから車代を払わなくてすむ、ということで意見が一致した。こうしてリリーは週給十五ドルでスタジオに雇われたのである。

仕事に没頭していたウォルトは、この新参のトレース係の娘に注意を払う暇もなかった。だが、スタジオの業務用にフォードの小型オープンカーを買ったのちは、時々、彼女を家まで送り届けてやったりした。そしてある日、ウィンクラーから小切手が届くや、ウォルトは早速、ロサンゼルスの高級紳士服店で粋《いき》なダブルのスーツを買い求め、それを着てはじめてリリーの家に遊びにいったのである。

それ以来、ウォルトは頻繁にリリーを訪ねていくようになった。やがて彼は、オープンカーの中古車ムーンを買い、週末にはリリーを乗せてドライブに出かけた。夜は二人で映画館に乗りつけ、ウォルトがライバルの作った漫画を見ているあいだ、リリーは彼が買ってくれた犬と一緒に車の中でじっと待っていた。そして映画を見終わったウォルトは、その作品を良いだの悪いだのと彼女に一生懸命解説するのだった。

ウォルトは以前からよく、自分が二十五歳になって、しかも一万ドルの貯金ができるまで結婚はしないと宣言していたが、どちらも彼が言ったとおりにはならなかった。ロイがエドナと結婚すると、ウォルトはリリーに自分たちも結婚しようともちかけたのである。

一九二五年七月十三日、ウォルトは、七十五ドルをはたいて買ったダイヤの指輪をリリーの指にはめた。結婚式は、アイダホ州ルイストンで消防署長をしているリリーの兄の自宅で行われた。ウォルトとリリーはハネムーンにシアトルとその近辺を旅行し、ロサンゼルスに戻ってくると、簡単な台所設備のある一間のアパートに落ち着いた。家賃は月四十ドルであった。その後リリーは、特に忙しいときしかスタジオで働かなかった。

兄と弟が揃って所帯を持つことに決まったときから、この事業を何がなんでも成功させねばならないという二人の心理的圧迫は、ますます強いものになった。ロイは財政管理の手綱をゆるめることなく、すべての経費を会社の帳簿に丁寧につけていった。そして一九二五年七月六日、ディズニー兄弟はハイペリオン通り二七一九番地の空き地を、四百ドルの頭金で押さえた。ここにもっと大きなスタジオを作る計画だったのである。

ウォルトとロイは、叔父のロバートに借りた金五百ドルを無事返すことができた。が、手持ちの現金が減ってくると、二人は自尊心を抑えつつ、もう百ドル貸してほしいと叔父に頼み直さねばならなかった。ロイも軍人恩給として毎月入ってくる八十ドルをそっくり寄付していた。しかしなんといっても、スタジオの財政がいちばん頼りにしていたのは、漫画を納入するごとに送られてくるウィンクラーからの金であった。

小切手は今、チャールズ・ミンツの義理の弟であり、ハリウッドの駐在員でもあるジョージ・ウィンクラーから直接届けられるようになっていた。だが、その入金が遅れがちなのをウォルトがミンツにこぼすと、ミンツは、アリスの映画があまり次々にできすぎるからだと返事をしてきた。これがきっかけとなって、ウォルトとミンツとのあいだに憤りに満ちた手紙のやりとりが始まったのである。ウォルトは、最終フィルムを納めるのが一九二六年の一月五日であるという契約にあくまでも従って努力しているのだと主張したのに対し、ミンツは、今まで受け取ったシリーズからは一ドルの利益もあがっていないと反論した。

二十三歳の映画製作者ウォルト・ディズニーは、映画界の厳しい現実をまざまざと見せつけられていた。映画を制作しても自分でコントロールできる配給会社を持っていないかぎり、配給業者の慈悲にすがらねばならない。ユニークで独創的なアーティストであるだけではだめなのだ――ディズニーは、そう痛感した。映画界で生き延びるには、猛烈な図太さが必要なのであった。

ミンツは金がないと言う一方で、ふたたび契約更新を提案してきた。《アリス》漫画一本につき千五百ドル払い、またフィルムのレンタル料が三千ドルを超えた場合、それ以降の利益を折半するという内容のものである。それから二か月というもの、ミンツとウォルトは手紙と電報を通じての巧妙な駆け引きを続けた。

一九二六年二月八日、ウォルトが電報で送った提案をミンツが受け入れたことで、交渉にはやっと終止符が打たれた。この提案は、それまで彼らが話し合った条件を多少修正したものであったが、そこには、今後ディズニーの営業方針の基本となるべき重要な条項がいくつか含まれていた。ウォルトは、「各映画を最高の方法で仕上げる」かわりに「コメディーの性格に関することはすべて自分に一任される」と主張した。また彼は、「《アリスコメディー》の趣向ないしは名称が映画以外のもの、すなわち玩具《がんぐ》、新案商品、新聞漫画などに使用される場合には、そこから得られる収益を双方が公平に折半することで合意する」条項を盛りこんだ。だが、なかでももっとも重要だったウォルトの提案は、「《アリスコメディー》の商標および著作権は、これまでの契約のもとで貴社が買い取ったシリーズに関するものを除き、すべて自分の所有物である」という箇所であった。

この新契約がまとまったちょうどそのころ、新しいスタジオへの引っ越しが始まっていた。ロサンゼルスの中心から数キロ離れたシルバーレイク地区にあるハイペリオン通りの一角である。幅およそ一八メートル、奥行き一二メートルの敷地に建てたスタジオは平屋で、外装は白い化粧しっくいであった。建物の中は、ウォルトとロイのオフィスのあいだにだけ仕切りを入れ、残りのスペースはアニメーターやトレース係が陣取った。社名も、単一の人名を使ったほうが聞こえが良いし目だちやすい、と考えたウォルトは、ディズニー・ブラザーズ・スタジオをウォルト・ディズニー・スタジオと改めた。

変わったことがもう一つあった。ウォルトは、いかにも青二才的な自分の外見が、映画界で取引をするうえでマイナスになっていると以前から気にしていた。ところが、同僚のアニメーターと賭《か》けをして試しに口ひげを伸ばしてみると、すこし大人びて見える自分の顔が気に入りだした。ウォルトは、口ひげをそのまま生やすことに決めた。

7

ここに一枚の写真がある――一九二六年、ハイペリオン通りの新スタジオを背に、ずらりと勢揃《せいぞろ》いしたディズニーの制作チーム七名。一名を除いて全員カンザスシティの出身であるが、どの顔にもカリフォルニアという、この新世界の息吹がみなぎっている。ロイ・ディズニーのほかはみな、二十代の半ばである。そのうち四人は、例の互いに賭《か》けをして生やした口ひげをたくわえ、ほかの者よりいくぶん大人っぽい雰囲気を漂わせている。もっともウォルトは口ひげのせいで、当時の人気コメディアン、チャーリー・チェースを少しまじめにしたような顔つきをしている。青年たちのあいだでポーズをとっているのは、おませな子役、マージー・ゲイである。バージニア・デービスは、芝居の道を歩かせたいという両親の希望で《アリスコメディー》から降りていた。マージーは箱をひっくり返した上に本を重ね、その上にちょこんと立っている。男性は全員、一九二〇年代のハリウッドの流行にしたがい、膝下《ひざした》で裾《すそ》を絞ったニッカーズをはいている――いや、そういうふうに見えるだけで、実際は長いソックスの中にズボンの裾を押しこんでいるだけなのかもしれない。みんなの笑顔はいかにも自信ありげで、そこには仕事に対する心意気がありありとうかがえる。

彼らは事実、コメディー漫画の制作に心底打ちこんでいた。カンザスシティでの失敗という苦い経験のあとだけに、ウォルト・ディズニーはハリウッドで始めたこの映画づくりをぜひとも成功させようと決意していた。そして、救世主的とでもいえるほどの使命感に燃えてリーダーシップをふるった。スタッフのほうもウォルトのやる気に応《こた》え、起きている時間のほとんどをスタジオの仕事に注ぎこんだのである。

《アリスコメディー》を始めて二年――。ウォルトはこのシリーズが何かマンネリに陥ってきていることに気づいた。お茶目な女の子と漫画のキャラクターを画面で合成するというアイディアは、すでにその新鮮さを失っていた。それに、漫画のアクションの中にこの子役をうまくはめ込むことが、ますます困難になっていった。主人公のアリスは元来は滑稽《こっけい》な登場人物ではなかったので、その代わり、コメディー的要素の大部分は猫のジュリアスから引き出さねばならなかった。

《アリスコメディー》がいきつくところまでいったと思われる一九二六年の末のことだった。ユニバーサル映画社の創立者で野心家のカール・レムリが、ウサギを主人公にしたシリーズ漫画が欲しいとミンツに言ってきた。そこでマーガレット・ウィンクラーが夫のミンツに、そのシリーズを《アリス》に代わるものとしてディズニーにやらせてみてはどうかと提案したのである。この新企画に張りきったウォルトは、漫画化したウサギのおおざっぱなペンシル・スケッチを何枚か送った。そしてスケッチに添えて、「この絵が貴殿のお考えになっているものと違うということであれば、ご連絡ください。もう一度やり直します」と書いた。

ユニバーサル社はそのスケッチを承認すると、ディズニー・スタジオに対し、シリーズ第一作目の制作許可を与えた。このシリーズにはミンツの考案で、《しあわせウサギのオズワルド》という題名が付けられた。一九二七年の四月はじめ、ウォルトはスタッフとともに子だくさんのウサギの物語をまとめるや、第一弾『可哀《かわい》そうなパパ』を急ピッチで完成させた。

が、ニューヨークにあるユニバーサル映画取引所の検討委員会は次のような欠点を指摘して、この作品に落胆の意を表した。

「(一) 出だしの約三十メートルは貧弱なアニメーションが原因でアクションに滑らかさが欠ける。(二) アクションに繰り返しが多すぎる。同じようなシーンがだらだらと続き、実質的には漫画のテンポが遅い。(三) 主人公のオズワルドは、愉快なキャラクターとはおよそほど遠い。これという個性もなく、オズワルドに関するかぎり、これから独特の味を出せる可能性がなにひとつ見当たらない。（四）この映画は単なるギャグの寄せ集めで、全体を通じてストーリーのスの字もない」

委員会はさらに付け加え、チャーリー・チャップリンを除けば、映画の喜劇スターはかならず〝スマートで粋《いき》な男〟である、と述べた。オズワルドも若くてロマンチックなキャラクターであるべきなのに、今のままでは年もふけていてしまりがなく、太っちょなのだ。

結局のところ《しあわせウサギのオズワルド》は、駆けだしのウォルト・ディズニーがはじめて手がけた純粋の漫画映画として、貴重な教訓を彼にもたらしてくれた。ウォルトは、自分がそれまで直感していたことをここではっきりと再確認したのだ。つまり、漫画を作るには個性と魅力にあふれる中心人物の存在が不可欠であり、かつ、しっかりしたストーリーが必要だということである。だが、筋書きを強調しすぎると笑わせる場面がなくなってしまう。そういう意味では、映画会社の検討委員会というものが作品の創造性を殺してしまう役目も果たし得るのだ、とも彼は考えた。

ウォルトとアブはなんとかオズワルドをもっと感じの良いキャラクターにできないものかと、毎日、夜遅くまで検討を重ねた。第二作目をミンツに発送したとき、ウォルトはこう書き添えている。

「この作品には今後さらに改善の余地がたくさん残されています。私は、オズワルドをもっと個性的でかわいらしいキャラクターに仕立てたいと考えております。貴殿とユニバーサル社がもうしばらくのあいだ辛抱して時間の猶予をくださりさえすれば、観客をあっと言わせるようなすばらしいシリーズにできるものと信じています。……また現在、撮影カメラに新型モーターを取りつけている最中で、これまで目だっていた画面のムラも解消するでしょう。これで将来はもっと鮮明で良質の作品ができると私は確信しております」

《オズワルド》の第三弾が完成したとき、ウォルトは依然としてミンツに「当方のエンジンがかかるまで」もうすこし我慢してほしいと懇願した。が、まもなくこのシリーズは、ウォルトが望んだとおりに進みはじめた。主人公のウサギに滑らかな動きと魅力が出てきたうえ、場面の背景もぐんとおもしろみを増した。

業界誌の映画評に取りあげられた《オズワルド》は興行主の目にもとまるようになった。『フィルム・デイリー』紙はシリーズの封切り作に決まった『トロリー・トラブル』を評してこう書いている――「……市電の車掌に扮《ふん》するオズワルドはメチャクチャにおもしろい。この作品と続いての二本は上映の予約をしても絶対、期待はずれにはなるまい。ヒットまちがいなし」。さらに『ムービング・ピクチャー・ワールド』誌の記事にもこうある――「ウサギを主人公に仕立てあげることで漫画に新鮮な特色を出しているうえ、ディズニーのこのシリーズは気がきいていてストーリーの展開もスピーディー、実に愉快である。……アニメーションのできも良ければ、いかにも人間を彷彿《ほうふつ》とさせるジェスチュアや表情を漫画のキャラクターにさせているディズニーの巧みな演出が、映画全体の楽しさにつながっている。どんな種類の劇場でも上映の値うちは十分」。

観衆は、シリーズのはじめからオズワルドに歓声を送った。と同時にこの主人公は、専門家からも注目を集めた。ニューヨークで活躍するアニメーターたちである。彼らはディズニーの《アリスコメディー》を興味しんしんで見ていたが、今度は《オズワルド》シリーズがもつ独特のユーモアと滑らかなスタイルに圧倒された。

オズワルドの人気が上昇したおかげで、このキャラクターを商品に使いたいという申し込みが業者から早々と入った。オズワルドの名前が最初に使われたのは、オレゴン州ポートランドの製菓会社が作ったマシュマロ入りのチョコレートである。その包み紙には「ユニバーサル映画『オズワルド』をお見逃しなく！」という文字が入っていた。またフィラデルフィアのある会社は、オズワルドの顔が入ったバッジを売り出した。だが、ディズニーはこうしてオズワルドが利用されることに対して、何も著作権料を要求しなかった。この漫画シリーズにとっていい宣伝になると考えていたからである。

ウォルトがアニメーターをさらに雇い入れると、アブを筆頭とするスタッフは二週間に一本という速いペースで《オズワルド》漫画を制作しはじめた。ユニバーサル社とミンツはそのできばえに満足したのだろう。映画が仕上がるごとに、ディズニーのもとには二千二百五十ドルの小切手が即座に送られてきた。ウォルトとロイは、今後の明るい見通しに元気を出した。彼らは隣り合わせになった二区画の土地をリリック通りに買い、それぞれ七千ドルをかけてうり二つのプレハブ住宅を建てた。

《オズワルド》の契約は一九二八年の二月で切れることになっていた。ウォルトは、ミンツやユニバーサル社との新契約を交渉するため、妻リリーと一緒に汽車でニューヨークに向かった。ロサンゼルスを出発する前、ウォルトは何か厄介なことが起こりそうだということをアブの口からそれとなく聞いていた。アブが言うには、二週間おきにスタジオにやってくるミンツの義弟、ジョージ・ウィンクラーという人間はどうもくさい——。仕上がった《オズワルド》の映画とアブが描いた劇場用ポスターをただ受け取るだけでなく、何かほかにも用事を足しているらしい、というのである。ウィンクラーがスタジオでほかのアニメーターとよくひそひそ話をしているのを、アブは疑惑の眼で眺めていたのだった。が、ウォルトはアブの懸念を本気にせず、楽観的な顔でそのままニューヨークに発った。

ミンツはウォルトとリリーを温かく迎え、二人をホテルでの昼食に招待した。その席には《アリスコメディー》の配給を引き受けることによって映画製作者ウォルト・ディズニーを世に送り出したマーガレット・ウィンクラー・ミンツも一緒だった。食事をはさんでの会話はなごやかなものであった。が、ウォルトには、愛想のよいミンツの言葉が何からわべだけのものに聞こえた。そのとき、『フィルム・デイリー』紙の編集長、ジャック・アリコートが偶然テーブルのそばを通りかかった。ミンツはアリコートに、ウォルトを《オズワルド》漫画の製作者であると紹介した。

「《オズワルド》——。やあ、それは、それは。なかなかの評判じゃありませんか。売りあげのほうもかなりの成績だそうですな」

アリコートのお世辞にウォルトは上機嫌だった。が、ミンツがその言葉をいかにも迷惑そうな顔で聞いていたのを、ウォルトは見逃さなかった。

《オズワルド》の新契約の交渉は、四二番街にあるミンツの事務所で開始された。ウォルトはまず、このシリーズがまぎれもなく大ヒットしている事実を挙げて、一本当たりの値段を今の二千二百五十ドルから二千五百ドルに上げてほしいと要求した。

「いや、千八百ドルだな」

ミンツは答えた。〈千八百ドルだって？　それじゃ、スタジオは赤字じゃないか——〉ウォルトは説明を求めた。

それに対し、ミンツは意外なことを言いだした。

「君がこの値段を呑《の》むか、さもなければ僕が君の会社を乗っ取るか、それのどちらかだ。君んところの主だったメンバーは、みんなこっちに頂戴《ちょうだい》してるんだよ」

ウォルトは自分の耳を疑った。〈このミンツがディズニーのアニメーターたちをこっそり引き抜く陰謀をたくらんだって？　それに、カンザスシティで漫画の手ほどきをしてやったあのスタッフの面々が自分を捨ててミンツに寝返るなんて——〉ウォルトは、この最終通告を考える時間がしばらく欲しいとミンツに言った。そして、ホテルに駆け戻るとロイに電話をかけ、ミンツの爆弾宣言を伝えた。ロイは早速、社内を調査した。その結果、アブ・アイワークスを除くほとんど全員のアニメーターがミンツに忠誠を誓ったことが明らかとなった。

ミンツはウォルトに返答を迫ったが、ウォルトは時間をかせごうとした。業界紙の編集長であるアリコートが自分の味方であることを知ったウォルトは、この男が仲介の労を取ってくれたフォックス社やMGM社との話し合いに望みをかけていたのだ。だが、両社とも《オズワルド》の配給に興味を示さなかった。切り札は今や、ミンツの手中にあった。契約により、《オズワルド》映画はユニバーサル社の所有物であり、ウォルト・ディズニーのものではないのである。ウォルトはがっくりと肩を落とした。あれだけ心血を注いだ貴重な作品なのに、それが自分のものでないとは——。ウォルトはこのみじめなニュースを妻に伝えながら自らの心に誓った。〈今後二度と、他人の下で働いてやるものか〉

ロイに宛《あ》てた三月七日付けの手紙の中で、ウォルトはこう書いている。

「……僕らはこの悪徳の町にまだぶらぶらしながら、救いの女神を待っている状態だ。……ユニバーサルがここで漁夫の利を得ることになってくれればいいと望みをつないでいるんだ。つまり、ミンツを捨てて僕らと直接取引をしてくれないかということなんだが、まあ無理だろうね。……」

ウォルトはロイへの連絡に際してはあくまでも冷静な態度を保ち、自宅の温水器の元栓をしめておいてくれとか、家の雌犬が妊娠しないよう気をつけてくれ、などと細かい注文を書き添えた。そしてウォルトは兄をこう励ました。

「元気を出そうじゃないか。結局、最後は僕たちが笑うことになる——。そのときの笑いこそ最高の笑いさ」

しかしついにウォルトは敗北を認めざるを得なくなった。彼はミンツの事務所に行き、提案された条件を呑むことはできないから自分は《オズワルド》を手放す、と伝えた。ウォルトの顔には、意外にも恨めしい表情がなかった。彼は、年上のミンツに忠告さえ与えてやるほど、余裕をもっていた。

「あなた、せいぜい自分を守りなさいよ。うちのスタッフが僕にこういうことをしたんなら、あいつらはあなたにも同じことをやるでしょうからね」

勝利を手中に収めたそのときのチャールズ・ミンツには、《オズワルド》が自分の手からいつかもぎ取られてしまうなどということは、とうてい考えられなかった。だが、それはのちに現実となったのである。

ウォルトとリリーは荷物をまとめると、傷心をひきずりつつニューヨークをあとにした。ウォルトはロイ宛てに電報を打った。

今夜発ツ。カンザスシティニ寄ルタメ、日曜朝七時半着ク。心配無用、詳細ハ後日。ウォルト

8

ミッキーマウスがどのようにして生まれたか——。そのいきさつは伝説のベールに包まれている。しかも、その伝説の大部分はウォルト・ディズニー自身が作りあげたものである。ウォルトは、《オズワルド》を失うという手痛い打撃を受けたのち帰途の汽車の中でこのネズミの主人公を思いついた、という話を好んでよく人にした。はじめは、モーティマーという名前にしようかと思ったが、妻のリリーが反対したため、しかたなくミッキーにしたというエピソードである。また、カンザスシティ時代、自分の画板の周りを走りまわっていたペットのネズミがミッキーのモデルになったということも、ウォルトはほのめかしている。どちらの話も事実にもとづいてはいるのだが、本当のところミッキーマウスの誕生は、ミッキーのユニークな性格と声を提供したウォルト・ディズニーと、そのネズミに形と動きを与えたアブ・アイワークスの意気投合した共同作業の結果であったように思われる。

ウォルトとリリーがサンタフェ鉄道でロサンゼルスに着いたのは、一九二八年三月のある日曜の朝だった。ニューヨークでの交渉の詳しい報告もそこそこに、ウォルトは兄に言った。

「今度、また別のシリーズを始めるんだ」

ウォルトとロイは新しい企画を始めることでは合意したものの、それをどうやって開始するかが問題だった。《オズワルド》はあと三本作ってミンツに送らなければならないし、彼らを裏切ったアニメーターたちにしても、六月まではここにいるのである。ウォルトとアブは、チャールズ・リンドバーグが大西洋の横断飛行に成功したという最近のできごとにヒントを得たストーリーを思いついた。そして早速アブが、部屋のドアに鍵《かぎ》をかけてアニメーションを描きはじめた。誰《だれ》かがノックするとやりかけの仕事はさっと隠し、代わりに《オズワルド》の絵を手もとに置く――。こうしてアブは、『プレーン・クレイジー』というタイトルの漫画を、一日に七百枚という猛烈なスピードで描きあげた。《クレージーキャット》を描いたビル・ノーランの一日六百枚という記録を破ったのである。

原画ができあがったあとの作業は、さすがにスタジオの中では隠しきれるものではなかった。そのため、ウォルトは自宅の車庫に間に合わせの作業場を作り、そこでリリーやエドナ、それにリリーの姉であるヘーゼル・スーウェルがトレースと彩色を担当した。そして、完成したセルをウォルトが夜スタジオに持っていき、忠誠組の従業員であったマイク・マーカスがカメラを操作してフィルムに収めたのである。毎朝アニメーターらが出勤するころには、『プレーン・クレイジー』を制作している証拠はなにひとつ残されていないという具合だった。

こうして第一作目のミッキー漫画が完成すると、サンセット通りのある映画館で試写をする運びになった。一九二八年五月十五日のことである。試写会ではいつもそうだったが、ウォルトは映画館のオルガン奏者に一ドルのチップを握らせるのを忘れなかった。ギャグの効果がいっそう高まるよう、そこの部分を音楽で強調してほしかったからだ。観客の反応はといえば、熱狂的とはいえないまでもかなり良好であった。これに元気づけられたウォルトは、第二作目の『ガロッピング・ガウチョ』に入った。彼はもはや、陰謀でもたくらんでいるかのようにこそこそと仕事をする必要はなかった。《オズワルド》の裏切り者たちは、すでにスタジオを去っていたからである。

一方、映画界では革命的なできごとが起こっていた。音声の入った映画の登場である。それまで映画というものは、いくつかの実験的な失敗作を除いては、すべて無声であった。ところが、一九二七年十月六日、ニューヨークのワーナー劇場で初公開となった劇映画『ジャズ・シンガー』が、映画の形態を永久に変えてしまったのである。もっとも映画界の大物たちは、すぐにはその事実の重大さに気づかなかったのだが、ウォルト・ディズニーはそれを見抜いていた。彼は、音というものがアニメーションの制作にとって不可欠の要素になると考えた。そこでウォルトは、

《ミッキーマウス》漫画の最初の二本に買い手がまだついていなかったにもかかわらず、ただちに三作目の企画に入った。今度はもちろん、音を入れるのである。

三本目の《ミッキーマウス》として、ウォルトとアブはバスター・キートンの喜劇を拝借し、『蒸気船ウィリー』を作ることにした。前半のアクションは、昔からよくボードビルで流されていた『蒸気船ビル』の曲に合わせ、後半は『わらの中の七面鳥』に合わせるという趣向である。〈しかし、一体全体、どうやって音とアクションを合わせればいいんだろう――〉ウォルトは考えこんだ。彼は音楽に関しては、ずぶの素人であった。

音楽教師の母親を持つウィルフレッド・ジャクソンが、スタジオにメトロノームを持ってきた。そこでジャクソンとウォルトは、一秒間に二十四コマ進むというサウンドカメラのフィルム速度に合わせ、曲の所要時間を計る方法を考えだした。そして、ジャクソンがハーモニカを吹く一方、ウォルトはそのメロディーに合わせるには漫画が何コマ必要なのかを、五線譜の上で計算してみた。

これで、技術的な面はなんとか解決した。だがそれにしても、観客は漫画の登場人物がものを言ったり歌ったりするのを、すんなり受け入れてくれるだろうか。四半世紀ものあいだ、一言もしゃべらなかった漫画のキャラクターが、ここで口を開いて何か言いはじめたら、現実的すぎて、微妙な空想の世界がこわれてしまうのではないか――。ほかの映画製作会社が恐れていたのも、まさにこの点であった。

ウォルトは七月のある暑い夜、スタッフの妻たちをスタジオに招いて実験をしてみた。スクリーン代わりのシーツの上に『蒸気船ウィリー』のフィルムを映す一方、みんなで手分けをして音楽や効果音、多少のせりふなどを挿入し、画面が突拍子のないものに見えるかどうかを観察したのである。スタッフは全員、これでうまくいきそうだと結論を下した。一方、観客のはずだった奥さん連中は、この実験映画のことよりむしろ、子どものことや料理の話に夢中になっていた。『蒸気船ウィリー』はこうして無声映画のままで仕上がり、そのあと音を入れる箇所の目印がフィルムの上につけられた。

いわゆるトーキーと呼ばれた有声映画の登場で、ハリウッドは混乱状態に陥った。大手映画会社がこのサウンドシステムを独占してしまい、独立系のスタジオが使用するのを妨害したのである。しかしニューヨークでは、このサウンドシステムがもっと利用しやすい状態にあった。そこでディズニー兄弟は、ウォルトが一人でニューヨークに出かけていくほかはないと考え、有り金をかき集めた。

フィルムを入れた丸い缶を小脇《こわき》にかかえ、楽譜をスーツケースにしまったウォルトは、自信たっぷりでニューヨークに着いた。一九二八年九月はじめのことである。ウォルトの目には、映画界がまるでフランス革命のさなかにあるかのように映った。音の革命によって混乱した映画会社は、どこもかしこも安くて性能のいい録音システムを求めて、我勝ちに奪い合いを展開していたのであった。

ウォルトは業界紙の編集長をしていたジャック・アリコートから、録音技術に関する専門家を何人か紹介してもらった。その中には、大手の映画会社がやっているのと同じようにレコードに吹き込みをしたほうが良い、とウォルトにすすめる者もいた。だが、ウォルトは納得できなかった。レコードはなくなったりこわれたりする可能性がある。それに、映写係がレコードの溝をちょっとまちがえただけで、音響とアクションはまったくばらばらになってしまう。そうなると、画面の生みだすイメージもなにもあったものではない。音はフィルムの上に一緒に録音しなくてはだめだ、とウォルトは確信していた。

会社まわりが始まった。〝ムービートーン〟というシステムを持っていたフォックス社は注文取りに忙しく、西海岸からやってきた一介の漫画製作者など、とり合う暇もなかった。RCA社は無愛想ながら、録音を引き受けると答えた。それでウォルトがサンプルを見たいと固執すると、実験的に音を吹き込んだイソップ物語の漫画を見せてくれた。だが、そのできばえたるやひどいもので、音楽もオーケストラに少しばかりの雑音を加えただけで、会話と画面はまったく合っていなかった。

映画界の幹部たちにとってトーキーは依然として正体の知れないものでしかなかったのに対し、ウォルトは、映画の音というものがもつ将来にますます確信を抱くようになった。結局、ウォルトがいちばん気に入《い》った業者は、〝シネフォン〟という独立した録音システムを所有していたパット・パワーズであった。家に宛《あ》てた手紙の中で、ウォルトはパワーズを「実にハイカラな男」と、いかにも感服した調子で描写している。パワーズは、ストランド劇場のオーケストラ指揮者、カール・エドアルドにウォルトをひき合わせた。エドアルドは、ウォルトの漫画の録音をぜひやりたいと意欲をみせ、楽団員が五、六人と効果係二人で足りるだろうと言った。一方パワーズは、自分の取り分も含めて千ドルの料金を要求した。と同時に、自分のコネを使って配給会社を捜す援助もしよう、と申し出た。ウォルトはパワーズと組む決心をした。

彼があとになって知ったことだが、このパット・パワーズという人物は、ニューヨークの映画界では一流のペテン師として名が通っていた。パワーズが昔この業界で犯した詐欺行為は、伝説にさえなっていた。もともとバッファローで鍛冶《かじ》屋をしていたこのアイルランド系の男は、映画製作機械の特許を所有していたパテント社の撮影カメラを不法に製造販売し、当時まだ揺籃《ようらん》期にあった映画界に強引に入り込んだのであった。一九一二年には、ユニバーサル社の支配権をめぐり、それまでパートナーだったカール・レムリと凄絶《せいぜつ》な争いを繰りひろげ、結局レムリに負けたものの、パワーズはその後も依然として業界に居座りつづけた。ウォルトが彼に出会った一九二八年、パワーズはふたたび最初の手口に戻っており、無断で製造した機械類を売りはじめていたのである。彼の〝シネフォン〟も他人の特許をもとにしていた。

この時まだ二十六歳という若さの漫画製作者ウォルト・ディズニーは、パワーズがもつアイルランド人特有のスマートな魅力に圧倒されてしまった。彼は、家に宛てた手紙にこう書いている。

「パワーズはたいした人物だ。……それに仕事の鬼でね。……ずいぶん個人的に良くしてもらっている。……大物だから、たとえばパラマウント社の社長に何か見せたいものがあると、電話一本で『おい、アドルフ、ちょっとこれを見に来ないか』なんて、簡単に誘っちまうんだ」

ウォルトは、頭金として五百ドルの小切手をパワーズに渡すとただちにロイに連絡し、口座にきちんと金が入っているよう確かめておいてほしいと頼んだ。ところがいざ録音の段階になって、楽団員が十七名にドラム、シンバルの係と効果係を合わせて三名が必要だと言われ、ウォルトはあわてた。

「小型のオーケストラでやってくれと言って、こっちはもう顔をまっ赤にして抗議したんだが、聞き入れてくれなかった」

ウォルトは手紙の中でこうロイに弁解したのち、自分で自分をなぐさめるようなことを書いている。

「でも、こいつは僕らのはじめてのトーキーなんだから大ヒットさせなくては。そうしたら、シリーズ全体の売れゆきは確実だ」

録音の終わった九月十七日、彼はロイに宛てて電報を打った。それは、録音の結果が満足のいくものではなかったためやり直しをすること、そして、パワーズにさらに千ドルの小切手を支払ったので入金を頼む、という内容であった。

ウォルトは、高い金をむだに使ってしまったという、どうしようもない失望感を必死に隠そうと努めていた。指揮者のエドアルドは、ウォルトの意図を無視し、スクリーンのアクションを見ながら楽団を指揮するだけでフィルムと音楽を合わせられると言い張った。が、実際には、画面の速度に指揮者がとてもついていけなかったのである。

一方カリフォルニアでは、ロイが二度目の録音費用をかき集めるのに苦労していた。ウォルトは、はなはだ手痛い犠牲をはらうことを決心し、愛車のオープンカーを売り払ってくれと兄に伝えた。

二度目の録音に向けウォルトは、音楽のリズムと画面を合わせるためのマークを、新たにフィルムの上に付け直した。そしてエドアルドには、楽団の規模を小さくして効果係の人間も二人だけ雇うよう説得した。ウォルト自身も、ミッキーマウスの声とミニーの叫び声、それから、「誰かが落っこった！　誰かが落っこった！」というオウムの声を担当したのである。今度は、エドアルドもスクリーンに映る目印に忠実に従ってくれ、音楽をフィルムと完全に一致させることができた。これでやっと『蒸気船ウィリー』に音が入った。あとは、この映画を売りこみさえすればいいのだ。

パット・パワーズが大手の配給業者にあらかじめ連絡をとってくれたので、ウォルトはその一つ一つを訪ねてまわった。が、結果はどこも同じだった。まず、受付嬢の前に立って名前をなのる。用件を伝えると、担当者にひき合わされて、

「じゃ、そのフィルムは映写室に置いといてください。なるべく早く見るようにしますから」

と、言われるだけであった。時には、担当者が自分たちの作品を試写しているあいだ、映写室で何時間も待たされたあげく、彼らの一人が、

「ああ、そうだ。あの男が持ってきた漫画があったな。映してみたら?」
と言って、やっとミッキーマウスと悪党ピートの出番が与えられるという始末だった。

それにウォルトが、見た感想を尋ねると、「また、電話しますよ」とか、「パワーズに連絡しとくよ」という、そっけない返事しか返ってこなかった。そして結局、連絡してきた会社は一つもなかった。

こうした映画界の人間との駆け引きは、ウォルトに幻滅と同時に用心深さをもたらした。

「この種のゲームについては実に多くを学ばせてもらったよ――」十月二十日付けの、リリーに宛てた手紙である。

「今まで聞いたこともないような、まったくばかばかしい駆け引きだ。まともに立ち向かうには、抜け目ない百戦錬磨の頭脳が要る。向こうはあの手この手で、なにしろずるく立ちまわるから、経験のない人間はたちまち餌食《えじき》にされちまう。みんなどれも似たような陰険な野郎で、青二才をひっかけるのなんぞ朝飯前だ。僕はこれでも、相談に乗ってくれる人がいて運が良かったと思うけれど、まったくオオカミの群れに取り囲まれた哀れな羊ってところだな。僕はパワーズを完全に信頼してるし、あせってごり押ししなければ、なんとか良い取引ができると信じている。僕は事態をとても楽観的に見てるから、そちらもその心づもりで。今、大きなチャンスが来ていると、本当にそんな気がしている」

ウォルトは、『蒸気船ウィリー』がかならずヒットすると確信していた。だから、どうして各社が《ミッキーマウス》シリーズの予約に殺到してこないのかが不思議でならなかった。ウォルトのその疑問に答えてくれたのは、ショー・ビジネス界きってのベテラン実業家、ハリー・ライケンバックであった。彼はウォルトに言った。

「映画会社の連中ってのはね、大衆がいい映画だって言うまでわからないんだよ」

ライケンバックは、ニューヨークでユニバーサル映画を上映するコロニー劇場の経営者であった。彼は『蒸気船ウィリー』の試写を見て、これはいけると思った。そしてウォルトに、この漫画をコロニー劇場で二週間上映したいと申し出たのである。配給会社に売りこむことしか頭になかったウォルトは、はじめ返事に困った。が、結局、承諾した。まずは観客の評判をとることだ、というライケンバックの論理には説得力があった。それにライケンバックが提案してきた週五百ドルという金額は、映画館における漫画映画のレンタル料としては、今まで誰からももらったことのないほどの大金だった。ディズニー・スタジオの財政を救うため、二週間分の千ドルという金が、ウォルトはどうしても欲しかったのだ。

一九二八年十一月十八日、コロニー劇場で封切りされた『蒸気船ウィリー』は、まさにウォルトが夢に描いていたとおりの大ヒットとなった。観客は、同時上映された劇映画やステージショーの出し物などはそっちのけだった。そしてみんな、〝音の入ったはじめてのアニメーション漫画〟という宣伝文句入りのこの『蒸気船ウィリー』のことばかり口々に話しながら、劇場を出ていったのだった。

芸能紙の『バラエティー』は、「はじめから終わりまで、音とアクションがぴったり合ったすばらしいできばえ。明るくスマートな音楽や効果音は各場面に完全に溶けあっている。アニメーション漫画といえばうんざりする内容と相場が決まっているが、この映画には特別の賛辞を贈りたい。……トーキーの上映施設を備えたすべての映画劇場に、自信をもって推薦する」と報じた。また『ウィークリー・フィルム・レビュー』誌は、「この漫画は、タイトルが最初に出た瞬間から観客をくすぐり、げらげら笑いの渦の中に引き込んでしまう。映画が終わったとき、場内の拍手は鳴りやまなかった」と評している。『ニューヨーク・タイムズ』紙までが、ウォルト・ディズニーの手によるこのはじめてのトーキー漫画を取りあげ、「この映画は実に楽しい、独創的な作品である。ウーウーだの、ヒューヒューだの、キーキーだの、そのほかいろいろな音が陽気な気分をいっそう盛りたてている」と褒めた。

ウォルトは毎晩、客席の後ろに立って、スクリーン上のキャラクターに向けられる温かく新鮮な笑いの波に聞きいった。ライケンバックの言ったことはやはり正しかった。配給会社のほうからついに電話がかかるようになり、彼らはウォルトに話がしたいと申し込んだ。やっと開けてきた将来の見通しに勇気がわいたウォルトは、カンザスシティで映画館のオルガン奏者をしている旧友のカール・ストーリングを呼び寄せ、仕事仲間に入れた。そして彼には、すでにできあがっていた『プレーン・クレイジー』と『ガロッピング・ガウチョ』のための作曲を始めてもらった。

ところで、配給会社との話し合いはいつも同じパターンをたどった。まず業者側が、《ミッキーマウス》映画を制作するのに週給いくら欲しいか、と決まったように尋ねる。ウォルトは、自分はスタジオをもっているし独立したままでいたいので、そういう支払い方法は望まないと答えた。だがどの会社も、ウォルトを週給で雇うか、できあがりの漫画を一括して買い取るかのどちらかだと迫った。その結果、自作の映画の所有権を譲りたくないと主張するウォルトとは、まったく話が折り合わなかったのである。

「君の言うとおりだよ」

パット・パワーズは、ウォルトに同情的だった。

「独立を通すべきだね。僕が喜んで援助させてもらうから。いいかい、僕は〝シネフォン〟を売りこむってことにしか興味がないんだ。君のミッキーマウスがここでひと働きしてくれると思うから、僕は大手の連中よりもっといい条件を出そう。どうだい、それぞれの州でうちの会社が映画をレンタルに出して、販売員もその他の経費も全部こっちでめんどうをみる。漫画の製作費は前金を払おう。こちらの取り分は、総収入の一〇パーセントだけだ」

パワーズの申し出は、どの大手会社の出したものよりもずっと好条件だと判断したウォルトは、これを受け入れた。そしてカール・ストーリングと一緒に、『プレーン・クレイジー』と『ガロッピング・ガウチョ』、それに新しく完成してカリフォルニアから送られてきた『田舎踊り』に、それぞれ音を吹き込んだ。ニューヨークでの苦労もやっと終わり、これでリリーのもとに意気揚々と帰ることができる――。ウォルトは、サインしたばかりの新しい契約書と、二千五百ドルという、今まで手に触れたこともなかった多額の現金をふところにして、ロサンゼルスへ戻ってきた。

契約書に目を通した兄のロイは、それをウォルトに突きつけながら大声で怒鳴った。

「おまえ、いったい、これをちゃんと読んだのか？　何を約束してきたか、おまえ、わかってるのか？」

ロイにはパワーズの条件がディズニーにとって有利であるとは、とうてい思えなかったのである。この契約をめぐる兄弟同士の口論は、二人が一緒に事業を始めて以来、最初のすさまじい対決だった。怒ったロイが読みあげた契約書の条項は、向こう十年間、〝シネフォン〟の使用に対してディズニーが年間二万六千ドルを支払う、という取り決めであった。ウォルトはつっけんどんに言った。

「それがどうした。俺《おれ》には録音の機械がどうしても必要だったんだ」

パワーズの送った録音装置がハイペリオンのスタジオに届くや、ウォルトは早速、《ミッキーマウス》のアニメーションを有声で作る作業を開始した。ウォルトはニューヨーク滞在中、何人かの漫画家を採用してきたので、スタッフの規模も大きくなりつつあった。ベン・シャープスティーンとバート・ジレットは、一九二九年の春、スタジオに仲間入りし、ジャック・キングとノーム・ファーガソンも数か月後に到着した。

しかし、スタッフの中でも中心的存在は、依然としてアブ・アイワークスであった。彼は毎日、驚異的な枚数の漫画を描きつづけた。《ミッキーマウス》のシリーズはどれも、カール・ストーリングが作曲する音楽に合わせることになっていた。それでアブは、拍子に合わせてアクションの時間を計り、それをタイムシートに記録して自分の机のわきに保管しておいた。

ところで、このタイムシートは、ウォルトとアブがはじめて言い争いをする原因となった。ほとんど毎晩のようにスタジオに戻ってきては仕事の続きをこなしていたウォルトが、アブの描いた原画を見ながら自分でタイムシートを作成したからである。感情をめったに表さないアブが、これに対しては自分の領域を侵害されたと腹を立てた。ウォルトはしかたなくアブの思いどおりにさせた。

そのつぎにニューヨークを訪れたさい、ウォルトにはミッキーマウスの人気上昇ぶりが一目瞭然《いちもくりょうぜん》であった。しかし彼はミッキーの出世ぶりをこのうえなく嬉《うれ》しく思う反面、漠然とした懸念を抱きはじめていた。興行成績が良ければ確かに会社の組織も強化できるし、アニメーションの質も上げられる。だがスタジオのほうは、同じ主人公ばかり使って次から次へと短編ばかり作ることを強いられるだろう。すでに《アリス》や《オズワルド》でこのことを経験していたウォルトは、そう考えるだけで気がめいった。

まだニューヨークで録音作業をしていたときのことであるが、カール・ストーリングが、すこし毛色の変わったものを作ろうと提案した。たとえば、グリーグの『小人の行進』の音楽に合わせて、墓場のどんちゃん騒ぎか何かを漫画にするのはどうか、というのである。スタジオに帰ったウォルトは、早速アブと一緒にストーリーを考え、骸骨《がいこつ》が墓場から浮かれ出てガボットの踊りを踊るという筋書きを作りあげた。アニメーションはレス・クラークがすこし手伝ったが、大半は、ふだんよりさらに精力的にこの企画に取り組んだアブの手によるものであった。アブは、担当シーンの原画を一コマ一コマ、自分で描くことを頑固に押し通した。そのため、〃中割り〃とよばれる下っ端の漫画家を使ってもたやすく埋められるような中間部分まで、スタジオきってのアニメーターが手をかけるのは時間のむだだ、と主張するウォルトと口論にさえなった。この争いはその後も、ウォルトとアブのあいだの摩擦の原因となって尾を引いた。

ウォルトはこの『スケルトン・ダンス』を、新しいシリーズ《シリー・シンフォニー》の第一弾として発表しようと考えていた。このシリーズの狙《ねら》いは、毎回違ったテーマとキャラクターでつづることにより、新しいストーリーの素材やテクニックをいろいろ試してみることにあった。ウォルトは、『スケルトン・ダンス』のプリントをパット・パワーズに送り、これと思う顧客に見てもらってほしいと依頼した。が、パワーズの返事は、「こういうのは客に受けない。ネズミをもっとよこしてくれ」という、そっけないものであった。

パワーズの言うことが絶対まちがっていると確信していたウォルトは、知り合いの映画販売業者を通じ、ロサンゼルスのカーセイ・サークル劇場を経営するフレッド・ミラーに、この『スケルトン・ダンス』を売りこんだ。はたして、観客の反応は圧倒的に良かった。ウォルトは早速、その批評記事を何枚かパット・パワーズに送り、ブロードウェーの大劇場であるロキシーの興行主として有名なロキシー・ロサフェルに話してみてほしい、と頼みこんだ。ウォルトの勘はやはり当たった。ロキシー劇場での上映の実現は、《シリー・シンフォニー》幕開けの起爆剤となったのである。

一方ミッキーマウスは、一九二九年、全米で大流行となり、〃ミッキーマウス・クラブ〃が各地で生まれた。だが、ディズニーの会社としての繁栄は、うわべだけにすぎなかった。《ミッキー》漫画にしても《シンフォニー》のシリーズにしても、ウォルトはより質の高いものを作ろうと執拗《しつよう》に追求するあまり、製作費が一本五千ドルにまではねあがってしまっていたのに、ニューヨークからは一ドルの送金もないまま何週間かが過ぎていった。金銭問題をはっきりさせようと決心したロイは、ニューヨークに行ってみた。が、パワーズは、例のアイルランド人特有の愛嬌《あいきょう》の良さとあいまいな答えで、のらりくらりとするばかりだった。ロイは疑いをいっそう強めたまま、ロサンゼルスに帰ってきた。

「あいつはペテン師だよ。おまえ、自分の目で確かめてくれればいい」

ロイは弟にそう言った。

一九三〇年一月、ウォルトはリリーと、弁護士として雇ったガンサー・レシングとともに、ニューヨークに向けて出発した。いよいよパット・パワーズと対決するときが到来したのだ。最初の話し合いには、ウォルト一人で行ってみた。パワーズは、自分の目的はあくまでも、〝シネフォン〟を売りこむことであり、《ミッキーマウス》の大ヒットは単に幸運な副産物でしかない、と強調した。だがパワーズがこのシリーズ漫画に対して気のない態度を見せているのは、表向きだけであった。彼は内心、現在の一年契約が切れたのちもディズニーとふたたび提携したくて、うずうずしていたのである。

案の定、パワーズは契約の更新を強く求めてきた。ウォルトは、まずその前に映画配給からあがった収益の説明を聞きたいと言い張った。しかしパワーズはその要求を冷たく蹴《け》り、ディズニーが自分とふたたび契約を結びたくなるようなニュースがあると言いながら、一通の電報をウォルトに手渡した。それは、西海岸にいるパワーズの子分が打ってきた電文で、アブ・アイワークスがパワーズとの契約書にサインし、週給三百ドルで新しい漫画シリーズをはじめる約束をした、というものであった。

ウォルトは唖然《あぜん》とした。ウォルトとアブは、アニメーションの仕事では同じ釜《かま》の飯を食べてきた間柄だった。二人は寝る時間も惜しんで一緒にがんばり、《アリス》や《オズワルド》《ミッキー》などのヒット作を生みだしてきた。しかも、アブは自分の給料の一部をスタジオに投資していたため、ウォルトとロイは彼に会社の権利の二〇パーセントを譲り、役員の一人として扱っていたのだ。

「とても信じられない」

ウォルトはつぶやいた。

「本当なんだぜ」パワーズは、薄笑いを浮かべて言った。「そこの受話器をとって、君の兄さんに電話してみるといいよ。兄さんは知ってるはずだ。さあ、どうした、かけてみろよ」

ウォルトのショックはあまりにも大きく、ダイヤルを回す気力さえなかった。そして、パワーズはたたみかけるようにしてこう言った。

「そう悔しがらなくてもいいんだよ。君はまだ、アブを失ったわけじゃないんだから。あいつは残ることもできるんだ。君が契約さえしてくれればね」

ウォルトは、頭を振って答えた。

「いや、アブは要りません。あいつがそういう気持ちなら、僕だって一緒に働きたくない」

「よく考えてごらん。君も兄さんも金が要るんだろ？　金銭的な心配をしないでいいような条件を出すからさ。どうだい、君に週給のサラリーを出す。週に二千五百ドルまで出したっていいんだよ」

これほどまでの申し出さえも、この若いウォルトが納得しないのを見て、パワーズは驚いた。ウォルトは、アブが自分のもとを去るという知らせをまだよく呑《の》みこめない状態だったのである。

ウォルトはホテルに戻るとロイに電話をかけ、その事実を確認した。その日、アブはロイのところにやってきて、共同の事業から手を引きたいと申し出たという。彼とウォルトのあいだに仕事上の意見のくい違いが生じたのが、その理由だと言うのだ。アブは、パワーズとの契約の件には一言も触れなかった。

ウォルトは、自分の置かれている状況をよく考えてみた。これまでに彼は、《ミッキーマウス》を十五本と《シリー・シンフォニー》を六本、合わせて二十一本をパワーズに納めていた。製作コストは一本当たり、だいたい五千五百ドルであった。これに対し、パワーズが映画のレンタル料として、一本当たり一万七千ドルという多額の金を取りたてていることを、ウォルトは知っていた。しかしパワーズに配給の手数料として三五パーセントを取られたのち、フィルム代、現像費、録音費、その他の諸経費を次々と差し引けば、スタジオの取り分はほとんど残らなかった。

スタジオの財政難を訴えるウォルトに、パワーズは改めて五千ドルの小切手を前金として渡したが、一方、帳簿の公開を求めるディズニー側の要求に対しては、依然として契約更新が前提条件だと言って譲らなかった。ウォルトとロイは今後の対策を検討した。パワーズにけんかを売って、もらうべき取り分を手にするまでがんばるか、それとも、こんないいかげんなやつとはこれ限り手を切って新しくやり直すか——。二人は結局、パワーズと縁を切ることに決めた。

ウォルトはこうしてパワーズとの交渉を決裂させると、ほかの配給会社との話し合いを始めた。一年前とは打って変わり、今やウォルトは、有名なミッキーマウスの生みの親として、大手映画会社の本社で快く迎えられた。しかし、業界のいたるところに影響力をもつパワーズに阻まれて、交渉はなかなかまとまらなかった。パワーズは、ディズニー漫画の配給契約にサインする会社は訴えてやる、と裏で脅迫していたのだった。

コロムビア映画社は、パワーズのはったりを相手にするような臆病《おくびよう》な会社ではなかった。創立者のハリー・コーンは当時、コロムビアを大手の映画会社に育てあげるべく猛然と突進している、鼻っぱしの強い人物であった。ウォルト・ディズニーという、若くて才気あふれる映画製作者とぜひ話をまとめるべきだとコーンにすすめたのは、彼の下で働くディレクターのフランク・キャプラであった。コーンは、漫画一本につき前金七千ドル、という条件をウォルトに申し出た。さらにコロムビア映画社は、パット・パワーズとの戦闘資金として二万五千ドルを用意し、いいがかりをつけられたときに備えたのである。

現実主義者のパワーズは、さすがに敗北を認めた。そして、それまで手にしていたディズニー漫画二十一本の配給権を手離すが、その代償として、ウォルトに十万ドル以上もの現金を支払うよう要求した。ウォルトはここでパワーズときっぱり手を切り、自作の映画をふたたび自分のコントロール下にぜひとも取り戻したかった。本当は、この詐欺師のほうが逆に十万ドル以上の金を自分に払うべきなのがはっきりわかっていたにもかかわらず、ウォルトはパワーズの要求に従うことを決めた。彼はコロムビア社から五万ドルを借りて、パワーズとの決着をつけた。

もうすでに二月に入っていた。ウォルトは、コロムビア社との新契約に大いに期待しながら、カリフォルニアに帰っていった。これで財政的に十分自立してやっていけるし、アニメーションの質の向上にも全精力を傾けることができる——。だがこの自立というものが、まったくはかない幻想でしかなかったことを確認せねばならない時が、やがて訪れたのであった。

仕事に没頭しきっていたウォルトは、一九三一年の末、ついに神経衰弱にかかってしまった。

彼は、すでに確立していた名声に甘んずることなく、さらに高い質を求めて、自分とスタッフのアニメーターをいつも厳しく駆りたてていた。当然、失望させられることも何度かあった。アーティストの中には、ウォルトが課す困難な挑戦に期待どおり応じる能力のある者もいれば、そうでない者もいた。部下の失敗の一つ一つが、ウォルトにとっては、自分自身の個人的な敗北を意味していた。

資金問題にもふたたびぶつかった。コロムビア社との契約に意気揚々としたのもつかの間、スタジオの財政状況はパワーズのときとまったく変わらない厳しさであった。漫画を作るたびに、赤字は増える一方である。ウォルトはスタッフの数を増やしつづけながら、アニメーターには十分な時間をかけて絵を仕上げるよう指示していた。その結果、出費はかさむばかりであった。

アニメーションの制作というのは、映画産業の中でも特異な仕事である。普通の劇映画なら、俳優の出演料と製作費の枠によって、安くも高くも仕上げることができる。だがアニメーションは、すべて手作りである。たった七分の漫画を一本作るのに、一万五千枚の原画を描き、トレースと彩色をする。これほどめんどうな作業なのに、手を抜けるところは一箇所もない。より高度なテクニックを使おうものなら、コストは当然はね上がる。ウォルト・ディズニーがやっていたようなアニメーションの制作は、いつも冒険事業だった。作品が当たれば景気も良いが、そうでなければ破産の脅威が常に目前に控えていたのである。

金の心配と同時に、気性の激しい有能なアーティストをリードしながら新しい分野を切り開くという仕事のストレス——。ウォルトの神経は、みるみるすり減っていった。彼は従業員に対して怒りっぽくなり、ちょっとしたことで人に食ってかかるようになった。また急にがっかりするようなことがあると、発作的に泣きだすのだった。夜はベッドの中でまんじりともせず、何時間も天井を見つめたままその日のできごとを思い出したり、今後の仕事のことを考えたりした。そうかと思えば、ストーリー会議の途中、急に頭が空っぽになり、何を討論しているのかわからなくなることさえあった。

医者は、仕事を休んで完全な休養をとることをすすめた。それでウォルトは、リリーと一緒に旅行に出かけることにした。今まで仕事関係の出張ばかりで、個人的な旅というのは、五年前のハネムーン以来一度もなかったからである。スタジオのほうはロイに任せ、ウォルトとリリーは、まだ二人とも行ったことのなかった首都ワシントンへと向かった。

ワシントンに到着すると、ホテルの顧客係が目ざとくこのハリウッドの名士の姿を見つけて、何か手配してほしいことはないかと申し出た。そこでウォルトは、戦争でフランスにいたころからの自分の英雄であるパーシング将軍にお目どおりを願いたいと頼んでみた。

「パーシング将軍ですか。それはちょっと——。じゃ、その代わり、フーバー大統領にお会いになってはいかがでしょう」

困惑した顧客係はこう提案した。しかし、ウォルトはなかなかあきらめなかった。

「いや、大統領はお忙しいだろうし、僕だって会ってなんのことを話していいやら、見当もつかんよ。でも、将軍にはぜひとも会ってみたいなあ」

結局、パーシング将軍との会見は実現しなかったが、ウォルトは将軍からサイン入りの回顧録を贈られた。

ワシントンを見物したあと、ディズニー夫妻はフロリダからキューバ行きの船に乗った。二人はハバナに一週間滞在するとふたたび船に乗り、パナマ運河を通り抜けて北上を続けた。ウォルトはほかの船客たちと会話を楽しんだり、水面に白く波立つ航跡を何時間もじっと見つめていた。船がロサンゼルスの港に入るころには、彼の疲れた心はすっかり癒《い》えていた。

スタジオの仕事に戻ったウォルトは、医師の忠告に従って、暇をみては運動をするよう心がけた。週に二、三回はハリウッドのアスレチッククラブに出かけ、ボクシングの練習や水泳、柔軟体操に汗を流した。またゴルフも始め、朝五時半に起きると、近くのグリフィスパークのコースで九ホールを回り、家で朝食をたっぷり食べてから出勤した。仕事は早目に切りあげ、自宅の裏の丘でよくリリーと乗馬を楽しんだ。これはリリーが医者からすすめられた健康法の一部でもあった。リリーもウォルトもこうして体力をつけさえすれば、おそらく子宝にも恵まれるだろう、と医者は言っていたのである。

9

一九三一年までに、ミッキーマウス・クラブは全米で百万人の会員を数えるまでになり、"ミッキー"の名は世界じゅうに知れわたった。ミッキーマウスのこうした人気は、ディズニーの新しい重要な収入源となったのである。

以前、ウサギのオズワルドを商品に使用するライセンスを二、三の業者に出したことはあったが、それはあくまでも、映画の宣伝が目的であった。ウォルトがはじめて商売としてのライセンス発行に目をつけたのは、一九二九年の末、パット・パワーズと交渉のためニューヨークに滞在中のことであった。ウォルトが泊まっていたホテルに、ある男から電話がかかってきた。子ども用のノートにミッキーマウスの絵を入れたいが、現金三百ドルで許可をくれないか、との問い合わせである。ウォルトはいつものことながら金が必要だったので、一も二もなく、その申し出に同意したのだった。

ライセンスの申し込みはその後もあとを絶たず、一九三〇年二月三日、ロイは正式な契約第一号にサインした。相手はニューヨークのジョージ・ボーグフェルト社で、おもちゃを対象としたミッキー、ミニーの使用許可を与えるという内容であった。

ミッキーマウスがアメリカ国内で人気を集めるようになると、ウォルトは多作な漫画家であるアブ・アイワークスに、新聞掲載用の続き漫画《コミック・ストリップス》を考えてみるよう指示した。ハースト系新聞の代理店であるキング・フィーチャーズ社からは、早々と配給の申し出もきた。アブは、ようやくウォルトの満足のいくサンプルを仕上げ、ミッキーマウスの新聞漫画は、一九三〇年一月十三日に初登場した。はじめの三か月はアブの助手であるウィン・スミスが漫画を描いたが、その後はフロイド・ゴットフレッドソンにバトンタッチされ、彼は一九七五年まで続けた。ウォルトは一年半ぐらい、ゴットフレッドソンの作品をチェックしたが、その後は興味をすっかり失ってしまった。だが時折、彼は旅先で手にした新聞の漫画を切り抜き、「つまらんことばっかりゴチャゴチャ入りすぎてるよ」などという短評を付けて、ゴットフレッドソンに郵送したものだった。

ミッキーマウスの紙上漫画で大当たりをとったキング・フィーチャーズ社は、おおいに気を良くした。その結果、一九三二年一月十日には、《ミッキーマウス》と《シリー・シンフォニー》のカラー漫画が日曜版の付録にお目見えした。

ところでミッキーマウスの売れっ子ぶりは、まさに奇跡的ともいえるほどめざましいものであった。おもちゃの電気機関車の先駆メーカーであるライオネル社などは、大恐慌の打撃で破産宣告を申し立てている状態であったのが、ミッキーとミニーの乗った手動車を発売以来、四か月で二十五万三千個を売り、見事、倒産の淵《ふち》から立ち直った。また時計づくりの老舗《しにせ》インガソル・ウォーターベリー社も、一九三〇年代はじめに破産寸前に追い込まれていたが、ミッキーマウスの時計を作ってから数週間のうちに注文が殺到し、工場の従業員を三百名から一挙に三千名に増やさねば需要に追いつかないという嬉《うれ》しい悲鳴をあげた。このミッキーマウス時計は、結局二年間に二百五十万個も売れたのであった。

いわゆるインテリ評論家たちは、ミッキーの人気を大衆心理学に照らして説明しようと試みた。ウォルトはこれがおかしくてしかたなかったが、そういった理論にはたいして興味を示さず、自分なりの解釈をほどこしていた。

「ミッキーというのは人畜無害のいいやつでね。窮地に陥るのも自分のせいじゃない。でも、いつもなんとかしてはい上がってきては、照れ笑いをしてるかわいいやつなんだ」

ウォルトは、ミッキーの性格の多くの部分がチャーリー・チャップリンからヒントを得たものであるということを認めていた。

「チャップリンの、あの、ちょっともの寂しそうな雰囲気をもった小ネズミにしようと思ってね——。小さいながらも自分のベストを尽くしてがんばってるっていう姿だな」

だが実際にできあがったミッキーは、チャップリンよりウォルト・ディズニーの要素のほうを多分にもっていた。それがもっともはっきり表れているのは、ミッキーの声である。ウォルトの神経質そうであわてたような裏声は、いかにもミッキーにぴったりである。そしてミッキーのせりふは、よく、恥ずかしそうな「ヘッヘッヘ」という声で始まっていた。そういう不自然で変わった声をもっともらしく出すという芸当は、並たいていのことではなかったが、ウォルトはなんとかこなした。「ウッ、これは大変だ」と、よく一瞬どぎまぎするミッキーのためらいがちな性格はウォルト以外、誰《だれ》も的確に表現できなかった。

似ているのは声だけではない。ウォルトもミッキーも冒険心や正義感にあふれているが、知的教養とはあまり縁がなかった。そして二人とも、成功したいという少年のような野望を抱き、ホレイショー・アルジャーの立志伝に出てくるような裸一貫からたたきあげた人間像に臆面《おくめん》もなく憧《あこが》れていた。それに、たった一人の女性に生涯忠実であるという、昔ながらの道徳にしがみついている点でも似ていたのである。

ウォルトとミッキーの、こうした隠れた共通点に気づいたディズニーのアニメーターたちは、ミッキーを描くときにはウォルトの性格を念頭に置いてみた。すくなくとも潜在意識の中では、そうしていたはずだった。どういう格好の漫画を描いてほしいかを説明するウォルトは、例のすぐれた役者ぶりを発揮し、せりふの一行一行を演技してみせた。特に、彼の演ずるミッキーマウスは非常に正確で感じがよく出ているため、アニメーターたちは、ウォルトの表情や動作をそのままとらえることができたら、といつも願っていたほどだった。事実、あるせりふをしゃべるミッキーの顔がどうしてもうまく描けなくて困り果てていたアニメーターが、せりふを吹き込み中のウォルトの顔をカメラに撮らせてもらい、やっと納得のいくミッキーに仕上げることができた、というエピソードもある。

またウォルト・ディズニーは、ミッキーの品性を懸命に守ろうとした。そしてストーリー会議では、よく、

「ミッキーはそういうことはやらないよ」

と、口をはさんだ。それは、ギャグマンがつい調子に乗りすぎ、抱腹絶倒のコメディーにしようとするときで、ウォルトは、ミッキーの自然な性格から脱線しそうだということを的確に察した。だからこそ、ミッキーマウスは世界じゅうの人々から愛されるようになったのであり、その点では、ほかのどんな漫画のキャラクターもミッキーにはかなわなかった。ミッキーはこのうえなく愛すべき主人公として、常に自分自身であり続けたのだった。

ミッキーマウスの大ヒットで、ハイペリオンのスタジオにもいろいろ変化が生じていた。一九二九年から三〇年にかけてはじめての改築工事を行い、建物の前後や横に部屋をつけ足した。周囲の土地購入も進んでさらに新しいオフィスがいくつかでき、翌年には二階建てのアニメーションビルとサウンド・ステージが完成した。スタジオで働く人間も急速に増えていった。ベテランのアニメーターやストーリーマンがニューヨークを離れ、ディズニー・スタジオに刺激を求めて続々と流れ込んできたのである。その中にはデーブ・ハンド、テッド・シアーズ、バート・ジレット、ジャック・キングなどがいた。音楽部を指導していたカール・ストーリングがほかのスタジオに移ったあとは、バート・ルイスが入り、フランク・チャーチルがピアニスト兼作曲家として新しく仲間入りした。こうした有能なスタッフを新たに迎えたウォルトは、早速、《ミッキーマウス》や《シリー・シンフォニー》の水準を、以前よりずっと高いところに設定した。

スタジオでは、アニメーションの分野における新しい技法が開発されつつあった。

漫画づくりの弱点は、なによりもまず、作品が完成してスクリーンに映されるまでその効果がわからないということであった。ウォルトを喜ばせようと必死だったアニメーターたちは、そこで、アクションのもようをあらかじめチェックできるシステムを考えだしたのである。アニメーターが、キー・ポーズ、つまりアクションのふしとなる絵をそれぞれ描いたのち、助手か中割りがそれを写真に撮り、ポジフィルムに焼き付けて回転ドラムの上で乾燥させる。こうした絵が十分な数だけ揃《そろ》ったところで、フィルムをつないで輪にする。これを映して見れば、登場人物がだいたいどういう動きをするのかが、実際に目で見てわかるという仕組みである。この試写室が狭くて通気孔もない物置部屋であったことから、そこは、〝汗かき部屋《スウエットボックス》〟というニックネームがつけられた。

もう一つの新しい重要な発明は、ストーリーボードである。ストーリー会議に出席するアニメーターたちは、元来視覚に訴えるべきものを口で説明しなければならないということに、いつもジレンマを感じていた。自作のスケッチを持ち寄ったり、その場で絵に表現しても、それがスクリーンの上でどう一貫性をもって展開するのかを説明する方法がなかったのである。これを解決してくれたのが、ストーリーボードだった。考え方は単純そのものである。縦一メートル余り、横二・五メートルぐらいのフェルト張りの板の上に、スケッチをピンで止めていく。こうすれば、アクションの展開がウォルトにも一目瞭然《いちもくりようぜん》である。あるシーンをはずすのであれば、その絵を取るか、新しいのと置き換えるかすればよい。こうして、結末までのストーリーを決めていく。そしてボード全体を見渡せば、はじめから終わりまで通して、全員、その漫画を視覚的に思い浮かべることができるのだった。

さて、スタッフの数が増えていくにしたがい、ウォルトは、その後ずっと続いた彼なりの仕事に対する姿勢や運営方法をしだいに確立していった。と同時に、スタッフの隠れた才能を見つけだし、その才能を絶対に生かさせるという、ウォルトのきわめて貴重な手腕も磨かれはじめていた。

その一例が、ウィルフレッド・ジャクソンである。一九二八年、ディズニー・スタジオにはじめて応募してきたとき、彼はロサンゼルスのオーティス美術学院を出た貧相な学生であった。ジャクソンはアニメーションを勉強したい一心で、給料は要らない、授業料さえ払ってもいいから働かせてほしいと願いでた。彼ははじめ、セルからインクを洗い落とす雑用をいいつけられたが、まもなくアニメーションを描くようになり、『蒸気船ウィリー』ではミニーが川岸に沿って走るくだりを仕上げた。新しい課題に挑戦するたびに実力を発揮するジャクソンに、ウォルトは次々と重要な任務を与えていった。ジャクソンにとっては、自分の能力以上のところに押しやられているような気がした。しかしその反面、自分はやればできるのだということをどうしてもウォルトに証明したかった彼は、いっそうの努力を惜しまなかった。それである日、ジャクソンは、

「一つの漫画を全部自分でやってみたいんですけど」

と、ウォルトに言ってみた。ところが、アニメーションを一部始終描かせてほしいと言ったつもりのジャクソンに向かってウォルトが指示したのは、ほかのアニメーターたちが描いたミッキー漫画の細切《こまぎ》れ部分を寄せ集め、まったく別のストーリーを構成するという作業であった。

こうしてできあがったのが、無人島に取り残されたミッキーとピアノのストーリー、『キャスタウェイ』である。ジャクソンは思いがけなくも、自分にディレクターの素質があることをウォルトに披露する結果となったが、ディレクターという仕事は、かならずしも自分が望んでいた目標ではなかった。しかしウォルトがすでに見抜いていたように、ジャクソンには、ニューヨークからやってきた一人前のアニメーターたちと競い合う能力はとてもなかったのである。ジャクソンはその後、優秀なディレクターに成長し、三十年以上にもわたって活躍を続けた。

もう一つの例は、ベン・シャープスティーンである。彼は以前、マックス・フライシャーの下で《ハッピー・フーリガン》や《インク壺《つぼ》より》などのアニメーション制作にたずさわっていた。しかし、一九二九年のスタジオ入社後、ニューヨークから続々と侵入してきたアーティストたちと肩を並べてやっていく能力がないことを自覚して、彼は失望した。そこへウォルトが、若いスタッフに対するシャープスティーンの指導力に目をつけ、彼を駆けだしアーティストのトレーニング担当に据えたのだった。シャープスティーンはこうして、一九三〇年代半ばに行われたスタジオ内の教育システム拡大の下地を作る役割を果たしたのである。彼の設定したプログラムがうまく始動しはじめたとき、ウォルトにはもう一人のディレクターが必要になった。白羽の矢が立ったのは、ほかならぬシャープスティーンであった。

ところでウォルトとロイは、コロムビア映画社との配給契約に不満を抱いていた。ニューヨークの配給事務所が、どうもディズニーを正当に扱ってくれていないような気が、二人にはしていたからだった。コロムビア社は興行収入から三五パーセントを取ったうえ、フィルム代、交通費、保険料、宣伝費などのコストを差し引いた。契約によれば、この残額から、前金として支払われた七千ドルをそのつどコロムビア社に返金したのち、残りをディズニーとコロムビア両社が折半することになっていたのだが、実際には、分けるべき金は一ドルも残らなかった。コロムビア社は、過去二年間にディズニー漫画を五十本も配給していながら、毎回、赤字報告を出してきた。パワーズとの手切れ金としてコロムビア社がディズニーに貸した五万ドルの埋め合わせがあるから、というのがその理由であった。

収入がわずかなうえに、製作費が上がりっぱなしとあって、ロイは時折、従業員への給料の支払いに窮した。それで、各自の給料袋の中に、十ドル金貨が一個だけぽつんと入っていたこともあった。ロイが弟に資金難を訴えても、ウォルトはまるで意に介さなかった。一九三三年、ローズベルト大統領の命令で国内の銀行がすべて閉鎖されたときでさえ、ウォルトはロイと一緒になって悩んだりすることはなかったのである。

「どうしてそんなに金が大事なのさ。そのうち、ジャガイモが金の代わりになるかもしれないよ。そしたら、ジャガイモで給料を払えるじゃないか」

これが、ウォルトの論理だった。

しかし、さすがのウォルトも、いつも赤字ばかりで漫画をつくり続けるわけにはいかないことに気づきはじめた。そこでロイと一緒に、前金を一本当たり一万五千ドルに増額してほしいとコロムビア社に頼んでみた。だが返ってきたのは、断りの返事だけだった。

ディズニーが配給の問題で困っているという話は、やがて、ロイとウォルトの知り合いであったあるプロデューサーを通じ、ユナイテッド・アーティスツ社の社長ジョーゼフ・シェンクの耳に入った。シェンクはディズニーに、こう連絡してきた。

「君たちは映画の製作者、つまり、プロデューサーだ。うちはプロデューサーたちを束ねる会社組織だから、お宅の漫画を独自に売りこんであげますよ。短編はほかに扱ってないから、お宅の作品がほかのものと一括で配給されることもない。一本につき、前金一万五千ドルでどうです？　うちはバンク・オブ・アメリカにもいいコネがありますから、融資の面でも頼んであげますよ」

これはウォルトにとって、願ってもない話だった。単に取引条件が良いだけではない。ユナイテッド・アーティスツ社は映画界の最高峰ともいえる組織で、俳優のメアリー・ピックフォード、ダグラス・フェアバンクス、チャーリー・チャップリンやプロデューサーのサミュエル・ゴールドウィンなどという、そうそうたる顔ぶれが共同出資者として名を連ねていた。特に、あの偉大なチャップリンとのつながりができるのだと思うと、ウォルトの胸は高鳴った。チャップリンに直接会ってみると、ウォルトがチャップリンの喜劇のファンであるのと同様、チャップリンのほうもディズニー漫画のファンであることがわかった。チャップリンはウォルトを励まして、

「君はもっと伸びる。君の分野を完全に征服する時がかならず来る」

と言った。そして、さらに、

「だけど、君が自立を守っていくには、僕がやったようにしなきゃ。つまり、自分の作品の著作権は他人の手に渡しちゃだめだ」

と忠告してくれた。ウォルトもこれには同感だった。

ユナイテッド・アーティスツ社との話し合いがまとまるや、ウォルトは、アニメーションに新しい要素を付け加えようと決心した。カラーである――。

ウォルトは長年、自分の漫画をカラーで制作したいと思い続けていた。硝酸塩などを利用して画面に色彩を与える実験を技術員にやらせたのも、その努力の一環であった。だが結局、夜間のシーンには青フィルム、水中シーンには緑のフィルム、火などの撮影には赤フィルムを使うという、ごく原始的な方法以外、なんら実用的な成果が得られないままであった。ところが一九三〇年代のはじめ、テクニカラー社が三本の原色ネガを合わせて一本のプリントに仕上げる技術を開発した。一九三二年までには、一般劇映画の撮影にはまだ不十分ながら、漫画映画には応用できるところまできたのである。テクニカラー社からテスト用のフィルムを見せられたウォルトは、これでいけると自信をもった。しかし、ロイは反対した。

「おまえ、正気で言ってるのか。ユナイテッド・アーティスツ社と話がうまくまとまったばかりだっていうのに、カラーなんかに金をつぎ込むなんて。これ以上、余分の金なんか前貸ししてくれないぞ」

ロイのもう一つの心配は、絵の具がセルロイド板の上にうまく乗ってくれるか、剝《は》げて落ちてくるのではないか、ということだった。だがウォルトは、

「その時はその時で、ちゃんと、とれない絵の具を作るまでだよ」

と、いとも簡単に言い返した。

ウォルトは、カラーが《シリー・シンフォニー》に確固とした地位を与えるための手段に使えると考えた。このシリーズははじめから、《ミッキーマウス》漫画の爆発的な人気のかげに隠れて、肩身の狭い存在だったからである。しかしユナイテッド・アーティスツ社は、《シリー・シンフォニー》を扱うことには消極的だった。彼らは、ミッキ

ーの人気を拝借して、「ミッキーマウスがお贈りする、ウォルト・ディズニーのシリー・シンフォニー」という興行広告を出すことにウォルトが同意してはじめて、配給を引き受けた。ウォルトはさらに、ロイの反対をうまく利用してテクニカラー社に譲歩を迫り、ディズニーがこの三色転染法を向こう二年間、独占使用することを約束させた。ロイは、しぶしぶ契約書にサインしたのだった。

《シリー・シンフォニー》シリーズの一つ『花と木』は、それまでに半分ほど完成していた。この作品は、メンデルスゾーンやシューベルトの曲に合わせて、アニメーションの草や木がつづる田園詩である。ウォルトは、モノクロでできあがっていた背景画をすべて没にし、アクションもすべてカラーにするようスタッフに命じた。そして、絵の具を塗ったセルの撮影をするための特別な撮影台も新たに設置した。

一方、ロイが懸念していたことが現実となった。乾いた絵の具がセルロイド板から剝がれたり、熱いライトの下で色が褪《あ》せたりするのである。ウォルトはスタジオの技術員と一緒になって日夜研究を重ね、この問題の解決にあたった。そして、色も褪せず、付着力のある絵の具をとうとう作りだしたのだった。

最初のシーンがいくつか完成したところで、ウォルトはそれを業界のある友人に見せた。非常に感心したこの友人は、グローマンズ・チャイニーズ劇場の経営者、シド・グローマンにもぜひ見るようにすすめた。映写時間はまだ一分そこらの長さであったにもかかわらず、フィルムを見たグローマンは早速、この『花と木』を次の上映予定に入れたいと申し出た。ノーマ・シアラーとクラーク・ゲーブル主演、『奇妙な幕合狂言』との同時上映であった。

ウォルトは、予定より早く仕上げるためアニメーターに時間外勤務を命じ、テクニカラー社にも現像を急がせた。こうして一九三二年七月、ロサンゼルスのチャイニーズ劇場における『花と木』の公開にこぎつけたのである。観客の熱狂的な反応は、まさにウォルトの望みどおりのものであった。《シリー・シンフォニー》はこれで、ディズニー作品中軽視される部類から脱することができ、人気沸騰の《ミッキーマウス》に匹敵する数の予約が殺到した。ウォルトは、今後の《シリー・シンフォニー》シリーズはすべてカラーで制作する、と発表した。

スタジオのスタッフの規模は、どんどん大きくなっていた。が、ウォルトは、単にアーティストの人数を増やすだけでは自分の求めている質の高さが得られない、ということを知っていた。ニューヨークからやってきたベテランのアニメーターたちは、ミッキーマウスのアクションを描くのはとびきりうまかったが、《シリー・シンフォニー》の中でウォルトが狙《ねら》わんとするところは、十分理解していなかった。

スタジオには、新しいタイプのアーティストが入ってきつつあった。ニューヨークでたたきあげた漫画家とは異なり、彼らは大学か美術学校の出身者で、ディズニー・スタジオの血のわき返るような創作活動に惹《ひ》かれてやってきたのだった。志願者は多かった。大恐慌下のアメリカで、美術や建築専攻の人間がありつける働き口といえば、高級車キャデラックと同様、そうめったにお目にかかれるものではなかったからである。だからウォルトは、優秀な才能を持ったスタッフを集めるという意味では大恐慌は自分のいちばんの味方であった、とよく語ったものだった。

一九三一年、ウォルトはロサンゼルスにあるシュナード美術学院と提携して、スタッフを夜間クラスに送り、授業料はスタジオが受け持つよう取り計らった。その当時、多くの若い従業員は車を買う余裕もなかった。それでウォルトは、自ら車を運転して彼らを学校に送り届け、いったんスタジオに戻ってひと働きすると、授業の終わるころまた迎えにいったものだった。

ユナイテッド・アーティスツ社との契約により、スタジオにはやがて、以前より多額の資金が確実に入ってくるようになった。そこでウォルトは、スタジオ内に美術教室を設置することに決めた。そして、シュナードで教鞭《きょうべん》をとるドン・グラハムを講師として招き、週に二度、サウンド・ステージで夜間クラスを開講したのである。ディズニー美術教室の第一回目は、一九三二年十一月十五日の夜、二十五名のスタッフが出席して開かれた。生徒数はその後、しだいに増えていった。特に、グラハムが女性のヌードモデルを使って体の動きを説明したということがほかの従業員にも伝わると、出席者はぐんと増えた。

ところで、講師のグラハムは自分でも認めるとおり、アニメーションについて詳しく学校で勉強したわけではなかった。そのため、スタッフの中には彼の教え方に反発する者も出た。しかし時がたつにつれて、講師も生徒もお互いに学び合うようになっていった。グラハムをはじめとする講師たちは、説得力と娯楽性に富んだ登場人物を描かなければならないという、アニメーションの特殊な使命を認識するようになった。一方、アニメーターたちも、講師の教え方が人間や動物の動きをとらえるうえで重要な鍵《かぎ》となるかもしれない、ということに気がついた。こうして、スタジオの美術教室は、ウォルトの狙いどおりに動きだした。その狙いとは、つまり、当時のウォルトの頭にだけ思い描かれていたレベルにまでアニメーションの質を引き上げていける優秀なアーティストを養成することであった。

一九三三年に公開された『三匹の子ブタ』は、アニメーション史上にも、またウォルト・ディズニー・プロダクションズの歴史にも、大きな足跡を残すことになった。

そもそもこの漫画は、昔のおとぎ話を改作し、単に《シリー・シンフォニー》の第三十六作目として企画されたものにすぎなかった。原作は、わらと小枝で自分の家をこしらえた二匹のブタを食べたオオカミが、煮えたぎる熱湯の中に落ちてしまい、三匹目の働き者のブタがこれを見て喜んだという話である。しかし、ウォルトはその筋書きにかならずしも忠実に従わず、子ブタやオオカミにまるで人間を思わせるような個性をもたせることを狙った。

ウォルトに選ばれたスタッフたちはおおいに張りきった。三匹の子ブタを描くことになったフレッド・ムーアは、直観力のすぐれた才気あふれるアニメーターだった。一九三〇年、ムーアは、洗濯屋がワイシャツのあいだに挟み込む段ボール紙に描いたスケッチを何枚か抱えて、スタジオにはじめてやってきた。彼は当時まだ十八歳だったが、まもなくベテランと肩を並べてアニメーションを描くようになったのである。ムーアは、それぞれの子ブタにはっきりした性格をもたせると同時に、丸々としてがんじょうな体つきをした、いかにも本物のブタらしい絵を描いた。またオオカミをよだれをたらした陰険な悪党に見事に仕立てあげたのは、ニューヨークのスタジオ出身であるノーム・ファーガソンであった。

ウォルトは、ストーリーの各要素をうまくまとめあげるための歌が一曲、欲しかった。その任務を与えられたのは、フランク・チャーチルである。彼は、『ハッピーバースデー・トゥー・ユー』の形式を真似《まね》た短い曲を作曲し、ストーリーマンのテッド・シアーズがそれに、「わらの家を作るんだ……小枝の家を作るんだ……」というちょっとした歌詞をつけてみたのだった。それに続いて、子ブタのコーラス部分もすらすらと出てきた。「オオカミなんかこわくない……」

『三匹の子ブタ』の制作は実にスムーズに進み、試写会の結果も上々であった。ウォルトは上機嫌で、早速、ニューヨークに出張中のロイに連絡した。

「とうとうやったよ、兄さん。全編に、キャラクターの個性が生き生きと出てる！」

『三匹の子ブタ』は、ニューヨークのラジオシティ・ミュージックホールで一般公開された。観客は愉快な映画だとは思ったものの、この劇場の巨大なスクリーンの上では、子ブタやオオカミの個性がもうひとつ映えなかった。この映画の爆発的な人気が出たのは、ニューヨークのありふれた一般映画館で上映が開始されてからである。観客は子ブタの魅力にすっかり取りつかれ、一緒になってオオカミを憎んだ。オオカミはまさに、庶民の生活をめちゃめちゃに破壊してしまった大恐慌のシンボルであった。『オオカミなんかこわくない』のテーマソングは、たちまち全国各地で民衆決起の歌と化したのである。


この歌の突然の人気に、ディズニー・スタジオはふいを突かれた。それまでヒットソングなど出したこともなく、『オオカミなんかこわくない』の楽譜出版に関する契約など、考えてもいなかった。各地の楽団リーダーたちが、映画館に編曲家を送り込んでメロディーと歌詞を写し取らせるという状況の中で、楽譜の印刷許可を求めてきたのは、アービング・バーリン音楽会社であった。ロイは早速、契約を結んだ。

『三匹の子ブタ』はそれまでの漫画映画史上、前代未聞の大ヒットであった。どこの映画館の看板も、併映の長編映画より先にこの漫画のタイトルを掲げた。そして、抱き合わせの映画が次々と変わっていくなかで、『三匹の子ブタ』だけは引き続き上映されるというほどの人気であった。


配給を受け持つユナイテッド・アーティスツ社は案の定、「もっとブタの漫画を作ってくれ」と要求してきた。だが、ウォルトはそれを断った。二番煎《せん》じは作りたくなかったからである。それでも、興行収入を見込んだロイに説得され、ウォルトはもう三本を制作した。『悪い大オオカミ』『三びきの子どもオオカミ』『しっかり者のブタ』である。しかしながら、いずれも、観客の反応は第一作におよぶべくもなかった。ウォルトは言った。

「ブタ以上のものをブタでやろうったって、そりゃ無理さ」

この言葉は、その後も警句として、繰り返し彼の口にのぼったのだった。

一九三二年十一月十八日、映画芸術科学アカデミーは、『花と木』を制作したウォルト・ディズニーの功績を称《たた》え、漫画映画に対する初のアカデミー賞を彼に贈った。それと同時にウォルトは、ミッキーマウスという主人公を創《つく》りだしたことに対する特別賞も与えられた。こうして、映画製作者としての地位を正式に認められたウォルトは、ハリウッドの社交界にささやかな一歩を踏み入れようとしていた。それは、ポロを通じてであった。

ウォルトはポロを始めるにあたっても、持ち前の用意周到さでこれに臨んだ。まず、乗馬のできるスタッフの中から六人を集めたうえ、ロイも説得して仲間に入れた。そして全員をスタジオの会議室に招集して、ポロの手引書を手渡し、その場に招いていたポロのエキスパートから戦術の講義をしてもらった。やがてゲームの基本原理がわかると、八人の選手は毎朝、出勤前に近くの乗馬学校で練習を開始した。またウォルトは、ネットを張った練習場をスタジオ内に作り、昼休みや休憩時間には木製の馬の背中にまたがって、みんなで球を打つ練習をした。

彼らの腕がまずまずのものになったとコーチが判断すると、いよいよリバーサイド通りにある球場で対抗試合に出ることになった。ウォルトやロイが、のちにリビエラ・クラブで一緒にゲームを楽しんだ芸能界の有名人には、ウィル・ロジャーズ、ダリル・ザナック、スペンサー・トレーシー、ジェームズ・グリーソン、フランク・ボーザージなどがいた。ウォルトは、スター選手とまではいかなかったが、かなり勢いよく突っ走る口で、技術的な未熟さをやる気で補っていたと言ってよい。

一九三三年、ウォルトとリリーは、スタジオから数キロ離れたロスフェリス地区に家を新築して引っ越した。岩山の斜面を削って作ったプールのある美しい住まいであった。彼がポートランドに住む母親に宛《あ》てた手紙にもあるとおり、もうすぐ赤ん坊が生まれることになっていたのだ。

……リリーの状態は良好だし、何もかも順調だと医者が言ってくれた。これであと一週間もすれば、やれやれというところだけど、もっともそのあとは泣き声がうるさいだろうな。……僕も結局、ほかの親と同じような悪い父親になりそうな気がしている。自分の子どもだけは甘やかさないぞ、と何度も誓いをたてたけど、どうも怪しいもんだ。アメリカ中でいちばんのわがままっ子になるかもしれないよ。

先週、赤ん坊にプレゼントを買ってやった。片親がサラブレッドのいい雌馬を見つけたんだ。もちろん、子どもが乗れるようになるまで、僕がポロに使わせてもらうけど。今、ポロの馬を六頭も飼っていると言ったら、母さん、びっくり仰天するだろうね。だけどこれは、僕の唯一の罪悪なんだ――。ほかに賭《か》け事をするでもなし、他人の奥さんを誘惑して遊びまわるでもなし。だから、これだけはいいだろう？　リリーだって認めてくれてるし。……

その年の十二月十八日、二人のあいだには女の子が生まれ、ダイアン・マリー・ディズニーと名づけられた。ウォルトが三十二歳の誕生日を迎えて十三日後であった。

第三部　アニメーションの新世界（一九三四―一九四五年）

10

一九三四年――。《しあわせウサギのオズワルド》を失ってから六年間のうちに、ディズニーのスタッフは六名から百八十七名にふくれあがっていた。当時、スタジオで働いていたのは、ストーリーマンとギャグマンが十二名、アニメーターが四十名、助手が四十五名、トレースと彩色係が三十名、楽団員が二十四名、それにカメラの操作員、電気工、音響担当、その他の技術員が数人ずつであった。

しかし一方では、人員の回転率も高かった。ヒット作『三匹の子ブタ』のディレクターをつとめたバート・ジレットは、早々とほかの漫画スタジオに引き抜かれてしまっていた。短編映画でも金儲《かねもう》けの種になることをディズニーの例から学んだ大手のスタジオは、自分たちの作品を制作しはじめ、なかには、ディズニーがヒット作を出すたびにきまってスタッフを引き抜く、ということを繰り返す会社もあった。ディズニーにいろいろな賞を獲得させておいてから、彼が育てたアーティストを頂戴《ちょうだい》して金を儲ける、という魂胆であった。これは、もっともらしい考え方ではあったが、現実にはなぜかうまくいったためしがなく、そうしたライバル会社が制作する漫画映画は、ディズニー作品の質の高さにとうていおよばなかった。

当時のアメリカは、まだ大恐慌の影響から抜けきらず、若い新進アーティストを探すのは楽だった。二、三年のうちにウォルトが雇ったミルト・カール、フランク・トマス、マーク・デービス、ウーリー・ライザーマン、エリック・ラーソン、ジョン・ラウンズベリー、ウォード・キンボール、オリー・ジョンストンといったメンバーは、すでにいたレス・クラークなどとともに、その後、数十年にわたってスタジオの中核をなすスタッフとなった。

彼らはスタジオに来た当初、アニメーションに関する知識をほとんど持たなかった。したがってウォルトが心に描いていた大胆な計画を実行するには、こうした新人の教育期間を短縮し、やる気のあるベテランとともに準備態勢に入らせる必要があった。

ウォルトは一九三四年のこの年、ディズニー美術教室の授業を昼間部にも拡大することにした。そして講師のグラハムをスタジオの正社員とし、週の三日は昼間部の指導、二日は夜間クラスで教鞭《きょうべん》をとらせた。グラハムは、ウォルトとともに〝汗かき部屋《スウェットボックス》〟に何時間も籠《こも》って、新人アニメーターのペンシル・スケッチを写した写真を検討したり、また週に二度、アーティストをグリフィスパークの動物園に連れていき、動物を写生させたりした。一方、夜間クラスは週五日開かれるようになり、アニメーションの技法、キャラクターの描き方、レイアウト、背景画法などのクラスに百五十名のスタッフが参加した。

一九三五年のはじめ、ウォルトの将来計画がだんだんと固まりつつあったときである。ウォルトは、アーティストを三百名ぐらい集めてほしい、とグラハムに指示した。そこで、カリフォルニアからニューヨークに及ぶ地域の各新聞に求人広告が掲載され、大々的な人材募集が始まった。グラハムは、ニューヨークのダウンタウン、マンハッタンのRCAビル内に事務所を設け、応募者を次々と面接しては彼らが持参した作品に目を通した。

同年、ウォルトがグラハムに宛《あ》てて書いた洞察力あふれる長いメモには、それまで十六年の経験から引きだされた彼のアニメーションに対する信条が、これまでになく明確に表れている。このメモの中で、ウォルトが優秀なアニメーターの資質としてあげた条件は、次のようなものであった。

一　デッサンがうまいこと。

二　戯画化の方法、ものの動き、ものの特徴などをつかんでいること。

三　演技に対する目と知識をもっていること。
四　いいギャグを考えだすと同時に、それをうまく表現する能力があること。
五　ストーリーの構成と観客の価値観について熟知していること。
六　自分の仕事に関する一連の機械的な部分や、細かい決まりきった作業をも、すべてよく理解していること。
そうすれば、こうしたささいな点で立ち往生することなく、アニメーター本来の能力を発揮できる。

さらに、アニメーション制作の技術にも科学的なアプローチが可能であると確信していたウォルトは、自分の見解をこう結論づけている。

まず第一に、漫画を描くということは、実際のものの動きや対象をあるがままに忠実に描きだすことではなくて、生き物の姿や動きを滑稽《こっけい》に誇張して描くということだ。……
コメディーがおもしろいものになるには、観客との接点がなければならない。接点という意味は、見ている者の潜在意識の中でなじみ深いものを連想させる何かがあるということだ。スクリーンの上に映しだされた状況と同じような感じを観客自身が、いつか、どこかで抱いたとか、そういう場面に出会った、見た、あるいは、夢で見たことがある、といった具合に。……観客との接点と僕が呼んでいるものは、こういうことなのだ。アクションやストーリーがこの接点を失ってしまうと、観客の目から見てつまらない、ばかげた作品になってしまうわけだ。
だから本当の意味での戯画とは、現実のもの、可能なもの、ありそうなものに対する空想的な誇張ということになる。……今、僕が述べてきたことの背後にあるこの考え方を授業のあらゆる段階で、つまり、写実的なスケッチから、作品の企画・制作にいたるまで、生かしていけばいいと思う。……

『蒸気船ウィリー』を発表して以来、数年のうちに、ディズニー・スタジオにおける制作活動のやり方には一つの型ができあがっていた。スタッフの頂点には、もちろんウォルトがおり、仕事の全過程を全体的、総合的に監督する。その下にディレクターがいて制作のまとめ役となり、登場人物とアクションに関するウォルトの指示を実行に移す。ストーリー部は、常にウォルトと共同であらすじやギャグを考えだし、アニメーターがそれを絵に表して漫画に生命を吹き込む。アニメーターの下には助手や中割りがいて、この人たちが、何枚も同じような絵を描くという退屈な作業を受け持ち、最後に、インクで原画をセルロイド板に写し取り、色を塗る女性スタッフがいた。

こうした一連の作業にたずさわるスタッフの中で、ウォルトはアニメーターにもっとも敬意をはらっていた。そして彼は生涯を通じて、アニメーターと呼ばれる人間たちと奇妙な関係をもちつづけた。彼らをからかったかと思うとののしってみたり、褒めたかと思うと叱《しか》りつけたりしたウォルトであったが、何よりもアニメーションの制作においては、アニメーターの貢献が欠かせないものであることを彼はよく知っていた。それというのも、ウォルト自身は漫画を描くことが不得手だったからなのだ。自分でも認めるとおり、昔、描いていた漫画は粗末なものだったし、絵を描くスピードこそ速かったが、その質はといえば、続き漫画《コミック・ストリップス》以上のレベルにはとうてい達しなかった。

ウォルトとアニメーターたちの関係には一種独特のパターンがあり、その重要な部分として、煙草《たばこ》の吸い過ぎからだんだんひどくなっていったウォルトのせき払いが、特別の役割を果たしていた。ハイペリオンにあったスタジオでも、のちに移転したバーバンクのスタジオでも、廊下のほうからこのせき払いが聞こえてくると、それは、ウォルトがいるということ、つまり、部屋の前を通過中であるか、すぐそこまでやってきているか、のどちらかを意味した。怠け者のスタッフは、このせき払いを聞くとぞっとしたが、逆に自分の仕事ぶりに自信をもっていた者は、ウォルトが作品を見てくれて、おそらく、これでいいぞと言ってくれるだろうと思うと、ますます意欲がわいてくるのであった。

このせき払いは、だしぬけに部屋に入っていったりしないという、ウォルトのアニメーターに対する一つの礼儀であったようだが、さりとてウォルトは、せき払いでスタッフに号令をかけようとは思ってもいなかった。だから部屋に足を踏み入れたとき、アーティストたちが自分のせき払いが聞こえてからあわてて机に駆け戻ったことがわかったりすると、ウォルトはいらだった。

「君らがぶらぶらしてたって、僕はかまわんよ。誰《だれ》でも疲れるんだから。くたびれたなと思ったら、ひと息つきゃいいんだ。だけど僕が入ってきたからといって、あわてて机に戻ったり、みっともないことをするんじゃないよ」

彼は怒ってそう言った。

ウォルトのもう一つの癖に、指で何かをたたくというのがあった。彼の指は表情豊かで絶えず動いており、アニメーターはもちろんのこと、あまり面識のない人が相手の場合でも、漫画のストーリーを話して聞かせるウォルトの手の使い方は説得力に富んでいた。彼は、芸術家らしい細くしなやかな指をしており、物を作るのもうまかった。

アニメーターたちは、ウォルトが作品に対して満足なのか不満なのかを知るのに、彼の指が合図になっていることを経験から学んだ。〝汗かき部屋《スウェットボックス》〟のスクリーンに映っているアクションをウォルトが食い入るように見つめているときは、彼の指も静止状態であったが、興味を失いはじめると椅子《いす》のひじかけの部分を指でコツコツたたきだすのだった。アニメーターたちはその音を注意深く聞き分け、音がかなり大きくなるようであれば、またはじめからやり直しを命じられるのだな、と判断した。

スタジオではウォルト・ディズニーが支配者であることに疑問の余地はなかった。彼はその地位が気に入っていたし、またその権利をためらうことなく行使したが、一方で、スタッフの愛嬌《あいきょう》あるいたずらは大目に見てやった。

ウォルトのお気に入りだったスタッフの一人に、ロイ・ウィリアムズという、ずんぐりした道化役のギャグマンがいた。彼は一九三〇年の入社だったが、ある日、受け取った給料が、遅刻をしたという理由で、ディレクターの手でカットされているのに気がついた。ウィリアムズは仕返しをしてやろうと、ドアの上にバケツを据え付け、下を通ったディレクターに水をまきちらした。ウォルトの部屋へ一目散に駆け込んだディレクターは、ウィリアムズを解雇してほしいと要求した。ところがウォルトは、

「それは、君とロイの個人的な問題だろ。ほらほら、君のおかげで、そこのじゅうたんがビショビショになっちまうじゃないか。早く部屋から出ていってくれよ」

と言って、軽くあしらったのだった。

ウォルトのお気に入りだったもう一人に、ノーム・ファーガソンがいる。ファーガソンは、アニメーターになるために生まれてきたような人間だったが、特に性格派コメディーをうまく表現するこつを心得ていた彼は、プルートを息の長いディズニー人気役者の一人に仕立てあげた。このファーガソン独特のもち味が、絵を写し取る段階でぼけてしまうのを心配したウォルトは、ファーガソンの助手であるニック・ジョージが作業をしている机の横に、ごみ箱を逆さまにして腰をかけ、つきっきりで指示を与えた。

「いいか、ニック。あんまりキレイなものにするんじゃないぞ。あいつが描いたあらっぽい感じを、そのまま生かすようにしてくれよ」

一人のアニメーターが一日に描ける量というのは、フィルムの長さにして平均三、四メートルであったが、ファーガソンは、やろうと思えば十二メートルぐらい描くことができた。自分の希少価値を知っていた彼は、ウォルトに週三百ドルの給料を要求した。ウォルトは、

「君、そりゃ、この僕がもらってる額だよ」

と、いちおう異議を申し立てたが、結局、要求どおり週三百ドルを支払うことを約束した。

アニメーターたちが仕事をしている最中に、ウォルトがその仕事ぶりを見てまわるということは、めったになかった。何かを創作するという仕事の繊細さを知っていた彼は、スタッフの邪魔をしたくなかったのである。しかし、アニメーターが一日の仕事を終えて帰宅したあとに彼らの仕事の具合を見るのは、ウォルトの自由であった。ウォルトが夜間、仕事場にやってくるという話は伝説にさえなり、アニメーターたちはウォルトが見てくれることを期待しつつ、いちばんできの良い作品をよく仕事机の上に置いて帰ったものだ。ところが彼らが朝出勤してくると、時々、くずかごに捨てておいたしわくちゃの作品がストーリーボードの上に画鋲《がびょう》で止めてあり、

「いいものを捨てるんじゃないぞ!」

という注意書きが添えてあるのを見つけることがあった。それは、まぎれもなくウォルト・ディズニーの筆跡であった。

11

一本わずか八分程度のギャグ漫画をこのまま地道に作りつづけるだけで、若いアーティストの創作エネルギーが燃焼しきれるはずはない――。ウォルト・ディズニーは、そう気づいていた。ウォルト自身、観客にすっかりおなじみとなった漫画の主人公を、相も変わらぬやり方で繰り返し登場させることに満足していなかった。

たしかに、ミッキーマウスは依然として人気を保っており、ディズニーの新しいスターたちも次々と育ってはいた。一九三〇年の『チェーン・ギャング』で初登場した無邪気なハウンド犬、プルート。一九三二年、『ミッキーのレビュー』で登場した、愛想はいいが間抜けのグーフィー。一九三四年に、《シリー・シンフォニー》シリーズの『かしこいメンドリ』でデビューした怒りん坊のドナルドダック、などがそうである。

しかし、短編漫画に対する経済的見返りは、悪くなる一方であった。どの映画館も大恐慌の不景気に対抗しようと、客寄せに二本立てを採用していた。つまり、長編映画二本の同時上映である。その結果、映画館では短編漫画を上映する予算や時間が、ほとんどなくなってしまった。それでディズニーの短編映画は、一般の長編映画より人気があったという事実にもかかわらず、貸し出しの予約を取りつけるのがますますむずかしくなったのだった。同時に、漫画の製作費も上昇の一途をたどった。

将来、長編漫画への移行が必然的になるだろうということが、ウォルトには以前からわかっていた。それまでの計画は、すべてその方向に向けて進めてきたといえる。彼は、美術学校をとおしてアニメーターたちに腕を磨かせ、漫画映画の色彩や撮影技術の改良を次々と試み、《シリー・シンフォニー》のシリーズを実験台として、新しい技術や主題を追求してきたのであった。

一九三四年、長編漫画に踏みきる時が来た、とウォルトは決心した。が、これは彼の一方的な判断であった。兄のロイは、漫画の製作費と収益の差が徐々に縮まってきていることを敏感に感じとっていたので、ウォルトが五十万ドルぐらいを投資するつもりでいることを知ってあわてた。妻のリリーも心配した。しかし、ウォルトを説得して思いとどまらせようとしても、それは無理な相談であった。

最初の長編漫画として、なぜ『白雪姫と七人のこびと』の物語を選んだのか、ウォルト自身、うまく説明ができなかった。彼は、まだカンザスシティにいた一九一五年、仲間の新聞配達の少年たちと一緒にマーグリート・クラーク主演の無声映画『白雪姫』の上映によばれて、コンベンション・ホールに出かけていったことをなつかしく思い出すのだった。映画は、広い場内の四つのスクリーンに映し出され、ウォルトが座っていた場所からは、そのうち二つの画面が見えた。それは、彼が今でもいちばん生々しく覚えている昔の映画鑑賞の思い出であった。

だが、ウォルトがこの物語を選んだ理由は、感傷的というよりもむしろ、現実的な面が大きかった。魅力的な男女の主人公、本格派の悪女、笑いと共感を誘うこびとたち、世界じゅうどこでも人間の心をとらえる民話ふうの筋書き。『白雪姫』は、アニメーションに必要な要素をすべて含んだ、格好の素材だったのである。

ディズニーのアニメーターたちがこのプロジェクトのことを知ったのは、ある夕方のこと、彼らの何人かが、ハイペリオン通りの筋向かいにあるコーヒーショップで食事を済ませてスタジオに戻ってきたときだった。待ち構えていたウォルトは、

「みんな、サウンド・ステージに来てくれないか。ちょっと話したいことがあるんだ」

と言った。裸電球が一つだけぶら下がっている殺風景なステージの上に、ウォルトのあとから上がると、全員それぞれに椅子《いす》を引き寄せて半円形に座り、ウォルトに向き合った。

彼は、『白雪姫と七人のこびと』の話を語りはじめた。その語り口は、まるで実際のスクリーンの上に、アニメーションが動いているようだった。ウォルトは身ぶり手ぶりでそれぞれの登場人物になりきった。恐ろしい毒薬を混ぜ合わせているよこしまな魔法使いを演ずるときには、眉《まゆ》をつり上げ、また、陽気なこびとたちを描写するときには、表情を輝かせた。ウォルトの演技は延々二時間におよんだ。最後に、王子のキスが白雪姫を眠りから覚ます場面になると、聴いていたアニメーターの目には涙さえ浮かんでいた。

「これが、僕たちの最初の長編映画になるんだ」

ウォルトは、そう発表した。

作業は、筋書きを担当するストーリーマンとアニメーターで編成された小規模な担当班を、ウォルトの部屋に隣接したオフィスに配置することから始まった。ウォルトの『白雪姫』のストーリーは、この年一九三四年の末までに、登場人物のアウトラインと筋書き案とにまとめあげられた。白雪姫はジャネット・ゲイナーをモデルとして年齢は十四歳に設定し、また王子は、ダグラス・フェアバンクス・ジュニアを十八歳にした姿を念頭に描写することになったが、もっとも手のこんだ人物説明がつけられたのは、女王である。「マクベス夫人と、『三匹の子ブタ』に出てくる悪いオオカミを合わせたような人物。悪の匂《にお》いが漂う熟れた美貌《びぼう》と、曲線美ゆたかな体。陰謀を企てたり毒を混ぜているときの彼女は、醜い恐ろしい顔になり、魔法の液体を飲んだ後は、魔女のような老婆になる。せりふや動作は、ばかばかしいぐらい芝居がかっている」といった設定であった。

ところで、ウォルトが最初に気がついたことであったが、七人のこびとのそれぞれに、個性ゆたかで愛嬌《あいきょう》のある性格を与えてやることは、なかなかむずかしい仕事であった。そこで浮かんできた解決策は、一人一人の特徴を表す名前を付けることであった。登場人物のアウトラインには、こびとたちのそれぞれの特徴が仮の名前とともに次のように記されたが、七人目の名前はまだ未定であった。

ごきげん《ハッピー》――陽気者。センチメンタルだが、いつも愉快なことわざを口にする。何か言おうとすると、あごがはずれ、間の抜けたような話し方になる。

ねぼすけ《スリーピー》――喜劇役者のスターリング・ホロウェイのタイプ。よく居眠りをする。いつも自分の鼻先でハエをたたこうとする。

せんせい《ドック》――リーダー格であり、みんなの代弁者。もったいぶっていて口数が多く、威厳がある。優越感をひけらかすが、実のところはただ空虚な議論をまくしたてているだけ。

てれすけ《バッシュフル》――頭のてっぺんが高くとがっているので、帽子をとるのが恥ずかしくてしかたがない。すぐ顔が赤くなり、ためらいがちで、もじもじし、クスクス笑う。

おじけぼうず《ジャンピー》――喜劇役者のジョー・トワープのようなタイプ。お尻《しり》をつっつかれるのではないかと、いつもおどおどしていて興奮気味。話が支離滅裂。

おこりんぼ《グランピー》――陰気な人物の典型で、文句ばかり言う。悲観的で女嫌い。白雪姫と友だちになるまでの時間がいちばん長くかかるこびと。

七人目――耳が聞こえないのに、いつも一生懸命聞こうとする陽気者。すばしこくて元気いっぱい。

ウォルトは、一九三五年をとおしてずっと『白雪姫』の担当班と作業を進めながら、同時に短編映画の監督も続けてきた。が、一見、無尽蔵であるかに見えた彼のエネルギーもふたたび衰えをみせ、四年前にかかった神経衰弱のときと同じような、集中力の不足を訴えるようになった。医師は、甲状腺《こうじょうせん》の異常に効く注射を何本か打ったが、ウォルトの神経過敏はかえって度を増すばかりであった。弟の症状を心配したロイは、こう提案した。

「どうだろう、休暇をとってみんなでヨーロッパに行かないか？　僕たち二人とも結婚十周年だし、リリーもエドナも、よくここまで僕らについてきてくれたよ。ここいらで、ごほうびをあげようじゃないか」

ウォルトは賛成した。そこでディズニーの一行四名は、イギリス、フランス、スイス、イタリア、オランダなどを回る旅へと出発した。

この旅行の途中に体験したあるできごとについて、後年ウォルトは友人への手紙にこう書いている。

「僕と兄のロイがロンドン滞在中のこと、国際連盟からミッキーマウスにメダルが贈られるというので、パリに向かうところだった。二人とも、モーニングを仕立てるよう言われたんだ。僕自身、ラフな服装に徹している人間だから、ずいぶん抵抗したんだけど、とうとう説得されてしまったよ。重要な式典で各国大使や政府のお偉方が出席するから、モーニングでないとまずいということでね。仮縫いからして大騒ぎしたよ。でも、まあ、とにかく僕らはちゃんと正装してパリの式典に臨んだんだが、行ってみると、なんとほかの列席者はふだん着で来てるじゃないか。僕らが、堅苦しさとは無縁のハリウッドからやってきた人間だっていうんで、それに合わせようと、向こうはわざわざ気をきかしてくれたんだよ。それ以来というもの、このモーニングには一回も手を通してないよ！」

第一次世界大戦のさい、赤十字の運転手として従軍したころに覚えた土地をふたたびあちこち車で走り回るのを、ウォルトは心から楽しんだ。ストラスブールも、そうした場所の一つであった。時刻を告げるたびに中から機械仕掛けの人形が現れるこの町の時計台は、またもやウォルトをうっとりさせた。

ヨーロッパでは、ウォルト一行が行く先々でディズニー漫画の人気がはっきりとうかがわれた。鉄道の駅には群衆がつめかけ、ホテルには報道陣がインタビューにやってきた。ローマでは、ムッソリーニがその巨大な執務室にウォルト一行を迎えた。しかし、ウォルトがこのヨーロッパ旅行で体験した何よりも重要なことは、パリでディズニー漫画ばかり六本を上映している映画館を見たことであった。これで、一般映画と同じ長さの漫画映画を作っても観客は喜んで見に来てくれるだろうという彼の気持ちは、今まで以上に確かなものになった。

十一週間にわたる外国旅行を終えてスタジオに戻ってきたウォルトには、新しいエネルギーがあふれていた。甲状腺の注射を忘れないように、と医師が電話をしてよこすと、ウォルトは秘書に言った。

「もう治ったと言っといてくれ。例の注射はこれから先生の尻に打ちゃいいってね」

帰国後、ウォルトの頭はいろいろなアイディアでいっぱいだった。妖精《ようせい》とかハチとか小さい昆虫などの挿絵が載った児童向けの本をヨーロッパから持ち帰った彼は、スタッフに宛《あ》てたメモにこう書いている。

「こういう不思議でかわいらしい雰囲気に、僕はヨワいんだ。こんなキュートな登場人物をみんな織りこめるような、ちょっとした物語を作ろうと思っていろいろ考えているところだ」

ウォルトは、自分の映画をはじめて外国で見て、いろいろと考えさせられた。一九三五年のクリスマスの前日、ストーリー部のテッド・シアーズに宛てたメモの中で、ウォルトはその印象を次のように書きとどめている。

「外国市場で成功するには、せりふのない映画をもっと作ったほうがいいと思う。興行収入をあげる必要上、今のところ、外国市場におおいに依存しなければならない立場にあるからだ。かといって、筋書きやアイディアが良いのに会話が入ってるからだめだ、というようなことはしたくない」

そして、その長いメモの最後には、ストーリー部の向上を促してこう付け加えた。


……我々の組織の心臓部はストーリー部だと僕は信じている。いいストーリーがなくてはだめだ。よく練りあげたものでなくては――。それと優秀なスタッフ。アイディアがいいばかりじゃなくて、それを最後まで実行し、それぞれの立場から制作に加わっている連中に、そのアイディアを売りこむ実力をもっている人間。ストーリー部を向上させる唯一の道は、こうした人材をどんどん見つけることから始まると思う――。ここに連れてきて実際にやらせるんだ。そして彼らを育てていくようにしなくては。もし、うまくいかないようだったら、手遅れになる前に、その人たちには出ていってもらう。ぱっとしない人間が、ここにうじゃうじゃいてもしかたないからね。……

それから、ストーリー部は本来ならもっとも強力な部門でなきゃならないのに、今のところはいちばん弱い部門になっているようだ。ハリー・リーブスとかロイ・ウィリアムズのようなギャグマンを、もっと入れるようにがんばらなくては。本当に何かができる人間をね。できれば、状況描写や性格描写でもうすこし感じの出せるギャグマンがいるといいね。ちょっとしたショーマンシップを備えた人間がね。そういう人物は、作品の完成までストーリーを貫いてゆける人材に育っていくかもしれない。


ウォルトは、自分の頭に描いたとおりの長編映画を作るにあたり、いろいろと予想される技術的問題に取り組みはじめた。

まず、それまでのディズニー漫画に出てくる人間は、おもしろおかしく誇張して描いてあるものばかりだったが、白雪姫や王子を本物らしく見せるには、もっと写実的な画法が必要であった。この点に関しては、すでに一九三四年、《シリー・シンフォニー》の『春の女神』の中で、女神ペルセフォネを真の人間のように描く工夫がなされていた。これが白雪姫の原型になったといえるが、女神のできばえは実際のところ、あまり満足のいくものではなかった。しかしウォルトは失望することなく、「この次は、かならずうまくいくよ」と、アニメーターを励ましたのだった。

ウォルトは解決策として、映画の中の必要な動きを実際の少女にさせ、それを写真に撮ることにした。そこで、後年マージ・チャンピオンという芸名で有名になったロサンゼルスの若いダンサー、マージョリー・ベルチャーを雇い、彼女が歩いたり、くるくる回ったり、踊ったりする姿をカメラに収め、これをアニメーターの参考資料として使ったのである。

もう一つの問題点というのは、アニメーション映画が本来、平面的であるということであった。わずか八分の映画であれば、立体感のないブタやオオカミが平べったい背景の前ではしゃぎまわるのを、観客も受けつけてくれるだろうが、これが八十分の映画となると、アニメーションの技術自体が問われることになる。

これを解決してくれるものが、マルティプレーン・カメラと呼ばれる装置であった。これは、まず小型のやぐらを組み立て、それぞれ違う高さに四、五枚の絵を重ねて、上から見下ろす形でカメラを据えつける仕掛けである。カメラを上から覗《のぞ》くと、各平面に描かれた絵が遠近の差となって目に映るため、レンズの焦点をさまざまなレベルに移動させれば、ちょうど普通の劇映画を撮影したと同じ遠近効果を生みだすことになる。

このマルティプレーン・カメラの効果を試す実験台として、ウォルトは、またもや《シリー・シンフォニー》を使った。この撮影方法がはじめて用いられたのは、その中の『風車小屋のシンフォニー』という短編であった。この作品について、ウォルトは次のように語っている。

「これは詩的な映画で、音は音楽以外、何も使っておらず、会話も入っていません。夕日が沈んでゆく水車小屋の風景。家路をたどる牛たち。夜のとばりが降りると、クモが出てきて巣を張る。鳥が巣に帰る。やがて嵐《あらし》がやってきて古い水車小屋を吹き荒らす。夜が明けてまた牛たちが出てくると、クモの巣がめちゃくちゃにこわされている——などといった情景が描かれている。ほんの、ちょっとした詩的な作品なんです」

『風車小屋のシンフォニー』は大成功を収めて批評家たちの絶賛を受け、アカデミー賞をも獲得した。ムードとか、視覚的なイメージの表現がいかに大きな可能性を秘めたものであるかを、ディズニーのアーティストたちは、これで学んだのであった。

『白雪姫』の登場人物とストーリーをつめる作業は相変わらず続いており、こびとの〝おじけぼうず《ジャンピー》〟は〝くしゃみ《スニージー》〟と名前が変わった。そして名前がなかった最後の一人は、口がきけない愚か者という設定になり、名前はウォルトの強い希望で〝おとぼけ《ドーピー》〟と決定した。

彼は賢明にも、ストーリー会議での各人の発言を一言一句、秘書に記録させる習慣をすでに実行していたが、そうした記録に残るウォルトの言葉には、『白雪姫』に対する彼のイメージがいかに鮮明なものであったかがよく表れている。

醜い老婆に化けた女王が、こびとの小屋にいる白雪姫を訪問する場面

……恐ろしいできごとが今まさに起ころうとしているそのとき、白雪姫は楽しそうに何かをしている。そう、こびとたちのために何かやってあげている。そこに突然、この危険が襲ってくるんだ。危険なできごとってものは、最高に幸せなときにふりかかってこそ、ショックが大きい。ドラマチックな効果を狙《ねら》うわけだ。……

白雪姫は老婆を見てハッとする。彼女は老婆を疑うわけではないが、そう、たとえばさ、変な人間がそこいらにうろついていて、自分に近づいてくるときのような、あのいやな感じね。それがまだはっきり何かとはつかめない。警察を呼ぶまでにはいかないが、なんとなく自分で警戒態勢をとるっていう状態だ。

ここで動物たちも登場させる。彼らは頭は良くないが、犬のように、ある感覚が発達していて、何者か敵が現れたことを感じとる力をもっている。小鳥たちはその老婆を見て異様なものを感じ、警戒し、あとずさりしたかと思うと、そうっと姿を消す。せっかくの楽しい雰囲気がすっかり醒《さ》めてしまった。でも小鳥たちは、老婆の後についてきたハゲタカを見た瞬間、人間では感じとれない何かをキャッチする。……

ミーティングでは、ストーリーマンもアニメーターも全員が発言して制作に貢献したものの、やはり、いつも支配的だったのはウォルトの声であった。彼は、カメラのアングルを提案したり、場面の雰囲気を説明したりしたが、特に貴重だったのは、せりふやアクションを自分の解釈にもとづいて実際に演じてみせることであった。

いつものことながら、彼は音楽に細かく気を配った。少年のころ、バイオリンを習いそこなったことを除けば、これといって音楽の素養は何もなかったにもかかわらず、ウォルトは、大衆に訴える音楽を選ぶ不思議なこつを心得ていた。彼は美しいメロディーが好きで、しかも、あまり音が大きすぎず、音程も高すぎないものを好んだ。そのせいで、作曲家や編曲家は、ディズニー用の楽譜を書くときにはピッコロを使用しないことを、経験から学んだのであった。

『白雪姫』に使う歌で、はじめのころにできてきたものは、ウォルトの気に入らず、どれもハリウッド製ミュージカルの様式をそのまま借りてきたものにすぎない、と彼は文句を言った。つまり、ストーリーの進行具合とは無関係に、ある一定の間隔をおいては歌や踊りを入れるというやり方である。

「僕らは新しいパターンを作らなくちゃ。音楽の新しい使い方をね。物語の中に音楽を織りこむんだよ。登場人物が突如として歌いはじめるっていうんじゃだめだ」

と、ウォルトは主張した。

白雪姫の声優を決めるオーディションの結果にも、ウォルトは不満であった。サウンド・ステージから彼の部屋にスピーカーを接続し、オーディション中の歌手の声を聞いてみたが、彼が探しているような、子どもらしい無邪気な声の持ち主は、一人として現れなかった。だがある日、ついにウォルトが、

「この声だ、これが白雪姫だ！」

と叫んだ声の持ち主が現れた。彼女は、アドリアナ・カセロッティといい、イタリアオペラの訓練を家庭で受けた十八歳の少女であった。

ウォルトのオフィスに隣接した部屋で作業をしていた少人数の『白雪姫』担当班には、徐々に他のアニメーターや

背景画家が加わっていき、一九三六年の春までには、スタジオのほぼ全員が、なんらかの形でこの映画にかかわるようになっていた。必要に迫られていた現金を稼ぐため、短編漫画の制作も並行して続けられていた。しかしスタッフが開拓者精神や情熱を本当に注ぎ込んだのは『白雪姫』のほうだった。技術的な側面や、人物描写における困難を一つ一つ克服していくたびに、スタジオは聖戦を戦うための新兵器でも手に入れたかのような、熱い興奮に包まれるのであった。

ウォルトは、映画のプロデューサーが豪華キャストの顔ぶれを決めるのと同じ慎重さでアニメーターを選んでいた。その結果、フレッド・ムーア、ビル・ティトラ、フレッド・スペンサー、それと新参のフランク・トマスが、こびとたちにユーモアと個性を注ぎ込む役をうまくこなし、ノーム・ファーガソンは魔法使いの恐ろしい雰囲気を見事に描きあげた。ハム・ラスクは、白雪姫に人間らしい優雅な動きを与えるという、困難きわまる仕事を引き受け、グリム・ナトウィックは、白雪姫を手伝うとともに、王子の絵も担当した。ただし、王子は登場人物の中でいちばんさえないものに終わってしまった。また白雪姫の友だちである動物たちは、ミルト・カール、エリック・ラーソン、ジム・アルガーの三人の若手に委《ゆだ》ねられた。一方、ヨーロッパ生まれのアルバート・ハーターとグスタフ・テングレンは、トレーニングもヨーロッパ仕込みであったため、彼らの絵は、おとぎ話の雰囲気をうまくかもしだしており、ほかのアニメーターも背景画家もみな、この二人の描いた下絵をおおいに参考にした。

ウォルト・ディズニーは、制作のあらゆる段階で手綱を握っていた。ストーリーがひと区切りまとまったところで話の流れをいちおうテストしてみる必要があると考えた彼は、実際に原画を描く作業に入る前に感じをつかむため、区切りごとのスケッチをカメラに収めさせた。〝ライカ・リール〟と名づけられたこのおおざっぱなスケッチ画のフィルムをウォルトが〝汗かき部屋《スウェットボックス》〟で試写するときには、主任ディレクターのデーブ・ハンドと、それぞれの場面ディレクターであるビル・コトレル、ウィルフレッド・ジャクソン、ベン・シャープスティーン、ラリー・モーリー、パース・ピアスが同席した。

ウォルトはまた、〝ペンシルテスト〟と呼ばれていた、ラフ・アニメーションのフィルムにも目を通した。そのときは、大勢のアニメーターの前で試写しながら、彼らにいろいろな質問を浴びせた。長すぎるとか短すぎると思われる箇所はないか。納得できない部分はないか。笑ってほしくないときに観客が笑いだすだろうと思われる箇所はないか。的はずれのギャグが入っているところはないか。一人一人の登場人物の性格は首尾一貫しているか——。

シークェンス、つまり一つ一つの区切りが、承認を受けて本格的な作画にまわされると、同じ作業を次のシークェンスに関して繰り返す。このようなスケジュールの中で、ウォルトは一九三六年の後半から一九三七年にかけて、ほとんど毎日のようにスタッフを集めてストーリー会議を開いた。

『白雪姫』の製作費として当初ウォルトが見積もっていた五十万ドルという額は、話にならないほど低すぎたことがわかり、今や、予算はその三倍になろうとしていた。一方ユナイテッド・アーティスツ社の幹部たちは、『白雪姫』のプロジェクトにほとんど興味を示さず、また映画業界の大物たちも、長編漫画映画を作るというディズニーの実験を、とてもまともなものとは思わなかった。みんながこのプロジェクトを〝ディズニーの道楽〟と呼んでいることはウォルトの耳にも入っていたし、『白雪姫』のおかげでウォルトは破産してしまうだろう、という噂《うわさ》さえ流れていたのである。

こうした否定的な前評判を気にしたウォルトは、ユナイテッド・アーティスツ社の宣伝マネージャーであるハル・ホーンに胸のうちを話した。この人は、『三匹の子ブタ』の価値を誰《だれ》よりも先に認めてくれた人物で、今ではディズニー・スタジオのよき理解者となっており、ウォルトはよく彼に助言を求めたものだった。

「これだけいやなことを言われて、僕はいったいどうしたらいいんだい？」

すると、ホーンは、あっさりこう答えた。

「何もすることは、ないですよ。あれこれ思わせておけばいいじゃないですか。〝ディズニーの道楽〟だろうがなんだろうが、話題になってるかぎりこっちの得になる。この映画はきっと当たります。しかもみんなの気をもませればもませるほど、収益も上がるってことですよ」

しかし、映画関係者の誰もが『白雪姫』を見くびっているわけではなかった。全米最大の映画館であるニューヨークのラジオシティ・ミュージックホールの経営者、バン・シュムスは、ディズニー兄弟と長いつき合いがあり、《ミッキーマウス》や《シンフォニー》シリーズの映画に対して最高のレンタル料を払ってくれた人物であった。彼は、ハリウッドに来ればかならずスタジオを訪ねてきた。ウォルトが、制作中の『白雪姫』を見せると、バン・シュムスは感心して言った。

「ウォルター、こりゃゼッタイ成功する。うちの劇場も上映の申し込みをするよ」

また、ウォルトやロイと一緒にポロをしたことがある有名なプロデューサー、ウォルター・ウェーンジャーも励ましの言葉を送った。ウェーンジャーは、ある日、バンク・オブ・アメリカの重役で、ディズニー・プロダクションズへの貸付責任者であるジョーゼフ・ローゼンバーグに、こう口添えしてくれた。

「この長編作がだね、ウォルトが今までに作ったもんと同じぐらい良くできてりゃ、大衆にかならずうけるよ」

しかし、ローゼンバーグは依然として、銀行家特有の用心深さを失わなかった。『白雪姫』を完成させるための最後の資金が欲しいとロイが頼みにいったときも、彼は気が進まないといった態度を示した。ロイはウォルトに言った。

「おい、今までできてるところをローゼンバーグに見せなきゃまずいぞ」

「できないよ、そんなこと。今あるのはみんな、細切《こまぎ》れのものばっかりなんだから。フィルムがまだバラバラのときに僕は誰にも見せたくないんだってこと、兄さんも知ってるだろう？　そんなことするのは第一、危険だよ」

ウォルトはそう言い張ったが、ロイはきかなかった。

「いや、やっぱり見せなきゃいかん。金を借りるにはね、その金がどう使われるのかをちゃんと見せるしかないんだよ」

ウォルトは、しぶしぶ折れた。そして、スタッフに残業を命じ、重要な箇所をおさえながら映画『白雪姫』をローゼンバーグに紹介できるよう準備にとりかからせた。まとまったシーンは、まだ数箇所しか完成していなかったので、抜けているところはペンシル・スケッチやキャラクターの配置を示すおおまかな図で埋めなければならなかった。やっとのことで、この映画をだいたい説明できるだけのフィルムが集まると、ウォルトは、ローゼンバーグにそれを見せる日を土曜日の午後に決めた。

スタジオの試写室の中は、ウォルトとローゼンバーグの二人きりであった。部屋が暗くなり、スクリーンにおとぎ話の本が開くオープニングのシーンが映しだされた。そのあとは、完全にカラーのアニメーションになっている部分の寄せ集めと、登場人物の動かないペンシル・スケッチが長々と続く箇所が、交互に現れた。サウンドトラックも部分的にしかできあがっていなかったので、ウォルトは自分でせりふやアクションの説明を入れながら、あいだをつないでいった。

ウォルトの懸命の演技にもかかわらず、ローゼンバーグは時折、「ふん、ふん」と相づちを打つだけであった。白雪姫と王子はそれからずっと幸せに暮らしました——というハッピーエンドで映画の紹介がやっと終わると、試写室の明かりがパッとついた。ウォルトは、承認の二字を求めてローゼンバーグの顔を眺めまわしたが、その顔にはなんの反応もなかった。

ウォルトは、ローゼンバーグの後ろについて部屋を出た。二人はスタジオ内の通路を通り抜けて、ローゼンバーグの車が止めてある裏通りへやってきた。ローゼンバーグは、ロイのことやら天気のことやら、実にいろいろな話題を引っ張りだしたが、たった今、試写室で見たばかりの映画にだけはひとことも触れないまま、車に乗り込んだ。そしてエンジンをかけると、ウォルトに向かって言った。

「今日はどうも——。じゃ失礼」

それから、こう付け加えた。

「ありゃあ、たいした金になりますぞ」

こうして資金が確保されると、『白雪姫』の制作にはいよいよ拍車がかかった。アーティストたちは不平ひとつこぼさず、土曜も日曜も、そして夜を日に継いでひたすら制作に打ち込んだ。誰もが、はじめての長編漫画をなんとしてでも成功させるのだという、聖戦の騎士のような使命感に燃えていたのである。

『白雪姫』が完成間近になったころ、ディズニーとユナイテッド・アーティスツ社とのあいだに破局が訪れた。ディズニー側は、かねてからユナイテッド・アーティスツ社の配給条件に不満であったが、新契約の提案内容にも、ほとんど改善がみられなかった。ユナイテッド・アーティスツ社は、ディズニー漫画のテレビ放映権を主張したが、ウォルトはその権利を手放そうとしなかった。

「テレビの可能性がどんなもんだか僕にはわからない。だから、自分がまだよく知りもしないものを、今すぐくれてやる契約書にサインなんかするものか」

と、彼は考えた。これに比して、ずっと良い条件を出してきたのはRKO社だった。ディズニーは、短編ものと『白雪姫』の配給契約をこの会社と結んだ。

スタジオでは、クリスマス封切りをめざして『白雪姫』の完成を急いでいたが、九分どおりできあがったフィルムを見たウォルトは、一つだけ気になる箇所を発見した。ガラスの柩《ひつぎ》に眠る白雪姫にキスしようとして体をかがめたときの王子の体が、変に震えるのである。カメラワークか動画自体か、何かがまずかったのであろう。ウォルトは、

「あそこをやり直したいんだけどねえ」

と、ロイに言った。

「金はいくらぐらいかかるんだい?」

というロイの問いに対し、ウォルトは、数千ドルかかるだろう、と答えた。

「だめだね」ロイはきっぱりと言った。「もう借りられるかぎりの金を借りてるんだ。悪いが、王子さまには震えてもらうんだな」

結局、王子は、その場面でいつも体を震わせることになってしまった。

一方RKO社の営業部では、この映画の売りこみ戦術の検討が始まっていた。そこのある配給責任者がウォルトに言った。

「おとぎ話という側面は、なるだけ抑えたほうがいいですな」

その理由を尋ねたウォルトに、彼はこう答えた。

「だって、お客はわざわざ金を払ってまで、おとぎ話なんか見にきやしませんよ。白雪姫と王子のロマンスとして宣伝して、こびとのほうは目だたせないようにするんです。単純に『白雪姫』っていう題にしたほうがいいでしょう」

ウォルトは納得しなかった。

「いや、これはもともと『白雪姫と七人のこびと』っていう題の、れっきとしたおとぎ話なんですよ。そのおとぎ話にこそ、僕は百五十万ドルも注ぎ込んだんだから。売りこむのもそのとおりにやってもらわなくちゃ困りますよ」

一九三七年十二月二十一日、『白雪姫と七人のこびと』の華々しいプレミアショーがロサンゼルスのカーセイ・サークル劇場で催された。ハリウッドの有名スターや映画界のお歴々は、高級リムジンから次々に降り立つと、ラジオのインタビューに答えて口々にウォルト・ディズニーを褒めたたえた。劇場内で彼らは、〝おとぼけ《ドーピー》〟のしまりのない身ぶりに笑いころげた。さらに、白雪姫が死んだような眠りに落ちたのをこびとたちが見つけるシーンでは、泣いた観客もいた。映画が終わると、観客は総立ちとなり、やんやの歓声を送った。

この晩のことを、後年ウォルトは、いまだに信じられないといったようすでこう回想している。

「ハリウッドの大物連中が、みんなごっそり僕の漫画を見にきた。このことに僕はすっかり感激しちまってね。そのとき僕は、カリフォルニアにやってきてはじめてプレミアショーに行ったときのことを思い出したんだけど、それまで僕は一度もプレミアなんて見たことがなかった。ハリウッドの有名人がぞくぞくやってくるのを見て、僕はちょっとおかしなことを考えたんだよ。将来いつか、漫画映画のプレミアショーにこの人たちが来てくれるといいなってね。なにしろ漫画っていうのは一段下に見られてて、なんていうかな、軽蔑《けいべつ》されてるふしがあったからね、あの当時は。

そう、僕がロサンゼルスに出てくる途中、汽車の中である男に会ったんだけど、頭にくるようなやつでね。時々あるだろう、こういうことが。僕は汽車の後ろのデッキに立ってたんだ――。着てたものはちぐはぐな上着とズボンだったけど、僕は一等車に乗っていたんだよ。その男としゃべっていると、僕にこう尋ねてきた。

『カリフォルニアに行くのかい』

『ああ、そうだよ』

『あんた、なんの商売だね』

『映画の仕事さ』

そしたら、そいつ、突然こう言うんだ。

『ほう、そうかい、いや俺《おれ》も、映画の仕事をしてるやつを知ってるんだがね。あんた、映画の何をやってるんだい』僕が、『アニメーションの漫画を作ってる』って答えたら、『ふうん』と言ってそれっきりさ。まるで、僕が最低の仕事をやっているとでも言いたげな顔をするんだよ。

時々、憎たらしいやつがいるよね。そいつがどんなにくだらんやつだとしても、何かを思い知らせてやりたいと思うもんだろ？『白雪姫』のプレミアの晩、僕は汽車のデッキで会ったその男のことを思い出していたよ。なにしろ、この映画は世界じゅうで八百万ドルの興行収入をあげたんだからね——」

12

『白雪姫と七人のこびと』は、二百万枚にものぼる動画をつなぎ合わせた最高傑作であった。上映時間八十三分というこのアニメーション映画を評論家たちは口を揃《そろ》えて称賛し、観客もすっかり夢中になった。ニューヨークのラジオシティ・ミュージックホールでの上映は、それまで例のなかった三週間というロングランで、観客動員数のあらゆる記録をすべて破ってしまった。七人のこびとたちは〝おとぼけ《ドーピー》〟をはじめとしてたちまち人気の的となり、映画のテーマソング『ハイホー、ハイホー』と『口笛ふきながら働こう』の二曲はどのラジオからも聞こえてきた。

一方ウォルトとロイは、金が会社にどんどん流れ込んでくるという、ちょっと珍しい現象に気を良くしていた。銀行のローンも『白雪姫』の封切り後、六か月のうちに完済した。一九三八年当時のアメリカで、映画の平均入場料がわずか二十三セントであったことを考えると、初公開のときだけで八百万ドルの興行収入をあげたというのはまさに驚異的なできごとであった。しかも、『白雪姫』を見にきた大多数は、十セントを払って入場した子どもの観客であった。

ウォルトは嬉《うれ》しくてたまらなかった。〝ディズニーの道楽〟がこれほどすばらしいものになるとは、まるで夢のようであった。ラフォグラム社の倒産、《ウサギのオズワルド》の権利を失ったこと、せっかくこの仕事に引っ張ってきたのに自分のもとを去っていったアニメーターたち、そして、あのパット・パワーズの悪辣《あくらつ》きわまるやり方——。こうした数々の苦い思い出も、これで一気に吹き飛んでしまった。

ウォルトは、自分のかかえるアーティストたちをこのうえなく誇らしく思った。彼らの給料は、よその漫画スタジオよりは良くとも、ほかの分野で似かよった仕事をしている人間に比べれば低かった。にもかかわらず、彼らは長時間、一生懸命がんばってくれたのである。ウォルトとロイは感謝の意をこめて、スタジオの従業員にかなり思いきったボーナスを出した。

映画『白雪姫』は、ディズニーの組織が今後どういう方向に進むべきかを示すものであった。短編映画は安定した収入をもたらし、若いアニメーターの教育や新しい技術を開発するのにつごうがよかったので、これからも一貫して制作を続けることに変わりはなかった。しかしなんといっても、短編は十把《じっぱ》ひとからげで映画館に配給されるので、できのきわめて良い作品でも、その収入は並のものをわずかにうわまわる程度であった。『三匹の子ブタ』にしても、あれが長編だったらどんなに金が儲《もう》かっただろう、とウォルトはじだんだを踏んだ。

とにかく、長編ものが今後の創作活動の推進力となるべきなのは明らかだった。大手の会社が制作する一流映画と上映を競うくらいの長編映画を作ることでしか会社は成長できない、とウォルトは考えたからである。こうして彼は、主として長編作にエネルギーを向けるようになり、短編のほうはあまりかまわなくなった。新しい未開発の材料がみつかると、すでに征服したものへの興味を急速に失う、という彼の創作パターンはこのとき始まった。

ウォルトは、ふたたび会社の拡大を急いだ。彼は長編映画を同時に何本か制作するようになる将来のことを考えて、アーティストをどんどん雇い入れた。また、ハイペリオン通りに面するこのスタジオは、ウォルトがやりたいと考えている思いきった計画を実行するにはもう明らかに狭すぎた。隣接する敷地や筋向かいに建っていたベランダ付きの平屋住宅を間に合わせに使うほど、制作の規模が異常にふくらんでしまっていた。それに、スタジオには冷房装置もなく、夏の暑い盛りにはスタッフの汗がセルに写し取ったインクや絵の具の上に落ちてくるため、作業を一時中止せざるを得ないような状態であった。ウォルトとロイは新しいスタジオを建てる必要があるということで意見が一致すると、グリフィスパークの丘の反対側のバーバンクに五十一エーカーの土地が売りに出ているのを見つけてきた。一九三八年八月三十一日、二人は総額十万ドルのうち一万ドルを頭金として払い、ブエナビスタ通りに面するその土地をおさえた。

ディズニー家では、一九三六年の大みそかに生まれた次女のシャロン・メイが家族に加わっていた。ウォルトとリリーはときたま客を招いてもてなすこともあったが、それはたいてい親戚《しんせき》の者か、ごく親しいスタジオの友人であった。また二人は夜スタジオに出かけて、ほかの夫婦と一緒にバドミントンを楽しんだりした。ウォルトは今では、ハリウッドの映画製作者の中でももっとも独創的な成功者の一人に数えられていたものの、ハリウッドの社交界に出入りすることはめったになかった。

ウォルトは、アカデミー賞授賞式の晩餐会《ばんさん》に毎年欠かさず出席し、たいていオスカーを手にして帰ってきた。『白雪姫』の映画に対しては、普通の大きさのオスカーの横に七つの小さなオスカーが階段式に並んでいる特別製のものを贈られた。しかし、このように同業者仲間の前で注目を浴びる場所に立たされると、彼はいつになく緊張したものだ。授賞式の晩、ウォルトにオスカーを贈呈する役目を与えられていた、当時十歳のシャーリー・テンプルは、壇上でウォルトがあがり気味なのに気がつくと、

「ディズニーさん、どうぞそんなにかたくならないで」

と、声をかけた。

ところでウォルトは、ポロをあきらめなければならない状況に追いこまれた。ロイは以前から、ウォルトのように一人で会社の制作活動の陣頭指揮をとっている人間が、そんな危険なスポーツをして大けがでもしたらどうするのだ、と心配し、やめるよう説得していた。しかし、ウォルトは仲間の騎手が致命傷を負う試合を二度も目のあたりにするまで、とんと耳を貸さなかった。そのうち今度はウォルト自身が事故に遭い、頸椎《けいつい》が四箇所つぶれてしまったのである。ギプスをはめてそのままじっとしていれば治るはずのものを、彼のかかった指圧医がつぶれた骨をあれこれといじくりまわしたため関節炎のような状態を引き起こし、結局、死ぬまでその痛みに悩まされることになった。

一方、ウォルトもロイもポートランドに住んでいる両親のことがだんだんと気になりだした。両親は二人ともかなりの年になっていたにもかかわらず、マーセリーン時代の農作業と同じような調子で、彼らが所有していた何軒かの

小さなアパートをきりまわしていたのである。母のフローラがついに健康を損ねてしまったとき、ロイはすぐポートランドに飛んでいき、そんなにあくせく働くのは年からいってもう無理なのだから、と両親を説得しようとした。ウォルトも母に宛《あ》て、手紙を書き送った。

……僕らも、父さんと母さんがあんまり働きすぎて体をこわすのではないかと、心配しているところでした。父さんと母さんが身を砕いて稼ぐ金よりも健康のほうがはるかに大事だということを、よく考えてほしいのです。……ともかく、母さんの具合が快方に向かっていることを知り、まず安心しました。……父さんに道理が通じてくれて、今までみたいに骨の折れる仕事はやめてくれることを願っています。父さんのヘルニアも悪化するかもしれない。まったく、どうして父さんはもっとゆったりと人生を送ってくれないのでしょうね。でも母さんが病気になってしまったから、これが赤信号だと思ってくれるかもね。……

こうして、一九三八年の秋までポートランドに住み続けた両親は、南カリフォルニアの気候のほうが健康に良いというウォルトとロイのすすめに従って、引っ越してきた。二人の息子は八千三百ドルを払い、北ハリウッドにこぢんまりとした平屋住宅を両親のために買い求めた。そこは、ロイと妻エドナ、そして当時まだ八歳の息子ロイ・エドワードが住む家からすぐ近くであった。

ところで、一九三八年の元日はディズニー一家にとって楽しいお祝いであった。その日はイライアスとフローラの金婚式で、息子が四人とも勢揃いした。長男のハーバートはまだ郵便局勤めをしていたが、今はロサンゼルスに転勤しており、妻と娘がいた。次男のレイモンドもカンザスシティから西部へ出てきており、保険業を営んでいた。妹のルースはポートランドに住み、夫のセオドア・ビーチャーとのあいだに息子が一人あった。

ディズニー家では、一九三〇年代によく八ミリ映画を撮っていたので、そこに晩年の両親の姿をいろいろ見ることができる。普通の写真に写っている母フローラは目が深くくぼんでいるのが目だつが、映画の中ではもっと美人に見える。母のきらきら光る目は、特にウォルトにからかわれたとき、いっそう輝きを増した。また父イライアスも、映画の中では写真にみられる陰気な面影がない。芝生のぶらんこに腰かけてポーズをとりながら、イライアスがフローラにむりやりキスしようとすると、彼女がいやがって二人のあいだにクッションを挟むという場面も残っている。失望ばかりが続いた人生ではあったが、こうしたフィルムで見るかぎり、それは父の顔には表れていなかった。

事実、イライアスは社会主義の理想を死ぬまでもちつづけた。一度はフランクリン・ローズベルト大統領を支持したにもかかわらず、ますます保守に傾いていったウォルトは、かつて父に尋ねたことがある。

「ねえ、父さん。一回も当選したためしのない候補者に五十年も投票しつづけてきて、今はどんな気持ち？」

イライアスは答えた。

「父さんは満足してるよ、ウォルター。俺《おれ》たちはちゃんと手に入れるものは手に入れた。それも、たくさんね。要求するものがいつもそのとおりの形で実現するとはかぎらないってことが、父さんにはわかった。闘いつづけてさえいれば、どういう形にしろ、なんとか実を結ぶってことがね。昔、父さんがめざして闘ったものは、今じゃみんな、二大政党の政策にとり入れられている。だから、父さんは気分がいいんだよ」

イライアス・ディズニーが今まで投票権がないまま投票していた、という事実が判明したのは、彼が七十を越してからであった。投票資格を問われてよく調べてみると、彼は法律のうえでは外国人だったのである。イライアスの父は、家族ぐるみでカナダからカンザスに移ってきたとき、帰化の申請手続きをした。そして自分が市民権を得ると同時に、当時、未成年であった子どもたちも全員アメリカ市民になった。ところが、イライアス自身は書類の手続きが終わる以前に成年に達していたため、その後もずっとカナダ人のままであった。フローラも、オハイオ州で生まれたという事実にもかかわらず、イライアスと結婚したことから外国人とみなされた。

「俺が自分の家族を育てたのはここなんだし、この国には世話になった。俺はアメリカ人として死ぬ」

と、きっぱり言ったイライアスは、そこで、市民権を取るための試験に備えるべく、フローラとともにアメリカの憲法と歴史を長い時間をかけて勉強しなおした。しかし、いよいよ裁判所に現れた二人に対し、裁判官は、

「ディズニーさん、あなたがたがわざわざこんなことをする必要はありませんよ」

と言って、口頭試問もせず、イライアスとフローラの帰化を認めてくれた。

ところが、二人が新しい家に住んで一か月とたたないうちに、悲劇が起こった。一九三八年十一月二十六日の夜、欠陥品の暖房装置によるガス漏れ事故で、フローラが中毒死したのである。ウォルトもロイも、自分たちが両親のために買った家で起きた事故だけに、がっくりと力を落とし、自らを責めた。この悲しいできごとは、死ぬまでウォルトの心を痛めつづけた。その後二十年たったある日、秘書の一人がなにげなく彼の母親の死のことを口にすると、ウォルトは厳しい顔つきで、

「そのことはオフィスで二度と話題にしないでくれたまえ」

と言い残し、さっさと部屋を出ていった。

『白雪姫』の大ヒットに気を良くした配給会社や映画館は、「こびとの映画をもっと作ってくれ!」と必死で頼んできた。これは、『三匹の子ブタ』がヒットしたときに「ブタをもっと出してくれ!」と言われたときと同じパターンであった。しかし、ウォルトは二番煎《せん》じを繰り返すのはいやだった。彼は、内容も形式もまったく異なる、新しい三つの長編アニメーションにとりかかったのである。

最初は『ピノキオ』であった。これは、作家カルロ・ロレンツィーニがカルロ・コッロディというペンネームで一八八〇年に書いた物語である。主人公が数々の悪党に出くわしながら鍛えられていくというこの冒険ストーリーが、長編アニメーションの題材として理想的だと考えたウォルトは、まるで悪魔に取りつかれたようになって、この新しい企画を推し進めた。『白雪姫』をうわまわる作品を作ろう、と心に決めていたのである。

一九三八年三月十五日のストーリー会議において、ウォルトは、ピノキオがクジラに呑《の》みこまれるシーンのアイディアを次々と出していった。

ピノキオはクジラに呑みこまれまいと、全身の力をふりしぼって必死に泳ぐ。ここんところは、観客をはらはらさせる恐怖場面にするんだ。『白雪姫』でいえば、こびとたちが魔法使いを追っかけるところね、あそこにあたると思うけど。……

もう、クジラのおなかに呑みこまれているゼペットじいさんは、クジラが魚を追っかけはじめると大喜びだ。魚が中に入ってくると、クジラの口のほうを見て、「マグロだ！」と叫ぶ。ピノキオも、魚と一緒に泳いでいるところをクジラに一緒くたに呑みこまれちまう。クジラのおなかの中で釣りをしているゼペットじいさんは、魚を次々に引っかけ、ついにはピノキオまで釣りあげるんだが、じいさんはそれに気がつかない。相変わらず一生懸命魚を釣っている。ピノキオが「お父さん！」と叫んだところでじいさんはやっと気がついて、「ピノキオや！　おまえじゃないか！」と大声をあげる。……

そうだ、水中の場面を描くときは、マルティプレーン・カメラを生かす絶好のチャンスだな。間に紗《しゃ》を入れて絵を全体的にぼかすんだ。上から光線を何本も当てて光を散らす。ここんところはマルティプレーンを目いっぱい使ってくれよ。

『白雪姫』の経験があったので、『ピノキオ』はもっと簡単にいくはずだったが、実際はそうではなかった。ストーリーは冒険物語としてのすばらしい要素をもっていたのに、『白雪姫』に出てきたような、大衆の心をつかむことのできる登場人物に欠けていた。主人公のピノキオ自身、頭痛の種だった。命を与えられたあやつり人形という設定上、普通の人間の子どもを描くようにはいかない。彼の顔は無表情で、自分の過去をまったく知らない者のように、動作も単純でぎごちないものでなければならなかった。半年後、ウォルトはとうとう制作の一時中止を命じた。『ピノキオ』をアニメーションとして実現するには、何か新しい要素を付け加える必要があると思ったからである。

その答えは、ピノキオの周りにおもしろくて華やかな登場人物を配置することであった。なかでも重要だったのはコオロギのジミニークリケットである。ウォルトは、原作ではほんのちょい役にすぎなかったこのコオロギを、ピノキオの良心として映画に登場させ、悪い仲間や快楽の落とし穴からピノキオを守り導くという役を与えた。

それにしても、かわいくもないこの虫ケラが、どうやったら愛嬌《あいきょう》のある登場人物として描けるのか？　そこで呼ばれたのが若手のアニメーター、ウォード・キンボールであった。ウォルトの部屋に入っていくとき、キンボールは会社をやめてやろうと心に決めていた。というのは、『白雪姫』の制作中に彼が描いた、白雪姫のベッドを作るシーンとみんなでスープを飲むシーンが、いずれも最終段階でカットされてしまっていたからだった。しかし、自分の絶望の胸のうちを伝えようとしていたキンボールの思惑をよそに、ウォルトは例の魔法のような話術で、ピノキオと彼の良心であるジミニークリケットの冒険談を語りはじめたのである。ウォルトの独演が終わるころには、キンボールのやめる決意などどこかへ消えてしまい、彼は、使いものになるコオロギを描いてほしいというウォルトの頼みを引き受けてしまっていた。

事実、キンボールのジミニーはかわいらしく、コオロギらしくないコオロギとなった。おまけに、彼が歌うことになった『星に願いを』と『口笛ふいて』の二曲が、映画の封切りとともにヒットしたこともあって、ジミニーの成功は不動のものとなったのである。

一方、棒切れのようにそっけなかったピノキオの姿はやや丸みを帯びて人間らしくなり、性格も、徹底的な悪童というよりむしろ、悪の誘いについついはまってしまう性格の持ち主、というふうに脚色しなおされた。その結果、ピノキオとジミニークリケットのやりとりは完璧《かんぺき》といえるほどうまくいった。が、やはり、主人公が自らの意志をもたない者であるという事実に伴う基本的な問題は、どうしても解決することができなかった。ピノキオはなんといっても、善と悪のあいだをふらふらと行ったり来たりする文字どおりのあやつり人形であり、白雪姫のもつ人間的な魅力にはとうていかなうものではなかった。

ウォルトは、『白雪姫』をはるかにしのぐ視覚的イメージを作りだそうとして、アーティストに思うぞんぶん特殊効果やマルティプレーン・カメラを駆使させたため、『ピノキオ』は見事な芸術作品にできあがった。が、同時に、費用のほうもうなぎのぼりで、映画が完成したとき、その製作費は二百六十万ドルという驚異的な額に達したのである。

そもそも、『ファンタジア』の企画が生まれたのは、ウォルト・ディズニーがミッキーマウスのゆく末を心配したことに端を発していた。ウォルトはこのネズミに対して一種独特の愛着をもっていた。ミッキーは彼にとって、単に漫画のドル箱スターでもなければ幸運のお守りでもなかった。ウォルトは、自分がミッキーの声でもあり分身でもあると感じていたから、ミッキーマウスの活躍する舞台が狭まっていくのは見るに堪《た》えなかったのである。

大きさの違ういくつもの円を寄せ集めて描かれたミッキーマウスは、登場したてのころ、なんでもやってのけた。が、その動作は、アニメーターが〝ゴムホース方式〟と呼んだ動き方、つまり骨も関節もないホースのような、実際の人間や動物の動きとは似ても似つかない動き方であった。しかし漫画がだんだん洗練されたものになるにつれ、ミッキーも変わっていった。登場人物の体を自由につぶしたり伸ばしたりしてアクションを誇張する〝スクォッシュ・アンド・ストレッチ方式〟をミッキーのアニメーションにはじめて使ったフレッド・ムーアのおかげで、ミッキーマウスはもっと人間っぽく魅力的になったのである。

ミッキーが従来より柔らかな顔かたちになったといっても、問題はまだ残っていた。かわいらしくはなったが、昔の漫画に見られた素朴なバイタリティーが失われてしまったのである。また彼は元来、恥ずかしがりやで目だたないキャラクターであるため、滑稽《こっけい》な事件を引き起こしてまわる積極的な役は不向きであった。その手の役は、ドナルドダック、プルート、グーフィーといったミッキーのわき役として登場する、もっと露骨な性格のキャラクターにまわされていた。そして、こうしたわき役たちは例外なく、それぞれ自分のシリーズものでスターとして独立していった。

一九三八年、ウォルト・ディズニーは『魔法使いの弟子』をアニメーションにし、ミッキーマウスを主人公とすることに決めた。『魔法使いの弟子』は古いおとぎ話で、ゲーテが詩にも詠《よ》み、フランスの作曲家ポール・デュカスによって交響詩にもなっていた物語である。ミッキーは魔法使いの修業中、魔術を悪用したためにさんざんな目に遭う役で、デュカスの曲に合わせながらパントマイムだけで構成するという趣向であった。ウォルトは、せりふがまったく入らないということを喜んだ。というのは、ミッキーがいく通りもの役をこなしきれないのは彼の声、つまり、ウォルトのためらいがちでかん高い裏声が原因ではなかろうか、と思っていたからである。

ウォルトは、この『魔法使いの弟子』を短編として出す心づもりにしていた。ところが、フィラデルフィア交響楽団の有名な指揮者であるレオポルド・ストコフスキーと話をする機会があって、その考えは変わってしまった。あるパーティーで、ウォルトはストコフスキーに出会い、『魔法使いの弟子』の曲を使ってミッキーマウスに主演させる映画の計画を彼に話したところ、ディズニー漫画の熱心なファンであるストコフスキーは、その音楽の指揮を自分にやらせてほしいと申しでたのである。

スタジオを訪れたストコフスキーは、アニメーションとして表現できそうなほかの曲もいろいろ演奏してみせた。ウォルトはその録音を聴いているうちに、空想が無限に広がっていくのを覚えた。そして、『魔法使いの弟子』は短編としてではなく、クラシック音楽をほかにも取り入れた長編の一部にしようと決めたのである。やがて、この新しいプロジェクトは『コンサート映画』という作業上の仮タイトルがつけられた。

ストコフスキーが提案した曲の一つは、バッハの『トッカータとフーガ／ニ短調』であった。そこでウォルトはバッハに関する本を読み、彼が教会のオルガン奏者であり、想像力のほとばしるまま即興で作曲をした人物であったことを知った。それならこの『トッカータとフーガ』を同じように自由な方法で絵にしたらどうだろう、とウォルトは考えた。そして、それがうまくいくかどうかを試すため、この曲を繰り返して聴きながらストコフスキーと印象を話し合った。クレッシェンドで大きく盛りあがっていく部分は、「まるで、暗いトンネルから出て、光がパッと降りそそいでくるような感じだ」と、ウォルトは表現した。また別のところでは、「オレンジ色が浮かんでくる」と言うと、ストコフスキーは、「いいや、僕は紫のイメージだな」と反論した。さらに木管楽器が鳴り響く箇所では、ウォルトは、熱い鍋《なべ》の中でスパゲティがぐらぐら煮え立っている場面を想像した。だから、のちにこのアニメーションを見たインテリ評論家が、「『トッカータとフーガ』を抽象表現した部分には何か深遠なものが感じられる」と評したのを見て、ウォルトは笑ってしまった。

彼は何もインテリぶろうとしていたのでもなければ、大衆にクラシック音楽を紹介しようとしたのでもなかった。クラシック音楽を単に新しいアニメーションの道具として使おうとしただけである。ウォルト・ディズニーは目に映った印象というものを常にたいせつにしていた。スタッフに向かってこういう話をしたことがある。

「子どものころコンサートに行ったけど、今でも目に浮かぶよ、オーケストラが音合わせをしているところ。それから、指揮者が登場して演奏が始まる。そうして、バイオリンの弓が一斉に上がったり下がったりする――」

ステージの上にいる楽士たちの姿や音楽が描きだす情景の数々――。ウォルトはその一つ一つを、なによりも目で感じとっていたのである。

一方、ウォルトは、録音スタジオで聴くあの音量豊かなオーケストラの音が、再生されるときそのまま出てこないことが不満だった。そこで、コンサートホールなどで聴く生演奏がそのまま、あるいはそれ以上にうまく再現できるような多重音のシステムを開発してほしい、とサウンド部門に指示した。たとえばシューベルトの『アベ・マリア』が流れるところでは、聖歌隊がいかにも劇場の通路をゆっくり進んでいくように聞こえるようにしたかったのだ。

研究の結果できあがったのは、〝ファンタサウンド〟というシステムであった。録音にさいしては数本のマイクを使用し、再生のときも同じ数のスピーカーを通すので、立体音響効果が出るのである。さらにウォルトは、最高の音質を出すために、ストコフスキーに頼んで録音はすべて抜群の音響効果を備えたフィラデルフィア音楽院でやってもらった。結局、映画『ファンタジア』の製作費は、音楽に関する部分だけで四十万ドルを超え、ようやくできあがったころには総額が二百二十八万ドルに達していた。

『白雪姫と七人のこびと』に続く長編第三弾の企画は、『バンビ』であった。この作品はほかの二つの映画と同時に作業が開始されていたのに、封切りはいちばん最後になった。

一匹の鹿が森の中で大人になっていくという、フェリクス・ザルテン原作のこの物語は、長編漫画の題材としておあつらえ向きであった。この手のストーリーはアニメーションを通じてしかうまく描ききれないからである。しかし『バンビ』は、ディズニーがこれまで手がけたどの作品とも違っていた。内容も、『白雪姫』や『ピノキオ』などよりずっとまじめで、登場するのがすべて動物という点でも一線を画していた。こういうストーリーの流れをうまく表現するには登場する動物たちを写実的に描く必要がある、とウォルトは考えた。つまり、鹿は本物の鹿らしく、ウサギもウサギらしくなくてはならない。だが自分のスタッフにそんな大仕事がはたしてできるだろうか。できたとしても、見ていて楽しい映画になるのだろうか。

ウォルトは、アニメーターが必要とする道具はなんでも揃えてやる決心をした。動物を描くことにかけては一流の画家リコ・ルブランをよんできて、動物の体の構造や動きについて話をしてもらった。さらにカメラマンのモリス・

デイをメーン州に送り、森や雪の降るようす、嵐《あらし》、クモの巣、また光線や季節の変化などを、数千メートルにも及ぶフィルムに収めさせた。メーン州開発委員会がディズニー・スタジオに二匹の子鹿を贈ってくれたので、アニメーターたちはその成長していくありさまをスケッチしたり写真に撮ったりした。そのうち、ウサギやアヒル、スカンク、フクロウなどの動物も加わって、スタジオはさながら小型動物園のようであった。また、ある自然愛好家が、動物の動きを見事にとらえた写真を何百枚も寄贈してくれた。

『バンビ』のストーリー会議が開かれるようになったある日、ウォルトは、この映画の制作について自分が考えていることをいくつか述べた。

それでアニメーションのほうだけど、ウサギにいろんなことをやらせられると思うんだ。何かのくせをつけてやる。たとえば鼻をぴくぴく動かしたり。……フクロウはまぬけで愚か者にするんだ。僕は原作の、フクロウが調子っぱずれの金切り声をあげるっていうの、いけると思うな。……どのキャラクターでもそうだが、あんまりまじめ一方っていうのはまずいな。まあ、バンビの母親は別として。バンビもどっちかというとまともだけど、子どもっぽいことをきいたり好奇心をまる出しにするあたりにコメディータッチをつける。ほかのキャラクターは現実的に描いてほしい。……父親の大鹿は、言うべきことを威厳のある声できっぱり言うもんだから、バンビはおとなしく従うほかない。大鹿の言うことは誰《だれ》も文句が言えないんだ。その感じは声をとおして表現する。……僕はファリーンの性格が好きだな。彼女は利口でものがよくわかってる。バンビがいっぱい、いろんな質問をしても彼女はちゃんと答えられるし、そういう方向で彼女のキャラクターを作っていけば、バンビと仲よしになるところでも、使える材料がたくさん出てくるよ。……

ウォルトは、この『バンビ』の企画を早め早めに推し進めようとしたが、なかなか思うようにいかなかった。ここでもふたたび、ウォルトとスタッフは新しい手法を切り開こうと模索していたのである。子鹿に斑点《はんてん》をつけるというような細かいことまでが、意外に困難な作業となった。ベテランのアニメーターでさえ一枚の原画を描くのに四十五分かかるので、一日に仕上がるのが八枚、つまりフィルムの長さにしてたった十五、六センチにしかならない。通常のペースは一日平均約三メートルである。さらにこれが、あまり経験のないアニメーターになると、一匹の子鹿を描くのに一時間半もかかるというありさまだった。

またストーリーの流れの点でも、『バンビ』にはいくつかの問題点があったことから、ウォルトは、『ピノキオ』や『ファンタジア』と同じペースではとうてい進められないことを悟った。そこで彼は、フランク・トマス、ミルト・カール、エリック・ラーソン、オリー・ジョンストンといった若手のアニメーターで小さな班を構成し、『バンビ』のみに没頭させることにした。そして、

「自分で満足できるものが描けるまで、僕に見せないでくれよ」

と、言い渡したのである。

トマスは幼いバンビのしっぽに蝶《ちょう》が止まるシーンを担当し、カールはバンビが丸太を跳び越えたとき、足がもつれてウサギの〝とんすけ〟の上に乗っかってしまう部分を描いた。これらのシーンはいずれも、ラフ・アニメーションができた段階でウォルトに提出された。〝汗かき部屋《スウエットボックス》〟の中でそのフィルムを試写したウォルトは、目に涙を浮かべて叫んだ。

「でかしたぞ、君たち。これこそピカ一だ！」

ウォルトはやっと、自分の考えていたとおりの『バンビ』に出会ったのであった。

長編漫画が三本にレギュラーの短編が数本同時進行していたハイペリオンのスタジオは、スペースが足りなくて過密状態だった。『バンビ』の担当班はハリウッドの貸しビルに移ったし、ストーリー研究、宣伝、技術、続き漫画《コミック・ストリップス》、教育部などの部門もやはり近くのビルの二階に移動した。ウォルトは、バーバンクの新スタジオにすべての部門を移転できる日が待ちどおしかった。

新スタジオの設計は、ウォルトにとって新鮮で心が躍る作業であった。ハイペリオン通りのスタジオは、常に一時しのぎの状態のまま過去十二年間が過ぎてしまっていた。窮屈なうえ照明も十分でない部屋で、アニメーターたちは

冬は寒さに震え、夏は暑さにうだるというひどい環境だった。新しいスタジオはみんなが居心地よく和気あいあいと制作活動ができる場所にしよう、とウォルトは心に決めていた。彼は設計のあらゆる面に直接関与し、建築技師や製図工、家具デザイナーや室内装飾家、造園技師、音響専門家、配管工など、さまざまな人間と話し合った。

新スタジオは、最大規模の制作活動を支えるに十分なスペースがどうしてもなければならない、とウォルトは固く信じていた。ここで最大規模というのは、レギュラーの短編が十八ないし二十本、長編が数本という意味である。一本の長編漫画を作るにはだいたい三年かかるので、年に一本封切りしようと思えば同時に三本を進行させるだけの施設が要る。さらに、年に二本出そうと思えば同時制作は六本になる。

スタジオでの制作活動の中心はアニメーションビルになる。ここでは、アニメーション制作のさまざまな基本作業が映画づくりの流れにしたがって次々とスムーズに処理されていく。そのビルの中にはストーリー部があり、ディレクター、レイアウトマン、そしてアニメーター、その助手や中割りなどが働くのである。そこで原画が完成すると、作品は地下のトンネルを通ってトレース・彩色専用ビルへ、つぎに撮影のためのカメラビル、さらに編集ビルへと回される。またステージは三つ作り、一つは音楽の録音用、あと二つはせりふと特殊効果の吹き込み用とする。それに、映画の合成手法を実験する研究所、劇場、レストランなども造られることになっていた。

さて、設計上の重要課題として空気調整のシステムがあった。ハイペリオンのスタジオではセルやレンズにほこりが付着し制作に支障をきたすことから、ウォルトはよく文句を言ったものだ。それから、湿度の変化も頭の痛い問題だった。空気が乾いていると、セルロイド板に塗った水彩絵の具にひびが入ったり、剝《は》がれたりするし、逆に湿気が多いと乾きが悪くてこすれてしまう。また、新スタジオの用地があるサンファーナンド平原は周辺と比較して夏は特に暑くなるということをウォルトは知っており、なんとかしてスタッフを一年中、快適な環境の中で働かせたいと願っていた。建物ができあがってから空調設備を取り付けるのでは遅いと考えたウォルトは、設計の途中でメーカーの技術者を招き、工事担当の建築技師や構造エンジニアと話をさせた。そして、どの部屋にも新鮮で冷たい空気を送るシステムを考案させると同時に、窓を開けると室内の空気調整の効果が台無しになってしまうということで、窓の取っ手はいっさい取り除くことにした。

新スタジオの設計に対するウォルトの念の入れようは、その後のプロジェクトとなったディズニーランドやウォルト・ディズニー・ワールドの建設をいかにも予言するかのようであった。空調設備、映画手法の研究所、芝生用スプリンクラー、トイレその他で使用する水は、九十メートルの地下に埋めた二つのタンクから送ることになっていた。主要なビルは互いに地下道で結ばれ、電気、ガスなどの配線、配管設備も地下に埋設した。スタジオ内には道路、雨水の排水管、下水施設、消火栓、電話交換室、配電設備などが整備され、それはあたかも小型都市のようであった。また、将来スタジオの制作活動を中断せずに拡張ができるよう、道路の幅、溝の大きさ、パイプの太さなど、すべてきちんと計算済みであった。

ウォルトとロイは、父親に新しいスタジオの大工仕事を監督してくれないか、と尋ねてみた。妻のフローラを失って以来、意気消沈していた父に、すこしでも元気を出してもらいたいと思ったからだった。スタジオにやってきたイライアス・ディズニーは、八十歳という年齢にもかかわらず、作業衣を身につけて一日中、大工の監督をしたり自分で釘《くぎ》を打ったりしてせっせと働いた。だが工事がどんどん進んでいくようすを眺めていた父は、心配そうな顔でこう尋ねた。

「ウォルター、おまえの漫画でこんなにでっかい会社を、一体全体どうやって支えてゆくんだい？　つぶれちまうかもしれないのに、おまえ、こわくないのかい？」

ウォルトは答えた。

「そうだな。もし僕が失敗してもね、父さん、始末は簡単につくと思うよ。ここはなにしろ広いからね。長い廊下に部屋がいっぱいついてさ。だからもし、漫画で失敗して文無しになったら、いつでも病院として売れるよ」

イライアスはこれを聞いて、ほっと胸をなでおろした。

建設計画の進行状況を一つ一つ確認していったウォルトは、土地の造成と工事が始まると、ほとんど毎日のようにバーバンクの現場へ車を運転して出かけていった。制作の仕事はハイペリオンからハリウッドまであちこちに分散していたので、彼には新しいスタジオの完成が待ちどおしくてしかたなかったのである。最初にできあがったのはカメラビルで、一九三九年の八月には『ピノキオ』の撮影がそこで始まった。引き続いてその秋、『バンビ』の担当班がいたビルの契約が切れると、スタッフはまだ未完成だったアニメーションビルの一角に引っ越した。スタジオの大半はクリスマスの翌日、ハイペリオンからバーバンクへの移動を始めたが、残る二、三の部門は翌年の春になって合流した。

自分のオフィスとして、ウォルトはアニメーションビルの三階の、北東の隅を選んだ。そこは応接ロビー、秘書室、ゆったりしたスペースのウォルトの部屋、会議室のほかに、彼がスタジオに泊まる必要ができたときに休める部屋などがひとまとまりになっていた。

事実、新スタジオに引っ越して一か月後に、ウォルトはオフィスに泊まらなければならない用ができた。その夜のことを、彼はあとでこう話している。

「十時半ごろだったかな、仕事もすっかりケリがついて、さて寝ようかなと思ったところでエアコンのタイマーが止まっちまったんだよ。『ブルルルル……』って、潜水艦が海底へ沈んでいくときみたいな音を出してね。もっとも部屋の中には空気は十分あったけど、その、なにか、窒息しそうな感じなんだ。大声で叫んでみたけど誰もいない。窓際に走っていって、窓を開けようと一生懸命手さぐりで引っかいたりしているうちに、指を切っちゃったんだよ。窓の取っ手を全部取っちまえって言ったのは、まったく、この僕だったくせに。とうとう、窓をぶちこわして、やっと息ができたよ」

13

ウォルト・ディズニー・プロダクションズがやっとつかんだ繁栄も、第二次世界大戦の勃発《ぼっぱつ》に伴い、一九三九年九月には終わりを告げはじめた。会社の収入の四五パーセントは海外からのものであったが、今や、ドイツ、イタリア、オーストリア、ポーランド、チェコスロバキアといった、ディズニーにとって重要な市場は閉鎖され、イギリスやフランスからの送金も凍結された。

アメリカ国内の映画市場も変化しつつあった。ヨーロッパが戦争に突入すると、アメリカの若者は徴兵され、国民の生活のテンポは速くなった。大衆も、ウォルト・ディズニーのおとぎ話にはあまり興味を示さなくなったのである。

一九四〇年二月に封切られた『ピノキオ』は当然、『白雪姫』と比較された。ウォルトは、『ピノキオ』のほうが芸術的には上であると固く信じていたが、観客は、白雪姫やこびとたちに対して感じたような愛着を『ピノキオ』の登場人物に対してもってくれなかった。興行収入は良好であったが、高い製作費を埋め合わせるにはほど遠いものであった。

一方、『ファンタジア』も特殊な問題を抱えていた。大衆はクラシック音楽の入った映画というものになじみが薄く、こういう新しいタイプのディズニー映画にすぐ溶けこめる準備ができていなかった。また配給会社のＲＫＯ社にしても、この映画を〝インテリ向けミュージカル〟と呼んで、販売意欲をまるでみせなかった。そこで、ＲＫＯ社から配給に関する独占的契約をゆるめる約束を取りつけたウォルトは、アービング・ラドウィグという若い映画セールスマンをリーダーとする特別配給班を編成した。そして大都市の有名映画館と交渉して〝ファンタサウンド〟の立体音響を再生できるサウンドシステムを取り付けさせるよう、ラドウィグに指示した。また映画の中のそれぞれのシークェンスを互いに独立した作品のようにして上映するため、特殊な照明装置と幕の開閉コントロールを映画館に備えつける手はずを整えた。さらに、こうした特殊装置を操作するスタッフは、ディズニー側で雇われ訓練を受けた。

こうして『ファンタジア』は、一九四〇年十一月十三日、ニューヨークのブロードウェー劇場で特別公開の運びとなった。ここはかつてミッキーマウスが『蒸気船ウィリー』でデビューした映画館で、当時はコロニー劇場と呼ばれていたところである。映画評論家は、『ファンタジア』における想像力豊かな斬新《ざんしん》さを高く評価したが、クラシック音楽の評論家は軽蔑《けいべつ》のまなざしを向けた。

一方、観客の反応は、ニューヨークでも、カーセイ・サークル劇場で上映したロサンゼルスでもまずまずであった。サンフランシスコの上映では、ここがディズニーの融資元であるバンク・オブ・アメリカの本社所在地でもあったことから、ウォルトは多少緊張気味で、ラドウィグに特別の指示を与えた。

「今夜は銀行家がわんさと来るぞ。この映画が人気上々だってこと、忘れずにＰＲしてくれよ」

『ファンタジア』の封切りは成功を収め、ボストン、クリーブランド、シカゴ、デトロイトなどでも完全な立体音響を使って上映することができた。しかし一年のロングランを続けたニューヨークを除いては、その後の上映契約は取れなかった。ロードショーの料金を子どものために払うなんて、とたいていの親はためらった。実際に子ども連れで見にきた観客も、あれはいつものディズニー映画ではない、と文句を言った。

興行収入が減っていくなかで、一セット三万ドルもする〝ファンタサウンド〟の装置の取り付けをこれ以上広げていこうとするのは現実的でなかった。それに政府の防衛政策の影響を受けて、エレクトロニクス機器もだんだん入手しにくくなっていた。『ファンタジア』を短縮して一般上映に臨もうとするＲＫＯ社にそれまで必死で抵抗していたウォルトも、折れざるをえなかった。新しいスタジオの経営続行のためには、とにかく可能なところからはすべて収入を引き出す必要があった。それにしても、あれだけ情熱を注ぎ込んで作ったフィルムをカットするなど、とても自分ではできない。ウォルトは、RKO社の幹部にこう言った。

「誰《だれ》でもいいから呼んできて、編集しなおしてくれたまえ——僕にはとてもできんよ」

上映時間が二時間の長さの『ファンタジア』は、こうして八十一分にカットされ、西部劇との二本立てで配給されることになった。が、二百二十八万ドルもの製作費をかけたこの映画は、『ピノキオ』をうわまわる赤字を出す結果となってしまったのである。

その後ウォルトが『ダンボ』の制作に入った裏には、少額の予算で、しかも比較的短期間のうちに長編アニメーション映画を作れることを実証したい、という気持ちがはたらいていた。ヘレン・アバーソンとハロルド・パールの原作によるこの物語は、大きな耳の子象が空を飛べるようになるというかわいらしい話であった。

ウォルトは、経済観念の発達したベン・シャープスティーンを主任ディレクターに起用した。シャープスティーンは、それまでの長編漫画の製作コストを引き上げる原因となっていた余計な部分をカットすべく、作業をすすめた。その結果、ストーリーの脚色は六か月、アニメーションの制作はわずか一年で終了し、製作費総額八十万ドル、上映時間六十四分の映画が仕上がった。RKO社の販売担当者は、長編としては短すぎるからもう十分ほど長くしてほしいと言ってきたが、もともと『ダンボ』を三十分の小品として考えてさえいたウォルトはその依頼をつっぱねた。『ダンボ』は、ディズニーの長編漫画の中でも特にかわいらしい作品となって人気を集め、スタジオに八十五万ドルの収益をもたらしたのである。

一九四〇年のある日、ロイの部屋に来るように言われたウォルトは、何かまずいことが起こったな、と感じた。それまでの長年の経験から、ロイのほうからウォルトの部屋にやってくるのはたいてい良い知らせのあるときで、逆にロイの部屋に呼ばれるのは悪いニュースが待っているときだった。

「まあ、おまえ、座れよ」

と言って、ロイはウォルトの後ろのドアを閉めると自分の机に戻り、話を始めた。

「ちょっと困ったことになった。おまえと話さなくちゃいかんと思ってな」

ウォルトは、兄の浮かぬ顔を探るように見つめながら、尋ねた。

「どうしたんだい？」

ロイは、昨年の経営の悪化をざっと弟に説明した。『白雪姫』の収益が、『ピノキオ』『ファンタジア』『バンビ』などの製作費に食いつくされてしまったこと。ヨーロッパの戦争のおかげで、映画館からの収入が急激に減ったこと。三百万ドルを投入したこの真新しいスタジオには、千人もの従業員を抱えていること――。

「こういうわけで、おまえ、今や僕らが銀行から借りてる金は四百五十万ドルにもなってるんだよ」

ロイはこう結んだ。彼はウォルトが驚いて心配するだろうと予想していたが、そのウォルトはニヤリとすると大声で笑いだした。

「こいつ、いったい、何がおかしいんだよ！」

ロイはむきになって言った。

「いや、ちょっと昔のことを思い出してたんだよ」

ウォルトはそう言いながら、まだ笑いつづけていた。

「ねえ、僕らが千ドルぽっちだって借りられなかったころのことを覚えてるかい？」

今度は、ロイまで笑いだしてしまった。

「そうだったなあ。それにはじめて二万ドルの融資の枠をもらうのが、なかなか骨が折れたよなあ」

二人は、従業員の毎週の賃金を払うため借金に奔走したころの思い出話を、懐かしそうに語り合った。

「それで、今は四百五十万ドルの借金か。なかなか結構じゃないか」

ウォルトはそう言ったものの、やがて笑いが静まると、兄に尋ねた。

「で、どうする気だい？」

「外部の資金が要ると思う。優先株を発行するんだな」

と、ロイは言った。

ウォルトもロイも、今まで、がんとして株の一般公開をしなかった。彼らの会社はごく個人的な性格のものであったし、それにウォルトは、今までずっと一人で意思決定をしてきた。そこへ外部の勢力が入ってくるということには抵抗があった。

もともとディズニー兄弟は共同出資者としてビジネスを始めたのだが、一九二九年に、八万五千八百五十二ドルの資産と三万二千八百十三ドルの負債を抱えてウォルト・ディズニー・プロダクションズを設立し、一万株を発行してウォルトとリリーにそれぞれ三千株、ロイに四千株を分配した。そして一九三八年には、三〇年代のはじめに作った三つの子会社を吸収して、ウォルト・ディズニー・プロダクションズが再編成された。この新しいディズニー・プロダクションズは十五万株を発行し、ウォルトとリリーがそれぞれ四万五千株ずつ、ロイとエドナがそれぞれ三万株ずつ所有しあったのである。

ウォルトの不安をよそに、ウォルト・ディズニー・プロダクションズは一九四〇年四月、はじめて一般向けの株の発行に踏みきった。配当率六パーセントの転換権付き累積優先株が、額面価格二十五ドルで十五万五千株、それに一株五ドルの普通株が六十万株であった。株発行の趣意書には、「社長兼制作部長ウォルター・E・ディズニー、副社長兼営業部長ロイ・O・ディズニー」と印刷されていた。会社の総資産は、一九三九年末現在で七百万七百五十八ドルであった。

株はまたたく間に売りきれ、三百五十万ドルという、会社にとっては切実な資本金が調達された。おかげで、すくなくとも当面は財政的な不安から解放された。が、今度は、別の問題が頭をもたげはじめていた。

一九三〇年代の後半、国内のほかの産業と同様、ハリウッドの映画スタジオでも労働組合の組織化が進んでいた。大恐慌の悪夢を経験した国民はより安定した仕事の保障を求め、新しい繁栄に伴う賃金の引き上げを要求した。この組合結成の動きは、ニューディール政策の下で政府が組織した全国労働関係委員会の援助を得て、ますます広がった。

映画業界でも、組合化の時機は熟していた。ここでは、映画市場の変動や製作会社の思いつき一つで仕事があったりなかったりした。映画の撮影は一週間に六日連続、夜間の撮影もざらであったが超過勤務手当は出なかった。また、会社が財政危機に見舞われると労働者側は五〇パーセントの賃金カットを強いられたのに、経営者はなんの犠牲もはらうことがなかった。

一九四〇年までには、俳優、ディレクター、脚本家、技術要員といった給与所得者の大部分がそれぞれ組合を組織し、ディズニー・スタジオにおいても、音楽家、カメラマン、電気技師、食堂従業員、衣装係、化粧係、小道具係、その他のセット担当者などについては、職業別組合に属する人間でなければ従業員として雇わない、という労使契約が交わされた。組合の活動家がつぎに働きかけようとしていたのは、アニメーターであった。

ディズニーという企業の性格は、短い年月のあいだにすさまじい変貌《へんぼう》を遂げていた。ウォルトと毎日一緒に働くアーティストがひと握りしかいなかった状態から一転して、千人もの従業員が働く工場のような労働環境になっていたのである。大半の従業員にとって、ウォルトと個人的に交わるというようなことはもはや可能ではなかったし、彼らの多くは、自分たちが創作活動のなかで疎外されていると感じていた。新スタジオへの移転に動揺した従業員もいる。ハイペリオンにいたころは窮屈でごった返していたものの、お互いのあいだに連帯感があった。バーバンクの新スタジオは整然としていて快適な環境であったにもかかわらず、職務別の階層がより明確な形で表れた。下っ端の者は、自分が無視されているうえ、賃金も低すぎるという不満を抱いた。実際、大恐慌後の賃金標準からみて、異常とはいえないまでも、彼らの中には確かに賃金の低い者がいたようである。

従業員の中にくすぶる不満に目をつけたのは、スタジオ内の新しい勢力であった。その多くは、『白雪姫』制作前後の会社の拡大期に仲間入りしてきた東部出身者で、マンハッタンの熱っぽい芸術世界の申し子であった。彼らはウォルト・ディズニーの温情主義が気に入らず、スタジオ労働者を守るものは労働組合しかないと主張した。

従業員の中には、彼らに同調する者もいた。特に、ヨーロッパ戦線の影響下で会社も財政的に苦しくなっていたおりである。映画市場が狭まる一方で会社側も多数の従業員をこのまま抱えていくわけにはいかなくなるだろう、という憶測から大量首切りの噂《うわさ》がスタジオ内に広まった。

ディズニーのアニメーターを組織しようとした組合は二つあり、一つは独立系の映画漫画家連盟、もう一つは、AFL（アメリカ労働総同盟）の塗装壁紙職人組合に加盟している映画漫画家組合であった。この映画漫画家組合のリーダー格、ハーバート・ソレルは強硬派の左翼で、彼が指導するストライキや組合間での管轄権をめぐる闘争は、ハリウッドの映画労働者のあいだに混乱をもたらしていた。ソレルは、すでにディズニー・スタジオの大半のアニメーターを自分の組合に組織したと豪語し、ウォルトがただちに労使契約にサインしなければストを打つと迫った。ウォルトはソレルの横暴さに激怒した。そしてあくまでも、従業員の投票によってことを解決すべきだと主張して譲らなかった。

ウォルトは、従業員に直接訴える決心をした。

「我々が直面している本当の危機、……つまり我々全員の将来に重大な影響をおよぼす危機について、ちょっと諸君に話をしたい――」

一九四一年二月、スタジオの従業員を集めてこう切りだしたウォルトは、過去二十年間、アニメーションの仕事を通じて自分が出会った数々の苦しい体験を語り、やがて自らの信条に触れた。

「僕は漫画という表現手段に対して、がんこなまでの絶対的な信頼をもちつづけてきた。漫画を白い目で見る連中には、アニメーションがもっとましな評価を受けていいってことを見せつけてやろう――そう心に決めていた。漫画は単に、大きな出し物のあいだに挟み込むつなぎ的存在じゃないっていうこと。将来、今までにはなかったファンタジーと娯楽の世界を作りだす可能性をもっているんだってことを、見せてやろうと思っていたんだ」

ウォルト・ディズニーは、昔の貧しかった時代を思い出しながら話を続けた。一九二八年には、自分もロイもお互いの車を売ったり何もかも抵当に入れて、スタッフの給料を払ったこと。また一九三三年には、ほかの映画会社が五〇パーセントの賃金カットを決行したのに、ディズニー・スタジオではそれをせずにがんばったこと。過去七年間、従業員の手に渡ったボーナスや調整金は、ほぼ五十万ドルに達したこと。また、ウォルトもロイも二百五十万ドルの配当を受け取ることができたはずなのに、その金をすべて会社に再投資したこと――。

ウォルトはさらに、『白雪姫』の制作後、スタジオが急激に拡大したこと、新しいスタジオの建設、外国市場の崩壊、それに続く会社の財政危機などをざっと説明した。当時、会社としてとれる方向は三つあった。第一案は全員の賃金カットであったが、これを実行したらみんなパニック状態になる。第二案は長編の制作中止で、これもスタジオの従業員の半分はレイオフとなる。最後の案は、会社が自らの支配権を失うほどの大量の株を大企業か個人に売り渡すことである。ウォルトはこの三つの解決案をいずれも退け、製作費をもっと現実的なレベルまで引き下げる経営方針を打ち出して、困難を切り抜けたのであった。

ウォルトは、スタジオ内に流れているさまざまな噂をきっぱりと打ち消し、新しいスタジオが階層の区別を助長しているという見方も否定した。噂の一つに、賃金の高い男性アーティストを追い出す目的で女性従業員を訓練している、というのがあったが、それに対しウォルトは、そうではなくて、女性を訓練しているのは従業員としてもっと多様な仕事ができるようになってほしいからで、将来、男性が徴兵されるような事態にも備え、かつ女性にも男性と同じ平等な機会を与えるという目的のためであると説明した。

また、どうしてウォルトはもっと多くの従業員と直接交わらないのか、従業員が中間の管理職を通さずにウォルトに接する機会をどうしてもっと作れないのかという、よく尋ねられる質問が出された。これに対しウォルトは、スタッフの規模があまりにも大きくなりすぎて、一人一人の従業員に注意を向けるのは無理であると答えた。

「僕は民主主義を信じてる。……だけど、僕が誰かれかまわずあんまり近づきすぎるのは、この組織全体にとってすごく危険だし、不公平だってことがわかったんだ。……ごまをすったり同情を買ったりして昇進しようとする人間が、いつでも何人かはいる。しかしそれは、良心的で仕事熱心でありながら、ごますりが苦手な人間には絶対不公平なことだ。僕はね、会社の中のある地点を越えたスタッフに関しては、彼ら一人一人の成長ぶりをよく知ってるつもりだ。……というわけでね、諸君、僕が評価したいのは仕事の結果、それだけなんだよ」

ウォルトはしめくくりとして、毎週九万ドルのスタジオの経費のうち、七万ドルは従業員の給料であるという厳しい状況や、従業員に与えられている有給休暇、休日、病気休暇などの数々の恩典を強調した。そして、映画産業の将来の見通しは今までになく明るいこと、彼自身やる気十分であることを話して従業員を励ました。と同時に、強者のみが生き残り弱者はいつか脱落するという宇宙の法則は、どんな理想的な計画を立てようともけっして変わることはないという、むきだしの現実主義を披瀝《ひれき》した。

ウォルト・ディズニーが、このように自己をさらけ出して話をするというのは非常に珍しく、これが最初で最後のことであった。大勢の従業員を前にして、ウォルトがあれほど率直な態度でしゃべったことは、彼がどれだけ事態を重くみていたかを示すものである。会社の財政悪化、一部従業員の不満、ソレルからの脅迫、といった一連のできごとにウォルトは当惑していた。その後数か月間、彼は感情を露骨に表す言動をたびたびみせ、もっと賢明な行動がとれなかったことをあとで後悔した。ウォルトの同僚の中には、強硬策こそ最良の策とする顧問たちから、ウォルトが誤った忠告を受けている、とみる者もいた。

一九四一年五月二十九日、ウォルトはスタジオ前のピケを見て、愕然《がくぜん》とした。ハーバート・ソレルはディズニーのアニメーターの大半の支持を見越して、映画漫画家組合にストライキの指令を出したのであった。が、実際には彼らの六割が職場に残った。

ウォルトはこのストを軽くみていた。二日目、スタジオの門の内側に立った彼は、ピケの中に見つけた何人かのなじみの顔に向かって、皮肉をこめた言葉を投げかけた。そして、会社のスタッフに、

「あいつらは、二日もすりゃやめて戻ってくるよ」

と、軽く言っていた。

しかし、彼らは職場に戻らなかった。ハーバート・ソレルは、スタジオ正門の筋向かいの空地にテントを張って寝泊まりし、ストの陣頭指揮をとりながら攻勢を強めていった。スタジオ内のほかの労組がピケに加わることを拒否し、ディズニー・プロダクションズ全体を閉鎖することができないと見るや、ソレルは、テクニカラー社の労働者をオルグして、取引先をボイコットさせる戦術に出た。そして、ディズニー・スタジオに対するフィルムの供給を止めるのに成功したのである。

ウォルトは公開声明文を出したり、広告を掲載したりして対抗し、まさに、こぶしを振り上げんばかりの鼻息であった。ある日、こんなことがあった。門の内側に車を止めようとしていたウォルトを見て、ストライキ中のアニメーターの一人が、ラウドスピーカーを通して叫んだのである。

「ほら、そこにいるぞ——みんなには兄弟愛を唱えながら、自分だけは特別だと考えてるやつが」

ウォルトは上着を脱ぎながら、その男のいるゲートに向かってゆっくり歩きはじめたが、スタジオの警備員が彼を制止した。

団体交渉の席に座り、自分の従業員が労働条件に関する要求をむりやり押しつけようとするのを聞くのは、ウォルトにとってたまらなく苦痛だった。また彼は、公開声明文の中で思慮のたりない発言をして、かえって自分を不利な立場に追い込んだりした。そして、精神的疲労と失望感からついにストライキ交渉の匙《さじ》を投げたウォルトは、親善と映画制作を兼ねて南米旅行をしないかという申し出を受けて、国外へと去っていった。出発前、彼はある新聞のコラムニストに宛《あ》てて、自分の気持ちを次のように書きつづっている。

僕にとっては、すべての状況が破局だ。漫画という媒体を作りあげる過程で重要な役割を果たしていた精神がめちゃめちゃに壊されてしまった。今後アーティストを雇うときは、塗装壁紙職人組合の加入者の中から選ばなければならない。……

うちの従業員に投票で解決案を選ばせることを組合は拒否したが、その理由ときたら、あいつらの言葉をそのまま引用すると、「投票になれば我々が負けるかもしれない。ストを打てば、勝つに決まってる」という具合なのだ。……僕は、何もかも犠牲にして、最後の最後まで闘う用意はあったのだが。……僕に不利な条件ばかりが目の前にずらりと揃《そろ》っていた。だから当面のあいだは、と思って降参したけれど、本当はまだ負けてなんかいない。まったく頭にくるよ。……

いったん活字にして流されたうそとか歪曲《わいきょく》は、そう簡単に消えるものではない。僕はスト破りとか、反組合主義の経営者であるとか、労働者を搾取する者だとか、いろいろ呼ばれた。やつらは会社のメッセンジャーボーイの給料を引き合いに出して、アーティストにこれっぽちしかやってないと言ったり、うちの会社のやり方を強制労働の工場にたとえてみたり——とりわけ、この僕が札束に埋もれてごろごろ暮らしていると非難されたとき、これがいちばんこたえた。実際はあり金をそっくり全部会社に投資している始末だっていうのに。

この混乱状態は、裏で共産主義者が扇動し、指導してるんだってことが、僕にははっきりわかっている。その証拠に〝人民世界〟とか〝婦人消費者連盟〟とか〝アメリカ平和動員〟とか、ほかにも明らかに共産党系だといわれている団体が、いちばん最初に、僕の名を不当雇用主のリストに載せたのだから。ＡＦＬ傘下の合法的な組合は、最後になって僕をリストに載せたけれど、こちらにほこ先を向けるのには消極的だった。……

まったく、不愉快このうえない気分だ。これで、もし、僕を信じてくれる忠実なスタッフがいなかったら、さっさと廃業して何かほかのことを始めるところだが――。そういうわけで、今はにっちもさっちもいかない状態なのだ。この南米旅行は、まさに天からの贈り物だ。僕自身はそれほど乗り気でもないのだが、このいまいましい悪夢から逃げだすいいチャンスだし、会社に何かの仕事を持って帰れると思って。とにかく、今の僕の病名は、幻滅性元気喪失症ってところだ。……

ウォルトが南米から帰国するまでにストは収拾していたものの、結果はかんばしくなく、解決案の実行に伴って以前より多くの問題が生じた。特に、制作の仕事が減り、従業員の一部をどうしてもレイオフしなければならない状況に追い込まれたとき、事態は深刻化した。会社は、ストの参加者も不参加者も同様に、あらかじめ決められた一定の割合で削減しなければならず、それは困難であったと同時に、怨恨《えんこん》の種をまいた。

その後、ウォルトは、スト参加者のほとんどに対してなんの恨みも抱いていないかにみえた。事実、そのうちの何人かは、のちに会社の重要なポストについている。しかし、ウォルトは、ラウドスピーカーを手に、自分に挑発的なヤジを飛ばした例のアニメーターだけは許すことができなかった。政府の調停に従って、この男も職場に復帰する権利を与えられたが、ウォルトはけっしてそのアニメーターと口をきこうとしなかった。彼は二年後に、スタジオをやめていった。

一九四一年のストライキは、ウォルトに大きな影響を与えた。それは、政治とか従業員に対する彼の姿勢に影を落とすことになり、ウォルトをますます保守、反共へと追いやった。また、ディズニー・スタジオを従業員の楽園にしようという計画にも彼は幻滅を感じた。従業員は出勤時と退社時にタイムカードを押さなければならなくなり、昔、スタジオの初期に制作スタッフが経験したような、自由で親密なウォルトとの交流は、もう永久に戻ってはこなかった。

ところで、南米旅行の話をもってきたのは、国務省米州局の調整役ネルソン・ロックフェラーの下で働く映画部の部長ジョン・ホイットニーであった。彼は、ディズニーがスタッフとともに南米を訪れ、アメリカ文化の芸術的側面を紹介してくれれば、中南米諸国に対する政府の善隣政策が功を奏すると説明した。そしてそれは緊急を要する、とホイットニーは言った。南米にはドイツ系やイタリア系の移民が多く、枢軸国に同調する空気がかなり濃厚であった。一九四一年半ばの時点においてアメリカ合衆国はまだ参戦こそしていなかったが、連合国を支持しており、ナチスやファシズムの影響が西半球の国々に広がることを恐れていた。

「親善旅行？　そういうことは苦手ですので、私にはちょっとできかねますが」

と、ウォルトが答えると、ホイットニーは、

「それでは、あちらへ行って映画を作るというのは、いかがです？」

と提案した。

「ああ、それなら、やらせてもらいます。何かの目的をもって行くほうが、気分的にもいいですな。ただ握手ばかりするんじゃ、どうもねえ」

連邦政府はそこで、具体的な費用の申し出をしてきた。政府は七万ドルまでの旅行経費を出し、またこの旅行にもとづいた映画を最低四本、できれば五本、ディズニーが制作してくれれば、一本につき五万ドルの製作費を保証する。金は、映画館から収益があがったときに政府に返済すればよい、という内容である。スタジオのストライキもずるずると夏にもち越そうとしていたおり、ウォルトは南米に行く決心をした。妻リリーも含めたウォルトのロケ隊がロサンゼルスを発ったのは、一九四一年八月十七日であった。

ブラジル、アルゼンチン、チリその他南米諸国におけるミッキーマウスやドナルドダックの人気は絶大なものだった。ディズニーの一行は大変な歓迎を受け、ウォルトの行く先々に群衆がつめかけた。帰途、ウォルトたちの乗り込

んだ船はいくつかの港に寄港したが、その一つ、コロンビアの小さな町で、一行は汽船で川をさかのぼり熱帯雨林の見物をした。ウォルトが十五年後、ディズニーランドに「ジャングル・クルーズ」のアトラクションを作ったのは、このときの体験がもとになったのだろうと、同行したスタッフはのちに語っている。

だが、三か月ぶりに旅から帰国したウォルトは、ある悲しみにすっぽりと包まれた。彼の留守中、父のイライアスが亡くなったのである。八十二歳だった父は、最愛の妻フローラを亡くしたあと、そのショックから完全に癒《い》えることはなかった。旅先の南米で、父の臨終の知らせを受け取ったウォルトは、

「僕とロイがもっと早く成功してさえいれば、両親にもっといろいろしてあげられたのに」

と、あるスタッフに心のうちを漏らした。

南米の旅を素材にしてウォルトが作った映画『ラテン・アメリカの旅』と『三人の騎士』は、南米の国々でもアメリカ国内でも人気を博した。アメリカ政府は結局、当初ディズニーに出した旅費や映画製作費のもとをすっかり取ったのであった。

14

一九四一年十二月七日の午後、ロスフェリスにあるウォルト・ディズニーの自宅の電話が鳴った。

「もしもし、ウォルト、たった今なんだが、スタジオの警備員から連絡があったんだ。陸軍がスタジオに乗り込んでくるらしいぞ」

電話の声は、スタジオのマネージャーだった。日本軍による真珠湾攻撃のニュースのショックからまだ覚めきらないでいるウォルトは、電話の内容がすぐには呑《の》みこめなかった。

「陸軍だよ。それも五百人ぐらいの部隊が、スタジオへ引っ越してくるって言うんだ」

マネージャーは言った。

軍隊はスタジオのサウンド・ステージを接収し、撮影機具の取り払いを命じると、軍用トラックと対空高射砲を修理するための機材を持ち込んだ。ある将校に言わせると、このステージは灯火管制中にも使用が可能であるため、理想的な場所ということであった。陸軍は続いて、従業員用の駐車場を押さえ、三百万個の弾薬貯蔵に充てた。各ゲートには憲兵が立ち、ウォルトやロイをはじめとしてディズニーの全従業員は指紋を取られたうえ、身分を証明するバッジを常に着用するよう言い渡された。またアニメーションビル内では、兵隊たちに寝るスペースを提供するため、アーティストが二人ずつ同室を余儀なくされた。

ロサンゼルス周辺の山間部に配置された対空施設を援護するための陸軍部隊は、それから八か月のあいだスタジオに駐屯した。日本軍の本土攻撃の恐れがなくなると陸軍は引き揚げたが、すぐまたそれに代わる部隊が入ってきた。こうして、ディズニー・スタジオも戦争に突入したのである。

もっともディズニー・スタジオは、真珠湾以前からすでに戦時下の役割を果たす準備態勢を整えていた。自分たちにトレーニング用映画を制作する能力があることを実証するため、ウォルトは、一九四一年三月、近くのロッキード航空会社に勤務する技師、ジョージ・ペープンの協力を取りつけた。ペープンは勤務外の時間を利用して、『リベット打ち込みのこつ――同一の高さに揃《そろ》える四つの方法』という映画制作に力を貸してくれた。これはできが非常に良かったため、ロッキード社自身が、大量に雇い入れた新米航空工員のための教材として使うことになった。さらに、この映画を見たカナダ政府関係者も、ディズニーの仕事が戦争に役立つことを認め、ディズニー・スタジオに、戦時愛国公債および印紙の販売促進を目的とする短編四本と、新兵に対戦車砲の使い方を教える短編の制作を依頼した。

アメリカが参戦に踏みきると、連邦政府からも映画制作の注文がどっと流れ込んだ。海軍からは『航空母艦の着艦信号』を、農務省からは『食糧が戦争を勝利に導く』を、そして陸軍からは航空機識別官を対象とする教材映画を依頼された。さらにディズニー・スタジオは、ナチスに動員される若者を描いた『死への教育』、免疫注射を呼びかける『侵略に備える防衛対策』なども制作した。

大量の戦争用フィルムの注文を目の前にして、ウォルトとロイは会社の運営方針の再検討を迫られた。漫画映画の市場が底をつき、スタジオのスタッフも徴兵により枯渇しそうな事態に直面した現在、細々ながらも作業が進んでいる『バンビ』だけは例外として、長編の制作をカットすることが賢明に思えた。そこでウォルトは、『不思議の国のアリス』と『ピーター・パン』の企画を断念し、短編も『柳に吹く風』のアニメーションを打ち切ることにした。

複雑な題材を取りあげて、それを、見る者を説得し、かつ啓蒙《けいもう》するフィルムに作りあげるという新しい挑戦は、ウォルトをおおいに刺激した。彼は、ミッキーマウスや白雪姫の冒険を物語るときと同じ情熱を燃やして、自らの手腕を爆撃照準器や軍需工場内製造工程の説明に向けた。ウォルトが用いたテクニックは、たとえば『羽の生えた疫病』

というタイトルの作品に関する一九四二年五月二十四日のストーリー会議の記録に、つぶさに表れている。これは、国務省米州局の調整役ネルソン・ロックフェラーの依頼で制作中のフィルムで、ストーリーボードには、マラリア予防の必要性を説く解説者に〝七人のこびと〟がちょっかいを出す場面が描かれていた。

この映画は蚊の退治方法をみんなに教えるのが、その基本的な目的だろ。こびとを登場させる理由は、ただ一つ。ちょっとしたおもしろみを加えるということなんだ。だから、調子に乗ってギャグを入れたり奇想天外なことに首をつっ込んだら、本来の目的、つまり蚊をどうやって退治するかをやさしく教育するということがぼやけちまう。

僕が考えてるのは、まず言葉でテーマの説明をしてしまうことだ。蚊を退治することのたいせつさ――こりゃね、諸君、マジメな問題なんだよ。これをたたきこんだところで、ちょっと骨休めのためにアクションを入れる。エンディングじゃ、七人のごくありきたりの市民を使ってにぎやかにやるんだ。ここでナレーションを入れる。「これはけっしてむずかしいことではありません。では、適当に七人の方を選んで、こちらへ来ていただきましょう」ってな具合にね。そこで登場してくる七人というのが、例のこびとなんだ。そうして、こびとの一人一人にスポットを当てる。そのこびとは、それぞれに与えられた作業をちゃんとやってのける。たとえば、油をまくのは〝おとぼけ《ドーピー》〟……かわいく描いておくれよ。でもギャグは禁物だ。

見てる側の興味を起こさせたところで、今度は音を入れる。溝を掘って、鎌で雑草を刈る。……〝おとぼけ《ドーピー》〟は、車のクランクの油を取りにいく。車によじ登って、古い油を抱えて降りてくると、それを刈り草の上にまくんだ。しごく当然のことをやっているんだが、リズムに乗っている。見るほうが抱腹絶倒するようなことはいっさいしない。ただ、みんなまじめに耳を傾けてくれるようなもっていき方をするんだ。蚊の退治はだいじな問題だ。でも僕らは、それがいかに簡単なものであるかを説明するわけだ。〝おとぼけ《ドーピー》〟でもできるんですよ、ってね。……

戦争用映画に対する需要は、相変わらず衰えをみせなかった。それまで、スタジオのフィルム制作量は年間平均九千メートルであったが、今や九万メートルにも達していた。しかもこの大幅な増加は、小規模化されたスタッフの長時間労働で支えねばならなかった。徴兵によってアーティストの三分の一が取られてしまったウォルトは、残った小人数ではたして一定の生産量が保てるかどうか、気をもんだ。そこで、スタジオに駐屯していた海軍および陸軍の将校たちが、徴兵委員会に事情説明のため、代表を送ることを申し出た。ウォルトは、彼らにこう提案してみた。

「いっそのこと、徴兵委員会の面々をここに連れてきてはどうですか。あっちは、我々がミッキーマウスしか作っていないと思いこんでいるんでしょう。実際ここで、ほかにどんなことをやっているのか見てもらいましょうや」

要請に応じた徴兵委員たちは、スタジオに入るにはFBIだけでなく陸軍や海軍の諜報部《ちょうほうぶ》に対しても通行許可の手続きをとらねばならず、さらに、極秘作業のため一定区域に立ち入りが禁止されている事実を知って、態度をがらりと変えた。ディズニーのしていた戦争向けの仕事の重要さがこうして認められると、すでに徴兵されていた従業員でさえ、軍服姿のままスタジオに送り帰され、再び仕事に取りかかることができた。

従業員の中には、自分の意思でスタジオに残る者もいたし、すすんで従軍する者もいた。カード・ウォーカーは後者の一人だったが、彼は平社員の地位からのし上がり、一九四二年はじめには短編もののコスト調整をするマネージャーになっていた。ある日、ウォーカーはウォルトのオフィスに来て、海軍に入りたい旨を伝えた。はじめウォルトは、この若いスタッフがスタジオの戦争用業務に欠くことのできない重要な知識の持ち主であることを理由に、反対した。ウォーカーは胸のうちを、こう訴えた。

「僕はね、ウォルト、国のことを思うと気が気じゃないんです。どうしても戦争に行きたいんです」

ウォルトはしばらく考えていたが、そのうち、若いウォーカーに羨望《せんぼう》を感じている自分に気づいた。かつて自分が救急部隊に志願してフランスに行ったときの話をひとしきりし終わると、ウォルトはこう結んだ。

「君はラッキーなやつだな。僕だって本当は行きたいのだ」

ディズニー・スタジオと連邦政府の業務関係は、混乱をきわめた。開戦当初、ディズニーの理事会は、戦争遂行に協力するためにスタジオの仕事を掛け値なしで提供する決議をしていた。しかし政府の会計担当者は、この方針を承認するどころか理解も示さず、経費に加えて少額の報酬を払うことを主張した。その結果、経費の全項目を審査する権限が政府に与えられることになってしまった。

だが、政府の会計担当者には映画づくりがなんたるものかが理解できなかった。彼らは、一つのプロジェクトを終えて次のプロジェクトを待機中の制作チームに、なぜ給料を払う必要があるのか、説明を要求してきた。ウォルトは、新しいプロジェクトが出てきたときにすぐ作業に取りかかれるよう、スタッフを常に維持しておく必要があるのだと懸命に説明した。経費をめぐるこうした争いは、戦争が終わってからも二年余り続いたのだった。

一九四二年十二月、ウォルトのもとに、財務省の役人であるジョン・サリバンから電話があった。財務長官のヘンリー・モーゲンソーが緊急の特別プロジェクトの件で相談があるという。

「今夜、ワシントンにお越し願いたいのですが」

サリバンは言った。ウォルトは、娘のダイアンの誕生祝いのことをもちだし、今まで二回も出張で彼女の誕生日にいてやれなかったから、また抜けることはしたくないのだと話した。だが、サリバンは、

「非常に重要な件なのですがね」

と押し、ウォルトはしぶしぶ、その日ワシントンに行くことに同意した。

この仕事は戦時公債の販売キャンペーンだろうと、ウォルトは予想をたてていた。が、モーゲンソーのオフィスに着いてみると、その予想は見事にはずれた。

「実は、所得税の納税義務を国民に売りこむ仕事に、君の力を貸してほしいのだ」

モーゲンソーは、こうきりだしたのである。ウォルトは当惑した。

「ちょっと待ってくださいよ。こちらは財務省でしょう。合衆国の政府でしょう。国民に納税義務を売りこむですって？　税を払わなければ、監獄にぶち込むまでのことじゃありませんか」

そばにいた国税庁長官のガイ・ヘルバリングが口を開いた。

「そこが私の困っている点なんですよ。新しい税法でいくと、来年は千五百万人の新規納税者が出てくる。だが彼らが納税義務を怠ったからといって、千五百万人を起訴するなんて、とてもじゃないができるわけがない。そこでだ。

税とは何であるか、戦争に勝つために税金がどんな役割を果たすのか、彼らにわからせなくちゃならないんですよ」

「私は、公債でも売る手伝いをするつもりで、ここへやってきたんですけどね」

ウォルトは言った。

「そこなんですよ」ヘルバリングは続けた。「国民の気持ちとして、公債を買えば、それが戦争の資金になると考える。ところが、公債はどうやって返済するのか——税金によってじゃないですか。税金不払いの国民を起訴するというのが我々の目的ではない。納税が愛国的な行為だということをわかってもらって、国民に積極的になってもらいたいんですよ」

最後に、モーゲンソーがウォルトに向かって言った。

「とにかく話の趣旨はこういうことだ。よろしく頼むよ」

ウォルトは急いでカリフォルニアへ引き返した。すでに十二月も末だったが、モーゲンソーはこの映画を二月までに全国各地の劇場で上映することを望んでいた。ということは、六週間以内に制作を完了し、かつテクニカラーで現像処理をしなければならない。ウォルトはほかの仕事を全部停止した。そしてこの映画を作るため、制作チームとともに一日十八時間働き、アニメーションビルの簡易ベッドで寝泊まりした。やがてストーリーボードができあがると、ウォルトはモーゲンソーに見せるためワシントンに飛んだ。

会議中、モーゲンソーの部屋には、彼の秘書と補佐官以外はサリバンもヘルバリングも入室を許されなかった。三人を前にしてストーリーボードを据え付けたウォルトは、いつものように熱弁をふるいはじめた。

「ドナルドダックは大の愛国者でありますが、税金のこととなると、これは別。ところが、税金を払うことが戦争の勝利につながるということがいったんわかると、それまで税金を払うのはごめんだと考えていたドナルドの態度に、急変が起きる。めんどうだがこれもお国のため、と覚悟を決めたドナルドは目の前の簡易式税申告書を見てびっくり。簡単そのものなのだ。そばに用意しておいた計算機や頭痛薬をほっぽり投げて申告書にさらさらと記入しおわると、ドナルドは、早めに申告書提出を済まそうと郵便ポストに駆けつける。そのとき、彼の目の中の赤、白、青の星条旗が輝いて、ドナルドの愛国の情がパッと燃えあがる。そこで、ドナルドダックはカリフォルニアからワシントンへ一目散に飛んできて、直接、税を納める」というストーリー。

ウォルトの独演中、無表情のままだった三人は、終わったあとも沈黙を続けた。やがて、補佐官が遠慮がちに口を開いた。

「ええと、僕は、そのう、あなたが、ミスター納税者とでもいう名前のかわいらしいキャラクターをこしらえるのだと思っていたんですが——」

秘書はもっとそっけなく、「私、ドナルドダックなんて嫌いよ」と言いすてた。

モーゲンソーは何も言わない。ウォルトの持ち前の癇癪《かんしゃく》が頭をもたげてきた。

「どうなんでしょうね、あなた方はこういう趣旨を国民に伝えたいわけでしょう?」

ウォルトはきりだした。

「だから、私はあなた方にドナルドダックを差しあげたんです。私のスタジオにとっちゃ、これはMGM社の契約スターの中からクラーク・ゲーブルを提供するのに匹敵することなんですよ。アメリカじゅうの国民はドナルドダックをよく知っています。だから、これで映画館への扉が開かれることになる。ミスター納税者の漫画なんて映画館が上映してくれるわけがないじゃないですか。ドナルドダックの漫画ならやってもらえる。このキャラクターをあなた方にあげることで、私は自分の利益をみすみす棒に振ることになるんですよ。この短編を上映する劇場はどこも、すでに予約済みのドナルドダックの漫画とさしかえてしまうでしょうからね。でも私があえてこうしたのは、この映画を成功させたかったからです。こういうストーリーを伝えるには、この方法以外にない。つまり、大衆が知っているキャラクターを使って、見る側が置かれている状況にあてはめるということなんです。……」

財務長官は、自分の机に座ったまま視線を上げて、あきらめ顔で言った。

「君に任せるよ」

ウォルトはカリフォルニアに舞い戻り、『新しい精神』というタイトルの付いたこの映画の仕上げを急いだ。財務省は、三月十五日の納税締め切りの前にアメリカじゅうで上映するため、千百本という前代未聞の数のプリントを作らせた。財務省の統計によれば、この映画は結局、六千万人の国民の目に触れ、一方、ギャラップ世論調査は、納税対象者のうちの実に三七パーセントが、『新しい精神』を見て税を納める決心をしたと発表した。
ところでドナルドダックは、戦争中のディズニー短編映画のうちもっとも人気を呼んだ『総統の顔』にも、主演スターとして登場している。この映画で、ドナルドダックは自分がナチス下のドイツで軍需工場の工員となっているという悪い夢を見る。ドナルドとその仲間がアドルフ・ヒトラーに敬意を表するために歌う曲の作曲を頼まれたのは、かつて映画館のオルガン奏者で、のちにディズニー・スタジオのために多くの曲を世に出したオリバー・ウォレスであった。ある日、スタジオ内の道路で自転車をこいでいたウォレスは、あるインスピレーションが閃《ひらめ》いて、あやうく地面に倒れそうになった。そのアイディアというのは、歌の中で「万歳《ハイル》」という叫び声が入るすぐあとに、侮蔑《ぶべつ》を表す「ブーッ」という音を毎回入れるというものであった。

ヒトラーを小ばかにしたこの映画はアメリカじゅうの観衆をわかせ、この中で使われた歌も戦時中のヒットソングになった。『総統の顔』は、ヨーロッパのあらゆる言語に翻訳されると、地下組織の手で大陸にも密《ひそ》かに持ち込まれ、それを見たナチス最高司令部を激怒させた。

長編映画『空軍力の勝利』は、ディズニーの独創的な野心作であった。これは宣伝映画ではあっても政府の肝入《きもい》りではなく、ロシア生まれの航空専門家アレグザンダー・ド・セバースキー少佐の思想に共鳴していたウォルトが、自ら企画したものである。

セバースキー少佐は一九四二年、著書『空軍力の勝利』を発表したが、ウォルトはこの本を貫く戦略論に圧倒された。セバースキーは第一次世界大戦中、ロシア空軍飛行大隊の隊長を務めた経験をもち、のちに爆撃照準器と飛行制御装置を発明、スピード飛行のパイロットとして知られ、第二次世界大戦を空軍力で勝ちとることを説いた人物である。アメリカに帰化したセバースキーは、この本を通して多くのアメリカ国民の支持を得た。歴史家チャールズ・ビアードは『空軍力の勝利』を指して、「アメリカ人にとって、戦争に関するあらゆる本を全部集めたよりも重要な書物」と評価し、『ニューヨーク・ヘラルド・トリビューン』紙は、「十分、心して読めば、戦況の雌雄を決する力をもつ本」と書きたてた。

一九四二年五月はじめ、セバースキー少佐に連絡をつけたウォルトは、早速、『空軍力の勝利』をアニメーションとして映画化したい旨、申し出た。そして作業は、その後数週間のうちに開始の運びとなり、ちょうど、五年がかりで『バンビ』を制作しおえたばかりのスタッフたちが担当することになった。この映画はテーマの緊急性と刻々変化する世界情勢からして、完成を急がねばならなかった。七月までには、おおざっぱなストーリーボードができあがり、セバースキーもスタジオに手伝いにやってきた。彼とウォルトは互いに良き仕事相手となり、次々にあふれ出るアイディアを自由に交換しあった。

セバースキーは技術顧問という役割を引き受けていたが、制作過程における彼の実際の貢献は、それ以上のものであった。製図工でもありエンジニアでもあった彼は、いろいろなスケッチを描いてはディズニーのアーティストたちの参考用に見せた。結局八か月に及んだ制作期間のあいだじゅうセバースキーはスタジオにとどまり、戦争が進むにつれて本に書かれた自分の予言が次々と的中していくなかで、脚本の内容にもそれに見合った変更を加えていった。映画『空軍力の勝利』は、一九四三年七月に封切られた。ウォルトがはじめてセバースキーと話をしたときから数えて、わずか十四か月後のことである。ディズニーの販売スタッフはプロパガンダという言葉を断固として避けようとしたが、事実、これは正真正銘の宣伝映画《プロパガンダ》であった。上映が成功したのもその性格ゆえであったし、大衆のみならず、政治家の考え方にも大きな影響を及ぼしたのだった。

ジョン・ガンサー著『氾濫の日々』は、広告マン、アルバート・ラスカーの生涯をつづったものであるが、その中で、ラスカーがセバースキーとローズベルト大統領の会見を実現させるか、さもなくばホワイトハウスで『空軍力の勝利』の映画を上映させるかで、長いあいだ苦心したという話を伝えるくだりがある。ラスカーはそのいずれにも失敗したが、それはセバースキーを奇人扱いした海軍元帥のウィリアム・リーヒの用心深さのせいだという。

さらにガンサーによれば、ラスカーから贈られたこの映画のプリントをすでに見ていたチャーチル首相は、一九四三年夏に開かれたケベック会談で、ローズベルト大統領に見せるためにこのフィルムを取り寄せた。会談ではヨーロッパ侵攻の日程をめぐって米英の主張が平行線をたどり、チャーチルは英国海峡の制空権を掌握することの緊急性をアメリカ側にわからせようと苦心していた。ローズベルトは、アニメーションに描かれた戦闘機の活躍ぶりにたいそう感心し、これが重要なきっかけとなって、翌年のノルマンディー上陸作戦に十分な空軍力を供給するという、会談の決定がなされたという。

しかしこのフィルムは、ウォルト・ディズニー・プロダクションズにとっては、四十三万六千ドルもの大赤字を出す結果となった。ウォルト自身も、あとでこう認めている。

「商売として見れば、これはばかげた仕事だったよ。でも、この映画には僕の信念みたいなものがこめられている。それ以外の制作理由は何もないが、とにかく僕はやってみたかったんだよ」

『空軍力の勝利』は、戦時中におけるディズニーの財政難にますます拍車をかけることとなった。一九四二年八月に封切りとなった期待の『バンビ』も、アメリカ国内でわずか百二十万ドルと、成績がふるわず、外国からの収入も二百十九万ドル程度であった。ディズニー・スタジオが映画産業の繁栄にあずかることができなかったのは、大恐慌のときと同様であった。享楽を求めてやまない大衆を相手に、ほかのスタジオでは戦争映画やミュージカルを次々と制作し、映画館も巨額の利益をあげていた。が、ディズニー映画だけは例外であった。

借金の山に埋もれるディズニー兄弟にとって、『白雪姫』のような救いの女神も今はなかった。スタジオでは、戦時中も一か月に一本の割で短編漫画を制作していたが、短編に不利な映画産業の仕組みを反映して見返りもわずかだった。それに連邦政府から委託されて制作したトレーニング用映画や宣伝映画も、スタッフをやっと何とか維持していく程度の利益しかもたらしてはくれなかった。一方、バンク・オブ・アメリカからの借金は四百万ドル以上にものぼり、銀行の理事の中には、ディズニーに対しリボルビング方式で自動的に融資を繰り返すことに懸念を示すものも出てきた。

ある日のことだった。バンク・オブ・アメリカにおけるディズニーとのパイプ役を務めていたジョーゼフ・ローゼンバーグからロイに電話があった。サンフランシスコの本社で理事会の会合があるから、ウォルトと一緒に出席してローンに関する質問に直接答えてほしいと言う。このとき、二人がどんなに憂鬱《ゆううつ》な気分で出かけていったかを、後年、ロイは懐かしそうに語っている。理事会の前に出頭させられるなどというのは二人ともこれがはじめてであった。スタジオが戦争用映画の制作にほとんどかかりきりという状態にあって、会社の財政改善はしばらく望めそうになかった。バンク・オブ・アメリカの理事会室に案内され、大きなテーブルを囲んで居並ぶ十二人の澄ましきった顔を見て、ロイとウォルトは完全に元気を失った。

やがて、銀行の創立者でもあり、取締役会長の座にあるA・P・ジャンニーニが到着すると、会合が始まった。顔つきといい風采《ふうさい》といい、まさに威風堂々としたジャンニーニは、すすめられた椅子《いす》を断り、テーブルの周りをゆっくり歩きながら、討論に耳を傾けた。そしてディズニー兄弟が座っている場所を通り過ぎたとき、二人の背中をつつきながら低い声でささやいた。

「あんまりしょぼくれた顔をしなさんな。それほど形勢は悪くないよ」

この言葉は、ウォルトとロイにすこしばかりの希望を与えた。二人にとって、ジャンニーニは長年の擁護者ともいえる存在で、時折ヨーロッパの旅行先から、

「あなた方の映画を当地で見ましたが、なかなかよくできてましたよ」

などと書いた絵葉書を送ってくれたりするのだった。

議題がいよいよディズニーに対する融資の件に移ると、ウォルトとロイは、スタジオの収益が戦時下という特殊条件の下で頭打ちを食らっている状況を、懸命に説明した。それについで、ジャンニーニが理事を尋問しはじめた。

「君たちは、ディズニーに多額の金を出しとるんだろう？　で、彼らの作った映画を、いったい何本見てるんだい？どの映画を見たのかね？」

彼はそう言って、理事の一人一人から答えを求めた。その結果、ディズニー映画をただの一本も見たことのない者が、彼らの中に何人もいることがわかった。

「そうか。私はよく見ているよ」

ジャンニーニは言った。

「私はディズニー映画をかなりまめに見ておる。なぜなら、リスクをはるかに越えて貸していることを知っていたからだ。だけど私にはわかっとる。戦争が起こったからといって、ディズニー映画の価値が変わることはない。ああいう映画は、今価値があれば、来年でも価値がある。そしてその次の年にも——。もっとも現在は戦争中で、ディズニ

——映画の市場は厳しい。金は凍結されておるし、外国の市場に入ろうったって入れないのだ。諸君、もうちょっと気分を楽にして、映画を市場に売りこむ時間をこの二人に与えてやったらどうかね。この戦争にしろ、どうせ永久に続くわけじゃないよ」

ジャンニーニはこう言いおわると、大股《おおまた》で部屋を出ていった。これで破産せずに仕事が続けられる——。ウォルトとロイはほっと安堵《あんど》の胸をなでおろして、ロサンゼルスへの帰途についた。

15

ウォルト・ディズニーのスタッフに対する接し方には、一種独特のものがあった。スタジオに新しく入ってきた者は、いや、長くいる者でも、ときにはウォルトの態度に当惑し、彼が黙っていれば興味がないものだと思い込んだり、ぶっきらぼうな言い方をすれば嫌悪を表しているのだと誤って受け取ったものだ。ウォルトの創作の才能が他人にはなかなかとらえにくいのだということを、ちゃんと理解している者もいたが、それでもウォルトを十分知っていると言いきれる者は一人としていなかった。また、ウォルト・ディズニー自身、他人に対して親密になったり自己をさらけ出すということはしなかったのである。しかしディズニーの仕事のスタイルというのは、今や四十を越えた彼の中に深くしみ込んでおり、スタッフに対するときの彼の態度をつね日ごろから見てきた者には、それがある程度わかるのであった。

良くできた作品に対して、ウォルトが直接褒め言葉を口にするということはめったになかった。できが良いということを、彼は当然のこととして期待しているようであったし、良くできたからといって感謝の意を表したりはしなかった。称賛を送るときは、たいていボーナスの小切手を渡すとか、やがて本人に伝わることを知りつつ褒め言葉を第三者に漏らす、というのが彼のやり方であった。

ウォルトは、スタッフから出されるのであれ自分自身から出すのであれ、反対意見というものを嫌った。あるストーリー会議で、ディレクターがディズニーの発言にうっかり反論し、

「でもウォルト、このあいだの会議じゃ、まったく反対のことを言ったじゃないですか。記録にそう書いてありますよ」

と言うと、ウォルトは冷ややかな反応を示しただけであった。彼にとっては、その時その時の考え方のほうがたいせつであって、一週間前のことなどどうでもよかったのである。

いろいろな意見に耳を傾けはしても、最終的に判断を下すのはほかの誰《だれ》でもなく、ウォルト自身であった。『ピノキオ』の脚本の中で、ビル・コトレルが書いたあるくだりをウォルトが変更するよう提案すると、コトレルは、

「僕が書いたもののほうがいいですよ」

と、反論した。

「うん、でも、僕のやり方でやってみよう」

「でも僕のやり方でやってみなけりゃ、これでうまくいったのかどうか、永久にわからないことになるじゃないですか」

コトレルは負けずに食いさがった。が、ウォルトはきっぱりと言った。

「そのとおりさ。わからないままだよ」

ウォルトは自分の考えに他人が反対するのを嫌ったが、同時に、自分の出す提案をよく吟味もせずにすぐ賛成する人間をも軽蔑《けいべつ》した。自分の提案の全部が全部良いものだとは、彼自身も思っていなかったからである。

制作スタッフの中には、ウォルトとの生《なま》の交流をもっている者もあった。長編漫画のストーリーを決めるうえでかなり貢献したビル・ピートはその一人で、かつてウォルトは珍しく彼を褒めて言った。

「ビル、もし僕が君だったら、こんなスタジオでなんか働いてないよ」

ピートには一目置いていたウォルトは、ストーリーに関してピートがかなり強気の議論をふっかけても、寛大な態度で対応した。

またウォルトは、癇癪《かんしゃく》もちのミルト・カールに対しても鷹揚《おうよう》な態度をとったが、それはカールのアニメーターとしての才能が他に類のないものだったからである。その代わりウォルトは、カールが不機嫌なときのうまい扱い方を考えだした。

「ミルトが僕に話があると言いだしたら、三日ほど待たせるのさ。そのあいだに、自分がいったい何に腹を立ててたのか、あいつはすっかり忘れちまうんだから」

ところで、何かの会議中にウォルトが入ってくると、スタッフは反射的に椅子《いす》から立ち上がり、敬意を表した。何もウォルトから頼んだわけではなかったが、これは、いつもくだけた雰囲気の漂うスタジオ内で、唯一、例外的なことだったと言える。制作活動に携わる人間が閉めきった個室で仕事をするほかのスタジオと違い、ディズニー・スタジオではほとんどいつも部屋のドアは開け放してあり、部屋の行き来も自由に認められていた。

ウォルトやロイをはじめ、スタジオでは全員がファーストネームでお互いを呼び合ったが、新しい従業員の中には、このことをウォルトからじかに学んだ者もいた。新築のスタジオがオープンした翌日、ウォルトが社内の理髪店で散髪の予約を取ったときのことだった。新参の理髪師は、上司にあたるウォルトをどう呼んだものかと彼が店に現れるまで考えあぐねていた。ウォルトが入ってくると、理髪師は言った。

「ディズニーさん、いらっしゃいませ」

「あんたは、なんという名前かね？」

「サル・シルベストリと申します」

「僕はウォルトだ。このスタジオで改まった呼ばれ方をする人は、弁護士のレシング氏だけなんだよ」

ウォルトが従業員を解雇するということは、まれであった。彼があまり好ましくないと思った従業員は、たいてい、つまらない仕事を与えられ、まもなく本人のほうからやめていくという具合だった。またあるとき、ウォルトは脚本家を二人雇い入れたが、その仕事ぶりはお粗末なものであった。仕事ができないことを知っていながらなぜ首を切らないかをウォルトはこう説明した。

「あの二人はいつも、ストーリーの作り方がおかしいんだ。だから、あいつらのやり方をみたら逆に、どうすればいいものができるかがわかるのさ」

ウォルトはスタッフ全員に対し、自己を抑えて共同作業に徹することを要求した。ある特定個人のではなく、スタジオとしての作品を作るためである。ディズニー・スタジオで芸術として発展を遂げたアニメーション映画は、その制作過程で多くの人間の努力を必要としたが、その中ですすんで無欲の献身をした者は、社内にとどまって活躍した。しかし、そのようなシステムに満足できない者は、より個人的な成功を求めてスタジオを離れていった。

ディズニー・ブラザーズ・スタジオからウォルト・ディズニー・スタジオに社名を変更したずっと昔から、ウォルトは自分の名前を売りこむよう心がけてきた。これはおそらく、彼のエゴの表れでもあるだろうが、同時に、利口なビジネスのやり方であったといえる。年月がたつにつれ、〝ウォルト・ディズニー制作〟という言葉は、質の高いファミリー・エンターテイメントのシンボルとして、ますます世界に広く知られるようになった。ウォルトはかつて、ケン・アンダーソンという若いアニメーターに自分の考えを次のように語ったことがある。

「ケン、僕は君の仕事ぶりに感心してるよ。でも君はここに来てまだ間もないから、一つだけ言っておきたいんだけどね。我々が売っているものはただ一つ、〝ウォルト・ディズニー〟という名前なんだ。君がそのことを承知して、そのために働くことに満足できるなら、君は僕のスタッフだ。でも、もし〝ケン・アンダーソン〟という名前を売り出したいのなら、今すぐここを出ていったほうが君のためだ」

ウォルトは、自分のもとを離れていった人間に対して恨みを抱くようなことはなかった。それどころか、一度離れてふたたび戻ってきた者を何人も温かく迎えた。アブ・アイワークスも、そうした連中の一人である。彼は、ウォルトにとって早くからのパートナーであったが、一九三〇年に独立し、アブ・アイワークス・スタジオをハリウッドに設立した。彼はMGM社のために《蛙《かえる》のフリップ》を制作し、のちにもシリーズ漫画をいくつか出したが、結果はいずれもぱっとしなかった。アブの本来の興味はアニメーションの技術面にあり、それを追求するために一九四〇年、ディズニー・スタジオに復帰したのである。

十年もの隔たりがあったため、和解にさいしては、アブもウォルトも自分のほうから歩み寄るのは気が引けた。そこでベン・シャープスティーンが、この二人の旧友の仲立ちをした。どちらもはっきりと表現こそしなかったものの、二人のあいだには無言の情愛が流れているのだと周りの者は感じていた。アブは、撮影技術に関し、次々と重要な貢献をしたが、その実績は、昔、《ウサギのオズワルド》や《ミッキーマウス》を描いた彼の功績と並んで、その後のスタジオ史上、貴重なものとなったのである。

　ウォルトは、いろいろな機会によく言ったものだ――。

「才能のある人間には、僕は脱帽するよ」

　そしてスタジオのアニメーターに向かっては、

「君らみたいなくだらんやつに代わって仕事をしてくれる機械が欲しいよ」

と、時々こぼしたが、それを本気にする者はいなかった。ディズニーの作品を制作するうえでは、アニメーターがウォルトからの指導と刺激に頼っているのと同様、ウォルト自身も彼らの創作意欲に頼っていることを、みんなよく知っていたからである。ウォルトの聞いている前でアニメーターの役割を過小評価できるような者は誰もいなかったし、アニメーター自身が自分たちの能力を見くびることすら、ウォルトは許さなかった。

　従業員に対してときにはかなり厳しいウォルトであったが、それでいて、なにげない方法で優しさを見せることもあった。映画『空軍力の勝利』を準備していたときである。まだ若いケン・アンダーソンが、ウォルトやセバースキー少佐、その他何人かの海軍大将を前に、空中戦術についてのストーリーボードを説明していた。ウォルトが煙草《たばこ》を取り出したので、アンダーソンは買ったばかりのライターを差し出して火をつけようとした。が、その瞬間、ライターはパッと青い炎を出して爆発し、ウォルトの口ひげは白く焦げ、鼻の先も赤くやけどをしてしまったのである。

「いったい、君は、何をしようっていうんだ。僕を焼き殺す気かねっ」

　そう叫ぶと、ウォルトはさっさと部屋を出ていった。このできごとはまたたく間にスタジオじゅうに知れわたり、すっかり意気消沈したアンダーソンは、仲間から急によそよそしい目で見られた。彼はその晩、ディズニーと一緒に仕事をさせてもらえるのもこれで終わりだと考え、一人泣いた。

　ところが翌朝、アンダーソンのところにウォルトが陽気な声で電話をかけてきた。

「やあ、ケン、昼めしはどうするんだい?」

アンダーソンは驚いた。二人はその日、従業員で混雑するスタジオの食堂で一緒に昼食をとったが、焦げた口ひげをすっかり剃《そ》り落としてしまったウォルトは、前日のことをいっさい口にしなかった。彼は、避けたい話題を無視する術《すべ》を心得ている人間だった。食事のあと、自分の部屋に戻ったケンを、同僚たちはもう冷たく扱ったりはしなかった。

ウォルト・ディズニーの私生活は、彼が年をとるにつれ、また有名になるにつれ、ますます目だたないものになっていった。リリーは、人前に出なければならないときは、ウォルト・ディズニーの妻としての役目をきちんと果たしたが、本来、スポットライトを浴びることは好まなかった。

ウォルトとリリーの結婚は、ギブ・アンド・テイクで成り立っていたといえる。ウォルトは、自分の妻が従順でなんでも黙認してくれるようなタイプの女性ではないことを、早くから悟っていた。リリーは、ウォルトが話して聞かせる将来の夢のあれこれに耳を傾けはしたが、無条件にそれを支持するということはなく、同意できなければそのことをはっきり口に出した。彼女は特に、新しく大胆な試みに対しては用心深い姿勢をとり、よくロイの肩をもっては、会社がつぶれるかもしれないと反対するのだった。しかし、ウォルトが正しかったことが証明されると、ロイと同様、リリーも自分の誤りを認めたし、またそのことがウォルトの勝利の喜びを格別のものにした。彼は感心しながら、妻にこう言ったものだ。

「リリー、おまえだけだよ。絶対、僕に『イエス』って言ってくれないのは」

リリーは、『白雪姫』の制作に費用がかかりすぎることをずっと心配しつづけたが、できあがった映画はとても気に入っていた。また、『ファンタジア』と『バンビ』も好きだったが、『ピノキオ』のほうはそれほどでもなかった。また彼女は、ドナルドダックが大嫌いで、特にその声が気に入らなかった。しかし、ミッキーマウスの大ファンであることは自認して、リリーはこう告白している。

「だって、ミッキーの中にはウォルトの要素がずいぶんあるんですもの」

彼女は、ウォルトが家庭に仕事を持ち込むことにだんだんと慣れっこになっていった。仕事に対するウォルトの情熱は周りの者にもたやすく乗り移るのが常であり、リリーも、夫が新たな挑戦についてとうとうとしゃべるのに熱心に耳を傾けた。ウォルトは、自分に対する関心と注目を常にスタジオのスタッフに要求したが、それと同じものを妻にも要求したのである。

スタジオが忙しくなると、ウォルトが家に持ち帰る仕事の量も増えた。彼は、自分が作った映画でも他社が制作したものでも、よく自宅で映写機にかけて見るのだった。リリーも一緒につき合ったが、あるとき、ウォルトが劇映画の編集用フィルムを映しはじめると、彼女が、

「この同じシーンを何度も何度も見なきゃいけないの？」

ときいた。それ以来ウォルトは、編集用フィルムだけはかならずスタジオで見ることにした。

ウォルトは、自分を信仰心のある人間だと思っていたが、教会には行かなかった。宗教には子どものころどっぷりとつかっていたので、もう結構、という気持ちがはたらいていたし、特に聖人ぶった説教師が嫌いだった。しかし彼は、どの宗教に対しても敬意をはらい、神への信頼を失うようなことはなかった。ウォルト・ディズニーの神学には独特なものがあり、いつか、スタジオ付きの看護師ヘーゼル・ジョージが、聖母マリアの処女受胎を信ずるかどうか尋ねたとき、ウォルトはこう答えて言った。

「受胎というのは、僕はどれもけがれのないもんだと思うね。だって子どもがかかわっているんだから」

セシル・B・デミルやその他の映画製作者とちがい、ウォルトは、宗教と大衆娯楽を組み合わせることを良しとしなかったので、宗教的な映画を作ったこともなければ、ディズニー映画の中で聖職者が出てくるものもほとんどない。またディズニー家では、娘たちを日曜学校に通わせていたが、親の宗教観を押しつけることはしなかった。

ところで、娘のダイアンとシャロンを日曜学校に車で送り届けてやるのはウォルトの役目であったが、帰り道、三人は、よく遊園地に行ったものだった。ロスフェリスの自宅に近いグリフィスパークで、娘たちは、何度も飽きることなく大きな回転木馬に乗って遊んだ。回っている最中に金色の輪をうまくつかめばもう一度ただで乗れる、という仕掛けがあまり調子よくいくので、娘たちは不思議でしかたなかった。ウォルトからチップを握らされた係員が、わざわざ輪をつかみやすくしてやっていたことなど、彼女たちは夢にも知らなかったのである。

また、ウォルトは子どもたちに対し、サンタクロースの夢をできるだけ長いあいだこわさないよう苦心したものだった。長女のダイアンが八歳のときだった。クリスマスの朝、彼女が目を覚ますと、裏庭の芝生にままごと用のかわいらしい家が建っていた。ディズニーの映画に出てくるおとぎ話の家にそっくりだ。鉛の枠のついたちっちゃなガラス窓、キノコの形をした煙突、水道も本当に水が出るし、台所用具や電話さえもちゃんとついていた。ダイアンがうっとりして眺めていると、電話のベルが鳴った。電話の主は陽気な声で、自分はサンタクロースであると名のり、プレゼントの家が気に入ったかどうかを尋ねた。ダイアンはすかさず、

「サンタさん、あの家、あたし、大好きよ」

と答えた。あとで彼女が近所の男の子にサンタクロースからもらったすばらしい贈り物の話をすると、男の子はびっくりして言った。

「サンタクロースだって？　君んちのお父さんのスタジオからやってきた人が一日かかって建ててたぜ、あの家を」

しかしダイアンは、そんなことは嘘《うそ》だと言い張った。

ウォルトは、娘たちを甘やかしすぎないよう努めた一方、プレゼントを買ってやるのが大好きだった。そんな彼に向かって、スタジオ看護師のヘーゼル・ジョージは、子どもに物を買い与えすぎていると注意した。

「苦労させせないで育てると、子どもにとって努力する目標がなくなってしまうわ」

ウォルトは、しばらく考えたのち、

「女の子は別なんだよ」

と言った。

ウォルトはいつも女性に囲まれて暮らしていた。妻のリリー、二人の娘、料理人、そのほかにも親戚《しんせき》の女性がよく家族と同居していた。家で飼っているペットまで雌ばかりだとウォルトはこぼしたが、その不平は本心ではないようだった。彼は女性の優しさを好み、また父親の役割を演ずるのが好きだった。自分はたいして泳ぎもうまくないのに、プールでかなりの時間を費やしてダイアンとシャロンに水泳の手ほどきをし、また、それぞれの娘が三歳になるまでに、馬に乗ることも教えてやったりした。そして休暇には、家族揃《そろ》ってパームスプリングスに行き、乗馬を楽し

んだ。

ウォルト・ディズニーの癇癪は、スタジオにいるときだけでなく自宅でも時々破裂したので、家族は用心深く行動することを学んだ。もっとも、彼の感情の爆発はすぐおさまり、本人はあとで自責の念にかられるときもあったが、たいていはそれで気分がすっきりし、何食わぬ顔で普通どおりの自分に戻るのだった。だが、ダイアンはその短気な性格を父親から受け継ぎ、父と衝突することも時としてあった。それに対して三歳下のシャロンは、〝お父さんっ子〟として育った。

リンドバーグ誘拐事件の記憶がまだ生々しい一九三〇年代、四〇年代には、子どもを持つ有名人は恐怖につきまとわれたが、ウォルトも自分の娘を守ろうといろいろ苦心した。ダイアンとシャロンの写真が新聞や雑誌に掲載されるのを許さなかったし、写真を撮られる恐れのある公の場には、この二人を連れていかなかった。また、ロスフェリスの自宅の窓格子もいっそう頑丈なものにした。

二人の娘はこうして、大衆の目から隔絶された幼年時代を過ごしたため、当時の父親の名声についてはほとんど知らずに育った。六歳のとき学校の友だちから、

「あんたのお父さん、本当にウォルト・ディズニーなの？」

と尋ねられたダイアンは、その夜、家でお気に入りの椅子と足もたせに身を任せて新聞を読んでいた父に向かって、怒ったように言った。

「お父さん！　お父さんは、自分がウォルト・ディズニーだなんて、私に教えてくれなかったじゃないの！」

ハリウッドの多くの有名人とは違って、ディズニー家では子どもの世話を他人に任せることを良しとしなかった。ウォルトは毎朝娘たちを車に乗せ、かなり遠回りではあったがそれぞれの学校に送り届け、それからスタジオに向かった。また、日曜日にはよく二人をスタジオに連れていった。彼女たちが幼いころ自転車の乗り方を教わったのも、成長してから自動車の運転を覚えたのも、このスタジオの広い駐車場であった。

ウォルトは、時として非常に厳格な父親であった。子どもが礼儀を忘れたふるまいをすると容赦しなかったし、ふざけたり無作法なものの言い方をすると、すぐさまお仕置きをした。かつて七歳のシャロンは、ウォルトに厳しく叱《しか》

られたことがあったが、そのとき彼女は「大きらい！　お父さんのいじわる！」と大声で叫びながら階段を駆けのぼり、自分の部屋にとびこんでいった。ウォルトはシャロンを追いかけていってつかまえると、彼女のお尻《しり》をビシビシたたいた。

また、ある日の夕食時、軽はずみなものの言い方をしたダイアンのほっぺたをウォルトがピシャリとやったことがあった。彼が翌日、スタジオでそのことをくよくよ考えていると、ウォルトの心の中を読み取るのがうまいヘーゼル・ジョージに勘づかれてしまった。

「いや、実を言うとね、きのうの夜、ダイアンにびんたを食らわせちまったんだ」

「何か悪いことをしでかしたのね、あの子」

「まったく、あいつめが。ぶたれたあと、俺《おれ》とそっくりのいやーな目つきでにらみつけやがったよ」

第四部　広がる地平（一九四五―一九六一年）

16

ロイ・ディズニーの言葉を借りれば、第二次世界大戦後のディズニー・プロダクションズは、「冬眠から出てきた熊のよう」であった。「僕らの会社は痩《や》せこけて骨と皮がくっついた状態だった。僕たちにとって、あれはまさに骨折り損の苦しい時代だったよ」と、彼はかつて述懐している。

ほかの映画会社にとって戦時中は空前の繁栄の時期であり、娯楽としての映画の需要は戦争直後も続いていた。しかし、ディズニー・プロダクションズにとっては映画産業の周期的な浮き沈みということとあまり関係がないのが通例で、ウォルトとロイは会社の経済的危機という異常事態に直面していたのである。四年間も政府の仕事にエネルギーを注ぎ込んだ今では、ディズニー・プロダクションズは大衆の感覚からずれてしまっていたし、資金も底をついて、これからの自らの運命についてはなんら確信をもてなかった。

それは、ウォルト・ディズニーにとっても悪い時期であった。出征していたアーティストがスタジオに帰ってくるなかで、スタッフを立て直し、仕事に対する情熱を吹き込まねばならなかった。しかしスタジオには、『白雪姫』や『ファンタジア』といったような、創作の新目標となり得る大きなプロジェクトはなにもなかった。

戦後一年目の末までに、バンク・オブ・アメリカからの借入金は四百三十万ドルにまでふくれあがっていた。国内で収益をあげていた映画はほとんどなかったし、『ピノキオ』や『ファンタジア』『バンビ』『ダンボ』といった作品は、大戦中まったく閉ざされていたヨーロッパ市場で上映が開始されていたものの、戦争で経済を破壊された各国の政府はその収益を国外に持ち出すことを禁じていた。

借金が重なるうえに会社としての将来も定かでないということから、バンク・オブ・アメリカはスタジオの経営を立て直すよう、ロイに催促してきた。ロイはそのことを弟に伝えたが、ウォルトはスタッフを削ることも制作を縮小することも拒否し、苦境に立たされたときいつも口にする言葉を繰り返すだけだった。

「いい作品さえ出しゃあ、銀行の連中なんてへっちゃらさ」

これが、ウォルト・ディズニーの信条だった。景気が悪く銀行家が不平不満を並べるときこそ、スタジオは何かを制作して大衆の前に出す必要がある、と彼は考えていたのである。

バンク・オブ・アメリカのジョーゼフ・ローゼンバーグは『白雪姫』の資金繰りを援助してくれた人だったが、銀行家としての圧力をかけつづけるということはけっして忘れなかった。ロイはついにローゼンバーグに言った。

「ねえ、君、あんまり僕をいじめないでくれよ。相手はウォルトだし、僕のできることにも限度があるんだ。君が直接あいつに話してくれよ。事態がどんなに深刻か、君ならあいつに理解させることができるかもしれんじゃないか」

ローゼンバーグはウォルトと連絡をとり、ひどい嵐《あらし》の中をスタジオにやってきた。そしてロイにウォルトの部屋まで案内されると、ローゼンバーグは早速スタジオの経済状態についてこと細かにしゃべりはじめた。さらに、銀行は預金者への責任上、投資は慎重に行わねばならないのだ、と彼の説明は続く――。

「君も知っているとおり、バンク・オブ・アメリカは常にディズニーという会社に肩入れしてきたし、できるかぎりのことをして援助してきた。しかし、だ。どんなに親しい間柄といっても、君、我々としては当行の投資家を守る義務があるんでね」

「あんたの話は、それだけかね」

ウォルトはきいた。

「いや、まだある。ロイも賛成してくれたんだが、君んところの出費を大幅に削らなくちゃいかんと思うよ。入ってくる額よりも、出ていくほうが、毎週まるっきり多すぎるんでね。とにもかくにも、出費を抑える以外に手はない」

「それで話は終わりかね」

「いや、とにかく最後まで言わせてくれ」

ローゼンバーグはウォルトが口を挟むのを押しのけてまくしたてたあと、やっとひと息ついた。

「よし、私の話はこれだけだ。君は何を言いたいのかね」

ウォルトは、スタジオの路面にたたきつけている雨をじっと見ながら、おもむろに口を開いた。

「ジョー、僕はあんたに失望したよ。あんたは銀行家でもほかの連中とは違うと思っていたんだが、どうやら、同じ穴のムジナのようだね。晴れた日に傘を貸してやっといて、肝心の雨が降ったときに傘を返せってやつさ。わかったよ。あんたがそう言うのなら、借りたものは返す。僕は別の銀行を探すよ」

驚いたローゼンバーグは、口をあんぐり開けたままウォルトをじっと見つめた。すでに四百万ドル以上の借りがあるというのに、別の銀行からもっと借金ができるとウォルトが本気で考えていることに、彼ははじめて気がついた。

ローゼンバーグは頭を後ろにそり返らせて大声で笑った。

「わかったよ、ウォルト。君の勝ちだ」

その日の話し合いはこうして終わったが、銀行とロイからの圧力はその後も続いた。兄弟同士の会話はだんだんけんか腰になっていき、お互いに一歩も譲らない構えであった。それまではたいていロイが折れ、ウォルトの仕事のためになんとか金を工面してやることでいさかいにもけりがついていたが、今度だけはそうはいかなかった。資金のあてはもうほんとうになかったし、ウォルトがこれ以上手を広げたら会社は破滅する、と固く信じているロイであった。

決定的な口論になったのは、戦後の長編漫画第一作目を手がけたいとウォルトが提案したときであった。彼は、戦前からストーリーの展開をすでに考えていた『ピーター・パン』か『不思議の国のアリス』のいずれかにしたいと思っていたのである。だが、収益面で大失敗となった『ピノキオ』でさんざん懲りていたロイは、数百万ドルもかかるような長編漫画を作る資金能力はないという理由で強く反対し、そのうえ『ピーター・パン』にしても『不思議の国のアリス』にしても大衆にアピールする魅力がない、と主張した。ある夜二人はロイのオフィスで八時ごろまで言い争っていたが、激論の末、ロイはぴしゃりと言い放った。

「とても、正気の沙汰とは思えんね。これ以上、俺は付き合っていられないよ」

そしてロイは、さっさと部屋を出ていった。

その晩は二人とも、よく眠れなかった。翌朝早く、ロイはオフィスに行ったものの、まったく気がめいっていた。そのとき廊下から例のせき払いが聞こえたかと思うと、ウォルトが部屋に入ってきた。ロイと同じく、ウォルトも沈みきった顔をしている。彼は感情が高ぶっていて、まともな口がきける状態ではなかったが、やがて兄に向かってこう言った。

「人間ってのは、ときにゃ、憎たらしいバカヤロウになるもんだねえ、兄さん」

兄と弟はかすかにほほえみ、いさかいはこれで終わりとなった。

長編漫画は相当の資金を要し、また完成までには三、四年の年月がかかるという事実を考え直したウォルトは、戦後第一作目となる長編漫画の制作開始を延期することに決めた。ここで無理押しすれば、映画が完成する前に会社が破産通告を受けて大会社に吸収されるかもしれない。親会社などというものに従わねばならない状況を想像したウォルトは、ぞっとした。〈そんなことになるくらいなら、むしろ会社を整理するか、売ってしまったほうがましだ〉ウォルトはそう考えていた。

そこでウォルトは、音楽をテーマにした短編漫画をいくつか作りはじめたが、『ファンタジア』で使ったようなクラシック音楽は避けて通ることにした。今度はとっつきやすくて広く大衆に人気のある曲を選び、ストーリーもアメリカの民話ふうの物語を題材にとることにした。現代クラシックともいうべき曲を一つだけ入れたが、それは、プロコーフィエフの『ペーターと狼《おおかみ》』であった。このロシア人作曲家はある日、自らスタジオを訪れ、ディズニーに楽譜を渡しながらこう言った。

「ディズニーさん、お会いするのを楽しみにしていました。あなたが私の曲でアニメーション映画を作ってくださればいいと思いながら、じつはこれを作曲したのです」

できあがった数編の短編漫画は『メイク・マイン・ミュージック』という一つの長編としてまとめられ、一九四六年八月に封切られたが、収益はたいしたものではなかった。『ペーターと狼』の部分は例外として、ウォルト自身、この作品があまり気に入らなかった。自分のアニメーターたちはもっといい仕事ができるはずだ、とウォルトは思ったのである。

映画『南部の唄《うた》』は、新聞のコラムニストであったジョエル・チャンドラー・ハリスの作による『リーマスおじさん』の物語から題材をとったもので、ウォルトも子どものころからなじんでいた話であった。彼は最初これをアニメーションの長編として企画したが、製作費を減らすため、ストーリーは俳優に演じさせてそれをアニメーションの随所に挟み込むという形をとった。その結果、この映画はウォルト・ディズニーが追求しようとする新しい方向を示す、移行期の重要作品となった。彼はのちにこう語っている。

「多角化していくっていうことが会社を救う道だって、そう思ってましたから、はじめからそういう方向で努力してきたんですけどね。僕はネズミのミッキーだけに満足したくなかった。だから、《シリー・シンフォニー》を始めたんだし、また、それがうまく長編漫画への導火線になってくれた。《シリー・シンフォニー》がなかったら、『白雪姫』に取り組むなんてとてもできっこなかったですよ。それに、《シンフォニー》シリーズの中でやってみたことは『ファンタジア』でも役に立ちましたしね。要するに既成の映画分野じゃ使いきれない僕らの力をうまく利用したんです。僕はそして、もっと先に進みたかった。漫画以上のことをやってみたかったんです。というのは、漫画も選択の幅がだんだん狭まってきた感じでしたからね――七、八分の短編にするか、八十分の長編にするかの、どちらかでしょ。それに、五つか六つの小品をまとめて一つの長編にするっていうパッケージものもやってみたし。だから、ここでもっと手を広げるとしたら、実際の人間の俳優を入れるってことしかなかったんですよ」

結局、『南部の唄』は、俳優の出演場面が七割、アニメーションが三割、それに両方を組み合わせたシーンがすこし、という作品として完成した。

俳優の演技と動画の組み合わせは、《アリスコメディー》のときのように簡単にはいかなかった。いまや映画制作の基本条件がテクニカラーのフィルムと高度なアニメーションに変わっていたから、技術的な事柄に関しては綿密に計画を立てる必要があった。撮影はまず、俳優のアクションから始まる。つまり、漫画で描いた背景のセットの前で、リーマスおじさん役のジェームズ・バスケットが演技をする。それを撮影したフィルムは、あらかじめ決められた長さに編集されたあとアニメーターの手に渡り、彼らがそれに合う漫画を描いて両者を合成するという手順であった。

ところが、場面がはじめてアニメーションに移る箇所で、ある特殊な問題が生じた。それはリーマスおじさんが例の『ジッパディードゥーダ』のテーマソングを歌うくだりで、透明な垂れ幕の後ろから映し出されている現実世界の背景画面の前に立っている彼が、やがてそこから漫画のセットの中へ歩いていくというシーンである。その部分の場面ディレクターであったウィルフレッド・ジャクソンは、垂れ幕からセットに背景を滑らかに移動させるという難題に直面したのだった。

撮影の最終日、セットにやってきたウォルトはみんなに交じって討論するうち、一つの提案をした。

「こういうのはどうだろう。リーマスおじさんにたき火の前に座ってもらってさ、おじさんの顔だけをライトで照らして後ろは暗いままにしとくんだ。顔はアップだよ。彼の頭の後ろには青空だけを用意しとく。そしてリーマスおじさんが歌い始めて『ジッパ』と言ったところで照明を全部パッとつけて、彼が明るいアニメーションの背景の中に歩いていく、ってのはどうだい」

ウォルトのアイディアはそのままうまくいったのみならず、そのシーンの効果をぐんと引きあげる結果となった。映画『南部の唄』のプレミアショーは、原作者のハリスが依然、市民の崇拝を集めているアトランタの町で一九四六年に行われ、『風と共に去りぬ』と同じくらい熱狂的な反響をよんだ。映画芸術科学アカデミーは、『ジッパディードゥーダ』の主題歌を最優秀映画音楽に選び、リーマスおじさんを演じたジェームズ・バスケットは特別賞のオスカーを受賞した。『南部の唄』の興行成績は一般にまずまずであったが、製作費が二百十二万五千ドルと高くついたため、利益はわずか二十二万六千ドルにとどまった。

戦後のスタジオをなんとか支えていく手段として、ウォルトは企業向けあるいは教育用の映画制作を考えた。それは、戦時中手がけたような情報映画を踏み台とした自然なステップに思えたし、また、収入源としても有望だった。ウォルトは早速何人かの教育専門家をスタジオに招き、学校教育の中で映画をどういうふうに役立たせることができるか、という問題に対するさまざまな意見を出してもらった。一方、ディズニーのエージェントも情報映画の話をいろいろな大企業にもちかけた。こうしたなかから生まれたのが、ファイヤーストン社のために制作したタイヤ製造のフィルム、また、ゼネラルモータース社に納めた、道具の扱い方のフィルムなどである。

ところがある日のこと、ウォルトは企業用映画を担当していたベン・シャープスティーンに言った。

「やっぱり、ああいうのは僕らの領域じゃないな。僕らはあくまでも、娯楽一本に絞ろうや。教育映画も作るには作るが、いかにも教育用です、ってのじゃなくて、ソフトな体裁にするんだ」

ウォルトの計画が動きだしたのはその後まもなくであった。彼はアニメーションビルの廊下を歩いていたシャープスティーンを呼びとめて、尋ねた。

「アラスカのほうに、誰《だれ》かうちのカメラマンが行ってるかね？」

「さあ、僕の知るかぎりでは誰も行ってないと思いますけど」

「誰か送らんといかんなあ。アラスカってところはまったくすばらしいところだよ。戦争中にたくさんの軍人があそこに送られて、はじめてわかったんだけどね。なかには入植者としてまた戻っていくやつもいるぐらいだってさ。あそこは最後のフロンティアで、アメリカに残された唯一の未開地だ。あそこにカメラマンを何人か送らんといかん。君、ちょっと検討してみてくれよ」

シャープスティーンは、アラスカの民話をいくつかのストーリーボードにまとめてみた。しかしウォルトはそちらのほうには興味を示さず、アザラシの群れやエスキモーの冬と夏の生活を写した写真を指して、

「こういうのがいいんだよ。うん、これでいこう」

と言った。

そこで雇われたのは、紀行映画とか企業用やトレーニング用のフィルムを制作していたミロット夫妻であった。彼らは一年間アラスカの現地で、特にアザラシとエスキモーの季節ごとの生活を中心に、あらゆる面から人間と動物の

生態をカメラに収める仕事をディズニーから与えられた。

ミロット夫妻から定期的に送られてくるようになったフィルムに目を通したウォルトは、それをあまりおもしろいとは思わなかったが、いちおうテーマごとに分類してファイルを作っておくよう、シャープスティーンに指示した。フィルムの量が増えるにしたがい、かさむコストのことが気になりだした兄のロイは、

「あのアラスカのしろものでウォルトは何をしようっていうんだい？」

とシャープスティーンに尋ねた。が、シャープスティーンも、

「さあ、よく知りませんが、パァーッと派手な探検記かなんかを作るんじゃないですか」

としか返事ができなかった。

ウォルトは自分の目で一度アラスカを見ようと思った。一九四七年八月、ある友人が彼の小型自家用機で一緒にアラスカの空の旅をしないかと誘ってくれたときである。十歳のシャロンも一行に加わり、シアトル、アンカレジを経て北極圏やマッキンリー山のふもとなどを飛ぶあいだじゅう、ウォルトはさかんにカメラのシャッターを押しつづけた。ところが帰途、悪天候に見舞われた一行は、着陸予定の村の上空で二時間も旋回したのち、ついに強行着陸をせざるを得なくなった。飛行機が無事地上に降りたったときのみんなの喜びはひとしおであった。機外に出たとたん、前にバタンと倒れたウォルトは、あとでこのときの冒険談を語りながらこう付け加えた。

「いやあ、あのときは、僕は地面にキスしたのか、それともほんとうに転んだのか、自分でもわからんよ」

このアラスカ旅行のあと、ウォルトはミロット夫妻が送ってくるフィルムを前よりいっそうの興味をもって眺めるようになった。その中で彼がとくにおもしろいと思ったのは、プリビロフ諸島で半年余りを過ごしたミロット夫妻がアザラシの大群の生態を写した部分であった。ウォルトはシャープスティーンに言った。

「おい、ベン、アラスカのフィルムのことをずっと考えてたんだがね。今あるやつで、アザラシの一生をつづった物語を作ろうじゃないか。アザラシだけに焦点をあてて人間はまったくなしにするんだ。一般の映画館用に作るとして。だけど、長さは気にしなくていいよ。アザラシの話をするために必要だと思う長さにしてくれたまえ」

こうして完成した映画は、二十七分の上映時間となった。題名はウォルト自身が考えだした。

「そうだな、島に棲《す》んでるアザラシの物語なんだから、『あざらしの島』はどうだい?」

彼は、この『あざらしの島』を《自然と冒険》記録映画シリーズの第一弾と発表したが、後続のテーマについてはまだなんの考えもなかった。

RKO社の販売担当者は例によって、三十分足らずの映画を売りこむのは無理だから一時間十分の長さにしてくれ、と言ってきた。

「そんなに長くはできないよ」と、ウォルトは反論した。「僕はお客に、長すぎるって文句を言われるより、三十分でもいいから楽しい映画を見てもらいたいんだ」

彼は、『あざらしの島』が観客にかならず受けることを証明するため、昔、『蒸気船ウィリー』や『スケルトン・ダンス』でやったように、直接映画館へ持っていくことに決めた。そして一九四八年の十二月、ロサンゼルス近郊のパサディナでクラウン劇場を経営していたアルバート・リボイを説得し、ある長編映画とこの『あざらしの島』を同時上映してもらうことができた。館内では五千枚のアンケート用紙を配布して観客の感想を尋ねたところ、大半の客から『あざらしの島』のほうが併映の長編より良かった、という答えが返ってきた。

こうして年内に封切りを果たしたドキュメンタリー映画『あざらしの島』はその年度のアカデミー賞の審査対象に入り、短編部門でオスカーに輝いた。ついでこの映画はニューヨークのロウズステート劇場でも公開され、映画評論家から絶賛を浴びた。これによりRKO社はやっと『あざらしの島』を売りこむ決心がつき、一般上映の結果、三十分の短編でも普通の二本立ての抱き合わせ映画と同じぐらいの収益をあげられるのだということを学んだのである。

ところでこの数年間に、『ピーター・パン』『不思議の国のアリス』『シンデレラ』の三本の古典が企画進行中であった。主人公のピーター・パンやアリスの性格があまりにも冷たすぎると思ったウォルトは、この二つの作品に対してはとまどいを感じていたが、一方、『シンデレラ』の物語は『白雪姫』に似たものがあったため、ためらわずに本格的な制作に入り、最高の人材を担当スタッフとして充《あ》てた。制作主任にベン・シャープスティーン、ディレクターにウィルフレッド・ジャクソン、ハム・ラスク、ジェリー・ジェロニミの三人をそれぞれ配置し、ストーリーマンもアニメーターもベテランを起用した。ウォルトはストーリー会議に毎回出席し、いつものようにこんこんと湧《わ》き出るアイディアを次々に出していった。

魔法使いの登場シーン

馬車はきゃしゃなものでなくちゃいかん。車輪もごっついのを描いちゃだめだよ。妖精《ようせい》の馬車みたいな感じを出してくれよ。……シンデレラが泣いているところのよけいな会話は全部省いてさ、メロディーに合わせた新しいせりふをちょっと考えてみてくれないか。彼女が駆けだしてきてスポットライトの中に入るだろ。そこで何か言う。そのあいだに動物たちが近寄ってくる。そしてシンデレラに同情するようすで彼女を取り囲む。でもそれ以上彼女に近づくべきかどうか迷っている。……で、歌が終わるところで奇跡が起こるんだ。つまり、「あなたの夢が叶《かな》えられる」という歌詞のところで、魔法使いのばあさんが現れるわけだ。……

魔法使いの歌、『ビビディバビディブー』の箇所

ここではオーケストラをうまく利用するんだ。リズムに合わせてカボチャが調子よく踊る。感じを出すために、音楽は一オクターブあげてもらおうかな。「ビビディバビディブー」のコーラスはもうやめて、何か意味がある歌詞をもってこようや。……歌に個性をもたせてね。ディアナ・ダービンみたいなふわふわーっとした声はだめだよ。この魔法使いのばあさんは、間が抜けてるっていう感じじゃなくて、すばらしいユーモアの持ち主にしたいんだ。……そう、威厳もあってユーモアもあって。……この魔法使いのばあさんは、ずいぶんの年格好にすべきだと思うんだ。年の功っていうか、人徳みたいなものがあってね。それから、ある程度の几帳面《きちょうめん》さをもたせる。だけどね、彼女をあんまり個性的に表現しちゃいかんよ。単に一つの人物のタイプとして扱うんだ。……

ミッキーマウスを世に送りだしたディズニー・スタジオにとって、新しいネズミを登場させるのはいつもながらやりにくい仕事であったが、主任アニメーターの一人ウォード・キンボールは、『シンデレラ』に出てくるネズミをユニークでかわいいものになんとか仕立てあげた。むしろ困難だったのは、ネズミたちの宿敵でわがままネコのルシファーであったといえよう。どの絵柄もウォルトは気に入らなかった。ところがある日、キンボールの自宅にある蒸気機関車を見にいった彼は、キンボールが飼っている、まるまると太って毛がふさふさしたブチのネコを見つけて叫んだ。

「おい、ルシファーのモデルがそこにいるじゃないか！」

アニメーションをいっさい入れない劇映画にはじめて挑戦する機会をディズニーにもたらしたのは、戦争直後の経済体制であった。戦争で荒廃した多くの国々と同様、イギリスもアメリカの映画会社への支払いを凍結したため、ディズニーでもRKO社でも、イギリス国内でしか使うことのできない金が数百万ドルもたまってしまったのである。現地で映画を作ってはどうかというRKO社の提案に賛成したウォルトは、はじめイギリスにアニメーションの制作スタジオを設立することを考えた。しかしその場合は、大量のイギリス人アニメーターを訓練するか、さもなければ、今いる自分のスタッフをイギリスに送るということになる。それならいっそのことアニメーションなしの劇映画を制作してみようと決心したウォルトは、ロバート・L・スティーブンソン原作の『宝島』をとりあげた。

ウォルトは、プロデューサーとして、ディズニーではベテランのパース・ピアスを起用、監督には、これもアメリカ人のバイロン・ハスキンをあてた。さらに、ローレンス・ワトキンが書いた『借りた時間に』という小説を高く評価していたウォルトは、ワトキンに『宝島』の脚色を依頼した。主役の少年ジムにはボビー・ドリスコルが決まり、あとの配役とスタッフはすべてイギリス人で占めることになった。

この『宝島』ロケのおかげでリリーやダイアン、シャロンをイギリスに遊びに連れていく機会ができ、ウォルト自身も、スタジオの日々の問題から一時離れることができた。彼は俳優の演技をカメラに収めるという新しい挑戦に意欲をかきたてられ、バーバンクのスタジオに戻ると、こう言いながらアニメーターをちくりとやった。

「イギリスの俳優はすごいぜ。せりふを与えてやるだろ。一回リハーサルしたら、はい、撮影——それで終わりだよ。それに比べて君たちはなんだね。一つのシーンを描くのに、六か月もかかるんだからねえ」

アニメーターたちは、ウォルトの冗談を愛想よく受け流したが、心の中ではちゃんとわかっていた。ウォルトは新しいおもちゃを見つけたのである。あるアニメーターはこう言った。

「映画カメラのクレーンにウォルトが乗っかったとたん、僕らはもう、ウォルトがアニメーションのほうには戻って

17

それまで二十五年間、毎年十二月になるとウォルト・ディズニーは、オレゴン州のポートランドに住む妹のルースに近況報告を書き送り、家庭内やスタジオでのできごとなどを知らせていた。彼は、一九四七年十二月八日付けの手紙にこう書いている。

「僕は、自分の誕生祝いとクリスマスのプレゼントを兼ねて、いままでずっと欲しいと思っていた電気機関車のおもちゃを買った。君は女だから、僕が小さい時からどんなにこれが欲しかったか、おそらく理解できないだろうけど、やっとそれを手にした今、嬉《うれ》しくてしかたがない。僕のオフィスの隣の、廊下側の部屋に置いて、暇さえあればそれで遊んでいる。この貨物列車は汽笛も鳴るし煙突からほんとうの煙も出てくる。線路のほうには切り換え線も信号機も駅もみんなついていて、とにかくすごいんだ」

ウォルト・ディズニーは汽車というものに神秘とさえいえるほどの不思議な魅力を感じていたが、そもそものはじまりはミズーリ州の農村で過ごした少年時代、機関士だった伯父の運転する汽車に向かって手を振った思い出にさかのぼる。大人になってからは、ロスフェリスの自宅から数キロしか離れていないサザン・パシフィック鉄道のグレンデール駅に行って、線路の振動を感じたり、サンフランシスコ行きの客車が通り過ぎていくのを眺めるのが好きだった。

彼は、誰《だれ》かが自分の部屋にやってくると、得意になってその電気機関車を走らせてみせた。訪ねてくるアニメーターの中には、自宅の敷地に実物大の鉄道を持っているウォード・キンボールや、やはり自宅に、十二分の一の寸法の蒸気機関車を組み立て中のオリー・ジョンストンがいて、ジョンストンは線路の敷設作業をウォルトに見にこさせたり、サンタモニカにある汽車の部品製作場に連れていったりした。さらにジョンストンやキンボールの案内で、ビバリーヒルズに住む汽車の収集家リチャード・ジャクソンの家を訪ねていったウォルトは、そこで蒸気機関車が走る姿を目の前にして、「わあー、僕もこういうのが一つ欲しいなあ」と、歓声をあげたものだった。

一九四八年のある日、ウォルトはキンボールに声をかけた。

「おい、シカゴの鉄道博覧会に行ってみないか？」

キンボールはすぐ賛成し、二人の鉄道マニアは、サンタフェ鉄道のスーパーチーフ号に乗って意気揚々と出発した。

鉄道博覧会はアメリカの鉄道発展をたたえる大規模なお祭りで、実物大の列車が通れるマンモス・ステージもあった。なかでももっとも大がかりだったのはリンカーン大統領の葬儀列車の再現で、南北戦争時代の蒸気機関車が黒いカーテンのかかった葬儀列車を何両か連結してゆっくり引っぱっていく場面であった。列車の一両は実際そのときに使用された本物であったが、その悲しい葬列のわきを黒人のカップルがいっしょに歩き、『共和国賛歌』の音楽と合唱が流れていた。ウォルトは、このリンカーンの列車がステージを通り過ぎるたびに、目に涙を浮かべた。

ディズニーとキンボールは、シカゴに滞在した数日間、昼も夜も博覧会場を離れなかった。いろいろな機関車の運転室に入ってみたり、実際に汽車がステージ上を動くときにそれに乗ってみたり、また古参の機関士や缶焚《かまた》きたちと時のたつのも忘れて話しこんだりした。家に戻ったウォルトは、「あんなに楽しかったことは、今までなかったよ」と、妻のリリーに報告したほどであった。

彼は自分の汽車を作る計画を立てはじめた。まず、スタジオの機械製図工であるエド・サージャントに、旧セントラル・パシフィック一七三型の機関車を八分の一に縮小した模型を設計させた。そして部品の原型はスタジオ内の小道具製作部で作らせ、鋳鉄《ちゅうてつ》と組み立ては、やはりスタジオの作業場で機械工ロジャー・ブロギーが監督した。ウォルト自身、板金の工作を習いながらヘッドランプと煙突をこしらえたし、また、フライス盤を操作して部品を作ったり、細かい部品のはんだ付けもした。さらに、木製の有蓋《ゆうがい》貨車や家畜列車の製作も始めた。

鉄道の趣味によってウォルトの心が休まるのはよいとしても、妻のリリーは、この模型鉄道のプロジェクトがすこし心配になりだした。というのは、このときちょうど二人は新しい家を建てるための土地を探していた最中であったのだが、ウォルトが、この鉄道を敷ける大きさの土地でなければならないと条件をつけたからである。リリーは家の周りを汽車が走るようなところに住みたくなかった。

妻がそう言いだすだろうと予想していたウォルトは、正式な書式に従って合意書の草案を作成した。それには、ウォルトを甲、リリーを乙、ダイアンとシャロンの未成年者二名を丙、と規定したのち、「乙と丙の（そして、もちろん甲の）安楽、便宜、幸福および向上のために」ウォルトが建設を提案した住宅の敷地の所有者はウォルト自身であることが明記されていた。

……ウォルトは通称ウォルト・ディズニー鉄道会社の唯一の社主および所有主であり、ないしは、ならんとするものであり、この鉄道会社は本契約書において以下に述べる鉄道用地の敷地内とその上に占める空間に鉄道を建設し運営するものとし、鉄道の運営にあたってはウォルトが完全、十分かつ自由で、いかなる妨害や制限をも受けない支配と監督を常時行使することができる旨、ならびにこの権利は先に規定した乙、丙の両者ないしはそのいずれの当事者からも妨げられない旨、希望するものである。

乙および丙はこれまでに、先述の住宅の内部に関するかぎり彼女たちが最高主権を所有するとの集団意思をさまざまかつ陰険なる手段を用いてウォルトに伝達、主張してきたゆえ、将来、……本件鉄道会社に対しウォルトが独占的に行使する支配と監督、ならびに当該鉄道用地における鉄道運営とは相いれない権利、特権および権限を要求する可能性があり、またおそらく要求するであろうが、これらはいずれも本件鉄道の効率的、有益かつ快適な運営を阻害し甲の心の平和を乱すものである。……

ウォルトおよびリリーは夫と妻として、またダイアンおよびシャロンは両人の子女として、互いに構成する本家庭に現存する愛、理解、信頼の精神については、いずれの構成員もこれを維持したいと熱望するものである。よってここにリリー、ダイアンおよびシャロンは連帯で、本契約事項ならびにその他の有価対価を約因とし、当該鉄道用地に対する彼女たちのいっさいの諸権利を放棄して全面的にウォルトに譲り渡すことを認めるものとする。……

二人でかなり探したあげく、リリーにとっては広々として快適な住宅が建てられそうで、しかもウォルトにとっては鉄道の運転に十分面積のある土地が、やっと見つかった。そこはビバリーヒルズとベルエアに挟まれたホームビーヒルズと呼ばれる住宅地で、キャロルウッドという名の通りに面していた。家が完成し、引っ越しが終わったあと、ウォルトはヨーロッパでディズニーの駐在員をしていたジャック・カティングの妻に手紙を書き、新居に移った嬉しさをつづった。

「……鉄道が走っている家なんて、孫にとっては――とくに男の子にとっては――このうえなく楽しい場所ですよ。もっとも僕に運よく男の孫ができればの話ですがね」

ウォルトはその鉄道をキャロルウッド・パシフィック鉄道と名づけると、例によって綿密な計画を進めていった。汽車の一両一両は個々にデザインをし、とくに車掌車は凝りに凝ったしろものだった。中に入れる簡易ベッド、衣服用ロッカー、洗面台、だるまストーブなどの縮尺もきっちり決め、おまけに一八八〇年代の新聞までミニサイズで作って新聞立てに置いた。ウォルトは、スタジオ内のステージに百メートル足らずのテスト用線路を敷き、従業員に乗車をすすめたりしたが、その試運転がうまくいくと、今度は屋外に線路を敷いて試してみるという念の入れようであった。

彼は結局、自宅の敷地のうち、峡谷に面している側に沿って約八百メートルの鉄道を敷くことにした。そしてその場所を慎重に調査し、近所迷惑にならないよう、周りに木を植えたり線路の高さを低くおさえる配慮をした。さらに汽車の乗客に目ざわりとなるようなものをなくすため、電線などもわざわざ金を払って見えない場所に配線しなおしてもらった。

ウォルトは、妻に対する懐柔作戦として機関車を〝麗しのリリー《リリー・ベル》〟と名づけたが、もともとあまり乗り気でない彼女が黙認していた唯一の理由は、ウォルトがこの鉄道を心から楽しんでいることが明らかだったからである。しかし、鉄道敷設のため二メートルくらいの幅で庭の斜面を切り崩したい、とウォルトが言いだしたときには、彼女は断固として反対した。ウォルトはしかたなくルートを変更し、三十メートルのトンネルを掘ることにした。トンネルをS字型にカーブさせて設計したのは、乗客が一時、完全な暗やみに包まれるという効果を狙《ねら》ったからである。すこしばかり神秘的なものが彼は好きだった。

「トンネルを直線にすりゃずっと安あがりなのに」

と工事責任者が提案するのも相手にせず、ウォルトは、

「なに、安くあげようと思うんだったら、もともとこんなこと、おっぱじめないさ」

と言い放った。そして彼は、トンネルの建設費用がいくらかかったかを自分に教えないよう、秘書にきつく言い渡しておいた。

ウォルトは、上下つながった作業服に機関士の制帽をかぶり、娘の友だちやカクテルパーティーに来た訪問客を汽車に乗せて回るのが楽しくてしかたなかった。週末には自分一人でエンジンを調整したり、車両の修理をしたりして時間のたつのを忘れた。

ある日、遠隔操作を実験中だったウォルトは、炭水車の後ろの第一車両にまたがり、ワイヤーを操って蒸気の加減弁を動かしていたが、カーブを曲がるとき前輪が石に当たり、そのはずみで機関車と炭水車の連結がはずれてしまった。ウォルトは後ろに倒れ、その拍子にワイヤーを引っ張ったことから、機関車は速力をぐんとあげると線路を突っ走って行ってしまったのである。彼はあわてて車両から飛び降り、蒸気をシュッシュッと吐きながら暴走する機関車を追いかけた。が、とてもつかまえられないと悟ると今度はトンネルの出口に駆けつけて待ちぶせた。ところがトンネルから出てきた機関車はカーブを曲がりきれずに脱線転覆し、煙突と前部の排障器《カウキャッチャー》がこわれてしまった。横倒しになったまま、まだシューシューという音をたて、蒸気を噴きあげているその機関車の姿は、まるでいまにも息を引

きとりそうな竜のようだった。ウォルトは大声でリリーを呼んだ。

「おーい、ちょっと来てごらんよ。ひどいもんを見せてやるぞう」

あわてて飛びだしてきたリリーは、こわれた機関車と哀れな機関士を見て、言った。

「まあまあ、ウォルト、かわいそうに！」

この脱線事故の不幸中の幸いというのは、のちにウォルトが漏らしているように、リリーがこのとき以来、キャロルウッド・パシフィック鉄道に同情を寄せてくれるようになったことである。

ウォルト・ディズニーが情熱を傾けるものは、それがたとえ趣味だとしても、かわらずそこにははっきりとした目的があった。このキャロルウッド・パシフィック鉄道も、ディズニー・プロダクションズの新しい種類の事業としてだんだんとウォルトの胸の中でふくらんでいた、ある計画の一部であった。

彼がのちに語ったことであるが、この新しい事業のきっかけというのは、もともと、娘のダイアンとシャロンを日曜学校の帰りによく遊園地に連れていったことから生まれたものである。娘たちが乗り物に乗っているあいだ、ウォルトは、ほかの親たちが退屈そうに待っている姿や、回転木馬の剝《は》げかかったペンキ、掃除のゆき届かない汚らしい園内、それにむっつりして無愛想な係員などをじっくり観察したものだった。

また、もう一つ別の動機もあった。ウォード・キンボールと話しているときに、ウォルトはこう言った。

「なあ、君、観光客がハリウッドに来て何も見るものがないっていうのは、まったく情けないことだよ。みんな、華やかな雰囲気や映画スターが見られるんだと思ってやってきても、がっかりして帰っちまう。このスタジオを見学に来る人間だって、いったい何を見られるっていうんだい。せいぜい男どもが机に向かって絵を描いているところぐらいだろ。ハリウッドに来て、何か本当に見るものがあったらいいと思わないか？」

それ以来ウォルトは、遊園地を作る計画のことをたびたび口にするようになった。リバーサイド通りの向かい側にスタジオが所有していた十一エーカーの三角形の土地をそれに充てるつもりで、彼は実際に構想を練りはじめた。そして名前は〝ミッキーマウス・パーク〟にしようと考えた。一九四八年八月三十一日付けのメモには、彼がそれまでに思いついた事柄の骨子が書き記されている。

メインビレッジは、鉄道の駅があって、緑の公園というか、憩いの場所を囲むようにできている。園内にはベンチやバンド用ステージ、水飲み場などがあり、また大小の草木を植える。ゆっくり腰をかけて休んだり、遊んでいる小さな子どもたちを母親やおばあさんが眺めたりできる、くつろいだ感じの涼しくて魅力的な場所にする。

緑の公園の周りに街を作り、その一方の端に鉄道の駅を置く。反対側に町役場《タウン・ホール》。これは、外見は役場でも実際は我々の管理事務所に使用し、遊園地全体の本部とする。

町役場の隣には消防署と警察。消防署には形はすこし小さいが実際に使える消防器具を備え付け、警察署も実際に使えるようにする。客が、規則違反や遺失物、迷子《まいご》などをここに知らせにくる。中に小さい牢屋《ろうや》を作って、子どもたちが覗《のぞ》いて見られるようにしてもよかろう。ディズニーのキャラクターを牢屋に入れるのも一案。

メモにはつづいてそのほかの建物やさまざまな店、乗り物についてのウォルトのイメージが書きとめられていた。ウォルトがミッキーマウス・パークのことを口にするたびに、兄のロイはバンク・オブ・アメリカからの膨大な借金のこと、それに、戦後のディズニー映画の興行収入が依然として低迷していることを指摘した。ロイは、遊園地の建設事業が経営上まったくの愚行であることを弟に十分納得させたものと信じていたので、商売上の知り合いからの問い合わせに対しても、こう書いた。

「ウォルトは遊園地の建設計画についていろいろ口では申しておりますが、実のところ、どれだけ本気なのかは私にもわかりかねます。私が思うに、本人は自分で実際に遊園地を経営するというより、むしろ遊園地にこういうものがあったらいい、という種々のアイディアに関心をもっているようです。それに税金の関係もありますので、このようなことを実現するだけの資金を本人は持ちあわせておりません」

18

ディズニーの経営状態は一九五〇年に好転をみた。映画『シンデレラ』が大好評を博し、『白雪姫』以来のヒット作となったため、長いあいだ苦しかったスタジオの経営に救いがもたらされたのである。『宝島』の観客の入りも上々であったし、《自然と冒険》記録映画の第二弾『ビーバーの谷』も『あざらしの島』以上の人気を集めた。その結果、一九五〇年の末までには、バンク・オブ・アメリカに対する負債額も百七十万ドルにまで減った。

珍しく訪れたこの経済的余裕のおかげで、ウォルトは戦後のどん底の不安感からやっと解放された。スタジオの従業員が慣れっこになっていた彼のしかめっ面も、以前ほど見られなくなった。一九五一年四月、ウォルトはイギリスに滞在中のプロデューサー、パース・ピアスに宛《あ》てた手紙の中でこう書いている。

「わがスタジオではなにもかもとんとん拍子だ。『アリス』の映画ももうすこしで完成するところだが、これ以上のものはできないと思えるくらい良い作品になった。この映画はきっと当たる。サーカスで三つの出し物を一度に見るくらいテンポの速い運びだけど、それでも楽しさがいっぱい入ってる。もっとも、ぜったい満足しないという観客がいつでもひと握りはいるものだけどね」

しかし実のところ、ウォルトは『不思議の国のアリス』に対して、何か気の進まないものを感じていた。そもそもこの作品の映画化には、一九三三年以来、二十年近くも取り組んでいた。当初は女優のメアリー・ピックフォードにアリスを演じさせようと考えていたが、その後何年もたってアニメーション映画にしようと考えを変え、脚本作りをはじめていた。が、さらに何度も企画が流れた結果、ついに『シンデレラ』のあとへもってきたといういきさつがあったのだった。

アリスを人間の役者に演じさせるという考えをなぜ変更したのか。ウォルトは、あるファンに宛てた手紙の中でこう説明している。

「この本を愛読した人ならほとんど誰《だれ》でも、画家テニエルの描いた元のアリスのイメージが焼きついているでしょうから、我々がどんなに苦心してそのイメージに近い女優を探してきても、結果は観客を満足させるものにはならないと私は思うのです」

彼は、アニメーション映画としての効果をあげるためストーリーを変更しようと試み、たとえば、〝白の騎士《ナイト》〟の役割を拡大してアリスを救いだす英雄に仕立てあげることなどを考えたが、ルイス・キャロルの原作を純粋に守ろうとする者たちから脅迫を受け、あきらめざるを得なかった。ストーリーボードを囲んでの会議中、ウォルトは自分自身の制作意欲をなんとか維持しようと努めたが、それは容易なことではなかった。

ストーリーの展開もなかなか進まなかった一方、一コマ一コマのアニメーションを描く過程も遅々としていた。アニメーターたちにしてもみんな、仕事が楽しくなかったのである。こういう調子だったから、『不思議の国のアリス』が完成したときは全員、ホッと息をついた。とくにウォルトはそうであった。自分の思うように脚色できない古典ものにはもう手を出すまい、と彼は心の中で誓ったのだった。

『不思議の国のアリス』の一般公開にあたり、ウォルトは、原作に忠実であることを要求する観客にも、またウォルト・ディズニーという名前から娯楽作品としての楽しさを期待する観客にも、どちらにも満足してもらえると思っていたのに、その当ては外れてしまった。作者ルイス・キャロルの国であるイギリスで封切りとなったこの映画を、ロンドンの評論家たちは原作に忠実でないと酷評したし、またアメリカ国内においても観客はこの映画に失望した。興行赤字は百万ドルにのぼり、『シンデレラ』がせっかくもたらしてくれたディズニー・プロダクションズの好景気がはかなくも消え去る結果となってしまったのである。

〈いつかこのスタジオも、今みたいに一つの映画から次の映画へと綱渡りをしなくてもやっていけるようになりたいものだ――〉ウォルトは深くため息をついた。

続いて彼が取り組んだ映画は、『ピーター・パン』であった。ウォルトは、ジェームズ・バリーの書いたこの戯曲の著作権を一九三九年に買いとり、アニメーションに仕立てるべく何年も考えつづけていたのである。『不思議の国のアリス』同様、この物語の登場人物に温かさをもたせようとする作業がなかなかはかどらなかったため、つい映画化が延び延びになっていた。一九五一年、ウォルトはやっと制作に踏みきった。

しかしながら、スタジオが新しい分野に進出しようとしていたおりでもあり、一本の映画をあらゆる角度からていねいに検討する時間など、もはやなかった。ストーリー会議におけるウォルトの発言にしても、要点は押さえながらも、ずっと簡潔な内容になっていた。


ワニがまだ未完成だ。……原作どおりの性格がまだちゃんと出てない。……フック船長の歯をあんまりでかくしないように。……フックがチクタクの音を聞きつける場面は、もう一回やり直しだ。フックの目に恐怖感をうまく出させる。でも髪の毛が逆立つのは感心しないな。……それから、手下のスミーがちょっと叫びすぎ。……船上で決闘が続いているときにワニが登場してくるところは、思わずハッとさせるような感じにしてくれよ。……斬《き》り合いの場面だがね――テンポがだんだんあがっていって、ワニの尾がぴくぴく動くのも速くなる。ピーター・パンがフックを水際まで追い込んで下ではワニが待ち受けてる場面を、まあ、二、三箇所入れるとして――でも、テンポを落とさないでくれよ。

ウォルトはイギリスで制作する二本目の長編劇映画として『ロビン・フッド』を計画し、その撮影を一九五一年の夏と決定する一方、テレビへの進出についても考えはじめていた。この新しく登場した放送媒体のために番組を制作してほしいと、以前から各ネットワークがうるさくせがんでいたからである。一九五〇年、ウォルトはついにNBC放送に対して、クリスマス向けのショーを制作すると約束し、ビル・ウォルシュをプロデューサーに選んだ。ウォルシュは昔、宣伝の仕事をしていたが、一九四三年にスタジオに入社し、続き漫画《コミック・ストリップス》《ミッキーマウス》のギャグライターとして出発した人物である。ショーの中では、腹話術師のエドガー・バーゲンとその人形をスタジオに案内する役をウォルト自身が演じ、ディズニー家の二人の娘も登場することになった。

このショー番組は高視聴率をあげ、ウォルトは、スタジオで制作した作品を宣伝する道具としてテレビがもっている威力に驚いた。翌一九五一年、ふたたびクリスマスの特別番組を制作した彼は、将来、教育用映画をテレビで放映すればかならずうまくいくと考え、教育用作品の担当部門をスタジオに復活させた。

スタジオの仕事にますます忙殺されるなかで、ウォルトは趣味の模型づくりに緊張をほぐした。まずキャロルウッド・パシフィック鉄道の車掌車の中に置く小道具を作りはじめた彼は、赤いペンキ塗りの納屋の作業場に毎晩、何時間も籠《こも》って小さな家具をこしらえた。ウォルトの長く細い器用な指は、ちっちゃなものを実に見事に作りあげていった。

小道具の魅力にとりつかれていたウォルトは、ヨーロッパ旅行の先々でもあれこれ変わったものを買い集めたが、なかでも特に気に入ったのは、くちばしと尻尾《しっぽ》を動かしながら断続的に歌を歌う、かごの鳥であった。スタジオに戻った彼は、その鳥を分解して仕掛けを調べるよう技術工の一人に指示した。解剖の結果、その鳥はぜんまいと二重のふいごで動いていることがわかった。

ある日のことだった。ウォルトはケン・アンダーソンをつかまえて言った。

「みんなが絵を描いたり色を塗ったりしてるのをただ見てるのももういいかげん飽きてきたから、ここいらでちょっと僕自身も手を動かして何かおもしろいことをやろうと思うんだ。君を僕が個人的に雇うから、古い西部の町の生活を二十四枚の絵に描いてくれないか。そしたら僕がおもちゃの人形をこしらえて絵の前に置いて、それぞれのシーンの模型を作るってわけさ。数が揃《そろ》ったら、移動式の展示会をやるんだ」

アンダーソンがスケッチを開始すると、ウォルトは、「年代もの各種模型買いたし」という広告を新聞や趣味の雑誌に掲載した。

動きのある模型が欲しかったウォルトは、西部開拓時代にあったような音楽館で芸人がダンスを踊っている情景を作ることにした。彼はその〝踊る人形〟のモデルとしてダンサーのバディ・イブセンを雇い、カメラの前で昔はやったダンスを実際に踊ってもらった。そしてそのフィルム一コマ一コマに表れた動きをスタジオの機械工に分析させ、高さ二十センチ余りの人形に同じ動きをさせるにはどうすればよいのか検討させた。その結果、彼らはケーブルとカムを使って人形を踊らせるシステムを作りだしたのである。

「こりゃ、良くできてる」

ウォルトは、その小さな人形が昔ふうの踊りを踊るのを見て喜んだ。

「こんどはもっと違うのをやってみよう――」

次の課題はミニチュアの四人組男声コーラスで、四つの人形が動くだけでなく、『愛《いと》しのアデライン』を歌うというものであった。機械工たちは〝踊る人形〟の仕組みをさらに改良し、一分半の歌を四重唱で歌う人形コーラスを完成させた。その後ウォルトは、毎日、機械工の作業場に立ち寄り、さまざまな模型の進行状況を観察するようになった。時間のたつのも忘れてじっと見入っている彼によく秘書から電話がかかり、約束の時間に一時間も遅れていることを教えられたりしたことも珍しくなかった。

しかし、ウォルトが考えていた移動式の展示会というこのプロジェクトは、初期の段階で終わってしまった。展示場が小さくて見物客の数も限られるため、たいした利益があがらないだろうとウォルトは考えたからである。それに彼は遊園地のほうを早く実現するため、そちらに制作スタッフを専念させたかった。

兄のロイは、相変わらず遊園地建設には反対であった。『不思議の国のアリス』が失敗したおかげで借金がかさみ、遊園地を作るなどという冒険のための資金なんぞどこにもない、というのが彼の言い分であった。

ウォルトは自分の子どものころを思い出した。あれは一九〇六年の四月だった。ディズニー一家はシカゴからマーセリーンに引っ越す途中でフォート・マディソンにいるフローラの姉の家に立ち寄ったが、そのときウォルトは道路に落ちていたポケットナイフを拾った。するとロイが、「それ、僕によこすんだ。けがでもすると危ないからな」と言って、ナイフを取りあげてしまった。もう四十五年も前のこのできごとを引きあいに出し、ウォルトは兄をなじった。

「ああ、わかってるよ。フォート・マディソンのナイフとおんなじさ。兄さんは、いつも僕から何かを取りあげることばっかりしてきたんだ」

ウォルト・ディズニーがまだ若かったころ、ある占い師が、ウォルトは三十五歳になる前に自分の誕生日のあたりに死ぬであろう、と言ったことがあった。ウォルトは迷信など信じるほうではなかったが、この占いばかりはかなり気にしており、三十五歳を無事に越えたのちもずっとこのことをくよくよ考えていた。死に対する恐怖が頭から離れなかった彼は、自分のしたいことをどれも早くやり遂げようとして、時間と競争しているように見えた。彼はまた、休日も嫌いだった。「週末が来ると、いやになるよ」とウォルトはこぼし、平常のペースが乱れることをぼやいた。妻のリリーや娘たちをヨーロッパへ連れていき、第一次世界大戦のときに訪れた場所を案内するのは楽しかったが、旅行中もスタジオでの作業状況を毎日報告してよこすよう、秘書に指示しておくほどであった。

仕事にひたすら没頭していたウォルトにとって、私生活はあまり活動的なものではなかった。地元野球チームのハリウッド・スターズがギルモア球場で試合をするときは喜んで見にいったし、たまには競馬見物もした。暑い夏の夕暮れには、ハリウッド・ボウルの野外音楽堂でリリーとともに〝星空のコンサート〟を楽しみ、また、チェイスンズ、ロマノフス、トレーダー・ビックスといったお気に入りのレストランに出かけることもあった。しかしたいていの食事は自宅ですませ、人をよぶのもだいたい小さいディナーパーティーで、仕事を離れた私的な集まりに限られていた。

ウォルトの容貌《ようぼう》は、年をとるほどハンサムになっていった。五十歳に達するころには身長一七五センチの体格にたくましさが加わり、顔にも威厳が出てきた。生えぎわがちらりと白くなりかけていた髪はまだふさふさしており、口ひげも、若いころにはちょっと気取った感じを与えたのが、今ではほどよく似合っていた。もっとも、おもしろいことに、彼は口ひげを生やした俳優がディズニー映画に出演するのを、〝都会のすれっからし〟に見えるからといって嫌っていた。

服装の好みは、以前よりずっと保守的になっていた。若いころ身につけていたような派手な服はもう着ずに、着心地の良いものだけを選び、スタジオではネクタイを締めるのもまれだった。彼は保養地パームスプリングスのスモークツリー・ランチという場所に別荘を持っていたが、そこのマークがついたウエスタンふうのネッカチーフのほうがネクタイより好きだと言って、これだけは何枚も持っていた。妻も娘たちも、セーターとハンカチ以外にウォルトのために衣類を選ぶのは無理なことを知っていた。彼は自分で服を選ぶのが好きで、二年に一度、ロサンゼルスのウィルシャー地区にある高級百貨店ブロックスに出かけては、洋服をどっさり買い込んだ。

二人の娘はどんどん成長していた。一九五一年、長女のダイアンは南カリフォルニア大学に入学し、次女のシャロンはウェストレーク高校の二年生であった。ウォルトはシャロンの学校の父母会に顔を出して、娘に宿題が多すぎると教師に苦情を言うこともあったし、またダイアンが所属する女子学生社交クラブで、父親だけを招いて開かれる夕食会にも出席した。

ウォルトは、学校の成績があまりかんばしくないシャロンは美人タイプ、ダイアンは秀才タイプだと考え、ダイアンには、優秀な脚本家としてスタジオで活躍している何人かの女性のことを話してやりながら、文章を書くことをすすめた。そして彼女が書いたユーモラスな詩をスタジオの訪問客に見せたり、短編をストーリー部に送って検討させたりした。

ウォルトは、娘たちが成長していく姿を嬉《うれ》しく見守る父親であったが、彼女たちの子ども時代が去っていくのは寂しかった。かつて友人の家を訪ねたおり、小さな女の子が自分の膝《ひざ》に乗ったので、ウォルトはダイアンやシャロンが幼かったころを思い出し、その女の子に優しくこう言った。

「お嬢ちゃん、僕の膝から下りてくれないと、ウォルトおじちゃんは泣いちゃうよ」

事実、彼は涙もろかった。娘たちの卒業式に出ても、脚本を読んでも、また胸を打つ映画の場面などは何度見ても泣けてくるのだった。ウォルトが褒め言葉をたやすく口にする人間でないことを知っていたスタジオのアニメーターたちは、自分たちが描いたシーンを見てウォルトが涙をこぼすと、鬼の首でも取ったような喜びを密《ひそ》かに感じるのだった。

思想的にも、ウォルトは年齢とともにますます保守的になっていった。一九四〇年までにはもはやローズベルト大統領を支持することをやめて対抗馬のウェンデル・ウィルキーに投票し、それ以降、ずっと共和党支持にまわった。また一九四〇年代の末には、ハリウッド映画界において共産主義の影響力を恐れる経営者たちが結成した〝アメリカの理想を守る映画人同盟〟でも積極的に活動した。彼にとっては、スタジオのストライキの裏に共産主義者の支持があったという事実が、苦い思い出となって記憶の底に残っていたのである。

ところでウォルトとロイは、従業員に現金でボーナスが出せないときには、代わりに会社の株券を支給したことが何度かあった。一九四五年に額面五ドルであったディズニーの株は、翌年十五ドルに上昇したが、戦後、会社が種々の内部調整を余儀なくされるなかで急落した。多くの従業員が持ち株を売りに出すと、ウォルトはそれを背信行為であるとし、会社を信頼していない証拠だと受けとめた。

ウォルト自身はスタジオがかならず息を吹き返すと信じていたので、株価が最低のときにもこれを買い取った。ウォルトの生活は豊かではあったが、会社の株が自分の資産の大部分という状況で、ハリウッド映画界の水準からみれば彼は金持ちの部類には入らなかった。一九五一年のこと、友人の医師が五千ドルほど貸してほしいとウォルトに依頼してきたとき、彼は次のような返事を書いている。

「こう書けば、君はおそらく奇妙に思われるでしょうが、実のところ、僕にはお貸しできるような金がないのです。自分が一文無しであるばかりか、保険と個人手形を担保にして借りた金が五万ドル近くもあり、これが、僕の借金できる限度です。新居にも思ったよりずっと金がかかったこともあり、こういう事情ですので、申しわけありませんが君のお役に立てないのです」

ウォルト・ディズニーは、自分のために金をためることには関心がなかった。自分が死んだら家族はどうなるのだろうということは心配だったものの、個人名義で持っている銀行口座の管理も秘書のドロレス・スコットに任せっきりで、自分はほとんど注意をはらわなかった。兄のロイはよく彼女に声をかけたものだ。

「あいつの経済状態はどうかね？　ばかげたことに手を出さんよう、目を光らせていてくれよ」

ウォルトの日課は、朝八時か八時半のミーティングで始まった。ほかの部屋へ出かけていってストーリーボードを検討するとか、自分のオフィスにある低い角テーブルを囲んでの会議などである。昼食時に人と会食する約束がないときには机について食事をしたが、好物は赤インゲン豆のチリソース煮であった。ただし彼のはすこしばかり凝っていて、豆より肉が多めに入っているゲブハーツ製の缶詰と、豆が多く入っているデニソンの缶詰を一缶ずつ混ぜ合わせたのがお気に入りだった。それに食事のはじめはV‐8《エイト》の野菜ジュースとソーダクラッカー、と決まっていた。

来客といっしょに昼食を予定しているときは、正午に彼の会議室に迎え入れ、食前酒としてV‐8のジュースを出したが、アルコール分の入った飲み物になれているヨーロッパ人の客は、このもてなしに面食らったものだ。ウォルトは、そこで半時間ぐらい話をしてから客を社員食堂の一角にあるコラル・ルームへ案内し、予約席として準備してある北東の隅に陣取るのだった。

食事といえば、ウォルトはよく昼食をはさんで記者会見をした。映画を売りこむための宣伝の重要性をよく知っていた彼は、宣伝部長のジョーゼフ・レディが、重要であるからと言って要請してきたときにはかならず自ら出席するように努めた。ウォルトは記者会見を楽しんでいるように見えたが、それは単に自己満足というだけでなく、会社の活動の概略を説明したり、失敗談や成功話をしたり、新しく考えているストーリーを外部の人間に話してその反応を見るのがおもしろかったのである。

食事が終わると、彼は訪問客をゴルフカートに乗せてスタジオのステージや作業場に案内し、進行中の仕事の数々を披露してまわった。午後は会議の数も多かったが、ウォルトはよく自分の部屋を留守にして作業場に行き、プロジェクトの進行具合を点検した。そして夕方五時には仕事をやめ、軽い体操とスコッチ一杯のあと、マッサージをしてもらうのが日課であった。

一日の仕事が終わるころには、昔ポロをしていて痛めた首がひどく痛んだ。一九五一年のある日、ウォルトは自分に専門医を紹介してくれた実業家の友人に宛てた手紙を書き、その首の痛みを訴えている。

「……彼に診察してもらったら、僕のは関節炎の一種だが普通のものではないと言われた。僕が以前、ポロの最中に落馬したときに首を痛めたのがおそらく原因だろうが、そこにカルシウムがたまってきてるらしい。この状態をいくらか和らげることはできるが、おそらく一生こういう調子であろう、とはっきり言われたよ。僕は心臓やほかの主な器官は丈夫だし、家系からいっても長生きする筋だと思うから、なんとかこの首だけは我慢して、頑張るつもりだ。……」

ウォルトのために温湿布と脊椎《せきつい》の間欠的牽引《けんいん》療法を毎夕行なうのは、スタジオ付きの看護師ヘーゼル・ジョージであった。治療室はウォルトのオフィスの隣で、彼はリーマスおじさんの話にちなみ、そこを〝お笑い部屋《ラーフィング・プレイス》〟と名づけた。そしてウォルトはこの部屋で、その日一日のできごとをふり返ってみたり、ヘーゼルと噂話《うわさばなし》をしたり、予定している仕事の計画を彼女に打ち明けたりするのだった。

ウォルトはカリフォルニア、ハーバード、エールの各大学から名誉学位を与えられていたが、そんな彼がヘーゼルに向かって、こう言ったことがある。

「僕の学位をみんな君にあげるから、君の持ってる本物の卒業証書と交換してくれよ」

ヘーゼルは首を横にふった。

「大学の卒業証書なんて持ってたら、かえってダメになってしまうわよ。あなたの仕事のせっかくの独創性や即興性がなくなってしまうじゃないの」

またある夕方、ウォルトはほろ酔い機嫌でヘーゼルに言った。

「僕はね、やっと自分の正体がつかめたよ」

「そう、なんだったの？」

「なさけ深い君主の最後の生き残りさ」

ヘーゼルはちょっと考えたあと、答えた。

「あら、結構じゃないの。それで、私も自分が何者かわかったわ」

「ほう、君はなんだい？」

「宮廷道化師の最後の生き残りよ」

四十五分ぐらいかかる湿布と牽引の治療が終わると、ウォルトは気分がさっぱりとし、それからまた仕事に戻る意欲に燃えてくるのだった。ヘーゼルはそんな彼を抑えようとしたが、ウォルトはときとしてストーリー会議を招集し、夜遅くまで続けることもあった。家では妻が夕食の支度をして待っていた。遅い夕食に向かった彼は、それをもりもりと食べた。

ウォルト・ディズニーが晩餐《ばんさん》会や公の集まりに出ることはごくまれだった。彼はそういったことが嫌いで、どうしても出なければならないときは義務感だけで出席した。そんな調子だったので、改まったスピーチをしなければならないときなどは特に憂鬱《ゆううつ》でたまらなかった。あらかじめ誰かが用意した堅苦しいスピーチの原稿を見ては、「僕は、こんな偉そうな言葉なんか使わないよ。もっと僕らしい調子で書いてくれ!」と言って、はね返した。

ウォルトの話術は、原稿もなくふだんの会話をしているような調子で話をするときがいちばん効果的だった。そんなときの彼は、本職のコメディアンも顔負けするほど聴衆を笑わせた。だが、ウォルトはどんなときにでも、けっしてジョークを飛ばしてふざけることはしなかった。彼が、他人の話す冗談に耳を傾ける根気をもたない人間であることを知っていたスタジオの従業員は、ウォルトに対してからかい半分のことなどを口にしないよう注意した。

彼の前で卑猥《ひわい》な冗談でも言おうものなら、冷ややかな沈黙が待っているだけだった。しかし、ウォルトはけっして慎み深いふりをしていたのではなかった。農場で少年時代を過ごし、性というものに早くから接していた彼は、セックスを冗談の対象とも神秘だとも考えていなかった。彼にとって、セックスはあくまでプライベートなことであり、そのままそっとしておきたかったのである。

ウォルトは成長企業のトップの座にいるからといって、特別扱いされることは断固として受けつけなかった。そして自分のために煙草《たばこ》の火をつけたり、コートを着せたり、ドアを開けたりするようなことをけっして他人にさせなかった。だからおべっかを並べたてる従業員は、ウォルトの下では長続きしなかった。また、社内を歩いていてやたらと人から話しかけられるのも彼は嫌いだった。何よりも時間が惜しかったし、それにプロデューサーであろうが小道具係であろうが、自分が話をしたい相手は自分のほうで選びたかったからである。一方、スタジオが大きくなるにしたがい、従業員の名前を覚えるのがだんだんむずかしくなった。そこでウォルトは定期的に人事課に足を運び、日々のスタジオまわりでよく見かけるスタッフの名前と写真をつき合わせては、自分の記憶の足しにしたのであった。

上司であるウォルトにどこかで会ったとき、どうふるまったら良いのか――スタジオに長く勤めている者も含め、これは従業員にとって一つの難題であった。考えごとをしていて声をかけられたくないのかもしれない、と気をきかせて従業員が挨拶《あいさつ》をしないでいると、「なんだい、僕に恨みでもあるのかい」と、つっけんどんに言ったりするウォルトだったからである。

ある日の午後、秘書の一人がアニメーションビルの誰もいない長い廊下を歩いていると、向こうからウォルトが近づいてきた。何かをしきりと考えているようすのウォルトを見て、このさい、黙って通りすぎるのが最上の策と彼女は考えた。が、すれ違った瞬間、「よう、別嬪《べつぴん》!」と、まるで腹話術師が漏らすような人間離れした声が聞こえた。どうもおかしいと思った彼女は数メートル歩いてから後ろをふりむいた。するとそのとき、ウォルトもくるりと向き直ったかと思うと彼女を指さして、

「ほら!」

と、いたずらっぽく叫んだ。そして彼はそのまま、廊下の向こうに消えていった。

19

アニメーション映画の製作者としてすでに四半世紀の経験を積んでいたウォルト・ディズニーは、一九五〇年代のはじめごろにはさまざまな種類の映画を手がけて、その多才ぶりを発揮した。彼はアニメーションで使った同じ原則をそのまま貫き、ストーリーを十分練ること、おもしろい登場人物を創《つく》りあげること、そして何よりも〝読ませる〟ものを作ること、つまり、あいまいな箇所を残さないことなどの点を強調した。また制作の手法においてさえアニメーションの手順を踏襲し、俳優を使う劇映画の場合もストーリーボードからはじめて、各シーンやカメラの角度までいちいちスケッチの形で表しておいてから撮影に入った。こうしておけば、テンポの速いアクションのシーンと状況設定のゆるやかな説明部分とを交互に配置させながら観客の興味をそらさずにストーリーを展開させていく、という制作のペースがウォルト自身、容易に把握できたのである。

ウォルトの仕事のやり方は、短編映画しか制作していなかったころからほとんど変わっていなかった。映画制作における自分の役割を説明するのに、彼はこんな話をしたことがある。

「僕の役目？　そう、いつか小さな男の子にきかれて困ったことがあったよ。『おじさん、ミッキーマウスを描くの？』って言うから、もう僕は漫画は直接描かないよ、って答えたんだ。『じゃ、おもしろいお話を考えたりするの、あれ、おじさんがやるの?』『いいや、違うよ――』そしたらその子は僕を見て言うんだ。『ディズニーのおじさん、おじさんはいったい、何をするの?』『そうだなあ、僕はちっちゃな働きバチみたいだ、とときどき思うんだけどね。スタジオのあっちに行ったりこっちに行ったりしながら、花粉を集めてくる。まあ、みんなに刺激を与えるっていうのかなあ。そういうのがおじさんの役割みたいだな』」

ウォルトの仕事ぶりには無駄というものがいっさいなかった。会議を始める前にとりとめのない会話をしてから本題に入るということはめったになく、大股《おおまた》で部屋に入ってくるやいなや、すぐにディスカッションを始めた。会議が終わると、入ってきたときと同様にさっさと部屋を出ていき、「じゃ、失敬するよ」という言葉すら残さなかった。

ウォルトが話す内容は、その対象の大部分が無形のものであったため、ストーリー会議で彼が与える指示がはっきりしない場合がどうしても起こり、ベテランのスタッフでさえウォルトが何を言わんとしているのかをつかむのに苦労した。ディレクターのウィルフレッド・ジャクソンもその一人である。

「会議のなかでウォルトがちょっと触れたようなことは、僕なぞすぐ忘れてしまう。そうするとあとで試写のときに、彼から文句が出るんです。『あれが入ってないじゃないか。ちゃんと会議で話し合っただろ』ってね。だから、僕にとって仕事上いちばんむずかしかったのは、ウォルトが何かを言ったときどれくらい本気なのかを判断することでしたね。僕にすこしばかり頭をひねらせようとして彼が言ったことをまじめにやると、今度は『僕がちょっと言ったからって、なんでもかんでもやるんじゃないよ』と言われたこともあったし」

劇映画を制作するときのウォルトの役目は、アニメーションの場合とは異なっていた。劇映画では、一人一人の登場人物の外見やアクションを彼がいちいち指示する必要はなく、演技をするのは俳優の仕事だった。だからウォルトは、主として物語の構成や会話、演出などに注意をはらった。

ところで、ストーリー会議のはじめにウォルトが脚本をスタッフに手渡しながら、「まあ、これは読むだけ読んどいたよ」と言って別の話題に移ったときは、その脚本が彼の気に入らなかったのだということを、プロデューサーも脚本家も自然に悟ったものだ。しかしこういうことはしばしばあるわけではなく、たいてい彼は自分の会議室にある低い角テーブルの前に腰をおろし、脚本の良し悪しについての討議に入るのだった。ウォルトはだいたいいつも前の晩に予習をしてきており、赤や青の鉛筆で脚本に書き込みをしていた。彼がときどきする具体的な提案というのは、たとえば、状況のタイミングやその場面の感じをもっと良くするために二、三ページも続く会話を付け加える、というたぐいのことであった。が、彼の意見の大半は一般的な内容に関するものだった。

「このシーンはどうもおもしろくないなあ。ある程度は観客の想像に任せるというのもたいせつだが、クライマックスになるたびに肝心のところをカメラがおさえてないぞ。話の出だしもテンポがのろいな。いっきに四ページにとんで、そこから始めるんだ」

しかしウォルトが提案したからといってかならずしもそれが最終決定ではなく、彼はプロデューサーや脚本家からの反対意見にも熱心に耳を傾けた。ただウォルトが嫌ったのは、ある場面の解釈を説明している最中に誰《だれ》かに遮られること、それから、前のミーティングで彼が一度没にした事柄をまた誰かがもちだしてくること、の二つであった。

ある映画がうまくいきそうにないという場合、ウォルトにはそれが勘でわかった。ストーリーによっては、どう工夫してもうまい脚色の方法が見当たらないものがあり、そんなときには彼はあっさりとあきらめた。何か月、いや何年もたったあとでもう一度それを取りあげ、はじめからやり直してみると、それまではどこかに潜んでいた創作能力が自ら解決案を見出してくれているということもあった。映画化までに時間のかかった『不思議の国のアリス』や『ピーター・パン』などが、その例である。

さて『レディーとのら犬《トランプ》』（邦題『わんわん物語』）の企画のそもそもの出発点は一九三七年、ウォルトがおとなしいコッカー・スパニエル犬の物語をまとめはじめたときであった。だがしばらくして彼は、ディズニーの続き漫画《コミック・ストリップス》を配給するキング・フィーチャーズ社の編集長、ウォード・グリーンが書いた『口笛を吹く犬、陽気なダン』という短編を読んだ。主人公のダンは自由な気性で、人間さまなどには忠義心のひとかけらもないのら犬であった。そこでウォルトは、「君の犬と僕の犬を一緒にさせようや」とグリーンに提案した。これに同意したグリーンは一九四三年、『口笛を吹く犬、陽気なダンとかわいいスパニエル、ミス・パッツィ』という物語を書きあげたのである。ウォルトは脚本にとりかかったもののいったんは没にし、およそ十年後にふたたび取りあげた。そしてグリーンやRKO社の販売担当者の反対を押しきり、映画の題名は『レディーとのら犬《トランプ》』にすると言って譲らなかった。

「だって、物語はその名のとおりじゃないか——レディーという雌犬とトランプというのら犬の話だよ」

『不思議の国のアリス』と『ピーター・パン』という二つの古典の映画化で窮屈な思いを味わったあとだけに、ウォルトには、自分の思いどおりに脚色できるストーリーはさすがに扱いやすかった。レディーが飼われている家で赤ん坊を狙《ねら》っていたネズミをのら犬トランプが殺すというくだりがあるが、ストーリー会議でその場面展開を説明するウォルトの演技はいまや最高の域に達していた。

……あんまり吠《ほ》えたもんで主人に鎖につながれちまったレディーは、トランプに危険を知らさねばならない。レディー「ネズミよ！」／トランプ「どこだ！」／レディー「二階の赤ちゃんの部屋！」／トランプ「どっから家の中に入るんだ」／レディー「裏手に小さい入り口があるわ。早く！」トランプは、一目散に裏へ回って中に入る。……ここはすばやくパッパッと表現する。中に入ったトランプは用心深く階段を上っていく——いいね、この犬はあくまでも侵入者なんだよ。赤ん坊がいるのがどの部屋なのかわからない。匂《にお》いを嗅《か》ぎつけたトランプは、部屋に入っていく。そこには赤ん坊のゆりかごがある。一瞬、ここは緊張状態だ。ゆりかごがあって、あたりは暗い。トランプは部屋を見まわす。突然、そこにギラリと光る二つの目。トランプはうなりはじめる。毛が逆立つ。相手の影が動いたかと思うと、トランプが跳びかかる。

そっからの場面はちょうど二人の男がね、暗がりの中で相手の姿が見えないまま格闘しているようなシーンだ。ものすごい乱闘。窓の外から見る感じでシルエットを使ってもいいな。……

トランプが、本当にネズミをとっつかまえるのがうまい、というのを表現するんだ。ネズミのやつはさ、あくまでもトランプに真っ向から対決する。ネズ公が動くとトランプが追っかける。ひっつかまえる。そして投げ飛ばす。ネズ公が投げ飛ばされてこっちに来るが、こんどはトランプは追わない——観客が、なぜだろう、と思わず食い入るシーンだ。……だいたいネズミをとるのが得意な犬はだねえ、ネズミやモグラがひっくり返って腹をこっちに見せてるときは攻撃しないもんなんだ。そのまま腹にかみついたら、逆に自分の顔をガブリとやられちまうからね。だから相手がちゃんと起きあがるのを待ってから、そいつの首根っこをうしろからひっつかまえる、というコツを知ってるんだよ。……

ウォルトは『剣と薔薇《ばら》』『豪族の砦《とりで》』の二つの冒険映画をイギリスで撮り終えると、こんどはスタジオで制作する作品の候補として、二本選んだ。ジュール・ベルヌが書いた冒険物語の名作『海底二万哩《マイル》』と、南北戦争中のできごとに題材をとった『機関車大追跡』である。二本ともそれぞれウォルトの興味をそそるストーリーで、『海底二万哩』のほうは潜水艦や原子力、酸素ボンベを付けた潜水服などが登場してくるという、未来に対する作者の驚くべき予見がおもしろかったし、『機関車大追跡』のほうは南北戦争の話そのものと、実物大の汽車を扱うことができるという点に魅力があった。ウォルトはイラストレーターのハーパー・ゴフに指示して二つの物語を何枚ものスケッチに表現させ、スタジオを訪問した劇場の経営者たちにそれを見せた。彼らは『海底二万哩』のほうが気に入ったと答え、ウォルトは早速この物語の映画化を決定した。

それにしても、かなりの製作費になりそうだった。海底シーンを撮るために、巨大な水槽のあるステージを作らねばならない。それに重要な役割を担う四人の主演俳優、水の美しいカリブ海でのロケ、嵐《あらし》や大イカを撮影するときの特殊効果、潜水艦ノーチラス号をはじめとする高価なセット。

また、『海底二万哩』はスタジオにとってかなり思いきった企画だったため、特別なディレクターが必要であった。そこでウォルトはスタッフとともにさまざまな監督の作品を試写し、候補を三人にしぼると、さらにその三人の作品を一本ずつ映してみせ、スタッフに投票をさせた。全員一致で選ばれたのは、リチャード・フライシャーであった。ウォルトは、「いいと思うね。実は僕自身は、前から彼に決めてたんだ」と言った。

スタジオにやってきたフライシャーは、『海底二万哩』の仕事を申してたウォルトに、自分の父の意見をきいてから返事をしたいと答えた。フライシャーの父は、漫画映画の草分けともいわれるマックス・フライシャーであった。その父が、ウォルト・ディズニーが自分の手法を真似《まね》ただの、フライシャー・スタジオからアニメーターをごっそりさらっていっただのとディズニーの悪口を言っていたのを、息子のリチャードは小さいころたびたび耳にしていたのだった。

マックス・フライシャーは、音入りのアニメーションを制作しようとしたり、のちには、はじめての長編漫画映画を試みようとした。が、配給会社として契約していたパラマウント社が認めなかったため、どちらもウォルト・ディズニーがいち早くやり遂げてしまったのである。しかしながら、いわば自分の宿敵であるディズニーの仕事を引き受けるべきかどうか、息子に尋ねられたマックス・フライシャーは、こう答えた。

「もちろん、やるべきだ。ウォルトに言っておやり。彼の目は正しい、って僕が言ってたと」

『海底二万哩』の脚本は、ウォルトがフライシャーや脚本家のアール・フェルトンといっしょになって一年がかりで完成させた。そしてディズニーはこの映画ではじめて、ハリウッドの有名スターを起用した。ネモ艦長にジェームズ・メーソン、銛打《もりう》ちネッド・ランドにカーク・ダグラス、心優しい科学者アロナックス教授にポール・ルーカス、教授のアシスタント、コンセイユにピーター・ローレという顔ぶれである。

撮影はまず、ナッソーに近い水の澄みきったカリブ海で始まり、食人種のいる島のシーンはジャマイカへ移動した。ロケを終えた一行はスタジオに戻り、縦三十メートル、横五十メートルの水槽を備えて新しく完成した第三ステージで、大イカとの格闘シーンに入った。しかし、編集用フィルムを見たウォルトは、がっかりしてフライシャーに言った。

「イカとの格闘シーンはあとまわしだ。だから、演技中心の場面を先にやってくれないか。まったくひどいできなんだよ。水を吸ったイカの足がフニャフニャになってて、作りもんだっていうのがまる見えだ。針金まで写ってる。神秘的ムードなんてもんじゃないよ、あれじゃ」

フライシャーもウォルトに同意し、撮影班を別のステージに移すと、主演俳優を使っての船内シーンに入った。ウォルトは、もっと操作性のある本物らしいイカを作るようスタッフに指示した。こうしてできあがったイカは、八本の足の長さがそれぞれ十二メートル、二本の触腕がそれぞれ十五メートルあり、重さは二トン、そして、油圧、空気圧、エレクトロニクスを駆使してこのイカを動かすのに、なんと二十八人も要するという大がかりなものであった。身の毛もよだつようなその黄色い目。いまにもパクリと噛《か》みつきそうなその口。このお化けイカは、ネモ艦長や乗組員たちを襲うに十分な恐ろしさを備えていた。

さらに恐怖感を高めるため、イカとの格闘シーンは、ピンク色に輝く日没時の静かな海面というはじめの設定を変更して、荒れ狂う嵐のなかで撮影することになった。何トンもの水を上から水槽に向けて猛烈な勢いで流し、突風を起こす装置で水しぶきをあげ、アーク灯で暗闇に稲妻の光を走らせた。

このシーンの撮影だけで八日間かかり、製作費も二十五万ドル以上の追加となった。それで、はじめから珍しく協力的だったロイもやや態度を硬化させ、また銀行側もウォルトの金の使い方をどこまで黙って許していられるか、自らの忍耐力を試される結果となった。しかし、莫大《ばくだい》な製作費をかけたかいは十分あった。大イカとの格闘シーンは、この映画の見せ場となったからである。


《自然と冒険》記録映画の相次ぐヒットに伴い、ディズニー・スタジオにはさまざまな自然観察のフィルムが送られてくるようになった。その一つに、N・ポール・ケンワージーというUCLA（カリフォルニア大学ロサンゼルス校）の学生が博士論文の一部として砂漠の光景を写した十分間のフィルムがあった。それには、ジガバチが毒グモを刺して麻痺《まひ》させ、クモの体内に卵を産みつけたのち、卵からかえったハチがその毒グモを餌《えさ》として食べて飛び立っていくさまが丹念にとらえられていた。このフィルムを見たウォルトは、いたく感心した。

「こりゃあいい。この青年にもう一回砂漠へ行ってもらって、もっといろんな場面を撮ってもらおう。砂漠に焦点をあてたストーリーができるぞ！」

こうしてスタジオは、このケンワージーと彼の院生仲間であるロバート・クランドールという青年を数か月、砂漠に送って動物の生態を撮影させる一方、ほかの写真家からもフィルムを募集した。その結果、見事なシーンの数々が揃《そろ》った。山猫を樹の上に追いつめるペッカリーの親子。わが子を守ろうとして、ガラガラヘビに向かって砂を蹴《け》るカンガルーネズミ。ガラガラヘビに死の決闘をいどむアカオノスリ。フィルムを試写したウォルトは、プロデューサーのベン・シャープスティーンに言った。

「こいつは長編になるよ。これではじめて、事実にもとづく一貫したストーリーのある自然記録映画ができる」

映画『砂漠は生きている』のディレクターはジム・アルガーが担当し、また彼とテッド・シアーズ、そしていままでずっと《自然と冒険》記録映画のナレーションを吹き込んできたウィンストン・ヒブラーが共同で語りの部分を書いたが、これまでと同様、解説は最小限におさえるようにした。ちょうど棒を使って輪を回すのと同じように、フィルムの編集さえうまくできていれば、たまに棒でちょいとはずみをつけてやるだけでその輪は回り続ける、というのがディズニー式の考え方であった。

RKO社の販売担当者は案の定、長編ドキュメンタリーの配給に反対した。そのため、この配給会社に対するディズニー側の不満はますます高まった。RKO社は販売力があり契約条件も良かったのだが、一九四八年にハワード・ヒューズが会社を買収して以来、負債が増える一方で、従業員の士気が下がり能率も落ちてきていた。『砂漠は生きている』が完成間近というとき、ロイはRKO社がこの種の映画を配給する意欲もなければ売りこむ術《すべ》も知らないことをはっきりと悟った。そこで彼は小規模の販売会社を設立し、スタジオのある通りから名前を取ってブエナ・ビスタと名づけた。『砂漠は生きている』の上映契約がまず入ってきたのは、ニューヨークのサットン劇場からである。封切りは大成功であった。ブエナ・ビスタ社はさらに販売スタッフを増員し、全国上映を慎重に進めていった。おかげでこの映画は、三十万ドルの製作費に対して四百万ドルの興行収入という、ディズニー・スタジオ始まって以来最高の収益率をもたらすにいたった。

ハワード・ヒューズの経営怠慢のせいでRKO社は下降の一途をたどっていたため、ロイは、今後ディズニー映画の配給を任せる別の会社を見つけようと決心した。それで彼はカード・ウォーカーとともにニューヨークへ行き、大手の映画会社と話し合いをしたが、結果はかんばしくなかった。各社ともディズニーという名前には魅力を感じたようだが、契約条件があまりにも厳しすぎた。ロイは、大会社を通して映画配給をすることの弱味を痛感した。配給側は当然ながら自社スタジオで制作した作品を優先し、独立プロの映画には不利な上映日程を組んだりするのだった。

ブエナ・ビスタ社に戻ってきたロイは、販売責任者たちを招集した。そして、『砂漠は生きている』の経験で彼らの映画配給の実力が証明されたこと、さらに今度は『海底二万哩』と『わんわん物語』という期待の二本が控えていること、などを語った彼は、スタッフにこう尋ねた。

「君たちに度胸と夢とやる気があるなら、今後は僕ら自身で配給会社をやっていこうじゃないか。どうだい？」

スタッフは喜んで賛成した。こうして、それ以後のディズニー作品はすべてブエナ・ビスタ社を通じて配給されることになったのである。

『砂漠は生きている』は一般大衆のあいだでは大好評を博したものの、インテリ向け雑誌の中には、ディズニーがなんでも擬人化してしまうと非難する声もあった。このような批判は、ディズニー作品がより人気を集め、より多様化するなかで、ますます強くなっていく傾向があった。一九三〇年代にディズニー漫画を称賛していた評論家が、今度はディズニーの映画は感傷的で月並であると攻撃しはじめたのである。なかには政治的な意味合いを含んだ発言もあったが、こうした批判にウォルトははじめ面食らい、ずいぶん気を悪くした。

ある夕方、スタジオで首に例の温湿布をあててもらっていたウォルトが、雑誌『ニューヨーカー』で自分の作品がたたかれたことをこぼすと、看護師のヘーゼル・ジョージは、

「あんな都会の田舎っぺが言うことを、どうしてそんなに気にするの？」

と、軽くいなした。

「あんな、何だって？」

「都会の田舎っぺ、よ」

ウォルトは愉快そうに笑い、いかにも感心した顔でヘーゼルに言った。

「やっぱり学のある人は、ちょいとばかり言うことが違うねえ！」

20

遊園地建設の構想は、ウォルト・ディズニーの心の中でだんだんとふくらんでいった。ヨーロッパやアメリカ国内を旅行するたびに、彼はいろいろな屋外娯楽施設、特に動物園をよく訪れたので、ふたたびヨーロッパに出かける前、妻のリリーから、「ねえ、あなた、また動物園に行くんでしたら、私はもう一緒に行きませんからね」と、言われてしまった。

ウォルトは、郡や州が主催する農畜産物の見本市や、サーカス、カーニバル、国立公園などを見てまわり、どんな出し物が、なぜ人気を呼ぶのか、客は楽しんでいるか、それともせっかくやってきても損をしたと思っているか、などをつぶさに観察した。

彼がもっともがっかりしたのはニューヨークのコニーアイランドに行ったときで、その施設の荒廃ぶりと安っぽさ、そして乗り物の係員のとげとげしい態度に、ウォルトは一時遊園地を作る自分の計画を投げてしまいたい気持ちに駆られたほどである。しかしコペンハーゲンのチボリ・ガーデンを見たときは、やる気がふたたびよみがえった。ゆきとどいた清掃、鮮やかな色彩、納得できる料金、陽気な音楽、おいしい飲食物、温かな感じで礼儀正しい従業員——こうしたすべての要素が溶けあって一つの楽しい世界を作りだしていた。「これだ！　本当の遊園地は、こうでなくちゃだめだ――」ウォルトは夢中になって、リリーに言った。

ロイは相変わらず遊園地建設に反対だったので、計画の立案も資金繰りも兄を頼ることはできなかった。自分の生命保険を担保にして借金をしはじめたウォルトを見てリリーは狼狽《ろうばい》したが、パークが完成する前に、その借金は十万ドルに達したのだった。

計画立案のスタッフを揃《そろ》えにかかったウォルトがまず選びだしたのは、イラストレーターのハーパー・ゴフである。ゴフは早速パークの予備的なスケッチを描くよう指示を受けた。パークの名前は、すでにウォルトが決めていた。〝ディズニーランド〟である。

構想が進んでいくにつれ、ディズニーランド建設を推進する組織の必要性を感じたウォルトは、一九五二年の十二月、ウォルト・ディズニー株式会社を発足させて自分が社長となり、ビル・コトレルを副社長に据えた。しかしその後、ウォルト・ディズニーの名前をほかで使うことにディズニー・プロダクションズの株主が反対するかもしれないとロイが危惧《きぐ》を抱いたことから、ウォルト・イライアス・ディズニー（Walt Elias Disney）の名前の頭文字を取ってWED《ウエド》エンタープライズと改名された。こうしてWEDは、スタジオ以外のウォルトの活動を支える個人的な企業組織として誕生した。

ディック・アーバインはWEDの新入社員であった。彼は映画『空軍力の勝利』の美術監督を務めた人物だったが、戦時中ディズニー・プロダクションズが低迷していた時期に二〇世紀フォックス社に移っていた。が、テレビ番組を作りはじめたウォルトにデザイン担当として呼び戻され、さらにその後、ディズニーランド担当となったのである。アーバインに与えられた最初の仕事は、ディズニーランドの予備調査を委託された設計事務所とのパイプ役であった。しかし建築家たちの意見とウォルトの構想とのあいだにくい違いが生じ、契約は破棄される結果に終わってしまった。ウォルトの親しい友人で自らも建築家であるウェルトン・ベケットは、

「ウォルト、君以外に誰《だれ》もディズニーランドの設計ができる人間はいないよ。自分でやるんだな」

と、忠告した。

二〇世紀フォックス社から仲間入りをしたもう一人は、やはり美術監督のマービン・デービスである。彼とアーバ

インはゴフと協力して、ゴフが描きあげていたディズニーランドのスケッチをさらに発展させる作業を担当することになった。三人はディズニーの長編漫画映画を研究してパークの乗り物のヒントを得ると、それをストーリーボードに表現してみた。ウォルトはそこで例の話し上手の才能を発揮し、「白雪姫」の乗り物をはじめから終わりまで、あたかもアニメーション映画を見せているかのような語り口で話してきかせ、ほかの乗り物や出し物についても同じ調子で説明を加えていった。ちょうど、アニメーターの眼前に漫画が生き生きと動きだしたときのように、パークのデザインを担当するスタッフの頭の中には、アトラクションの数々がはっきりと浮かんでくるのであった。

ディズニーランドの計画は、場所が未定のまま進んでいった。スタジオの所有地を利用する案はすでに没になっており、それは地元バーバンク市が協力的でなかったこともさることながら、リバーサイド通りに面したディズニーの所有地ではとても足りないくらいにパークの面積が大きなものになりそうだったからである。ウォルトはこのディズニーランド建設のために、自らの創作力ばかりでなく資金も惜しみなく注ぎ込んでいた。生命保険を担保にした貸付限度額に達すると、彼は保養地パームスプリングスに持っていた別荘も売ってしまった。

ディズニーランドは、いまやウォルトにとって是が非でも達成しなければならない使命となっていた。それは、音や色を伴うアニメーション映画、長編漫画、そのほか彼がいままで新しく開拓してきた数々の事業よりも、さらに大きな目標であった。

ウォルトはその理由を、ある取材記者にこう話している。

「このパークは、僕にとってとても重要な意味をもっている。これは永遠に完成することのないもの、常に発展させ、プラス・アルファを加えつづけていけるもの、要するに生き物なんだ。生きて呼吸しているもんだから、常に変化が必要だ。映画なら、仕上げてテクニカラー社に渡せばそれで終わり。『白雪姫』は僕にとってすでに過去のものだ。ちょうど二、三週間前にも一本、映画の撮影を終えたんだが、あれはもうあれでおしまいなんだ。僕はいまさら、何も変更できない。気に入らない箇所があっても、もう、どうすることもできない。だから僕は、生きているもの、つまり成長する何かが欲しいと思った。このパークがまさにそれなんだ。何かを足していけるだけじゃなくて、木でさえもだんだん大きくなる。年ごとにパークはより美しくなっていく。それに、大衆が何を求めているのかについての僕の理解が深まるにつれて、パークももっとすばらしいものになる。こういうことは映画じゃできない。作ったらそれでおしまい。お客さんが気に入ってくれるかどうかもまだわからない状態なのに、もう手を入れることが許されないんだから」

ある日、ロイ・ディズニーのもとに、知り合いの銀行家から電話がかかってきた。

「ウォルトがね、今日、僕を訪ねてきたよ」

「おや、そうですか」

「例のパークの件だよ。彼が見せてくれた案を一緒に検討してみたんだがね。ロイ、ありゃあ、すばらしいアイディアだよ」

「ウォルトは、お宅に金を貸してほしいと言ったんですか?」

「うん、それで僕はどうしたと思う? 貸したよ」

ところが一九五三年の夏の終わりまでには借りた金も底をつき、ウォルトはまた別の資金ルートを探さねばならなかった。ある夜、ベッドで眠れぬまま横になっている彼の頭に、ふとある考えが閃《ひらめ》いた。〈テレビだ! テレビ番組でパークの資金を作るんだ!〉

翌朝、そのことで弟から相談を受けたロイは、ウォルトがディズニーランドに関してはじめて理屈に合う提案をしてきたと感じた。しかし、これは会社の重要問題なので、理事会の承認が必要であった。

理事会ではたいていの場合ウォルトの意見が通ったが、テレビ番組と遊園地経営という二つの新分野に進出することに関しては、保守的な理事の反対に出会った。ウォルトは立ちあがって言った。

「テレビが、ディズニー映画を大衆に宣伝する重要な媒体であることは、あの二本のクリスマス番組ですでに証明済みです。レギュラー番組を制作しようと思えば、内容ももっといろいろ工夫しなきゃならないし、金もたんといる。ディズニー映画を劇場に見にくる観客の数がずっと多くなるという効果は別として、儲《もう》けはわずかしか、いや一ドルだってないでしょう。しかし、それほどまでに頭脳とエネルギーを注ぎ込んでテレビ番組を作るとしたら、私はそこから何か新しい収穫が得られるようなものを作りたい。私は、会社を足踏み状態にしておきたくないのです。考えてもみてください。我々が今まで繁栄してきたのは、リスクを承知で常に新しいものを試みてきたからです」

遊園地の経営などは本来、ディズニーの仕事ではないと不満を述べる理事に対し、ウォルトはこう答えた。

「ええ、しかし、わが社は今まで、娯楽を作りだすという商売をやってきたのです。遊園地こそ、娯楽そのものではないでしょうか。正直言って、いま、私の頭の中にあるディズニーランドのイメージをみなさんに思い浮かべていただくのは、むずかしいでしょう。でも、これだけは言える。世界じゅうどこを探してもこんなパークは絶対にない。私はいろいろ見て回ったから知っています。ユニークであるからこそ、すばらしいものになる可能性がある。娯楽というものの新しい形なんです。ぜったい成功する、と私は思う。いや、そう信じています」

語り終えたウォルトの目には、涙さえ浮かんでいた。理事たちは彼の論理に納得した。

ロイは、テレビ局との契約交渉のため、ニューヨークに行くことになった。だが、ディズニーランドがどんなものかを説明するなんらかの材料が必要だった。ウォルトとWEDのスタッフが試しに描いてみたスケッチ程度のものはたくさんあったが、頑固なビジネスマンを説得するための具体的なパークの絵などは、ただの一枚もなかった。

一九五三年の九月、ある土曜日の朝であった。ディック・アーバインは、まえに二〇世紀フォックス社の美術部で知り合ったハーブ・ライマンに電話をかけて、できるだけ早くスタジオに来てくれるように頼んだ。ライマンは一九四〇年代にディズニーに所属し、例の南米旅行にも加わっていたが、ほかで映画の仕事をするためスタジオを離れ、アーティストとして独自の道を歩んでいた。

スタジオにやってきたライマンを、ウォルトは愛想よく迎えた。

「ハービー、僕たちは遊園地を作ることにしたんだがね」

「へえ、場所はどこです？」

「そう、この通りの向かいにしようかと考えてたんだけど、とても敷地が足らないくらい大きなものになったんで、別の場所を探そうと思ってるところなんだよ」

「で、名前はもう付いてるんですか？」

「うん、ディズニーランド、ってね」

「なるほどね」

「それでね、ハービー。兄のロイが、そのパークの資金繰りの件でこの月曜日にニューヨークへ発つことになってるんだけど、僕らのやらんとすることを示す具体的な資料を持たせてやらにゃいかんのだよ。ビジネスマンっていう連中は、話をろくすっぽ聞きゃあせんからねえ。なにか、ひと目でパッとわかるようなものを見せてやらんとねえ」

「そうですね。図面はあるんですか。ちょっと見せてくださいよ」

「実はね、それを君に描いてもらおうと思ってたんだよ」

ウォルトは、週末のあいだ、ずっと自分もいっしょについて仕事をするから、とたたみかけた。ライマンはびっくり仰天したが、結局、この仕事を引き受けた。彼は早速作業にとりかかり、今までできあがっているスケッチや計画書、そしてウォルトが口で説明するディズニーランドの情景などを土台に、空中から見たパークの完成予想図を描きあげていった。


パークは逆三角形にデザインされており、ちょうど下の角にあたるところから客が入る。盛り土で周辺を取り囲み、中からは外の景色が見えないようにする。盛り土の上には小型の鉄道が走り、汽車に乗りながら園内のアトラクションを眺められる。そして「メインストリート」は、ちょうど漏斗《ろうと》のような役割を果たし、客を城の方向に移動させてパークの中心、ハブまで誘導すると、そこから道はさまざまな〝国〟に通じている。

ハーブ・ライマンは、月曜の朝までに図を完成させた。そして何枚かのコピーを作ると、ディック・アーバインとマービン・デービスが色鉛筆で手早く彩色した。いっしょにホルダーの中に納められたのは、ビル・ウォルシュが書いたパークの説明文で、この文中にはじめてディズニーランドの概念がはっきり定義づけられた。


ディズニーランドの構想はごく単純なものであり、それは、人々に幸福と知識を与える場所である。

親子が一緒に楽しめるところ。教師と生徒が、ものごとを理解したり学びとるための、より良い方法を見つけるところ。年配の人たちは過ぎ去った日々の郷愁にふけり、若者は未来への挑戦に思いを馳《は》せる。ここでは、自然と人間が織りなす数々の不思議が私たちの眼前に広がる。

ディズニーランドは、アメリカという国を生んだ理想と夢と、そして厳しい現実をその原点とし、同時にまたそれらのために捧《ささ》げられる。こうした夢と現実をディズニーランドはユニークな方法で再現し、それを勇気と感動の泉として世界の人々に贈るものである。

ディズニーランドには、博覧会、展示会、遊園地、コミュニティーセンター、現代博物館、美と魔法のショーなどの要素が集大成されている。

このパークは、人間の業績や歓《よろこ》び、希望に満ちている。こうした人類の不思議をどうしたら私たちの生活の一部とすることができるか、ディズニーランドはそれを私たちに教えてくれるだろう。

説明文は続いて、パーク内に作られる「自然と冒険の国」「未来の世界」「こびとの国」「おとぎの国」「開拓の国」「休日の国」の各領域を詳細に紹介していた。

それは実に大胆きわまる、ぜいたくな計画であった。しかし説明書には、あっさりとこんな予告が書かれていた。

「一九五五年のある日、ウォルト・ディズニーが世界じゅうのみなさま、そしてあらゆる年齢の子どもたちに、まったく新しいタイプの娯楽をお贈りいたします――」

21

ニューヨークに出発したロイ・ディズニーは小さな包みを抱えていた。それは、弟の計画を説明した六ページの小冊子、ディズニーランドの輪郭を描いた図面、そして、ウォルトの指示に従ってハーブ・ライマンが描いた空から見た大型の完成予想図であった。

ロイは一時間もののレギュラー番組の放映を実現させようと、三大テレビ局やスポンサーになってくれそうな企業との話し合いを始めた。このテレビ番組の放映を希望する会社はディズニーランドに融資しなければならない、という条件を彼は明示した。

まず、CBSはほとんど興味を示さなかった。ゼネラルフーヅ社は、家庭消費者層にアピールするうえでディズニーの価値が十分あることを認め、ディズニー側がテスト用フィルムを作れば契約を結ぼうと申しでた。しかし、ウォルトはテスト用フィルムは作成しないという原則をすでに確立していた。

NBCとABCは、どちらも以前からディズニーによる番組作りを狙《ねら》っていた。特にNBCは親会社のRCAの強力なバックアップもあり、ロイがもっとも有望視していたテレビ局であった。彼は、会社の設立者であるデービッド・サーノフ会長と長い話し合いを何度も重ねた。だが、サーノフ会長はそのつど、ディズニーのテレビ番組にもパークの建設にも興味を示す一方で、実際の交渉となるといつも部下に任せ、はっきりした約束はなんらしようとしなかった。

ある日のこと、RCA幹部との長時間にわたる実りのない話し合いを終えたロイは、ホテルに戻ると、ABCの社長レナード・ゴールデンソンに電話をかけた。

「レナード、君は二年ぐらい前だったか、僕らといっしょにテレビで何かをやりたいようなことを言ってただろう。まだその気があるかい？」

「ロイ、今どこからかけてるんだ？　僕のほうから、すぐに会いに行くよ」

話し合いの結果、二人は、ディズニーがABC放送のために一時間もののレギュラー番組を制作するのと引き換えに、ABCがディズニーランドの建設に五十万ドルの投資をすることで合意に達した。ABCはこれによってディズニーランドの権利の三五パーセントを所有するとともに、四百五十万ドルまでの融資を保証することになった。

この取り決めは双方ともに満足できるものであった。ディズニー側はパークの建設にぜひとも必要な現金と貸付保証を手に入れ、一方、他の二大テレビ局に視聴率で大きくリードされていた新参者のABCは、格調ある番組を放映することによってテレビ市場での自らの地位を上昇させるチャンスをつかんだのであった。

三年前にウォルトが設立していたディズニーランド株式会社は、こうして一九五四年のはじめ、ウォルト・ディズニー・プロダクションズとABC＝パラマウント・シアターズ社がそれぞれ五十万ドルを投資し、各三四・四八パーセントの持ち株率を占めることで再編成された。さらに、ディズニーの漫画や図書の出版を通して一九三三年以来ディズニーと関係のあったウエスタン・プリンティング・アンド・リトグラフィング社が、二十万ドルを投資して一三・七九パーセントの株を受け取った。そしてウォルト・ディズニー自身は、二十五万ドルを出して一七・二五パーセントを所有することになった。

ディズニーランド建設とテレビ番組の計画は一九五四年四月二日に発表された。ウォルトが、番組は同年の十月に始まり、パークは翌年の七月にオープンするとはっきり宣言したのは、自分がどれだけ本気であるかを示すためであった。彼は早速ディズニーのベテランスタッフを集め、「冒険の国《アドベンチャーランド》」「おとぎの国《ファンタジーランド》」「開拓の国《フロンティアランド》」といったパークの

〝国〟別に構成されるテレビ番組の制作に当たらせた。一方、パーク建設の担当班は小さな平屋の建物からアニメーションビルの一階に移動し、計画はいよいよ実行段階に入った。

ウォルトがスタンフォード総合研究所に依頼して、ディズニーランドの理想的な場所の選定とパーク経営の採算性について調査を開始させたのは、前の年、一九五三年の七月であった。研究所のロサンゼルス事務所長ハリソン・プライスは、まずディズニーランドの最適な場所として、人口の中心であり、宿泊施設が十分あるという条件にかなったロサンゼルス中心部にある鉄道ターミナルの近辺を割り出したが、いうまでもなくここは、地価が高すぎるという点で適当ではなかった。

プライスは、南カリフォルニアの人口の中心が南と東に移動している事実に注目し、さらに調査を続けた結果、アナハイムが理想的な場所であるという結論に達した。当時、建設中であったサンタアナ高速道路《フリーウェー》がアナハイムを通っていたし、百五十エーカー以上まとまって入手できそうな土地が二十か所もあった。なかでも最高の場所は、高速道路とハーバー通りが交差する地点のオレンジ畑百六十エーカーであるとスタンフォード総合研究所は判断を下した。報告に納得したウォルトとロイは早速、土地の買収交渉に入った。

採算性の調査のほうはもっと時間がかかった。研究所員たちは国内の主要な遊園地を回り、ヨーロッパにも足を延ばしてチボリ・ガーデンその他の施設を視察した。アメリカの遊園地は開園時期が限られており、無計画で、観光客よりも地元の住民だけが目当ての月並なアトラクションがほとんどであった。しかしそうしたなかでも、サンディエゴの動物園はもっとも良い調査の対象となった。ここでは年間を通じて二百万人に達する入園者があり、月々にどんな変動を示すかを研究することができた。

ところでちょうどその年の十一月、シカゴで遊園地経営者の大会が開かれたが、そのおり、研究所の調査員はディズニーの考えている新しいパークの計画を出席者に非公式に話し、反応を探ってみた。うまくいくわけがない、というのが、彼ら遊園地経営者の一致した意見であった。第一に乗り物の収容人数が少ない。園内に収入源となるスペースが少なすぎる。この手の奇抜な乗り物は維持費がかかりすぎる。年中営業の遊園地は機械の故障があとを絶たない、云々《うんぬん》という理由を挙げて、経営者たちはウォルト・ディズニーに対し、もっとほかの金の使い道を考えたほうがよいと忠告したのだった。

しかし、採算性の調査の結果を見たウォルトは元気が出た。年間の入場者は二百五十万人から三百万人、パーク内での一人当たりの消費額は二・五ドルから三ドルであろうという予測であった。入場者数の季節的変動については、サンディエゴ動物園の実績を参考にした推定が出されており、また、人出の多い日を上から十五日とってその一日の平均を出し、これを基準にパークの大きさが割り出されていた。そして、こうした調査結果に基づいて研究所が提案した初期投資額は、千百万ドルであった。

一方、ディズニーランドの当初の計画にはいくつかの変更が加えられていた。まず、機械仕掛けの小さな人形を並べようとウォルトが考えていた「こびとの国」は、技術的制約のため予定からはずされた。またジャングルの乗り物については、生きた動物を連れてきたのでは昼寝をしたり隠れてしまってばかりいるから現実的なやり方ではない、という動物園関係者の意見があった。それでウォルトは、どの船に乗る客も同じものが見られるよう、ここには機械仕掛けの動物を使うことに決めた。さらに、客に内部を勝手に歩いてもらうという形式のアトラクションも中止した。これは、途中で立ち止まる客のために人の流れが悪くなるから、なんらかの乗り物に乗せて運ぶべきである、と遊園地経営者たちが忠告したからであった。

しかしながら、入り口が一か所というのは混乱を招き、客の駐車もむずかしくなるという遊園地経営者たちの圧倒的意見に対しては、ウォルトは断固として抵抗した。入り口をいくつも作れば、客は園内で方向感覚を失ってしまう。どの客も同じところから出入りさせ、ディズニーランドでの一日を一つのまとまった体験として演出したい、というのが彼の考え方であった。そしてまた、それぞれの〝国〟へ等距離で行けるパークの中心、ハブの存在についても、彼は固執して譲らなかった。

アニメーション映画の製作者としてユニークな経験をもっていたウォルトは、パークの中に見事な連続性をもたせた。映画と同じく、ディズニーランドもシーンからシーンへと移っていくのでなければならない。その移り変わりは、建築様式や色を互いに調和させながらそっと行なう。そうすれば、一つのアトラクションから次のアトラクションへ移るのに客が断絶を感じないし、また、見たものをすべて覚えておける。これは世界博覧会や博物館では味わえないものだった。
ウォルトの構想を現実のものにするこの事業には、理想的なスタッフが揃《そろ》っていた。映画の美術監督として長い経験を積んでいたディック・アーバイン、ハーパー・ゴフ、ビル・マーティン、バド・ワッショ、ハーブ・ライマン、マービン・デービスたちである。彼らは見た目に美しいセットを組み立てたり、遠近法や色彩を駆使して劇的な効果をあげる方法を知りつくしていた。映画の製作者や監督がどんなに無理な注文を出そうとも、それに応じることには慣れていたのである。

普通の建築家ではウォルト・ディズニーの要求を満たすことはできなかったかもしれない。彼は「メインストリート」を一般の建物の八分の五の縮尺で建設し、人々を郷愁に誘い込む雰囲気を出したかった。しかし同時に、道路に建ちならぶ数々の店は、客が中に入って歩いたり買い物を楽しめる実用的なものにしたいと彼は主張した。そこで美術監督たちは解決策として、建物の一階を九割に縮め、二階を八割、三階を六割、と徐々に縮小していくことにより、全体として人間の目にうまく錯覚を起こさせることに成功した。

ところで、ディズニーランドの設計にスタジオの美術監督を使うことには、難点が一つあった。彼らは、通常二、三日使えばあとは取りこわすという映画のセットを設計することには長《た》けていたが、長い年月や激しい風雨、数百万の見物客に耐え得る建物をこしらえる知識に欠けていたからだ。それでウォルトは、土木、電気、空気調節の分野の専門技師を一名と、構造技師のいる建築事務所に特別の応援を頼んだ。

また、工事にあたって現場の親方が必要であった。そこでディズニーランドの総合本部長ウッドがウォルトに紹介したのは、元海軍大将で技師としてコンサルタントの仕事をしていたジョー・ファウラーであった。パークの感じをつかむために一度来てほしいというウォルトの依頼を受けたファウラーは、ほんの一、二日の予定で北カリフォルニアの自宅からスタジオにやってきたが、到着するなり自分の部屋と車をあてがわれ面食らった。下請け業者たちとの話し合いを済ませて彼が帰宅したのは、それから三週間もあとのことだった。ファウラーはこうしてディズニーランドの工事監督としておさまることになり、結局その後十年間、パークで働いたのである。

ディズニーランドの造成工事は一九五四年八月に始まった。オープンまでに十一か月あるかないかという時である。まず最初はオレンジの木を取り除く作業であった。パークの植栽担当としてウォルトに雇われたビル・エバンズは残しておきたい木の幹に色のついた布切れを巻きつけて区別しておいた。ところが戻ってみると、どの木も全部根こそぎ持っていかれてしまっており、エバンズは憤慨した。あとでわかったことなのだが、ブルドーザーの運転手にはじつは色覚障害があったのである。

ウォルト・ディズニーがテレビのレギュラー番組を制作することになったというニュースに、映画界は騒然とした。大手映画会社のほとんどは、テレビという新しいメディアをいっさい無視する方針をとっていた。テレビとの協力は映画産業をさらに斜陽化させる、というのがその理由であった。映画館の興行主たちもこの方針を支持し、映画をテレビで放映する制作スタジオに対しては映画館での上映をボイコットすると脅した。ウォルト・ディズニーは、テレビへの進出理由をあるインタビューでこう説明した。

昔、僕らが《ウサギのオズワルド》の権利をとられるというはじめての失敗を味わって、《ミッキーマウス》に移ったころからなんだが、それ以来ずっと固く信じてきたことがある。それは、一般大衆を信頼していくってことでね。……大衆はずっと僕の味方だった。《ミッキーマウス》を真っ先に認めてくれたのは評論家でも興行主でもなく、それは大衆だった。大衆のあいだで人気が出るまで、評論家の連中はひと言だって書いちゃくれなかったんですからね。……

で、それ以来、僕らは何をやるにしても直接、大衆の前へぶつけることにした。だからテレビが登場したとき、僕はこう思った。〈大衆に訴えるにはそれなりの道ってものがある。直接、大衆にはたらきかける方法として僕はテレビを利用しよう。ベンチに腰をおろして審判でもやってやろうと構えてるやつなんかに、あいだに入ってこられてたまるもんか〉ってね。ただし、テレビに進出するときは、自分でそれをコントロールしなくてはいかんと思っていた。我々の昔の作品を全部テレビで放映させろと要求してきますがね、僕らはそういうことはぜったいやらない。僕たち自身のやり方でうまくテレビを活用する。……僕らがまずいと思うものを大衆に売りつけるなんてことはしない。質に関してはとことん譲らない。要するに、テレビを通して僕らがやらんとしてることは、僕らが作ったものを大衆に向かって紹介するということなんだ。彼らはそれがおもしろそうだなと思ったら、かならず映画館に見にきてくれる。これこそ僕らに対する信頼感というものなんだ。……

シリーズ番組《ディズニーランド》は一九五四年十月二十七日に放映開始となり、『ディズニーランド物語』と題した第一回目は、番組の今後の予告とともにパークのアトラクションを紹介する内容のものであった。パーク建設の経過については、一年目の放映シーズンにあと二回、短いレポートを番組中に挿入した。

また同年の十二月八日には、『海中作戦』というタイトルの下に映画『海底二万哩《マイル》』の撮影風景をドキュメンタリー形式で放映した。この番組は、『海底二万哩』の予告編としてはあまりにも長すぎるとの非難を受けた。が、娯楽作品として高く評価され、テレビのアカデミー賞ともいえるエミー賞で、その年の最優秀ショー番組に選ばれた。

一年目の放映シーズンには、ウォルトはかなり気前よくスタジオの映画作品をテレビに流した。『不思議の国のアリス』『あざらしの島』『わが心にかくも愛《いと》しき』『宝島』『柳に吹く風』『大自然の片隅』などや、短編漫画も何本か入っていた。さらにオリジナルものを数本制作したが、いずれも十万ドルという予算を軽く超えてしまった。

番組の紹介は毎回、ウォルト自身が行った。放送局や宣伝担当の幹部から、ウォルトが出演したほうが番組に一貫性が出るし、彼の番組であることがはっきりする、と説得されたためである。だが、ウォルトは渡された原稿によく不平を言い、自分個人を語ったりディズニー作品を自画自賛することはがんとして拒否した。彼の原稿係主任ジャック・スピアーズは、ウォルトらしい自然な話し言葉を書くこつを心得てはいたが、ときにはウォルトの意図を酌み違えることもあった。スタジオの作品としてはたいしたものではないとウォルトが思っている映画を紹介するのに、スピアーズが大げさな言葉を使って原稿を書いたとき、ウォルトは文句をつけた。

「この映画を売りこもうとするのはいいが、僕は嘘はつきたくないからね」

嘘がつけないというウォルトの性格は、彼がわずかながら引き受けたテレビのコマーシャルにも表れていた。彼はスポンサーの製品を本当に良いと思ったときにしか番組の中で口にしなかった。彼自身が使っていたイーストマン社のカメラの宣伝をしたこともあったが、同社が新しいモデルを出しても、「僕は古い型のほうが好きだよ」と言って、新型カメラの宣伝はあくまでも断った。

ところで、テレビ番組《ディズニーランド》の中で初シーズンのヒット作となったのは『デイビー・クロケット』であった。ウォルトは、アメリカの伝説的な英雄たちの話をシリーズ番組にしてみたいと以前から考えていたが、まず第一作目はクロケットに決めた。一開拓民であったクロケットが議会の代表に選ばれ、最後はアラモの砦《とりで》で玉砕したという武勇伝がウォルトは好きだったのである。

クロケットの配役としてスタッフが推したのは、ジェームズ・アーネスという大柄な俳優であった。ところが、彼が主演したSF映画を試写したウォルトは、たまたまアーネスと共演していた別の大男フェス・パーカーを指さして、「あれがデイビー・クロケットだよ!」と叫んだ。こうして抜擢《ばってき》されたパーカーは乗馬を習い、ノースカロライナ州でのロケに送られた。

『デイビー・クロケット』はもともと、一時間番組の《ディズニーランド》で三回にわたって放映する計画であったが、映画ができてみると長さがすこし足りなかった。ウォルトはところどころにスケッチなどを挟んであいだを埋めようとしたが、どうもすっきりしなかった。

ある朝、スタジオでは新顔の作曲家ジョージ・ブランズの部屋に顔を出したウォルトは、クロケットの冒険談をつづる話と話のあいだがうまくつなげないで困っていることを彼に話した。

「ジョージ、語りと一緒に簡単なメロディーを入れて流すとか、何かできないかねえ」

と、ウォルトが言い残して部屋を去ると、ブランズは三十分たつかたたないかのうちに、「テネシー生まれの快男児……」と続く脚本のくだりを歌詞にして歌を作りあげてしまった。翌朝ウォルトがブランズの部屋に立ち寄ると、ブランズはその歌を歌ってみせた。

「君の歌い方じゃあんまりはっきりわからんが、なんとかいけそうだなあ。少人数の歌のグループを呼んできて、試しに吹き込んでみてくれないか」

と、ウォルトは言った。そこで、脚本を担当したトム・ブラックバーンにもうすこし歌詞を足してもらうと、ブランズは試聴用レコードを作った。歌はウォルトの承認を受け、三回にわたって放映された冒険談の随所で流された。

この『デイビー・クロケットのバラード』は、《ディズニーランド》の第一回目で『デイビー・クロケット』の予告とともにほんの一部流したときからすでにリクエストが来たほど、圧倒的な人気を呼んだ。十三週連続でヒットパレードの一位を占め、レコードの売りあげは一千万枚にも達した。主役のフェス・パーカーは一躍スターの座にのし上がり、相棒役を演ずる元ダンサーのバディ・イブセンにも俳優としての新しい道が開けた。

『デイビー・クロケット』のテレビ放映のおかげで、主人公がかぶる毛皮の帽子が前代未聞の需要に襲われ、ディズニーからライセンスを受けていた製造業者もそうでないところも、フル操業でこの帽子を作りはじめた。材料であるアライグマの毛皮の卸値は一ダース五十セントから五ドルにはね上がり、国内在庫もあっという間に底をつくありさまであった。アライグマの毛が入手できなくなると、製造業者はオーストラリア産のウサギからミンクの毛皮まで手当たりしだいに利用した。こうしてデイビー・クロケットの帽子は一千万個以上の売りあげを記録したのである。

デイビー・クロケットの突然のブームにディズニーの商品部はふいを食らった格好だったが、すぐに対策を打ちはじめた。当時、国内販売部長として商品部に加わったばかりのビンセント・ジェファーズは大手のデパートに電報を打ち、ディズニーの承認を受けていない商品を販売した場合にはその賠償責任が追及される旨、通告した。これはこけおどしであったが、ディズニーが製造業者をフランチャイズ方式に系列化するための時間かせぎには役立った。またジェファーズは、西部開拓時代の服を着てライフル銃を手にしたパーカーのポスターを全国の店舗に配布した。

クロケットふうの洋服、ぬり絵、ありとあらゆる種類のおもちゃが、大半はディズニーの社名入りで何百万点も売れた。アメリカ中をこれほどわき立たせた商品旋風は、後にも先にも例がなかったであろう。なかでも人気のあったのは、クロケットの木製ライフル銃である。しかし、ディズニーの商品スタッフがデイビー・クロケットのコルト四五を出してはどうかと提案したとき、ウォルトは、「クロケットの時代にコルト式拳銃《けんじゅう》なんてなかったよ」と言って、断じて許さなかった。商品部門のほうにはあまり注意を向けることのないウォルトであったが、二つの原則だけは堅く守るよう、彼はスタッフに指示した。すべての商品はその時代背景にふさわしいものであること、そして良質のものであること、の二点である。

『デイビー・クロケット』のフィルムに対してはテレビ局から三十万ドルしか入らないことがわかっていながら、ウォルトは製作費に七十万ドルを費やしていた。が、この賭《か》けをしたかいは十分あった。それは、関連商品の売れゆきが思わぬ収入をもたらしたということだけではなかった。ディズニーはフェス・パーカーという、いまや大スターを抱えていたし、クロケットの冒険談を三回にわたって放映したテレビ番組《ディズニーランド》も人気ナンバーワンの座についたのであった。『デイビー・クロケット』のフィルムはすべてつなぎ合わせて映画館に配給されたが、すでに九千万人が無料で見てしまった出し物に入場料を請求するというのも前代未聞の話であった。しかし映画『デイビー・クロケット――開拓地の王者』は、結局二百五十万ドルの収益をあげたのであった。

長女のダイアンがロン・ミラーにはじめて出会ったのは、友人に誘われてサンフランシスコでのフットボールの観戦に出かけたときであった。南カリフォルニア大学のフットボールの選手だったロンはハンサムで背が高く、がっしりした体格の持ち主だった。彼のルームメートがその日スタンフォード大学との遠征試合が終わったあとでロンとダイアンがデートするよう、お膳立《ぜんだ》てしたのである。

その後ロンとダイアンは大学のキャンパスでよくデートするようになり、クリスマスのパーティーを機会に、ダイアンはロンを自宅に招待して両親に紹介した。以前ダイアンが連れてきた何人かの男性にはあまり関心を示さなかったウォルトやリリーも、ロンに対してはかなりの好印象を抱いたようである。ある夕方、ロンの車に乗り込もうとするダイアンを引きとめて、

「ねえ、ダイアン、ロンはなかなかいい人じゃないか。気に入ったよ、父さんも母さんも」

とウォルトが言うと、リリーも、

「そうよ。結婚したいんだったら、私たちは賛成よ」

と口を添えた。ダイアンはびっくり仰天した。ウォルトはいつも、結婚は二十五になるまでだめだ、と娘たちに言っていたからだった。ダイアンはまだ二十歳だった。走りだした車の中で、いましがた両親から言われたことを彼女が

ロンに伝えると、彼も驚いた。だが、その晩帰宅したダイアンは両親に言った。

「あのことなんだけどねえ、ロンも、そりゃいい話だねって言ってたわよ」

時は一九五四年であった。ダイアンもロンも、ごく親しい親戚《しんせき》や少数の知人だけを招いてささやかな結婚式を挙げたいと思っていた。ウォルトもそれに同感だったが、それに加えて自分の長女の結婚式だけはぜひとも教会で挙げさせたかった。ダイアンとロンは式の日どりを五月九日と決めると、サンタバーバラにある聖公会の小さな教会を選んで準備を進めた。

アリゾナ大学に在学中であった次女のシャロンは、花嫁の付き添い役として結婚式に出席した。ウォルトはダイアンを連れて教会の通路をゆっくり前に進み、祭壇の前まで来て式が始まると後ろに下がった。牧師が祈禱《きとう》文を詠唱するなかでかすかなすすり泣きの声を聞いたダイアンがふり返ってみると、ウォルトの頰《ほお》に涙が伝っているのが目に入った。彼女は思わず父の手を握りしめ、ウォルトは万感をこめた表情で娘を見つめた。

同じサンタバーバラ市内のビルトモア・ホテルで開かれた披露パーティーでは、ウォルトは平静をとり戻していた。そして記念写真撮影のときに、一九三センチもある新郎との背丈の差をすこしでも縮めようとして、つま先で立ってみせたりした。

ロンは十月に徴兵される予定だったので、それまでしばらくウォルトの下でWED《ウエド》とディズニーランドの連絡役として働き、大学は中退した。やがて彼が軍隊の基礎訓練に入り北カリフォルニアにあるフォート・オードの基地に移ると、ダイアンもその近くに住んだ。翌年春には二人のあいだに男の子が生まれ、クリストファー・ディズニー・ミラーと名づけられた。ディズニー家に男の子が生まれたということで大喜びのウォルトではあったが、ウォルターという自分の名前を娘夫婦が選んでくれなかったことに、密《ひそ》かに失望を味わったのであった。

22

ディズニー映画をより広く大衆に宣伝するうえで、テレビは大いにその力を証明した。『海底二万哩《マイル》』も『わんわん物語』も封切りは大成功で、ついにディズニー・スタジオも一つの映画からつぎの映画へと命をつなぐことをしなくてもすむようになった。また、テレビを宣伝の武器とすることによって、アニメーション映画の題材も広がった。以前は観客がひと目でわかるよう、世界じゅうに知られるおとぎ話を集中的に扱っていたが、まったく新しく書き下ろしたストーリーや登場人物でもテレビを通じて大衆に紹介していけるという事実を、『わんわん物語』が示してくれた。

映画からの収益は、こうしてディズニー・プロダクションズの財政に大きく貢献したが、しかしそれでもなお、ディズニーランドの建設資金は足りなかった。そこでディズニーの社員が数々の大企業を訪問し、この事業への参加とそのスポンサー料の前払いを依頼してまわったが、反応はまちまちであった。自社名をパークに関連させて宣伝できることに目をつけ、いち早く賛同して金を納めたところもあれば、興味を示さない企業もあった。

ロイは会社の財務を担当していたラリー・トライオンとともにバンク・オブ・アメリカのロサンゼルス本部を訪れ、ふたたび資金を工面してほしいと懇願した。ジョーゼフ・ローゼンバーグのあとを継いでディズニーの担当者になっていたアル・ハウは同情を示したものの、バンク・オブ・アメリカはいままで遊園地建設に融資した経験がまったくないうえ、一九五四年の不安定な経済状態の中で、銀行としてはこれ以上ディズニーランドに金をつぎ込むことができないと言って渋った。だが、パークの建設予算が七百万ドルから千百万ドルまでにふくれあがると、バンク・オブ・アメリカはニューヨークにある信託会社バンカーズ・トラスト・カンパニーにはたらきかけ、ディズニーランドへの資金援助を頼んでくれた。

「創造力というものに値札はつけられないよ」

こう主張するウォルトを、銀行家の中には道楽者だと見る者もいたが、これは昔からのウォルトの理論であった。きっちりした予算の枠内でアニメーションを制作するのを彼が拒んだのは、できるかぎり良いものを作りたかったからで、より良いものにしようとすれば金もよけいにかかるのは当然だった。配給会社からの収入だけでは製作費をまかないきれないとロイが指摘しても、ウォルトは、

「いいアニメーションさえできたら、収益だってあがるし、つぎのときに金の苦労をしないですむじゃないか」

と、答えるだけであった。

『白雪姫』『ファンタジア』『バンビ』などに取り組んでいたときも、彼は長編アニメーション映画という新しい素材や技術を開発しながら制作を進めていたため、予算というものを設定することができなかった。ディズニーランドの場合もそうであった。計画立案のスタッフや技術陣にかかる経費の枠もいっさい決めなかった。彼らは未知の領域に手さぐりで踏み込んでいるのであって、ウォルトには、できあがったときにはじめていくらかかったのかがわかるだけであった。

パークの建設資金については、兄のロイがかならずなんとか都合してくれることをウォルトは信じて疑わなかった。むしろ彼の心配は、工事の完成期限に間に合わせるという、不可能とも思われる課題であった。一九五五年の年が明けるころには、どこかで妥協せねばならないことが必至の状況となった。それでウォルトは、作業がもっとも遅れていた「未来の国《トゥモローランド》」をなにか格好のいい柵《さく》で囲んで「後日オープン」の掲示をかかげてはどうかというスタッフの提案に一度は賛成した。が、彼はすぐにその決定を翻した。

「いや、やはりパーク全体をオープンする。『未来の国《トウモローランド》』もできるところまでやるんだ。オープンしたあとで整えていけばいい」

計画立案を担当しているWED《ウェド》のスタッフは土曜日を含めて週に四十八時間も働き、ウォルトも毎日一緒だった。土曜日にはスタジオの従業員食堂が閉まっていたので、みんな、近所のコーヒーショップに出かけて昼食をとった。食事中もディズニーランドに話題が集中し、ウォルトは、パークの全体理念から木造の細かい細工や植栽に至るまで、あらゆる部分にどう自分の考え方を反映させようとしているのかを説明した。彼はどんな小さなことも見落とさなかった。ごみ箱でさえも、しかたなく置いてある目ざわりな道具としてではなく、装飾の一部として魅力あるものにしたかった。だから、「開拓の国《フロンティアランド》」では田舎ふうに、という具合に場所によってふさわしい塗装が施されていなければならなかった。

ウォルトはときとして人間の力の及ばないようなことまで期待するかに見えた。途方にくれたWEDの作業員が、

「これなんですがねえ、どうやってもうまくいかないんですよ」

と言いに来ても、ウォルトは妥協を許さず、

「君たちゃあ、あんまり近視眼的だからだよ。見る角度をちょっと変えてさ、そのアトラクションなら、上演の仕方を考え直したらどうだい。とにかく、うまくいかせるようにこっちで仕向けるんだよ」

と、答えるのだった。

遊園地を長年経営していた関係者はウォルトの計画を見て、ディズニーランドの入り口にある「タウンスクエア」は、予算やスペースばかりとって収益にはつながらないから無駄だ、と指摘した。が、ウォルトはその意見に耳を傾けはしても計画を変えることはなかった。「タウンスクエア」はまず最初のムード設定をするうえで、彼にとっては不可欠のものだった。花や風船、色とりどりの衣装、ブラスバンドなどに迎えられた客は、美しい四人乗り馬車や昔ふうの消防馬車、馬が引くトロリーカーで「メインストリート」を通り抜け、パークの奥に案内される。これらの車両は、客の収容能力が限られるので利益はあがらないが、パーク全体が客に提供する楽しさの重要な部分を占めていた。

また園内のレストランでは、食事は高価なものではないにしても、店内の飾りつけは豪華にしたいとウォルトは主張した。家族づれの客が五万ドルもするシャンデリアの下に腰をおろし、おいしくてしかも安い食事をすることができれば、パークでの一日がもっと愉快なものになるはずだと彼は固く信じていた。

ウォルトはエンジニアから知識を貪欲《どんよく》なまでに吸収し、まもなく機械の図面も本職と同じくらい読めるまでになった。エンジニアたちはときどき、映画撮影では容易に出せる効果も遊園地で出そうとするのは現実的でない、とウォルトに言うことがあった。しかし、彼らはやがてこの種の発言をウォルトに対してしないようになった。ウォルトの提案が実現不可能だと言いだしたある技師に向かって、彼はこう言い返したものだ。

「やってもみないうちにあきらめるほど、君はばかじゃないだろう。僕たちの目標は高いんだ。だからこそ、いろんなことをやり遂げられるんだ。さあ、戻ってもう一回やってみてくれたまえよ」

ウォルトのそばで仕事をしていたスタッフは、「これはできない」という言葉をぜったい使わないことを学んだ。「そうだなウォルト、これはちょっとむずかしいかもしれない。というのは――」という言い方が正解なのであった。しかし、エンジニアがありとあらゆる可能性を試してみても解決策がどうしてもない場合には、ウォルトもそれが無理であることを認めた。

ところでオレンジ郡の建築検査官は、ディズニーランドのようなケースをいままで扱ったことがなかったため、その対応に困った。通常の建築基準を適用するとなれば、建築費用は法外なものになったし、かといって「眠れる森の美女の城」などは、高層オフィスビルの建築基準にあてはまらない。しかしエンジニアたちがディズニーの建築方法と意図をよく説明したおかげで、検査官もたいていの場合、理解ある態度を示した。とくにディズニー側がパーク内のすべての施設に自動スプリンクラーを取り付けたことから、安全に対し十分な配慮をしていることを彼らも認め、また、通常は燃えやすいとされている建材の使用も特別に許可してくれたのである。

一方、スプリンクラーや消火栓の水に圧力をかけるために給水塔がぜったい必要である、というのがエンジニアたちの共通意見であった。が、それを自分に面と向かって主張したエンジニアを、ウォルトはもうすこしで部屋から力ずくで追い出すところであった。パーク内に目ざわりな給水塔がそびえている光景など、ウォルトには断固として許せなかったのである。彼がどうしても別の解決策を見つけるよう言い張って譲らなかったので、エンジニアたちはパークへの水の取り口を数か所に分けて設け、水圧を高く一定に保つ工夫をした。当然ながら、コストはそれだけよけいにかかった。パーク周辺の電線を見えないところに移動させる工事にしても同じだった。ウォルトは、自分が作りだそうとする幻想の世界をすこしでも乱すものには我慢できなかったのである。

　ウォルトがずいぶん気にしていた問題の一つは、樹木のことであった。彼にとって、木はディズニーランドの美とドラマの一部であり、その役割を演じさせるためには、木は大きくなければならなかった。植栽担当のビル・エバンズは、さまざまな種類の木を求めてロサンゼルス郡やオレンジ郡を訪ねまわり、宅地や高速道路《フリーウェー》建設のために新しく造成されている土地に足を運んでは、掘り起こしている樹木がないかどうかを調べた。そしていいものがあると、ウォルトも自らそれを見るため、エバンズについていったりした。ウォルトは一本一本の樹木をそれにふさわしい場所に植えたかった。「アメリカ河」のあたりには楓《かえで》、プラタナス、カバノキを、そして「開拓の国《フロンティアランド》」には松やカシ、といったふうにである。

　ウォルトは設計担当者に対し、自分が建築上の大傑作を要求しているのではないことを繰り返し強調した。ある設計者に彼はこう語っている。

「君にようく考えてほしいことはね、いいかい、君が設計したものは、お客さんが中を歩いたり、乗ったり、利用したりするんだよ。僕は、そのお客さんたちに笑顔を浮かべながらパークの門を出ていってもらいたいんだ。それだけは頭に入れといてくれたまえ。設計者の君にこの僕が望むことは、たったそれだけなんだから」

　鉄道はいうまでもなく、ウォルトが特別な関心を寄せているものであった。はじめのうちは、北カリフォルニアの収集家からでき合いのものを買うことを考えていたが、やはり、ディズニーランドのほかのアトラクションと同じく真新しくて自分だけのオリジナルなものが欲しいとウォルトは思った。

　以前、ウォルトが自宅の庭に敷いたキャロルウッド・パシフィック鉄道の経験のおかげで、鉄道の建設はパーク建設の作業の中でももっともたやすい部類に入った。キャロルウッド鉄道の汽車〝麗しのリリー《リリー・ベル》〟号は標準軌間の機関車を八分の一に縮小して作ったものだったので、今度はその縮尺にすべて五をかけることによって、八分の五寸法の機関車と、狭軌間としては標準サイズである九十センチ幅のレールを作ることになった。もっとも実際に人間が乗るので、機関士室は多少広げた。機関車も客車部分もスタジオで製作したが、この鉄道のアトラクションは、ディズニーランドの中で比較的早くできあがったものの一つであった。

いわゆる〝ダークライド〟と呼ばれる、屋内を暗くしたアトラクションもスタジオで作られた。「白雪姫」「ピーター・パン」「ミスター・トード」などの乗り物のトリックや視覚的効果を考えだすのに貢献したのはアニメーターで、制作スタッフは実物大の模型をブリキ小屋の中に置いてスペースの関係を実際に確かめた。また、ほかの遊園地のダークライドに乗ったとき、車についているスチール製の車輪の音がうるさすぎると考えたウォルトは、静かで、かつ機動性に富んだ車両の設計を業者に依頼した。

ウォルトは毎日このブリキ小屋に足を運び、ダークライドの進行具合を点検した。彼のお気に入りは「ピーター・パン」の乗り物であった。天井からつり下がった車に乗って空を飛んでいるような気分にさせるという、まったく新しいアイディアを使っていたからである。完成が近づくにつれ、ウォルトは繰り返しこのアトラクションに乗ってみたが、スタッフはそのつど彼の反応がすぐわかった。ウォルトが満足したときには、まるで子どものようにくすくす笑いながら降りてきたし、なにか調子が悪いときには眉《まゆ》をつり上げたまま、「早くこれを直して、どんどん進めなくちゃ」と、不平をこぼすのだった。

工事のあらゆる段階でウォルトはアナハイムの現場を訪れた。杭《くい》にロープを張って建物の配置と大きさを見る作業にも彼はかならず参加し、全体の構図を念頭に置きながら、ものの大きさやバランスについて意見を出した。また、よくしゃがんでみては、「ほらね、小さい子はこうやってこれを見上げるんだよ」と、言ったりした。スタッフのほとんどは、子どもの視点からパークを眺めてみることなど、考えたこともなかった。

ウォルトの頭の中にあるディズニーランドのイメージははっきりしていた。おとぎ話に出てくるような小さな鉄道を作るにしても、見る者を郷愁の世界に誘い込む「メインストリート」の遠近法の利用にしても、「開拓の国《フロンティアランド》」のロマンチックな雰囲気を出すにしても、すべて、縮尺が鍵《かぎ》であった。「開拓の国《フロンティアランド》」の縮尺具合をみて、「ちょっと重すぎる感じだなあ」とこぼすウォルトに、エンジニアは、これだけの重さを支える柱や塀を作るのに、鉄やスチールなら細くもできるが、どうしても木製にしたいというのなら太くせざるを得ない、と説明した。ウォルトはそれでも納得せず、その柱や塀を細くて軽い、しかも強固な材料に取り替えさせた。

園内のすべてのものをほどよい大きさに作りあげることも、努力を要した。たとえば蒸気船「マーク・トウェイン号」はその昔、ミシシッピ川を上り下りした外輪船にそっくりであると同時に、ディズニーランドの水路の大きさに合うものでなくてはならない。かといって船全体を縮めると、手すりがちょうど人間のひざあたりにまで下がってしまうことになる。船は、縮小後も見た目に美しく、しかも実際に機能しうるものでなければならなかった。調整の末、ウォルトは設計図を承認すると、船の外観がよくわかるように、模型を作るよう指示した。実際の船は、上部をスタジオで製作し、一デッキごとにトラックでアナハイムの現場に運んで船体の上に組み立てた。

パークのアトラクションのうち、「マーク・トウェイン号」の船体はロングビーチのトッド造船所で建造させたが、その他のものはほとんどすべて、スタジオの各部内で作ったものである。ウォルトははじめから、スタジオを自給自足の作業場にしようと考えていた。その昔、漫画フィルムのできあがりがいつも同じ質になるよう、自分のラボを作って白黒インクを調製していたし、カラー映画の時代になっても、やはりスタジオのラボで絵の具を調合した。またディズニーのサウンド部門は、映画『ファンタジア』のために立体音響システムを開発し、『海底二万哩』で使う水中カメラも機械担当部が独自に完成させたものだった。どの部門もウォルトが出す無理難題には慣れていた。アトラクションの一つ「ジャングル・クルーズ」に使うため、本物そっくりのカバとキリンを作ってほしいと注文したときも、ウォルトはスタッフがかならず自分の期待にこたえてくれることを知っていた。そのうえ、長年の付き合いの結果として、ウォルトはスタッフ一人一人の才能だけでなく、彼らの趣味までちゃんと心得ていた。だから粘土細工や彫刻を余暇に楽しんでいたアニメーターなどは、ウォルトから縮尺模型を作る仕事をいいつかったりもした。

いよいよ「アメリカ河」に水を注ぐ段となったが、乾ききっているオレンジ郡のこの土地は、注ぎ込まれた水を一滴残らず全部吸い込んでしまった。エンジニアが知恵を絞って川底にビニールシートなどを敷き、水をためることを考えたが、うまくいきそうになかった。ウォルトは「いろいろやってみりゃあ、いつかなんとかなるよ」と、のんきに構えていた。スタッフたちは思案の末、近くにあった粘土質の土を運んできて水路に二、三センチの層をこしらえ、セメントのように固い川床を仕上げた。

ディズニーの幹部たちは、毎日のパーク運営をいかに進めていくかで頭がいっぱいであった。ある幹部が、パークの経営を任せる企業の候補を二つにしぼったことをウォルトに報告すると、ウォルトは尋ねた。

「そんな会社が、どうして必要なんだい?」

「パークの運営ですよ。我々は遊園地の経営なんて経験がないですからねえ」

「まず言っとくが、これは遊園地じゃない。それに、僕らだってほかの人間と同じようにディズニーランドをうまく運営できる。要するに、やる気があって、エネルギッシュで、愛想がよくて、向上心のある従業員さえいればいい。もちろん失敗もするだろうけど、その失敗から学んでいけばいいんだ」

春が終わりに近づいたころも、ディズニーランドの工事はまだ完成からほど遠い状態であった。しかし現場監督のジョー・ファウラーは、七月のオープンまでにぜったい間に合わせる、とウォルトに太鼓判を押した。が、その直後、オレンジ郡の配管工とアスファルトの作業員がストライキに入り、総合本部長であるウッドがファウラーに言った。

「オープンは九月まで延ばしたほうがいいんじゃないかな。七月なんて無理だよ」

「いや、どうしても七月に間に合わせるんだ」

ファウラーは、ディズニーランドの莫大《ばくだい》な借金の返済をすこしでも早く始めるためには、夏のあいだの営業を是が非でも逃してはならない、という会社の事情をよく知っていた。それに戦時中、造船所を二十五箇所も監督した経験をもつファウラーは、とうてい無理だと思われる納期に注文を間に合わせることには慣れていた。配管工たちは、組合の妥結額と同じ賃金を払うからというファウラーの確約を受け入れ、一斉ストライキが終結する前にふたたび工事現場に戻ってきた。またアスファルト工事については、莫大な費用がかかりはしたが、およそ百五十キロ離れたサンディエゴからトラック何台分もの資材を運搬させ、作業が続けられた。

オープン予定の七月十七日が近づくにつれて資金も残り少なくなり、ビル・エバンズが買ってくる樹木はだんだん小さいものになっていった。そして北側の盛り土の植栽を残すばかりとなった時点で、予算として与えられた金はとうとう底をついてしまった。ウォルトはエバンズにこんな提案をした。

「なあ、君は、植物のなにやらわけのわからんラテン語の名前を知っとるだろう。あそこら辺は雑草にラテン語の表示板をいくつかつけとくってのは、どうだい？」

なかでも工事がいちばん遅れていたのは「未来の国《トゥモローランド》」であった。ウォルトはしかたなく、「できないところは、風船とペナントの旗をいっぱい持ってきて飾っとこうや」と言った。

パークの完成もいよいよ間近というある日のこと、ディズニー・スタジオに一通の手紙が舞い込んだ。それは白血病を患う七歳の子どもを持つ母親からの手紙で、ウォルト・ディズニーの汽車にどうしても乗ってみたいという息子の願いをどうか叶《かな》えてほしい、と書かれていた。ウォルトは、東部からはるばるやってきたその一家をディズニーランドに温かく迎えた。彼は少年を抱きあげ、クレーンで車両をレールに乗せている作業風景を見せてやった。やがて汽車が連結されてエンジンがかかると、ウォルトは少年といっしょに運転室に乗り込んだ。それは、サンタフェ・ディズニーランド鉄道の初めての運行であった。パーク内を一周する車内で、ウォルトはまだ工事中のアトラクションを指さしながら、あれこれと少年に説明した。そして汽車から降りた少年は、お土産として金縁の額に入った『わんわん物語』のアニメーション画を贈られた。ウォルトは、この模様を見守っていたスタッフのボブ・ヤンニに向かって、その日のできごとは社外にいっさい宣伝してはならない、と固く言い渡したのだった。

ディズニーランドの完成とたまたま同じ時期に重なったウォルトとリリーの三十回目の結婚記念日を祝うため、つぎのような招待状が三百名の人々に送られた。

〝光陰矢のごとし〟の夕べ

ところ　ディズニーランド……スペース十分あり……
とき　……一九五五年七月十三日（水）午後六時より……
わけ　……私たちの結婚がおかげさまで三十年も続きましたので……

おたのしみ　……「マーク・トウェイン号」の処女航海でミシシッピ川を下ったのち、「ゴールデン・ホースシュー」のサロンで晩餐《ばんさん》。

皆様のおいでをお待ち申しあげます。ところで、贈り物はお持ちになりませんよう——孫から何からすべて間に合っております。

リリー
ウォルト

七月の暑い夕暮れだった。パーティーに訪れたゲストは、迎えの四人乗り馬車に乗ってきらびやかなネオンの輝く「メインストリート」を通り抜け、「開拓の国《フロンティアランド》」の門をくぐって、カクテルを用意してある「ゴールデン・ホースシュー」のサロンまで案内された。早めに到着したゲストの一人、ジョー・ファウラーは「マーク・トウェイン号」の最後の点検に行ってみた。すると、そこにいたある婦人が彼にほうきを手渡して言った。

「まあ、この船はなんて汚いこと。ちょっと一緒に掃きましょうよ」

この婦人はほかでもない、ウォルトの妻リリーであった。二人はそれから、おがくずや土をデッキの外にせっせと掃き出し、ゲストが乗船するのに備えた。

その日一日パークで働きづめだったウォルトは、友人や同僚を相手にディズニーランドの自慢話をするのが嬉《うれ》しかった。彼は「開拓の国《フロンティアランド》」の広場を横切って船着き場にゲストを案内すると、そこには真新しく白い「マーク・トウェイン号」が待っており、デッキに張りめぐらされた懐古調の電球が点滅していた。ディキシーバンドが陽気なジャズを奏でるなかを、ボーイがカクテルのミントジューレップをいくつもお盆に載せて客のあいだをまわっていた。船は汽笛をひびかせて、静かに岸を離れた。

ウォルトは招待客のあいだをゆっくりと縫って歩きながら、彼らの楽しげな雰囲気のなかに浸っていった。「マーク・トウェイン号」は川をゆるやかに曲がり、まっ暗な「トム・ソーヤー島」を通り過ぎた。ウォルトは何か月も続いたパークの計画と建設工事で疲労を感じていたが、同時に、いままさに実現しようとしている自分の夢を目のあたりにして、その喜びをかみしめていた。ミントジューレップの心地よい酔いもてつだって、ウォルトはこのうえなく幸福であった。

「ゴールデン・ホースシュー」での楽しい食事と笑いの渦に包まれた余興も終わったころには、ウォルトの家族はみんな、彼に帰路の運転を任せられないと思い、ウォルトから車の鍵をどうやって取りあげようかと思案した。ところが、ダイアンが思いきって、

「お父さん、私が家まで運転してあげましょうか」

と尋ねると、意外にもウォルトは、

「そいつはありがたいね」

と、素直に返事をした。その夜のウォルトはおとなしくて、優しく、誰にも逆らったりしなかった。車のバックシートに乗り込むと、手に持っていたディズニーランドの地図を丸めてダイアンの耳にあて、ラッパを吹く真似《まね》をしたりした。が、まもなく後ろの座席が静かになったのでダイアンがふり向くと、ウォルトは丸めたままの地図を両腕に抱いて、子どものようにぐっすり眠り込んでいた。

ディズニーランドがいよいよオープンするというその日は、七月の暑い太陽がまだ昇るか昇らないかのころから人が集まりはじめ、数時間のうちに、パークを中心とした半径十五キロ内の地域では、道路という道路が車で埋まってしまった。初日は招待客ばかりのはずであった。スタジオの従業員、工事関係者、政府、報道関係者、業者やスポンサー企業の役員などにだけ配った切符であったが、それは巧みに偽造され、招待客以外の人のほうが多いという始末だった。ゲートを通過した入場者の総数は三万三千人。客がどっと押しかけたため、乗り物は故障し、レストランや飲み物のスタンドでは品切れが続出した。「おとぎの国《ファンタジーランド》」はガス漏れの通報があり、閉鎖された。夏の太陽がぎらぎら輝き、日中の気温が上がるにつれて、人間のほうも気が立ってきた。

ある若いディズニーランドの従業員は、オープンの日の光景を三つ、いまでもはっきり覚えている。暑さでやわらかくなった「メインストリート」のアスファルトに、ハイヒールのかかとを取られてしまった女性たち。客を乗せす

ぎてデッキが水面すれすれまで沈み込んでしまった「マーク・トウェイン号」。「アーサー王の回転木馬」に乗せてやろうと、人垣の頭越しにわが子を前に送り出す親たち——。

だがウォルト自身は、こういう大混乱の光景を目にせずにすんだ。彼は、特別番組を放映中のテレビカメラに追われてパークをあちこちと忙しく駆け回っていたおかげで、開園日の大失敗については翌日の新聞を読むまで知らなかったのである。報道の大半は否定的なもので、なかには、ソフトドリンクを売らんがために水飲み場をすこししか作っていない、とウォルト・ディズニーを非難した記者もいた。ウォルトはこの記者に電話をかけ、自分の言葉をそのまま引用しないでほしいと断ってから、あれは配管工のストでトイレと水飲み場のどちらを先に作るかの選択を迫られた結果だったと説明した——「ペプシコーラは金を出しゃ買えるが、道の真ん中でもらすわけにゃいかんだろ?」

それ以来、ウォルトはオープンの日を〝黒い日曜日〟と呼んだ。しかし彼は例によって、いつまでもそれを気にするようなことはなかった。ウォルトはスタッフを集め、早急に乗り物の収容人数をふやすこと、パーク内の客の流れをうまく整理すること、周辺地域の交通渋滞を緩和させること、食事をもっと手早く出すこと、などを指示した。

また報道人との関係を改善するため、特別な夕べの催し物を何回か企画し、新聞、雑誌、通信社のスタッフとその家族をディズニーランドに招待した。そして夕食の席にはそのつど自ら顔を出して、オープンの日の失態を詫《わ》びた。

ウォルトは日中ディズニーランドで仕事をすると、夜はそのまま「タウンスクエア」にある消防署の二階のアパートに泊まることがよくあった。ガウンをひっかけてパーク内を歩いている彼の姿を見て、夜勤の従業員はびっくりしたものだった。

昼間ウォルトは、パーク内を巡回して客の反応を観察したり、乗り物の係員やウエートレス、店員、清掃担当者に声をかけては、いろいろなことを尋ねた。彼ははじめから、清潔なパークということを重視していた。娘たちを連れていった安っぽいカーニバルをいくつも思い出しながら、ウォルトは従業員に言った。

「いつもきれいにしておけば、客は汚さない。でも汚くなるままほっとけば、客はますますごみを捨てるんだ」

彼はピーナツの殻が道端に散らかるのを嫌い、パーク内で売るピーナツは殻なしのものだけに限った。また園内ではチューインガムも販売しなかった。そして人込みの中を巡回する若い男性従業員が、落ちているごみをすぐ拾い集めた。

ウォルトは、パーク内の客の反応をなんべん観察してまわってもけっして飽きることがなかった。

「ちょっと見てごらんよ。こんなにたくさんの嬉しそうな顔をいままで見たことがあるかい？　こんなに大勢の人間が楽しんでるところをさ」

などと、彼は夢中になって同行のスタッフに話しかけるのだった。

ある日のたそがれどき、ディズニーランドのエンジニアが「開拓の国《フロンティアランド》」を歩いていると、ベンチに腰をおろしている一つの人影が目にとまった。それは、白い蒸気をぷうーと噴き上げながらゆっくりと川を曲がっていく「マーク・トウェイン号」をじっと見つめる、ウォルト・ディズニーの姿であった。

23

ディズニーランドは開園後、七週間で百万人の入場者を迎え、予測していた数字を五割も上まわる成績を記録した。またパーク内で客が使う金額も推定より三割多かった。おかげでディズニーランドの経営は大成功が見込まれた。もっとも、一つだけがっかりさせられたことがある。それは、パークが開園してまもなく、鍵《かぎ》のかかった机の中から合計百万ドル相当の未払いの請求書が見つかったときであった。ある従業員がうっかり何か月も忘れていたのである。

一九五五年九月十四日、映画『ダンボ』の放映で二年目のシーズンを開幕したABCテレビのシリーズ番組《ディズニーランド》は、最高の視聴率を維持した。さらに同年十月三日、ディズニーは新しい考え方を取り入れた新番組《ミッキーマウス・クラブ》を開始した。これはウォルトがはじめて、とくに子どもだけを対象として企画した娯楽番組であった。

「しかし子ども向けだからといって、僕らは子どもをばかにしたようなものは作らんよ」

と、彼はスタッフに言った。

「十二歳ぐらいを対象にしよう。もちろん、もっと小さい子も見るだろうけどね。お兄ちゃんやお姉ちゃんがどんなことをやってるか、彼らだって見たいだろうしさ。で、もしこのショーがうまくいったら、ティーンエージャーだって大人だって見るようになると思うんだ」

《ミッキーマウス・クラブ》には、プロのエンターテイナーとしてのディズニーの力量がすべて注がれた。ショーの中では、外国の子どもたちを紹介するニュースやミッキーマウスとドナルドダックの漫画を見せたり、子どもの本から題材をとって毎日の続きものを入れたり、コオロギのジミニークリケット先生に衛生や安全についての話などをおもしろく語ってもらったりした。そして二十四人の子どもを選び、〝マウスカティア〟と呼ばれるこれらの子ネズミを中心に番組のテーマを展開するという形式をとった。

　ませた子役をこれまでずいぶん見てきていたウォルトは、そういう典型的な子役スターをマウスカティアとして使いたくなかった。彼はビル・ウォルシュをプロデューサーに起用すると、こう言った。

「近くの学校へ行ってさ、かわいくていい性格の子どもを見つけてくるんだ。歌ったり踊ったりできなくてもいいよ。そんなことはスタジオで教えるから。休み時間に子どもたちのようすをよく観察してごらん。みんなの中心にいてリードしてる子がかならずいる。そんな子が僕は欲しいんだよ」

《ミッキーマウス・クラブ》に対する視聴者の反響は、これまでのテレビ番組では例をみないほど大きなものであった。平日の夕方五時から六時までの放送時間をもつこのディズニーのショー番組は、じつに視聴率七五パーセントをあげ、子どもも大人も「M《エム》－I《アイ》－C《シー》、K《ケー》－E《イー》－Y《ワイ》、M《エム》－O《オー》－U《ユー》－S《エス》－E《イー》」の文句の入ったクラブのテーマソングを口ずさむようになった。またマウスカティアがかぶるネズミの耳のついた帽子が飛ぶように売れ、そのほかに業者が商品化した製品は二百種類にもおよんだ。マウスカティアの面々はアメリカじゅうで有名になり、毎日の放送でメンバーの点呼が始まると、何百万という子どもたちが〝ダーリーン〟、〝カビー〟、〝カレン〟などの名前をいっしょになって呼ぶのだった。なかでもいちばん人気があったアネット・フニチェロはガソリンスタンド経営者の娘で、ダンスの子どもリサイタルで踊ったときにスカウトされた女の子だったが、彼女のもとには月に六千通ものファンレターが届いた。

　良質の子ども向け番組づくりということは、それまでまったく未踏の分野だったが、この試みはABCにとって巨額の利益をもたらす結果となり、初シーズン中のスポンサー料は千五百万ドルにものぼった。もっともこれに比べ、ディズニー・プロダクションズ側の利益はたいしたものではなかった。一時間もののショー番組を週に五回、三十六週分作ればあとは再放送であったが、その製作コスト合計五百万ドルのうち、ABCからは半額しか出なかった。それで赤字の一部はマウスカティアの帽子やレコード、クラブの雑誌などの売りあげ金で埋め合わせた。

ハリウッドで事業を始めて三十年——。ウォルト・ディズニーはやっと経済的な安定を確立した。ディズニーランドは自分が思っていた以上の大成功であったし、映画の分野でも、相次いで制作した四本の映画が、どれもヒットしていた。二つのテレビ番組は利益こそあがらなかったものの、ディズニーの創作活動を発展させる貴重な舞台となった。

もっともウォルト自身は、この新しい繁栄の実感がすぐにはわかなかった。彼はこんな話をしたことがある。

「ある日のことだがね。車を運転して家へ帰る途中、信号待ちをしてたらさ、そばのショールームにすばらしいメルセデス・ベンツのクーペが飾ってあるんだよ。『いいなあ、僕もああいう車が買える身分ならなあ』と心の中でつぶやいてそのまま運転を続けたんだがね。でも、ちょっと行ってからハッと気がついた。『いや待てよ、そうだ、僕には金があるんだ！』で、すぐUターンしてそのベンツを買っちまったってわけよ」

しかし、運が開けたからといってもウォルトの個人的な生活にはほとんど変化がなかったし、会社の財政が豊かになったからといってけっして有頂天になるわけでもなかった。

「僕は、ただの金儲《かねもう》けをするなんて退屈な話だと、ずっと思ってきた。僕は常に何かをしていたい。何かを作っていたい。そして、どんどん先に進みたいんだ。……」

と、彼は言うのだった。

株主の期待にこたえるには会社を大きく発展させなければならないと考えていたウォルトは、ロイとも相談して、株主への配当は常に最低限にとどめ、利益をできるだけ会社に再投資することを方針としてきた。

「僕は株主をたいせつにしていますよ。道徳的な恩義のようなものを感じている。ちょうどカンザスシティで苦労していたころに僕を助けてくれた人々に対して感じているのと同じようにね。僕は借りた金のことをいつも心苦しく思ってたけど、結局いろんな方法で返しはしたよ。

こっちに移ってきてから、ミッキーマウスの映画を作ってたときだった。僕がカンザスシティにいたころつけで食べさせてくれたジェリーという、食堂をやってるギリシア人から手紙が来た。車の商売をしているうちにもう一人のギリシア人に会って、アリゾナ州のフェニックスでいっしょにレストランを始めることにしたんだそうだ。千ドル貸してほしい、と書いてあった。僕はおかげでミッキーマウスがうまくいってたから、千ドルの小切手を彼に送ってやった。彼への借金はせいぜい六十ドルぐらいだったけど、僕はジェリーに千ドル送ってやった。そしたらこんどは電報が来て、フェニックスは暑くてエアコンを買わなきゃならないからもう五百ドル欲しい、とある。で、僕は五百ドル送った。そしたらまた手紙が来て、相棒とうまくいかないから、レストランを全部買い取るための資金が必要になった、と言ってきた。僕は彼に返事を書いたよ。もうこれ以上金は貸せないから、君は相棒とうまくやる以外にないよ、ってね」

ところで、ウォルト・ディズニーは長いあいだ、自分の映画に対して現実的な、いや時には卑屈とさえ思われる態度をとっていた。

「僕が子どものころ読んだ美術の本に、若いアーティストは自分に正直であれと書いてあった。それで、決めたんだ。僕はどっちかというと平凡な人間だったから、月並なやり方でいくことにしたんだ」

と、かつて彼は語っている。

ウォルトは、自分の作品が陳腐であると評論家や知識人から指摘されることに慣れていたし、その昔、娘のダイアンでさえ、家で新しいディズニー映画を見せたとき、

「なんだ、お父さん。この映画、平凡でつまらないわ！」

と言ったほどである。ウォルトはこう答えた。

「そうかもしれんな。でも、平凡ってことはたいていの人のやり方ってことだろ。みんながどうして平凡が好きなのか、きっと、何か理由があるんだよ」

また、フランスを訪問中、フランス人の漫画家たちからアドバイスを求められた彼は、「前衛《アバンギャルド》的なものはやめといたほうがいい。商業主義でいくんだ。芸術とはそもそも何か。要するに大衆が好むものだろ。だから、彼らが欲しいと思ってるものを与える。商業主義に徹して悪いことはなにもありゃしないよ」と、自分の考え方を語った。

ウォルトは一方、『アニメーションの芸術』という本の出版を進めていた。彼としては、この本の中でアニメーションの歴史を紹介し、とくにディズニー・スタジオがその歴史にどう貢献したかを強調するつもりでいた。さらに、ウォルト自身の目的を達成するためになくてはならなかった才能あるアーティストたちに、敬意を表したいという気持ちもはたらいていた。スタジオで行われたこの本の企画会議で、ウォルトは映画制作に関する自分の理論を詳しく述べている。

この本が机上の芸術論にならないようにね。僕らがやってきたのは、もっと俗っぽい商売なんだから。象牙《ぞうげ》の塔には縁がないんだ。……

僕らの仕事は技術的なことで成り立ってるんじゃない。アイディアってやつは、鉛筆描きのスケッチからだって生みだせる。いま、僕らが持ってるいろんな道具がなくたってね。……

僕らの作品がよそのものとどこが違うのか。僕らは、自分たちのやってることを秘密にしたことなんかない。僕らが他人と違うところは、考え方、判断力、長年の経験だよ。作品に心があるんだ。よその連中は大衆をほんとうに理解してない。僕たちは何をするにしても、心理的なアプローチを工夫してきた。大衆の心の扉をとんとん、とんとんとたたく、そのタイミングを僕らは心得てる。ほかの連中は知性に訴えようとするが、僕たちは感性に訴えることができる。知性に訴えようとしたら、ほんのひと握りの人たちにしかアピールしないよ。……

漫画という素材は、はじめは目新しさだけで売っていた。ほんとうにヒットしたのは、僕らが単なるトリック以上のことをやりだしてからだった。つまり、登場人物の性格づくりを絶えずしていくということだけど、ただ笑わせる、ということ以上のものじゃなきゃならない。映画館の通路で客が笑いころげていても、それでいい映画を作ったことにゃならんよ。その中にペーソスがなくちゃあ。……

〝ウォルト・ディズニー〟っていう名前をどうしてこんなに強調してきたのか。理由はたった一つだ。その名前が作品全体にある個性を与える、っていうのかな。単に「ナニナニ映画会社制作」っていう意味じゃなくて、名前自体が一つの人格みたいなものをもってるんだ。いや、実際は、〝ウォルト・ディズニー〟っていうのは、たくさんの人間を集めた組織なんだ。一人一人が協力してアイディアを分け合う。それは、一つのりっぱな業績なんだよ。……

スタジオの歴史を通じてウォルトは、〝ウォルト・ディズニー作〟という作品紹介の表現をいささかでも弱めることに抵抗した。彼は、映画の企画も制作も、ビル・アンダーソン、ビル・ウォルシュ、ジム・アルガー、ウィンストン・ヒブラー、ベン・シャープスティーンなどのスタッフに頼っていたが、どの映画もウォルト・ディズニーの作品であることをはっきり銘打つべきだと主張した。

「ディズニーという名前は大衆の心の中に、あるイメージをもっている。ディズニーという言葉を聞けば、ある種のエンターテイメントがみんなの頭の中に浮かんでくる。そう、家族ぐるみで楽しめる娯楽、それがすべてディズニーという名前の中に包まれてるんだ。……

だから僕自身はもうディズニーじゃない。昔はディズニーだったけど。いまは、ディズニーという名前は、長いあいだに僕らが大衆の心の中に育ててきたものを指してるんだ。それが何であるかは、もはやいちいち口で大衆に説明する必要はない。僕たちの映画のことを耳にしたりディズニーランドに行ったりするとき、彼らはディズニーが何であるか知ってる。どんな質の高さか、どんなエンターテイメントか、ちゃんとわかってる。それが、ディズニーなんだよ」

ウォルトは、〝ディズニー〟と名のつくものの使用についてはことのほか慎重で、これに関するかぎりは社内のどの部門であろうとかまわず細かく口を出した。一九五七年のこと、彼は幹部の一人に社内連絡メモをつきつけて抗議した。

「君は、ラインゴールド社の担当代理店から金をとって『リングル・ラングル』の歌をコマーシャルで使わせる許可を出したそうだね。まず第一に言っておくが、僕らの曲はどんなものにしろ、コマーシャルに使うべきじゃない。ましてや、ビールや煙草《たばこ》の宣伝なんてとんでもない。僕らの曲がどんな目的で利用されるのか、よく監視すべきなんだよ。ディズニーの観客層は幅が広いし、僕らの映画は不朽の価値をもってるんだから。いままでこういう話は何回も断ってきたし、今後もこの方針に従うべきだ。君はいったい、どういうつもりかね。会社に入ってくる金が足りないっていうのかい。『ブタよ、あんまりブタみたいにがつがつするなよ』っていうのは君のことだよ」

ところで〝ディズニーランド〟の名前が世界じゅうに知れわたるにつれ、アメリカを訪れる各国の皇族や元首がパークを訪れたいと強く希望するようになった。こういう賓客を迎えたときのウォルトは、生まれたての赤ん坊を見せびらかして歩く父親のように誇らしげにパークを案内し、ディズニーランドのアイディアはどうやって思いついたのか、どうして場所をアナハイムに選んだのか、建設費用はいくらかかったのか、というような同じ質問の繰り返しに飽きもせず答えるのであった。

ディズニーランドを訪れた最初の外国の名士は、インドネシアのスカルノ大統領であった。パークの豪華さにすっかり度肝を抜かれた大統領は、「マーク・トウェイン号」の舳先《へさき》にウォルトと並んで立ったとき、

「ディズニーさん、あなたはずいぶん金持ちにちがいないですな」

と言ったので、ウォルトはほほえんで、

「ええ、まあ、そうでしょうね。なにせ私は一千万ドルばかりの借金を抱えてるんですから」

と、冗談まじりに答えた。

当然のことながら、ウォルト自身もディズニーランドの見物客の目にとまる存在だった。案内をされている名士のほうが無視されそうになると、彼はあわてて、「みなさん、このかたはベルギーの王様です——ほんものの王様ですよ」とか、「ここにおられる私のお友だちは、インドのネルー首相です」などと一般客に紹介するのだった。

ソ連のフルシチョフ首相が一九六〇年にアメリカを訪れたとき、ディズニーランドに行きたいと希望したが、ロサンゼルス警察の署長が、そんな人込みの中では首相の安全を保証できないと述べたことから、実現せずに終わってし

まった。残念がったフルシチョフ首相は、映画スターが大勢出席した映画関係者主催のある昼食会で、まるで欲しいおもちゃを買ってもらえなかった子どものようにがなりたて、その爆発ぶりは世界じゅうに大きく報道された。

リリーはせっかくフルシチョフ首相に会いたいと思っていたのに、首相のディズニーランド来園が実現せず、がっかりした。その失望はウォルトとて同じだった。彼は、新しく完成したアトラクションの潜水艦を八隻ずらりと並べて、

「フルシチョフ首相、これがわがディズニーランドの潜水艦隊でありまして、世界で八番目の規模を誇っております」

と、紹介しようと思っていたのだった。


一九五〇年代も終わりに近づくころには、ディズニー社の事業は大躍進を遂げていた。ウォルトが管轄する領域はディズニーランド、テレビのレギュラー番組、劇映画、長編・短編のアニメーション映画、《自然と冒険》シリーズの記録映画とそれから派生した《民族と自然》シリーズのフィルム、楽譜出版、レコード、書籍、雑誌、ディズニーのキャラクター商品、などに広がっていた。会社の繁栄について、ウォルトはある記者にこう話している。

「僕とロイにはお守りの天使がついているにちがいないって思うんですけどね。ディーン・マーティンとジェリー・ルイスみたいにけんか別れするなんて考えたこともなかった。もっとも、この天使さまがロイについているのか僕についているのか、二人ともそこのところがわからないんだけどね」

兄弟の仲が決裂するような可能性こそなかったものの、会社の事業がだんだん複雑化するにつれ、二人の関係には緊張がみられるようになった。ときにはそれが爆発することもあったが、火つけ役はたいてい、年も若く短気で芸術家肌のウォルトであり、仲直りの行動を最初に起こすのも、移り気な彼のほうであった。

ある激しい衝突のあと、ウォルトが誕生日のプレゼントを持ってロイの部屋を訪ねたことがあった。それは、アメリカ先住民が和平のしるしとして吸う平和のキセルであった。ロイはこの贈り物に大笑いし、不愉快な気分も一瞬にして吹き飛んでしまった。ウォルトはそのあとですぐ、ロイ宛《あ》てに手紙を書いた。

また兄さんといっしょに平和のキセルをふかすのは、いい気持ちだったよ。のぼっていく煙がとてもきれいだった。

思うに、僕と兄さんは、何年もかかって何かをやり遂げてきたんだ——昔、千ドルすら貸してもらえないころがあったのに、なんでもいまじゃ、二千四百万ドルも借金してるそうじゃないか。

いや、まじめな話、誕生日おめでとう。ずっと長生きしてほしい。僕は兄さんが好きだよ。

ディズニー帝国の建設に対するロイの貢献を、ウォルトが過小評価することはけっしてなかった。それどころか彼は、ロイの財務処理の能力とこの家族企業への献身に対し、機会をみつけては賛辞を送った。ロイが背負った重要な役割を果たすための能力ややる気は、ウォルト自身にはまったくなかったのである。かつてウォルトは、こう語ったことがある。

「僕はロイに同情してるよ。銀行の連中と談判しなくちゃならないんだからな。それに株のブローカーが、『この半年、ディズニーの株がさばけないんだ。売って儲けになるよう、なんとかしてくれよ』っていやがらせに来ても、相手になってやらなきゃいけないんだからね。僕はロイによく言ったもんだ。『そんなやつらはほっとけよ。でなきゃ、兄さんのほうがやられちゃうぞ』ってね。いつか、ロイがニューヨークから電話をしてきたときも、『おい、カリフォルニアに戻って来いよ。ここはお天とうさまが照ってるぞ。そんな連中はほっときゃいいさ』って言ってやったんだけど」

ロイは金融市場を開拓していく必要を痛感していたので、毎年ウォルトに株主総会に顔を出すよう促したが、ウォルトは、「僕が出ていったってなんの役にもたたんよ」と言って断った。

「あれは単なる形式だけだろ。こっちから活動報告をして、収支を発表して、それでおしまい。で、出席するのは誰《だれ》だい？　ブローカーの代表とか金融担当の報道記者とか、それから趣味で株主総会に出てくるつまらんやつら。ほら、葬式に出るのが好きでたまらないっていう連中みたいにね。要するに、僕が言うほんとうの株主は来てないんだよ」

しかし、会社の景気がすこぶる低調だったある年、ウォルトはついに兄のすすめに応じて総会に出席し、ひとこと述べたのであった。

「このうち何人、株主がいらっしゃるのか私は知りませんが、みなさんに読んでさしあげたい手紙がここにあるのです。これはフロリダに住むあるご婦人からのものですが、こう書いてあります。『ディズニーさん、私はあなたの会社の株主ですが、そのことをとても嬉《うれ》しく思っています。配当金の支払いがあってもなくても私はかまいません。私がお願いしたいのは、いままでどおりりっぱな仕事を続けていってくださるということだけなのです』」

ウォルトは手紙をたたむと、こう付け加えた。

「こういうのが私の好きな株主であります。今日はみなさんにお目にかかれて嬉しく思いますが、かってながら、私はこれで失礼させていただきます。これから仕事場に戻って、会社の立て直しを計りたいと思いますので――」

ウォルトはまた、理事会の会合も時間の無駄だと思っていたので、ロイが、「おい、連中が何かを我々に押しつけようとしてるみたいだよ。おまえも出てくれなきゃだめだよ」と言ってくるとき以外は出席しなかった。が、そういった、ここ一番というときには、誰もが対決を尻《しり》ごみするほどウォルトとロイは固く団結した。戦後まもなく、ディズニーの株が低迷していたときに、有力な株主たちが何か大々的な拡大計画を発表して株価を上げさせろと迫り、さもなくば株主として会社を相手に訴訟を起こす、と脅しをかけてきたことがあった。二人は動ぜず反撃した。

「訴えたいなら、好きなだけ訴えたらいいでしょう。僕たちはやるべきだと判断したことをやっていますよ。それはつまり、会社全体の利益を考えるってことです。特定の株主の利益のためではないんですから」

ディズニー兄弟は、仲たがいしているときでさえお互いをかばい合った。ウォルトがロイについての不平を言ったり、反対にロイがウォルトのことをこぼしているときに、それに調子を合わせて相槌《あいづち》を打つのは禁物であるということを多くの従業員はちゃんと心得ていた。あるとき長い飛行機の旅の途中で、ウォルトは横の席に座っていたスタッフの一人に、ロイの倹約主義のおかげで自分の計画に水を差されたという話をした。これを聞いたスタッフは、ロイもできるかぎりのことはしたにちがいないのだから、となだめるように答えた。後日、そのときの会話を思い出しながら、このスタッフは言った。

「あのときうっかりウォルトの肩をもっていたら、僕は飛行機の外へほうり出されちまったでしょうよ！」

ロイは、口論してもウォルトのように爆発することはなかったが、怒りをそれだけ感じていないということではけっしてなかった。妻のエドナも息子のロイ・エドワードも、ロイが会社から帰宅したときの車の乗り入れ方で、彼の機嫌がすぐわかった。車が急ブレーキをかけて止まり、車のドアがバタンと大きな音をたてて閉まるのが聞こえたときは、たいていウォルトとけんかしてきたことを意味していた。

弟と同様、ロイもスタジオの仕事に一辺倒であった。彼が家に持ち帰るブリーフケースはたいてい、夜のうちに処理しておくべき会社の手紙や報告書、メモなどではちきれそうだった。またロイとエドナが交際する友人たちは、人数もごく限られており、ほとんどは映画の商売とは関係のない人たちであった。

ロイは自分の健康に気を遣った。二十代に結核の闘病生活を経験していた彼は、もう二度と大病はしまいと心に誓っていた。痛みもしない盲腸を、いつか腫《は》れるのが怖いからと言って切ったのも、健康管理に対する彼の用心深さをものがたっている。後年は自宅の地下室に体操の器械を据えつけ、規則正しく利用した。ウォルトと同様、ロイもよく眠れない体質であったため、よくこうした器械を使って体を疲れさせ、ふたたびベッドに戻るのだった。

彼はアメリカ史の本を読むのが好きで、トマス・ジェファソンに関するものはかなりの蔵書を持っていた。もっとも夜は、ブリーフケースの中身に目を通すのにほとんどの時間が取られてしまうのであったが、一九五〇年代の末、会社の財政が好転したときには、彼の読書は以前にもまして楽しい時間となり、よく妻や息子に、「ほら、これを見てごらん」などと、嬉しそうに話しかけた。

ロイ・ディズニーは、会社の繁栄に対する自分の貢献については、いつも控えめな態度をとっていた。晩年のことだが、彼はある同僚に冗談まじりに語った。

「弟のおかげで、僕は百万長者にしてもらったよ。ウォルトのためなら何だってしてやりたい僕の気持ち、ちっとも不思議じゃないだろ」

24

ディズニーランド開園後の五年間は、ウォルト・ディズニー・プロダクションズにとって大躍進の時期であった。一九五〇年代のはじめには六百万ドルであった総収入が、ディズニーランド運営の初年度一九五五年には一挙に二千七百万ドルにはね上がり、さらに五〇年代の終わりまでには七千万ドルに達した。テレビのほうも一九五七年には、三つ目のシリーズ番組《快傑ゾロ》を制作するにいたった。もともと企画を立ちあげたWED《ウエド》に代わってスタジオが担当したこの三十分番組は、昔ダグラス・フェアバンクスやタイロン・パワーの主演でヒットした映画がもとになっていたこともあり、ABC放送の人気番組になった。また《ディズニーランド》のシリーズ番組も、依然として高視聴率をあげていた。二年目のシーズンでは『デイビー・クロケット』の冒険談を二話放映したが、これが、テレビでも映画館でもふたたび大当たりをよんだ。

一方、二年目の《ミッキーマウス・クラブ》の人気は一年目をさらに上まわった。にもかかわらずABCは、子ども向けにアピールしたいというスポンサーがなかなか集まらないという理由で、三シーズン目には番組を三十分にカットし、やがて中止してしまった。《ミッキーマウス・クラブ》は、少年少女向けの重要な番組づくりとして、思いきった実験であった。このような番組が一般の商業放送にふたたび現れることは、もうないだろう。しかし、なぜ、

《ミッキーマウス・クラブ》は中止にまで追いやられてしまったのだろうか。ウォルト・ディズニーは、テレビ局があまりにも欲張ってコマーシャルを入れすぎ、視聴者の興味をそいでしまったためだと暗にほのめかしている。

また《快傑ゾロ》シリーズにしても二シーズンとも好評であったのに、ABCはそれ以上の継続を断ってきた。独立プロダクションの制作したものを放映するより局が自ら番組を作るほうが儲《もう》かる、という経済的な理由からであった。しかもABCは、《快傑ゾロ》や《ミッキーマウス・クラブ》の中止にあたり、これらのシリーズをディズニーが他のテレビ局に売ることはできないと主張した。それを不公平だとしたウォルトとロイは、ABCを相手どって訴訟を起こした。

長いあいだの折衝の末、ようやくこの争いは決着をみた。番組《ディズニーランド》は二年前から題を改め、《ウォルト・ディズニーの贈りもの》としてABCで放映していたが、この番組を他のテレビ局に移しても良いかわりに、ABCが所有していたディズニーランドの権利三分の一をディズニーが七百五十万ドルで買いとる、という内容の解決案であった。

「ディズニーランド建設のために、あいつらがいったい、何をしてくれたっていうんだ!」

ウォルトは苦々しい思いであったが、すくなくともこれで彼は自由を手にしたのだった。すでに、ウォルト自身とウエスタン・プリンティング社の持ち株は買いとってあったので、さらにABCからの権利買いあげにより、ディズニーランドは一九六〇年、ウォルト・ディズニー・プロダクションズの単独経営となったのである。

ABCとの交渉がまとまってニューヨークから戻ったウォルトは、以前この放送局の西海岸本部長を務め、一九五五年にディズニーに入社していたドン・テータムを呼んで言った。

「さあ、これで、こんどはNBCに行ってカラー放送の話を売りこめるぞ」

テレビにはじめて進出したときから、ウォルトはやがてカラーの時代が到来することを確信していた。ABCは彼の番組を白黒で放映していたが、最近のフィルムはカラーで撮影されていた。ハリウッドのほかの制作会社はカラー番組の制作を金の浪費としか見ていなかったが、ウォルトはカラーによってショーの価値がぜったいに上がると踏んでいた。

カラーテレビを製造するRCAを親会社にもつがゆえにカラー放送に力を入れていたNBCは、ウォルトが自分の考えを試すには格好のテレビ局であった。テータムから電話を受けたNBC社長のロバート・キントナーは、ディズニー制作のカラー番組のシリーズにすぐさま興味を示した。

ウォルトとロイは、社内からカード・ウォーカーとドン・テータムを伴ってニューヨークへ飛び、RCAとNBCの幹部に会った。ロックフェラー・センターの中にあるRCAの理事会室でウォルトはディズニーのアーティストが描いた色あざやかなポスターを張りめぐらし、色の使い方を強調しながら一つ一つのストーリー内容を説明していった。名人芸ともいうべきウォルトの見事な演出ぶりに放送局側の幹部はすっかり圧倒され、交渉は最終的な細かい部分を詰めるだけのところまで一気に進展したのである。その日、ウォーカーとテータムをホテルの前で車から降ろしながら、ウォルトは二人にこう言った。

「ねえ君たち、僕はなんとしてもこの話をまとめたいんだ。必要とあらば、メイシーデパートの窓で逆立ちだってする覚悟なんだから」

《ウォルト・ディズニーのすばらしい色彩の世界》がテレビのブラウン管にお目見えしたのは、一九六一年九月二十四日であった。その日の番組では新しい漫画のキャラクターとしてアヒルのルドウィグ・フォン・ドレーク教授をホストに迎え、ディズニーのアニメーションが無声映画から有声映画へ、白黒からカラーへと移っていった過程を紹介した。その後長く続いたディズニーとNBC放送の互いに有益な関係は、こうしてスタートを切ったのである。

スタジオでの仕事の重圧に閉口していたある日、ウォルトは秘書のドロレス・スコットに、「ここはもういっそのこと廃業にしちまおう。僕たちにはディズニーランドがあるんだから、スタジオなんていらないよ」と、こぼしてみせた。もちろん本気ではなかったが、このことばにはディズニーランドに対する彼の気持ちがよく表れている。ジョー・ファウラーと園内を見まわっていたときも、ウォルトは「スタジオの単調な映画の仕事からほんとうに逃れることができるのは、ここだけだよ。ここは僕自身の遊び場なんだ」と言ったりした。

ウォルトはパークを訪れる人々の反応を見るのが好きだったので、たいていは毎週土曜日に園内を巡回した。しかし、テレビのおかげですっかり顔を知られていたウォルトは、なかなか思うままには歩きまわれなかった。注目を浴びるのは嬉《うれ》しかったが、サイン攻めにあうことには彼もさすがに耐えられなくなった。あるとき、サインを求めてきたいかにも孫思いのお婆さんといった感じの観光客に向かって、ウォルトは「サインはお断りですが、キスならしてあげますよ」と言ってほんとうにキスをしたり、またあらかじめサインしておいた紙を取りだして配ったりしたこともあった。だが、サインをもらえず、がっかりした見物客の中には、自分の娘がサインを断られたと苦情を書いてよこす母親もあった。ウォルトは、その母親にこんな返事を書いた。

「私はパークの中でファンの方々にサインをしてあげるのがいやなのではないのですが、子どもさんたちのリクエストにいちいちお応えしていたら、私は自分が行こうと思っていたところへも行けず、やろうと思っていた仕事もできなくなってしまいます。ですからサインを求められたときには、スタジオのほうにサイン帳を送ってくださいとお願いすることにしておりまして、こうすれば私は時間的にずいぶん助かるわけなのです。娘さんのトリシアちゃんに私がそのように言い忘れたのでしたらお詫《わ》びしますので、同封のサイン入り写真をあげてください。私とペットのプードル犬〝レディー〟が写っています」

ディズニーランドにやってくると、ウォルトはいつも新たなプラスを求めて、パークの外観をより良くしたり客にもっと楽しんでもらう方法はないかと思いをめぐらせた。またその一方で彼は、自分が作りだそうとしていた雰囲気をぶちこわす従業員に対してはずいぶんと手厳しかった。ある日、「開拓の国《フロンティアランド》」の鉄道駅の付近に自分の車を止めていたある広報担当者を、ウォルトは叱《しか》りつけた。

「お客さんはな、開拓時代の風景を楽しもうと思ってここに来るんだ。君の車のおかげで全体のイメージがだいなしじゃないか。パークの中に車なんか二度と止めないでくれよ」

パークの運営をはじめてまもなく、ウォルトは園内の警備は業者に任せず、社内の人間を訓練することに決めた。

「僕らが求めているような礼儀の良さを、外部の業者に要求しようったって無理さ。ここに来るお客さんは、ただ商売上の顧客としてでなくて、ゲストとして扱わなくちゃいけないんだ」

というのがウォルトの考え方だった。また、汽車の車掌をしている従業員の一人がお客にそっけない態度で接しているのを目にした彼は、スタッフに指示した。

「僕らの商売をもっとよくわかってもらえるように、あの男に話してみてくれないか。もっと愛想よくやるようにさ。それでだめだったら、彼はここじゃ働けないな。僕らはなにしろ幸福を売ってるんだからね。陰気くさいのは困るんだ」

　ウォルトは、よくアトラクションに立ち寄ってはいろいろな問題点について係員と立ち話をしたが、勘の良い従業員はウォルトの服装をひと目見て、彼がどんな目的でパークに来ているのかを察するようになっていた。グレーのスーツにスポーツシャツを着て、スモークツリー・ランチのネッカチーフを巻いているときは、ウォルトは遊びできていたのだ。仕事上の見回りであれば、細い縦縞《たてじま》の入った古いグレーのズボンに、これまた古い革のジャケット、畑仕事に使うような大きなどた靴に麦わら帽子といういでたちであった。

　こういう仕事向きの格好でいると、ディズニーランドの従業員の中には、それがウォルトだと気づかない者がときどきいた。ある日のこと、「ジャングル・クルーズ」のボートに乗っているウォルトの姿に、案内役をしている従業員が気がつかなかったことがあった。ボートから降りたウォルトは、この区域の監督責任者ディック・ヌニスのところへ行って尋ねた。

「あのボートが一周するのにかかる時間は何分かね」

「七分ですが」と答えるヌニスに向かって、ウォルトは言った。

「僕がさっき乗ったら四分半で戻ってきたがね。君は映画館に行って真ん中の部分が抜けた映画を見せられたら、どう思うかい？　あのカバを作るにしてもいくらかかったか君は知ってると思うが、僕はあれをお客さんにちゃんと見てもらいたいんだよ。自分の仕事にうんざりしてる案内人に大急ぎで連れてまわられるんじゃなくてね」

　ヌニスはそこで、

「なんでしたら、いっしょにまわってみましょうか」

と、ウォルトに申しでた。二人がボートを一艘《そう》出してこの「冒険の国《アドベンチャーランド》」のジャングルをまわるあいだ、ウォルトは、

「単調な場面ではスピードをあげて、見てもらいたいものがあるところはゆっくりと進むんだ」
などと言いながら、案内の仕方を説明した。

それからまる一週間というもの、「ジャングル・クルーズ」の水先案内人は全員、一周する時間を決められたとおりにきちんと守れるまでストップウォッチで何回もテストされた。しかし週末になっていつものようにパークを訪れたウォルトは、「冒険の国《アドベンチャーランド》」をさっさと通り過ぎただけだった。つぎの週末も同じだった。三週間がすぎて、彼はやっと「ジャングル・クルーズ」にやってきてボートに乗った。そして一周して船着き場に戻ってくると、また別のボートに乗り換えた。ウォルトは全部で四周し、よく訓練されているのが一人や二人の案内人だけでないことを確かめた。陸に上がったウォルトはヌニスに向かって親指を上にあげてみせ、黙って「OK」の合図を送ったのだった。

ウォルトには、はじめの計画のときから時間と資金の不足のためになおざりになっていた「未来の国《トゥモローランド》」のことが、ずっと気になっていた。そこで一九五九年、彼は六百万ドルをかけてこの遅れを一気に取り戻すことにした。その結果、同年六月に新たに営業を開始したのが「マッターホルン」「ディズニーランド・モノレール」「潜水艦の旅」「モーターボート」などのアトラクションである。さらに補修工事を終えた「オートピア」も含めると、年々ふえつづける入場者に対するパークの収容規模もぐんと広がった。開園して四年——すでに千五百万人の訪問客を迎えていたディズニーランドであった。

しかし、ウォルトはけっしてこれで自己満足しなかった。手の込んだクリスマスパレードをやろうという提案が出されたとき、パークの運営委員会は、クリスマスのころにはほうっておいても入園者がふえるのだから、そんな特別な催し物に三十五万ドルもかけるのは金の無駄だとして反対したが、ウォルトは委員会の言い分を退けた。

「クリスマスシーズンの人出がいくら多くたって、それで満足しちゃだめだよ。お客さんに対しては、いつも何か、おまけを与えてあげるんだ。投資の価値は十分あるさ。だって、もしお客が来なくなってみろ、それこそ、また来てもらうのに十倍の金を使うことになるよ」

開園の年、パークの中にはサーカスの出し物があったが、これは失敗に終わった。二千人も収容できる大テントの中には、いつも五百人ぐらいの観客しか入っていなかった。お客はやはり、サーカスを見にディズニーランドに来るのではないことを悟ったウォルトは、そのアトラクションをたたんだ。また駅馬車は、安全面からの問題があった。馬が三回も逃げだしたり、頭でっかちの馬車がひっくり返ったりした。ジョー・ファウラーが、馬車の屋根に人を乗せないようにすれば、と提案したが、ウォルトは、「てっぺんに乗せられないんだったら、ショーにならないよ。そんなことなら、いっそやめちまおう」と言って、この乗り物も廃止した。

ウォルトがいちばんがっかりしたのは、ディズニーランド周辺の光景であった。パークにやってくる何百万という客を引きつけようと、モーテルやレストランが周辺一帯に建ち並び、派手な看板を出したり、あの手この手の商法を使ったりしていたのである。あるインタビューの中で、ウォルトはしみじみとこう語った。

「もっと土地を買っておきたかったけど、金がなかったんです。あれだけの土地を買うのでもう四苦八苦でしたからね。私の生命保険や株を担保にして借金したんですから、家族はひやひやの連続でしたよ。でもほんとうの話、ディズニーランドをもう一つ建てることにでもなったら、周辺の商売の品の良さや外観もぜったい、自分でコントロールできるようにしますよ」

依然として映画制作が本業であるウォルト・ディズニー・プロダクションズは、ディズニーランドの開園後も着実に成長していた。ウォルトは彼の映画をあらかじめ自分のテレビ番組で売りこむことができ、またディズニーという名に健全な娯楽としての信頼を寄せる熱心な観客にしっかりと支えられていた。そんなウォルトをほかの映画会社は羨望《せんぼう》の眼で眺め、また、スタジオに保存されているディズニー作品がこれからも生みつづける金の卵をうらやんだ。『白雪姫と七人のこびと』以来、ウォルトは特定の時代に限定されない長編アニメーション映画を作ってきた。だからこれらの映画は時代の変化に影響を受けることなく、新しい世代に向かって繰り返し上映することができたのである。配給を担当するブエナ・ビスタ社は、ディズニーの名作を七年ごとに再上映するという慣習を始めた。たいていの映画はすでに製作コストの元がとれていたので、再上映による興行収入は、ほとんどそのまま純益になった。

ウォルトは、とくに封切り時に人気が出なかった映画が再上映で好評を博し、雪辱を果したときはとても嬉しく思った。一九五七年、『バンビ』再上映のとき、興行収入が二百万ドルぐらいあがりそうだとカード・ウォーカーから聞かされたウォルトは、感慨深げに言った。

「ねえ、四二年に封切りしたときは、戦争中だったよな。鹿の愛情物語なんて誰《だれ》も見向きもしてくれなかったし、金を貸してくれた銀行はやいのやいの言うし。『バンビ』がついにやってくれて、まったく嬉しいかぎりだよ」

彼は、映画の材料を幅広い分野から探しだそうとした。だからストーリー部門が、暗に子ども向きでないという意味で、「これは、ディズニー用じゃない」と言って、ある本を突っぱねたりすると、ウォルトは髪を逆立てて憤慨した。

「僕は家族向けの映画を作ってるんだ。子どもだけじゃないんだよ。子ども向けの映画ばかり作ってたら、破産しちゃうよ」

さて一九五七年に完成した『黄色い老犬』は、ディズニー映画のリアリズムを一歩前進させた作品になった。フレッド・ギプソン作のこの小説は一八六九年のテキサスの農村が舞台で、『コリアーズ』誌に連載されたのち単行本としてベストセラーになっていた。ディズニー・プロダクションズが著作権を五万ドルで買いとると、作者であるギプソン自身がスタジオにやってきて自分のストーリーの脚色作業に入った。ところでこの本の中には、主人公の少年が狂犬病のオオカミにかまれた愛犬をやむなく撃ち殺す部分がある。制作スタッフは、この結末は見ている子どもたちにとってあまりにもむごすぎると反発したが、ウォルトは譲らなかった。

「舞台は一八六九年のテキサスの農村なんだ。で、犬は狂犬病にかかってる。助けてやりようがないじゃないか。犬は撃ち殺さなきゃだめだよ。それでこそ映画に現実味が出てくる。見てる子どもたちは泣くだろうけど、現実の世界ってのは、そういつもハッピーエンドじゃないんだってことを教えてやるのも大事なんだよ」

監督には、イギリス人のロバート・スティーブンソンが起用された。ウォルトは、スティーブンソンが制作したあるテレビ映画にいたく感心し、彼がイギリス人であるにもかかわらず、アメリカの独立戦争を扱った映画『ジョニー・トレメイン』の監督に充てたほどであった。スティーブンソンに寄せたウォルトの信頼は正しかった。『黄色い老犬』は、アニメーション以外のディズニー映画としては最高の収益をあげたのである。

映画『ボクはむく犬』の企画は、すでに一九三〇年代からスタジオに存在していた。このストーリーはもともと『バンビ』の著者でもあるフェリクス・ザルテンの『フローレンスの犬』からとったものである。原作は、ミケランジェロの見習い弟子が犬になってしまうという筋書きで、ウォルトは一九四一年、これを俳優を使って制作する劇映画の第一作にしようと考えた。しかしこの企画は開戦とともに中止となった。その後一九五七年になってウォルトは、《ミッキーマウス・クラブ》の人気スターを使って映画化できる材料を探すようビル・ウォルシュに指示した。それでウォルシュは『フローレンスの犬』を書き直して、魔法の指輪がトミー・カーク少年をむく犬に変えてしまうというあらすじにしてはどうかと提案したのだった。ディズニーはこの企画をテレビのシリーズ番組としてABC放送に持っていったが、ストーリーがあまりにも突飛すぎるとして断られてしまった。

「そうかい。あんなやつらは、クソくらえだ。俺《おれ》たちだけで長編映画にするよ」と、ウォルトはつぶやいた。

ビル・ウォルシュとリリー・ヘイワードを脚本担当に充てたウォルトは、彼らと緊密な連絡をとりながら、アニメーションづくりの長い経験を生かしてギャグや滑稽《こっけい》なアクションを盛り込む作業をてつだった。監督には喜劇映画のベテラン、チャールズ・バートン、犬になった少年の父親には、往年の人気を失い月並な西部劇にばかり出演していたフレッド・マクマレーを起用した。製作費は百二十万ドルと低く抑え、白黒で制作することに決めた。カラー映画にすると、この超自然的なコメディーに変な現実感が出て、かえって邪魔になると考えたからである。

『ボクはむく犬』は、アメリカとカナダでの興行収入を合わせると九百五十万ドルにものぼる大当たりをとった。ディズニーが、アニメーション映画のみならず、俳優を使った喜劇映画でも実力を発揮できるということを証明した点で、この映画はスタジオの歴史にとって重要な作品となった。またフレッド・マクマレーはスターの座をふたたびとりもどし、それ以来ディズニーのコメディーものの主演男優として活躍を続けた。

一方、『眠れる森の美女』が制作に入ったのは、ちょうどウォルトがディズニーランドの建設やテレビ番組、劇映画の制作に没頭しているときであった。彼は進行状態だけは監督していたものの、いままでのアニメーションのように自分の時間をたっぷりかけて準備する余裕はなかった。その結果、『眠れる森の美女』の登場人物はウォルトがいつも表現しようとしていた人間らしさがなく、彼独特のユーモアにも欠け、単に視覚的な美しさや大規模な特殊効果に終始する作品になってしまった。三年の歳月と六百万ドルの製作費をかけたにもかかわらず、この映画の封切りは赤字に終わったのだった。

もう一つ、ふたを開けてみてがっかりさせられた映画は、『ポリアンナ』である。これはデービッド・スウィフトが温かな情感をこめて脚本と監督を担当し、またイギリスの名優ジョン・ミルズの娘で才気あふれる若手女優ヘイリー・ミルズが主演して、ていねいに作られた映画であったが、その見事なできばえにもかかわらず、興行収入は百万ドルにも達しなかった。映画の題名を変更すべきだった、とウォルトは思った。男性の観客は〝ポリアンナ〟という女性の名前のタイトルを見ただけで、この映画を敬遠したようだったからである。

一九五八年から五九年にかけての会計年度に三百四十万ドルという記録的な収益をあげたウォルト・ディズニー・プロダクションズは、翌年、百三十万ドルの赤字を出した。これは主として、『眠れる森の美女』の製作コストのためであった。過去十年を通して初めての赤字を出したウォルトは、スタジオの士気を高めなければならないと思い、スタッフに呼びかけた。

「みんな、いいかい、こういうことは前にもあった。そう、戦前に外国の市場を失ったとき、会社は抵当流れの一歩手前までできた。もし銀行が僕らを信頼してくれていなかったら、戦後、僕たちは沈没したかもしれないようなありさまだったんだ。だから、いまのスランプだってきっと抜けだすことができると思うよ」

財政の好転は事実、まもなくやってきた。ウォルトは、『大漂流記』に四百五十万ドルという一般劇映画としては最高の予算を承認し、さらに、初めて現代の物語を土台にした長編アニメーション映画『一〇一匹わんちゃん大行進』に三百六十万ドルを割り当てて制作に挑んだ。一方、フレッド・マクマレーは彼のディズニー映画第二作目として『うっかり博士の大発明・フラバァ』に主演し、ヘイリー・ミルズは、デービッド・スウィフトの脚本と監督によるやはり第二作目『罠《わな》にかかったパパとママ』に出演した。一九六〇年から六一年にかけてつぎつぎと封切られたこれら四本の映画は、合わせて千九百万ドルの利益をもたらした。

一九六一年四月二十五日、ウォルトとロイは会社の歴史にとって記念すべきできごとを祝った。バンク・オブ・アメリカからの借入金の返済がついに終わったのだった。過去二十二年間、配給会社からディズニーを素通りして銀行に納められていた映画の興行収入は、これでやっとウォルト・ディズニー・プロダクションズの懐に直接入ることになったのである。

第五部　そして、夢——（一九六一—一九六六年）

25

時の経過というものを、ウォルトはこれまでになく意識しているように見えた。一九六一年十二月、六十歳の誕生日が近づくにつれてやけにそのことを気にしている彼のため、秘書のドロレス・スコットと看護師のヘーゼル・ジョージは気をきかせて特別な贈り物を用意した。二十五年前に写した彼女たち自身の写真——年をとったのは彼一人ではない、という事実を無言のうちに語っているこのプレゼントをウォルトは大いに気に入った。

ウォルトが若死にするだろうと占い師が言った、その問題の年はとっくに過ぎていた。にもかかわらず、彼はやりかけた仕事を中途半端のままにして死んでしまうことを恐れ、必死で仕事に打ち込んだ。彼はある日、

「僕が死んだあと、天国からこのスタジオを見下ろしたら、なにもかもめちゃくちゃだろうな。いやだな」

と、ヘーゼルに話した。

「あら、どうして天国から見るってわかるの？　地獄に落ちて、下から潜望鏡で見上げなくちゃならないかもよ」

ヘーゼルは、ちくりとやった。

仕事をやり終えようとするいらだちから、ウォルトは以前にもまして気むずかしくなった。そして、よけいな質問をしたり、彼が頭に描いていることを期待どおりに実現できないスタッフに冷たくあたった。会社の幹部やプロデュ

ーサーたちはウォルトの秘書に電話して、あらかじめ彼のご機嫌を確かめてから行動したものだった。ウォルトの機嫌が悪いときには、「気をつけろ——今日のウォルトはけがをした熊だぞ」というのが、スタジオの合い言葉となった。

ドロレス・スコットに加えて新しく雇われた秘書のトミー・ブラウントは、ウォルトが不機嫌なときの対処の仕方を身をもって勉強させられることになった。あるとき、二日間も仏頂面を下げていたウォルトは、トミーがきちんと念を押してくれなかったから大事なことをしわすれた、と彼女を叱《しか》った。

「あら、ですから今朝、私が言いましたように——」

とトミーが説明しようとすると、ウォルトはすかさず言い返した。

「そんな生意気を言うもんじゃないよ」

彼は怒ってさっさと部屋から出て行ったが、ドアのところでふり返り、

「君はここにいてもらう必要はないね。ほかにも働き口があるんだから」

と、言いはなった。

席に戻ったトミーは、泣きながら机の中を整理しはじめた。

「だいじょうぶよ。ウォルトは、本気で出て行けなんて言ったんじゃないのよ」

ディズニーの短気には長年つき合ってきたドロレスがこうなぐさめたが、トミーはクビになったのだと思いこんで、身の回りのものをかき集めた。やがて部屋に戻ってきたウォルトはトミーを呼んだ。

「別の仕事を探せって言ったのは本気じゃないよ。だけど君が僕に口ごたえしたのはほんとうだろ」

「いいえ、そんなことはしませんでした」

「いや、した。ま、とにかく、これで花でも買いたまえ」

ウォルトはそう言って、トミーの手に二十ドル札を渡した。彼女はいったん断ったが、ウォルトはあとに引かなかった。

トミーは一九六二年、やはりスタジオに勤めるトマス・ウィルクとめでたく結ばれたが、結婚式ではウォルトが父

親代わりになり、披露宴の費用も引き受けた。新婦を連れて教会の通路を祭壇に向かって歩きながら、ウォルトは、

「君が生意気だってことは、彼氏には告げ口してないからね」

と、彼女にささやいたのだった。

ドロレス・スコットの退職に伴って首席秘書となったトミー・ウィルクは、上司としてのウォルトの性格ややり方をしだいに理解していった。一日の終わりには翌日のスケジュールをまとめてウォルトに見せ、彼が予定どおり行動するよう気を配った。あるとき、昼食時間の十二時半がきてもウォルトが来客と話し続けていたので、トミーは沿岸警備隊から贈られた船舶用の鐘を打ち鳴らした。ウォルトはこれをおもしろがって、昼食時には毎日鳴らしてくれと頼んだほどだった。また、棚上げになっている事項の決裁が欲しいときには、その件をメモ用紙に全部大文字でタイプして渡すのが一番であることを彼女は発見した。そうすると、ウォルトはそのメモに色鉛筆で簡単な指示を書いてよこすのだった。

一日の仕事が終わったあと看護師のヘーゼルがしてくれる治療は、ウォルトにとってますますありがたいものになっていった。年をとるにつれて、昔ポロで負傷したあとの痛みも激しくなり、ほとんど耐えられないほどになった。がんじょうそうな体格に似合わず、彼はよく風邪をひきこんだり鼻炎を起こしたりした。また、ときとして顔面を激痛が襲うこともあった。このことを知っている人はごく少なかったが、顔色が急に青ざめ、顔をつっつきはじめるウォルトを見て、彼らは発作が起きていることに気づくのだった。

ウォルトは赤インゲン豆のチリソース煮、ハンバーガー、じゃがいも、パイなどが好物だったから、体重が八四キロに達してしまい、ついに減食を強いられた。が、禁煙すべきであるという警告は、それを誰《だれ》が言おうと頑として聞き入れなかった。煙草《たばこ》はウォルトの生活の大事な一部になっており、落ち着きのない彼の手にどうしても必要なものだった。彼はもう手でつまんでいられないほど短くなるまで煙草を吸い、それでもまだ吸い続けていることさえあった。国の公衆衛生局の長官が煙草はガンの原因になると発表したあと、ウォルトはニコチンの少ない煙草に替えてみたが、まるで気に入らなかった。また、誰かにフランス製の茶色の煙草が安全だと聞いたので試してもみたが、そのほうがとくに体にいいとも思われず、結局、元のアメリカ製に戻った。

ウォルトは休みなく働いた。脚本を何冊も家に持ち帰り、居間やポーチに座って何時間も読み続けた。腰をまっすぐ伸ばして座るのは痛かったので、脚本を膝《ひざ》の上に置き、背を前にかがめるようにして読んだ。夜中に目を覚ましたリリーは、よくウォルトが化粧だんすのそばに立ったまま脚本を読んだりスケッチを描いたり、仕事のことをなにやらつぶやいている姿を目にしたものだった。

ウォルトとリリーは、ディズニー映画のロケ先を訪ねて、よく外国旅行をした。なかでもウォルトが楽しんだのは、『パリよこんにちは！』のロケ地であるパリに行ったときであった。一九一八年、まだ少年だったウォルトがあちこち行った懐かしい場所をリリーと一緒に訪ねてまわったりもした。

また二人は、建築家のウェルトン・ベケット夫妻とともに西インド諸島に何度か旅行した。休暇のつもりで出かけたのに、二、三日もすると、ウォルトは将来のプロジェクトのことを口にせずにはいられなかった。当然のことながら、旅行の収穫は多かった。昔、海賊が住みついていたと言われるキューバの近くの火山島にも四人は探検に出かけたが、このときの体験がその後、ディズニーランドの乗り物「カリブの海賊」を生むきっかけとなった。また、骨董《こっとう》品屋を見てまわるのが好きなリリーのお伴で一緒に歩いていたウォルトは、プエルトリコで大きな籠《かご》に入った機械仕掛けの鳥を買い求めた。のちにお目見えしたパークの出し物、鳥のコーラスの「魅惑のチキルーム」はこの一羽の鳥を発展させたものであった。

一方、ディズニー家の人数はどんどんふえていった。ダイアンとロン・ミラーのあいだには、六年間に四人の子どもが生まれていた。ロンが兵役を終えて帰ってくると、ミラー家の家族はウォルトの家で一緒に生活したが、そこは二家族が同居できるほど大きな家ではなかった。ウォルトにとってはあまりにも騒々しく、泣き叫ぶ赤ん坊をあやそうとしてダイアンやリリーが食事の席から立ったりすると、彼は腹を立てた。子どもは甘やかすべきではないと固く信じていたウォルトは、猿の赤ん坊に、布を結びつけた一本の棒切れを母親だと思いこませて育てたという実験のことをダイアンに話してきかせ、「な、だから、おまえは必要ないんだよ！」と、大声で怒鳴ったりした。

ロンは退役後、プロフットボールのチームであるロサンゼルス・ラムズに入団し、攻撃ラインマンとして一シーズン戦ったが、これは彼にとっても義父であるウォルトにとっても惨めな体験となった。ウォルトは地元コロシアム競技場での試合に二回ほど応援に行ったが、一度目はロンが横から攻撃を受けて気を失ってしまい、二度目は、肋骨《ろっこつ》にキックを食らった。ウォルトが来るとどうも縁起が悪くなるとロンが暗に言ったことから、それ以来ウォルトは観戦に行くのをやめてしまった。

遠征試合に出かけていくロンはそのつど三週間ぐらい家を留守にしたので、ウォルトは自分の娘婿の顔がなかなか見られないとぼやいた。そして、彼はある日、ついにロンに言った。

「なあ、スタジオの事業は伸びる一方だ。ビジネスの勉強をしようと思ったら、君みたいに若いもんにはチャンスがいっぱいあるぞ。どうだい、スタジオで仕事をしてみないか」

惨憺《さんたん》たる成績でシーズンを終えたばかりのロンにとって、ウォルトの誘いは魅力があった。

スタジオに入社したロン・ミラーは長編映画やテレビ番組の第二助監督として働いたが、持ち前の堂々とした態度もてつだって頭角をあらわした。ロンの仕事ぶりに気を良くしたウォルトは、彼を副プロデューサーに昇格させた。

義父が自分の将来についてはっきりした考えをもっていることにロンが気づいたのは、SF映画『ムーン・パイロット』の仕事をしていたときであった。プロデューサーのビル・ウォルシュと監督のジェームズ・ニールソンから、セカンド・ユニットの監督をやってみないかと声をかけられたので、ロンはこれを引き受けた。セカンド・ユニットとは、主演俳優の出演しないアクションだけのシーンのことであった。

ある日の夕方、ロンはウォルトの部屋に呼ばれた。ウォルトは、マッサージ治療を終えてスコッチを一杯やったあとはたいてい機嫌が良かったのに、その日はようすが違っていた。

「おい、一体全体どういうことなんだ、君がセカンド・ユニットを監督するだなんて。君はセカンド・ユニットの監督になりたいのかね、それともプロデューサーになりたいのかね」

ウォルトは詰問した。ロンはウォルトの言わんとしていることがやっとわかった。ほかの映画スタジオでは、俳優にリハーサルをさせて毎日の撮影を指揮する監督のほうが、各部門のまとめ役であり製作コストの管理も行なうプロデューサーよりも、重要な地位にあった。ところがディズニーでは、映画の撮影そのものよりも準備にずっと重きを置いていたので、プロデューサーの存在のほうが上であった。自分の映画を作るための監督はいつでも外から雇うことができたウォルトにとっては、ディズニーらしい作品を準備することのできるプロデューサーを育てることこそ、なによりも重要だったのだ。監督をしたいというロンの野望は、こうしていつの間にか消えてしまった。

ミラー家が子だくさんになるにしたがって、ウォルトはますますダイアンに腹を立てていた。ついにあるとき、彼はそのわけをうっかり白状してしまった。

「おまえはまったく自分かってなやつだな。子どもの名前をつけるのに、他人さまからばかり名前をもらっといて、父親や母親の名前は一度だってつけたためしがないんだからな」

ウォルトの不満が解消したのは、一九六一年十一月十四日、ダイアンとロンのあいだに五番目の子どもが誕生したときであった。その男の子はウォルター・イライアス・ディズニー・ミラーと名づけられたのである。ウォルターが生まれた日の夕方、ダイアンは病院の廊下で父のせき払いの音がするのを耳にした。部屋の入り口に顔を出したウォルトは、顔を輝かせながら、「いやあ、とうとうやってくれたね!」と言った。

子どもが生まれたときに男親が煙草を配る習慣に従って、ウォルトがそのときスタジオで配った葉巻き煙草には、「偉大なる男児誕生《グランドサン》——ウォルター・イライアス・ディズニー・ミラー」と書かれてあった。

次女のシャロン・ディズニーは、モデルの仕事をすこししたり、ディズニー映画『ジョニー・トレメイン』の中で端役を演じたりしていた。ある日、友人が段取りを整えたデートで建築会社に勤める設計士ロバート・ブラウンにめぐり会い、二人のあいだにロマンスが芽生えた。ロバートは、カンザスシティの地味で保守的な家庭の出身であった。彼はシャロンの父親であるウォルトに恐れをなしていたが、やがて、びっくり仰天するような光景に出くわすことになった。

ウォルトとリリーの招きを受けたロバートは、ある夜、キャロルウッド通りにあるディズニー家で夕食をごちそうになった。たまたまその日はウォルトの五十七歳の誕生日であったが、ウォルトはそのことを断固として無視していた。彼の誕生日ぎらいを知っていたリリーとシャロンも黙っていたが、料理人のセルマは、ウォルトを喜ばせようとして、彼がこれしか食べないというバナナクリーム・ケーキを作り、ケーキのてっぺんに生クリームを高々と積み上げて食堂に運んできた。

するとウォルトは、「僕がバースデーケーキを食べるなんて、誰が言った」と文句をつけた。リリーはそれに口で答える代わりに、生クリームを片手でひょいとすくいあげるとそれをウォルトの顔に投げつけた。ウォルトも負けずにリリーの顔めがけて応戦するや、生クリームが食堂中に飛び交い、新しく張ったばかりの壁紙にもくっついてしまった。シャロンはその光景を見ておもしろがったが、ロバート・ブラウンはただただあっけにとられて眺めているだけだった。

しかし、ロバートはこうしたディズニー家の一風変わった家風にだんだんと慣れてゆき、シャロンと一年半交際を続けたのち、結婚を申し込んだ。

「さてと、これでシャロンは、僕のじゃなくて君の頭痛のタネになるってわけだな」

ウォルトは花婿にこう言った。結婚式は一九五九年の五月十日、パシフィックパリセーズの長老派教会で行われた。当然のことながら、ウォルトは泣いた。

ウォルトはただちにロバート・ブラウンをディズニーに引っぱりこもうと説得にかかったが、ロバートは独立してやっていくという決心を固めていた。だが一九六三年、ようやく彼はWED《ウエド》の企画スタッフに加わることに同意し、会社の貴重なメンバーとなった。

ウォルトはたいてい、朝八時に人に会う約束がないかぎりは、いったんスタジオに出勤したあとすぐWEDに顔を出した。彼はかつて、スタッフのマーク・デービスに言ったことがある。

「いやあまったく、僕はここが好きでたまらんよ。まるで昔のハイペリオンのスタジオみたいなんだ。僕たちがいつも何か新しいことをやってたころのさ」

ウォルトは作業場に行き、企画中のプロジェクトの模型を何時間もかけてあらゆる角度から眺めた。ディズニーランドに何かをつけ加えるときも、彼は青写真など頼りにせず、実際の制作に入る前にかならず模型のモデルを作るよう主張した。彼は新しい企画の一つ一つについて高さや大きさを見ながらディズニーランドのほかの部分とどう釣り合うかを確かめたかったのである。

ウォルトがWEDのスタッフに与えた困難な課題の一つは、彼が以前、アニメーション映画の中で漫画のキャラクターに生命を吹きこんだように、今度は三次元、つまり立体の人形に自由な動きを与える方法を開発することであった。そもそもこの試みは、戦後ウォルト自身が、仕事で疲れた頭を休めるために始めた小さな模型から出発したものであるが、やがて二十二、三センチの〝踊る人形〟が完成し、それをさらに一歩進めた〝男声カルテット〟は、一連のカムの動きを利用して歌と踊りができるものになっていた。そしてディズニーランドの開園にさいしては、「ジャングル・クルーズ」と「不思議な自然の世界」が、いたって単純ながらも、作りものの動物が動くアトラクションとしてお目見えしたのだった。

ディズニーランドの経営が軌道に乗ると、ウォルトはふたたび、動く人形の制作に意欲を燃やしはじめた。パークの中に中華料理店を作る計画を立てていた彼は、店の前で客を楽しませるために、中国人の等身大の人形を作ることからまず取りかかることにした。

ところで〝踊る人形〟にしても〝男声カルテット〟にしても、人形を動かす技術にいくつかの越えがたい限界があった。カムに刻み目を入れる作業がかなりの時間をとり、また人形の動きがカムの直径で決まってしまうため、どうしても制約を受けるのだ。さらに、その機械装置の位置が人形から五、六十センチ以上離れていてはだめなのである。そこでウォルトはスタジオの音響、電気部門の助けを借りることにし、磁気テープを利用して動きを電気でコントロールする新しいシステムを開発させた。標準型の光学録音テープが信号を送ると、人形の中にはめ込まれた円筒のコイルが反応してそれが人形を動かす、という仕掛けであった。

ラテックス樹脂を型にはめて作ったその中国人形の顔が目玉を動かしたり、まばたきをしたり、口を開けたり閉じたりできるところまでに技術が到達すると、ウォルトは言った。

「よし、今度は、こいつに話をさせよう」

彼は担当スタッフたちにテレビを音なしで見ることを命じ、人間が言葉をしゃべるときの唇の動きを観察するよう指示した。当時スタッフの指揮をとっていたワーセル・ロジャーズは、こう回想している。

「この仕事を担当しているスタッフは、見ればすぐわかりましたよ。人が話をすると、その人の目を見ないで口もとばかり見てましたから」

唇の動きと並んで、スタッフたちは、人形を作るためのもっと良い材料はないかと工夫を重ねていた。ラテックスは変質し、ひびが入ったりするうえ、修繕するのに通常の熱処理ができなかった。結局、加熱すると軟らかくなる性質をもったプラスチゾルが材料としてずっと優れていることがわかった。柔軟性があり、人間の皮膚の感触に近く、修理も熱を加えるだけでできるからであった。

だが、この中国人形は完成を見ずに終わってしまった。ウォルトはアメリカの歴史を劇的に再現する展示アトラクションの企画のほうにすでに乗りだしていたからである。「大統領の広間」と名づけられたこのショーは、歴代のアメリカ大統領の人形が実物大で登場し、動いたり話したりするという趣向であったが、ウォルトはまず、WEDのスタッフに命じてリンカーン大統領そっくりの人形の制作にかからせた。

機械人形のこのような新しいシステムは、音(オーディオ)、動き(アニメーション)、電子頭脳(エレクトロニクス)の三要素を結合したものであることから、〝オーディオアニマトロニクス〟と名づけられた。ディズニーランドにおいてこれを最初に利用したアトラクションは、一九六三年にオープンした「魅惑のチキルーム」である。これは、二百二十五羽の鳥とチキの神、花などが歌ったり冗談を言ったりしながら見え隠れする十七分のショーとして公開された。

漫画映画の場合もそうであったが、オーディオアニマトロニクスでも、それらしい自然な動きを出させるには、対象が人間のときよりも動物のほうがやりやすかった。しかしWEDのスタッフなら動物でも人間でもかならず両方うまくやれるようになると確信していたウォルトは、進行状態を日ごとに点検し、たまにがっかりさせられるようなことにぶつかっても、「心配するなよ。いまにきっとうまくいくから」と、みんなを励ました。

ディズニーランドが圧倒的な成功を収めていたことから、テーマパーク、つまりテーマを持った野外娯楽施設をほかにも国内に作らないか、という申し出がいくつか出された。が、ウォルトは、「ディズニーランドはただ一つですから」と言っては断っていた。しかし、彼は自分の頭の中で何かをもくろんでいることを同僚にほのめかし、「ディズニーランドは、まだアメリカの人口の四分の一ぐらいしか相手にしてないってことを知ってるかい？　ミシシッピ川の向こう側にはもう一つ別の世界があるんだぜ」と言ったことがあった。

　ウォルトには、自分の企業が新たな目標を必要としていることがわかっていた。ディズニーランドに出し物を追加することだけにとどまるのでなく、技術や想像力の発展をさらに引き出すような、もっと別の挑戦が必要だった。

　一九六〇年のある日のことだった。ウォルトは企画スタッフを集めて言った。

「こんどニューヨークで大博覧会がある。アメリカ中の企業が参加して、莫大《ばくだい》な金をかけた展示物を出すんだ。そこで、誰もが他人より目だつ何かを作りたいと思ってるわけだが、これこそ僕らの得意中の得意じゃないか。そのことを僕らはディズニーランドで証明したわけだが、もっと伸びていくには、これが絶好のチャンスだ。彼らの金を使って僕らが開発した技術は将来、我々の役に立つし、作った展示物はディズニーランドの新しいアトラクションとしても使える。これは、企業にとってもうま味がある。つまりね、僕らの作品は六か月がひと区切りの博覧会に二シーズン出してハイおしまい、っていうものじゃない。あとでディズニーランドに持ってくれば、まだ五年、十年と見せられる出し物なんだ」

　ウォルトはこのプロジェクトのために特別チームを組んで国内のトップ企業を訪問させ、一九六四年から六五年にかけてのニューヨーク世界博でディズニーの手腕を提供したいと話をもちかけた。

　フォード社に対するディズニーの提案は、博覧会の見物客を何台かのフォード車に乗せ、人類が石器時代から現代まで発展してきた歴史をつづるオーディオアニマトロニクスのショーの中を案内するという構想で、フォード社側からは良い回答があった。ウォルトにとって、オーディオアニマトロニクスの機能がまだ完璧《かんぺき》なものでなくても、また、展示物のあいだを何段階かの違うスピードで客を運ぶという車のシステムがまだできあがっていなくても、そんなことは問題ではなかった。想像《イマジネーション》力を自由に駆使する技術者《エンジニア》、という意味で〝イマジニア〟と呼ばれたＷＥＤのスタッフが、こうした課題をかならずや解決してくれるだろうとウォルトは信じていたからである。

　一方、価格操作のスキャンダルで低下したイメージを払拭《ふっしょく》しようと努力していたゼネラル・エレクトリック社も、博覧会の出展をディズニーに任せることに決定した。提案されたＷＥＤ側の構想は、円形ステージの周囲を観客席が回っていき、つぎつぎとちがう場面が客の目の前に登場するという革命的なアイディアであった。各ステージにはアメリカの住宅と電気製品が進歩していったようすが描かれることから、この出し物は「進歩の国」という名称がつけられていた。

ニューヨーク世界博の会長ロバート・モーゼズは一九六三年、副会長のジョー・ポッターとともにディズニーランドとスタジオを訪問した。ポッターは退役陸軍大将で、かつてパナマ運河地帯の司令官を務めたこともある人物であった。ウォルトが「大統領の広間」の構想をスライドで説明し、リンカーン大統領の作業模型を見せたところ、モーゼズは驚嘆し、

「この展示なしでは、僕は博覧会を開催せんぞ」

と、言いだした。そこでウォルトは、

「そうですな、『大統領の広間』を全部完成させるとなるととても間に合いませんが、リンカーンだけならできるかもしれません」

と、答えた。

モーゼズは、世界博における実物大のリンカーンのショーを大統領の選出地であるイリノイ州に後援させようとして交渉を始めたが、その話を聞いたイリノイ州の住民の中には、州民の最大の誇りであるリンカーンが漫画化されるのではないかと恐れて反対の声をあげる者が少数ながらいた。しかしその年の十一月、ウォルトがイリノイ州スプリングフィールドで記者会見をし、企画の意図を十分説明したため、住民の心配はおさまった。シカゴで生まれたウォルトは、自分自身もイリノイ州の出身であることを、忘れずにつけ加えた。

ディズニーが契約を取りつけた四番目の出し物は「小さな世界」であった。ペプシコーラ社の経営陣が、子どもの福祉向上をはかる国連機関ユニセフのために何か出展したいと言って、ディズニーの援助を求めてきたのだった。が、応対にあたったディズニーのある幹部が、WEDはすでにある三つのプロジェクトで手いっぱいだと判断して、ペプシコーラ社の代表を子どもの遊び場専門の設計会社にまわしてしまった。これを聞いたウォルトは、激怒した。そして、「こういうことは僕が決めるんだ。僕がやると、すぐペプシに伝えてくれ!」と怒鳴りつけた。

この「小さな世界」の仕事をウォルトが引き受けたのは、一九六四年四月末の博覧会オープンまでに一年足らず、というときであった。客がボートの中から眺める世界各国の子どもの人形の動きは、元スタジオのアニメーターで当時はWEDに移っていたマーク・デービスのデザインに任された。が、このアトラクションの成功は、各シーンで流すことができ、かつ、一つの場面からつぎの場面へとうまく溶け合っていけるような歌の作曲にかかっていた。その課題を与えられたのは、リチャードとロバートのシャーマン兄弟であった。この二人はアネット・フニチェロやヘイリー・ミルズが歌う曲を作るために、スタジオで働くようになっていた。ウォルトはシャーマン兄弟をWEDに連れていき、「小さな世界」のショーの仕組みを見せて説明した。

「僕が欲しいのはね、普遍的なテーマで、かつ、どんな国の言葉でも歌えて、しかもどんな楽器でも演奏できる、っていう要素を全部揃《そろ》えた歌なんだよ」

ウォルトが出したこの難題に対しシャーマン兄弟が作りあげた曲は、二つのパートから成り、輪唱でも合唱でも歌える簡単なメロディーだった。効果は満点であった。

博覧会の開幕までに四つの展示ショーを完成させるという、まさに不可能とも思われる課題を前にして、WEDのスタッフは夜を日に継いで制作に励んだ。ウォルト自身もショーの構想をまとめるのに独自の貢献をし、また展示館の外で待つ客を退屈させないようにという配慮から、列の誘導方法や乗降口の位置に至るまで細かい指示を出した。

四つの出し物はスタジオで仮に組み立ててみたあと、部分部分に分けてニューヨークに移送した。開会日が目前に迫るにつれ、まだうまく作動しない部分品もとにかく一緒に送りだされた。また、組み立てと最終テストを行なうため、WEDの従業員も二百名ほど会場に派遣された。だがニューヨークの現地で雇われた建設作業員は、カリフォルニアから来たよそ者に反発し、「小さな世界」の組み立てを監督するジョー・ボーマンの指示にいやいや従うといったありさまで仕事がはかどらなかった。ボーマンは開幕にはたして間に合うかどうかが心配で、気をもんだ。

この展示館が半分ほど完成したところでカリフォルニアから到着したウォルトは、作業の点検を済ませるとボーマンに尋ねた。

「何か僕にてつだえることがあるかい」

「建設作業員にちょっと言ってもらえませんかね。仕事がもうすこしスムーズにいけば、ありがたいんですけど」
ボーマンは答えた。そこでウォルトは作業員とたわいない会話を交わしたあと、自分の父親が七十年前、シカゴ博覧会で大工として働いたことを話しながら、彼らに仕事の感想を尋ねたりした。それ以来、ボーマンは作業員とまったく支障なく仕事を進めることができたのであった。

さて、組み立てを終わった各展示ショーは計算どおりに動きはじめていたのに、〝リンカーン大統領〟だけはうまく作動しなかった。刻々と迫る開会日を前に、みんな、ウォルト・ディズニーが奇跡でも起こしてくれないかと密《ひそ》かに願ったほどである。このリンカーンの機械人形は、WEDの技術員がそれまで手がけたものの中でもっともむずかしい作品であった。大統領であるから威厳のある動きをしなければならないのに、そんな芸当を人形にさせるには現段階のオーディオアニマトロニクスの技術はあまりにも未熟であった。

「リンカーン大統領とともに」という題名がつけられたこのショーは、開幕一週間前の四月十六日、WEDでテストを無事に終え、翌日、飛行機でニューヨークに送られてきた。ところが荷をほどき、複雑な制御装置を組み立ててテストを行ったところうまく作動せず、WEDの技術員はあわてた。〝リンカーン大統領〟は決められた演技をきちんと行なうと、けいれん状態に陥ってしまったのである。どうやらニューヨークの湿った空気がたたったようであった。また博覧会会場に隣接して完成したばかりのシェイ球場の強いライトと、会場内の「光のタワー」と呼ばれる展示館で使う百二十億カンデラの光線のために、電流が一定しないことも原因と考えられた。

またもや新たな故障に見舞われたある朝、マーク・デービスはこのショーの脚本を書いたジム・アルガーに向かって言った。

「ねえ、ウォルトがかってに、〝そのかたちのごとく人を造りたまえり〟をやっちまったもんで、神様が腹を立てているのかなあ」

テスト期間中つきっきりだったウォルトは、心の中では心配していたとしても、それを外には表さなかった。博覧会の開幕に先だち、四月二十日には、イリノイ州のカーナー知事や元州知事のスティーブンソン国連大使をはじめ二百名の州の名士を迎えて試演を行なう予定であったが、それまでにはかならずうまくいくと信じているようであった。

ウォルトにとって、それはまさに正念場であった。自分で完全な統制をとることのできない冒険事業に乗りだし、各国政府や企業が何百万ドルもの金を投じて競い合う巨大な舞台に自らの名声と会社の手腕を賭《か》けていたのだ。もしここで失敗すれば、東部の人間は彼を嘲笑《ちょうしょう》するだろう。東部人にとって〝ミッキーマウス〟という名は、風変わりなものに対する軽蔑《けいべつ》の代名詞であった。しかし、逆にもし成功すれば、ウォルトの胸の中で胎動しているさまざまな将来の計画にも支持が勝ち得られるかもしれない――。

だが〝リンカーン大統領〟の電子頭脳は技術員が四六時中、治療をほどこしたにもかかわらず、依然として快方に向かおうとしなかった。スタッフの誰にも、ウォルトの上に重くのしかかる心理的圧迫がよくわかった。

試演が行われる当日、展示館にはイリノイ州の関係者や国の内外からやってきた報道陣が詰めかけ、五百席を設けたリンカーン劇場は満員であった。最後にもう一度だけ、と念じながらテストをしてみたが、〝リンカーン大統領〟の欠陥はどうしても直らず、技術員の必死の姿をそばで見ていたウォルトの顔は引きつっていた。カーテンの向こう側では、このイリノイ州展示館の役員が観衆にあいさつを述べていたが、やがてカーナー州知事がウォルトを紹介した。ウォルトは眉《まゆ》をつり上げ、作り笑いを浮かべ話しはじめた。

「じつは、今日はショーは上演いたしません」

すると会場の客はみな、笑いだした。

「いえ、ほんとうなんです」ウォルトはかまわず続けた。「私たちは必死になって努力したのですが、じつは、準備がまだできていないのです。みなさまには申しわけないのですが、うまくいかないとわかっていながら上演するのはなんの意味もありませんから」

彼は、わかりやすい言葉で故障の原因と思われることがらを説明し、「リンカーン大統領とともに」のショーはうまく作動するようになりしだい、ただちにオープンする、と聴衆に約束した。

それから一週間後のこと、〝リンカーン大統領〟は突然、正確に動きだした。五月二日、はなばなしい宣伝もなくひっそりとオープンしたイリノイ州展示館は、たちまちのうちに会場の人気アトラクションの一つになった。入場者数でトップを占めた民間企業の出し物は、スケールも一段と大きく巨額の費用を投じたゼネラルモーターズ社のアトラクションであった。ディズニーが制作したゼネラル・エレクトリック社の「進歩の国」とフォード社の「魔法のスカイウエー」は、それぞれ二位と三位を占め、また「小さな世界」は、いちばん魅力のあるショーであると多くの批評家が称賛した。

博覧会が閉幕するにあたり、ウォルトはゼネラル・エレクトリック社とフォード社に対して、思いきった申し出をした。それは両社がもし、これらの展示ショーをディズニーランドでスポンサーとして後援してくれれば、彼らがディズニーに支払った各百万ドルの制作費をカリフォルニアへの運搬費に振り替えてもよい、という提案であった。ゼネラル・エレクトリック社が独自に行った世論調査によると、「進歩の国」の出展は、価格操作のスキャンダルで傷ついていた会社のイメージ回復に役立ったという結果が出ており、また、商品の売り上げも伸びていた。そこで同社は、博覧会の閉幕後もディズニーランドで同じショーのスポンサーになることに同意したのだった。

一方、フォード社にとっても「魔法のスカイウエー」がもたらした成果は大きかった。が、熟慮のすえ、ディズニーランドの件は断ってきた。一箇所にそれだけ多額の宣伝費用を投入する余裕はない、と社の幹部たちは考えたからである。結局、フォード社のアトラクションのうち、先史時代の怪獣だけがアナハイムに移され、ディズニーランド内の鉄道の沿線に付け加えられた。そして残りの部分は廃棄処分となった。また「小さな世界」と「リンカーン大統領とともに」のショーは、そっくりそのままディズニーランドに移された。

ウォルトは、ニューヨーク世界博での自分の冒険がもたらした結果に満足だった。最低限の費用でディズニーランドのために新しいアトラクションを手に入れたうえ、共通の目的のために大企業と手を組んで仕事をするという実績も残すことができた。そして〝イマジニア〟であるスタッフの想像力を精いっぱい働かせ、普通なら何年もかかる仕事を短期間でやり遂げたのであった——。

ウォルト・ディズニーにとって、時間こそが勝負であった。

26

ウォルト・ディズニーの会議室の壁には、ディズニーランドの大きな鳥瞰図《ちようかんず》が貼ってあり、その横には、芸能紙の『バラエティー』が年ごとに集計するヒット映画のリストを拡大したものが並んでいた。一九六〇年代のはじめにはディズニー制作のものがトップ五十位内に七本入っており、その後も、他社がほとんど無視していた家族向け映画の部門でディズニーが上位を占めるにつれ、年々一、二本が新しくそのリストに加えられていった。

「それを張ったのは、どんな映画が興行収入をあげてるのか、研究しようと思ったからでね」

ある報道記者がそのリストをじっと見ているとき、ウォルトは言った。

「そこに載っている映画のほとんどは、セックス場面をいっぱい入れたセンセーショナルな映画じゃないんですよ。たいてい、家族全員が見られるやつです」

ウォルトは、子ども連れの観客が不快感を抱くような材料は注意深く避けていた。かつて、自作映画『パリよこんにちは！』の中で美人のパリ娘が裏通りのカフェーでフレッド・マクマレーの扮《ふん》する男を誘惑するシーンを許可したことがあった。彼はそのことをさして、

「あれにはひどい苦情をもらっちまってね。もう、二度とやりませんよ」

と、語った。

さて一九六四年は、ウォルト・ディズニーの作品の中でもっとも成功を収めた『メリー・ポピンズ』を制作した年であった。そもそも、この映画を作ることになったのは、娘のダイアンがベッドのわきのテーブルに置いていた本をウォルトがなにげなく見たのがきっかけで、それは二十年もさかのぼる昔のことであった。「こりゃ、何の本だい？」と尋ねたウォルトに、ダイアンは、空を飛ぶことのできる乳母《うば》の話を集めたイギリスの物語だと説明した。

その本を読んだときウォルトは、これはディズニーらしい映画の題材になると直感した。ところが、著者のパメラ・トラバースはそうは思わなかった。彼女はイギリスに住むオーストラリア人であったが、第二次世界大戦中、ロンドンの大空襲を逃れるため息子を連れてニューヨークに来ていた。そこでウォルトは一九四四年のはじめ、ニューヨークに行くついでがあったロイに、トラバース夫人を訪ねて『メリー・ポピンズ』の著作権を買いたい旨、申し入れてほしいと頼んだのである。

ニューヨークからロイの手紙が届いた。それには、トラバース夫人とはなごやかに話ができたものの、『メリー・ポピンズ』をアニメーションとして映画化することに夫人は相当の抵抗を感じているようだ、と書いてあった。ウォルトはそのあとを受けてトラバース夫人に直接手紙を送り、彼女がどういう映画にしたいと思っているのか一緒に話し合いたいのでスタジオに来てほしい、と頼んだ。だが彼女は興味を示したまま、依然としてなんの約束もしなかった。それ以後も彼女の態度は変わらず、十何年かが経過したのであった。

夫人がついにディズニー側の話に乗ってきたのは、一九六〇年になってからのことであった。そのときまでにウォルトのこの作品に対する熱意は抑えきれないほど高まっており、彼は破格の著作料を支払ったうえ、ストーリーの脚色にあたっては夫人の基本的承認を得ることを約束したほどであった。

『黄色い老犬』『うっかり博士の大発明・フラバァ』『難破船』などの実績によって、もっとも幅広い実力をもつディズニー監督という評判を確立していたロバート・スティーブンソンが、この『メリー・ポピンズ』の企画・監督には自分が最適任であると自ら名乗りをあげた。おまけに彼自身、エドワード七世時代のイギリスの格式ある家庭に生まれ、小さいころイギリス人の乳母に育てられた経験をもっていた。またウォルトの右腕として働くプロデューサーにはビル・ウォルシュ、そして原作の物語を脚色するのはディズニーにおけるストーリー担当のベテラン、ドン・ダグラディに決まった。

ビル・ウォルシュは、ウォルト・ディズニーという人物を脚本の中に盛り込むという方法を前に使ったことがあったが、今回もうまい手を考えだした。ロンドンを舞台としたこのストーリーの中心になっている家族の父親に、ウォルシュから見たウォルトの人間像をあてはめたのである。すなわち、父親のバンクス氏は外からはいかにも意志強固に見えるが、中を開ければ心やさしい人、巧妙かつ知恵者で子どもにも受けが良い。そして彼はいつも銀行とのあいだにトラブルを起こす、という人物設定にした。

作詞作曲の役目を与えられたのはシャーマン兄弟であった。二人は仕事を受けてから二週間ほどすると、脚本に合いそうな曲を五曲、下書きの形で持ってきた。その中には『鳥に餌《えさ》を』や『スーパーカリフラジリスティックエクスピアリドーシャス』が入っており、ウォルトはどれも気に入った。が、とくに『鳥に餌を』にはすっかり惚《ほ》れこみ、「あの曲は、ブラームスの子守歌よりずっといいな」と言っては、その歌を聞くたびに涙を流した。

トラバース夫人は、『メリー・ポピンズ』のストーリーボードを検討するために、バーバンクのスタジオに二度やって来た。そのさい、原作の登場人物があまりにも脚色されすぎているとして夫人が何箇所も異議を申し立てたので、そうした部分は調整しなければならなかった。しかしトラバース夫人の承認を得るにあたり、ウォルトが持ち前の説得力を十分に発揮したかいあって、イギリスに帰国した夫人は、ディズニー側が加えた数々のアイディアすらも、もとはといえば自分の本から取ったものだと信じて疑わなかった。

ロンドンに詳しいウォルトは、その知識を生かしながら脚本のでき具合を注意深く吟味していった。過去に四本の劇映画をイギリスで撮影し、それ以外にも何度かロンドンを訪れたりしているうちに、彼はすっかり英国びいきになっていた。ロンドンの古い通りをぶらついたり、骨董《こっとう》品屋や薬局に入って店の主人としゃべったりするのがウォルトは好きだった。いつぞやは、めんどうくさがるリリーを引っぱって〝ディズニー通り〟というのを探しに出かけたこともある。やっと見つけてみると、そこが昔はこやしの丘という意味の〝ダングヒル通り〟と呼ばれていたことがわかって、リリーはおもしろがった。ロンドンの居酒屋《パブ》や街頭で、聴衆を楽しませてはその日暮らしをしている音楽家を実際に見て興味をそそられたウォルトは、メリー・ポピンズの陽気な友だちのバートを、一人でいくつもの楽器を同時にあやつるワンマンバンドの男に仕立てあげた。また、国立美術館前の歩道にチョークで絵を描いていたアーティストのことも思い出して、バートが歩道に絵を描くシーンをわざわざ脚本に入れた。さらに、回転木馬が飛びだして田園地帯の競馬に加わっていく空想シーンも、ウォルトの提案で挿入されたものである。『メリー・ポピンズ』の脚本は何回となく書き直されたが、ウォルトはその脚色の過程を完全に掌握し、そのつど、特徴のある筆跡で追加や削除の細かい書き込みをしていった。

ところでトラバース原作の中のメリー・ポピンズは中年女性として描かれていたので、ウォルトははじめ、女優のベティ・デービスを使おうと考えていた。しかしシャーマン兄弟の書いた楽譜ができるにしたがって、どうやら歌の歌える女優が必要になってきた。そこで、ブロードウェーのスター、メアリー・マーティンが候補にあがったが、彼女は映画にはもう出演したくないという返事をよこした。もうすこし若い女優でも良いのではないかとウォルトがちょうど考えはじめていたとき、秘書のトミー・ウィルクが、ミュージカル『マイ・フェア・レディ』で主演したあとブロードウェーで『キャメロット』に出演中のジュリー・アンドリュースはどうかと提案してきた。ウォルトは乗り気になり、さっそくアンドリュースのフィルムを見たいとスタッフに伝えたところ、以前作られたスクリーンテストのフィルムはすでに処分されたあとだとの答えが返ってきた。彼女は映画向きではないと判断されたためであった。

一九六一年も終わりに近づいていた。ヨーロッパからの帰途、ニューヨークに立ち寄って『キャメロット』の舞台を見たウォルトは、ジュリー・アンドリュースの堂々とした舞台演技や彼女の美貌《びぼう》、情感豊かな澄んだソプラノに惚れこんだ。ステージが終わるとウォルトは彼女を楽屋に訪ね、『メリー・ポピンズ』の仕事をもちかけて筋書きを説明した。アンドリュースは、ウォルト・ディズニーから声をかけられたことを非常に喜んだが、映画界へのデビュー作が空飛ぶ乳母の役だということにためらいを感じたのだった。

一九六二年二月二十六日付けのウォルトからアンドリュース宛《あ》ての手紙は、つぎのようなものであった。

「私たちは、依然としてメリー・ポピンズ役をあなたに演じていただきたいと希望しており、当方の配役担当部からあなたのエージェント宛てに、なんとか具体的な条件をまとめたい旨、連絡したところです。こういうたぐいのストーリーは、脚本の字面《じづら》を見ただけではなかなか想像しにくいと思いますので、六月はじめにでもハリウッドにおいでくだされば、腰を落ち着けて、全体がどういうふうに仕上がるのか直接、私たちから話をさせていただきます。用意した歌を演奏しながら筋書きの展開をお話ししますから、この説明を聞いていただいたあとで、出演なさるかどうか、あなたご自身が判断なさってください。……あれだけの才能を持つあなたのことですから、かならずや観客の心に残るメリー・ポピンズができあがると私たちは確信しておりますし、また私たちの詳しい説明をお聞きくだされば、あなたのほうから、このすばらしい役をやってみたいとおっしゃってくださるだろうと期待しております。……」

アンドリュースは『キャメロット』の契約を終えたのち、夫のトニー・ウォルトンを伴ってスタジオを訪れた。彼女はストーリーボードを見たりシャーマン兄弟の歌を聞き、物語が気に入ったようであったが、その場ではっきり返事をするまでには至らなかった。そして、はじめての出産を控えていたアンドリュースは、いったんイギリスへ帰国した。ウォルトが彼女宛てに出した六月二十二日付けの手紙——。

「……あなたとお宅のマネージャーから『メリー・ポピンズ』の件で交渉を始めても良いとの通知をいただき……当方ではとても喜んでおります。現在、私たちは主人公のメリーを手直ししている最中で、もっと良い歌を入れ、ストーリーも改善しているところです。あなたからいただいた有意義なご批判が、当方のスタッフに刺激を与えており、私も、これはうまくいくという感じがしています。……」

その年の十一月に女児を出産したアンドリュースは、明けて一九六三年の二月、『メリー・ポピンズ』の準備のため、夫とともにカリフォルニアにやってきた。夫のウォルトンはこの映画の衣装デザインを担当することになっていた。一方、アンドリュースは契約の中で、ワーナーブラザーズ制作の映画『マイ・フェア・レディ』の主人公イライザ役が彼女に回ってくれば『メリー・ポピンズ』のほうを解約できる、という条件を明記していたが、『マイ・フェア・レディ』のプロデューサー、ジャック・ワーナーはオードリー・ヘップバーンを主役に選んだ。

メリー・ポピンズをイギリス人のジュリー・アンドリュースが演ずるのに対し、ウォルトは、陽気な煙突そうじバート役としてアメリカ人の男優を探した。この映画があまり英国調になりすぎるのを避けようとした彼にとって、英語の発音の異なる登場人物が共演することは、まったく気にならなかった。前にも、イギリス人のヘイリー・ミルズにアメリカ娘を演じさせて成功した経験があった。バート役として、テレビの人気ショーを持っていたディック・バン・ダイクの名があげられたとき、ウォルトはまだ一度も彼の番組を見ていなかった。しかし『ディック・バン・ダイク・ショー』のフィルムを一部試写してみた彼は、ただちにバン・ダイクの起用を決めた。また、風変わりなアルバートおじさんには、かつてコメディーで数回使ったことのあるエド・ウィンをあてた。あとの役どころはほとんどイギリス人で、バンクス氏には、あるコメディーで好演したのをビル・ウォルシュが見て推薦したデービッド・トムリンソン、バンクス夫人にはディズニー映画『剣と薔薇《ばら》』や『豪族の砦《とりで》』に出演したグリニス・ジョンズ、そして二人の子役カレン・ドトリスとマシュー・ガーバー、といった顔ぶれであった。

『メリー・ポピンズ』の撮影は時間的には長くかかったが、『ダンボ』のときと同じく、スムーズで楽しい雰囲気のうちに進行した。俳優の演技と動画を合成するシーンがいくつかあったが、ウォルトは監督のロバート・スティーブンソンに、あとで挿入するアニメーションの部分は気にしないで撮影を進めるように指示した。

「心配はいらんよ。僕のアニメーターは、どんなアクションの場面でも、それに合う漫画が描けちまうんだから」

スタジオのアニメーターたちには、ウォルトが自分たちに挑戦をしているのだということがわかっていた。

セットができあがると、ウォルトはそのうまい使い方を考えだそうとしてその中を歩きまわる習慣があった。プロデューサーのビル・ウォルシュが覚えているのは、ウォルトがバンクス家の居間のセットにやってきて、ブーム提督が屋根で大砲を発射したときの振動を、室内でどう描写するかをいろいろ考えていた情景である。

「ウォルトはセットに囲まれているとピーンと何かを感じるみたいなんです。歩きまわりながら、『花瓶が落っこちてきて、メイドがそれをつま先でひょいと受け止めるってのはどうだい?』とか、『グランドピアノが床の上をすべってくる。そしたらバンクス夫人がそのピアノをストップさせながら壁の額をまっすぐに直すことにしようや』とか、いろんなアイディアを出してましたね」

『メリー・ポピンズ』は一九六四年八月二十七日、ハリウッドのグローマンズ・チャイニーズ劇場で初公開となり、招かれた映画関係者から絶賛を受けた。大ヒット作をこしらえたのだという自信に気を良くしたウォルトは、続いて開かれたパーティーでも、勝利の満足感に体が熱くなった。そこへ、トラバース夫人が近づいてきて言った。

「かなりのできですわ。アンドリュースさんは、メリー・ポピンズとしてよく合っていると思いますけど。でも、バン・ダイク氏を選んだのはまちがいでしたね。それに私、漫画と俳優を一緒に合わせるのはあまり好きではありませんわ。あの部分をいつカットしてくださいますの？」

ウォルトは優しくほほえみながら、答えた。

「映画が完成したら僕の所有物になると、ちゃんと契約書に書いてありますでしょう。もう、なにも手は加えませんよ」

戦後のディズニー映画をこきおろしていた多くの評論家が、今度は何段もの紙面をさいて『メリー・ポピンズ』を褒めたたえた。『ニューヨーク・タイムズ』紙にはつぎのような記事が載った。「……見る楽しさ、聴く楽しさに彩られた、まさに珠玉の映画。見る者を酔わせる見事な作品構成、すこぶる愉快なアニメーション、快活なテンポのダンス、生き生きとした音楽——。ミュージックホールで今年上映された映画の中でもっともすぐれた作品である」。『ニューヨーク・ヘラルド・トリビューン』紙——「魔術のような制作技巧もさることながら、出演者の演技はそれをうわまわるすばらしさである。……アンドリュースは歌も踊りも満点で、この作品の成功の秘密も、まさに彼女にあると言ってよい」。ディズニー嫌いの雑誌『タイム』でさえ、こう書いた。「この映画の楽しさを引き立たせるため、ディズニーは巨大な魔法のからくりをすべて意のままに使いこなしている。豪華なセット、陽気な歌の数々、そして機知に富む一方でセンチメンタルな要素を抜け目なく織り込んだ脚本。ただし、脇役の出演者だけは、完璧《かんぺき》のいま一歩手前というところである」。

評論家の意見などには無関心であると言いつつも、ウォルトはつぎつぎと寄せられる称賛の声に嬉《うれ》しさを隠しきれなかった。各映画館での『メリー・ポピンズ』の興行収入は驚異的な額を記録し、世界各国における封切りだけで、フィルムのレンタル料は四千四百万ドルにのぼった。さらに、この映画がアカデミー賞の十三部門にノミネートされたことも、ウォルトを喜ばせた。ディズニー映画が主要部門で選考対象になったのは、これがはじめてのことである。結局、一九六四年度の最優秀映画としてオスカーを受賞したのは『マイ・フェア・レディ』であったが、舞台で最初にイライザ役を演じた女優であったにもかかわらず、映画ではその役を逸して周りから同情を寄せられていたジュリー・アンドリュースは、『メリー・ポピンズ』で最優秀主演女優賞に輝いた。

ウォルトは、『メリー・ポピンズ』の続編を作ってはどうかという提案を繰り返し断り、二番煎じはだめだ、という自己の信念に固執した。創作活動の時間を一、二年もさいて続編を作るということは、彼にはとうてい考えられなかったのである。

「時間はどんどん過ぎていく。僕には、まだやり残してることがいくつもあるんだ。あと戻りして同じことをやるなんて、ごめんだよ」


『メリー・ポピンズ』の大成功によって、世間の人々はウォルト・ディズニーの業績に対し、以前にも増して尊敬のまなざしを向けるようになった。ウォルトは自分の才能を評価されること自体は嬉しかったが、大げさな褒め言葉は信用しなかった。褒めてくれる相手が仕事仲間であれば軽く聞き流してしまったが、なじみのない人間の前では、礼儀正しくふるまいつつも居心地の悪い思いをした。

ある日の昼食時、ウォルトは実業家の一行を社内の食堂でもてなしたことがあった。そのとき彼らは、美辞麗句を並べて口々にウォルトを褒めちぎった。ウォルトの当惑顔に気づいたドン・テータムは、気をきかせて助け舟を出した。

「ねえ、ウォルト、こんなに褒められたんじゃたいへんですね。あと、することといったら、水の上を歩いてみせることぐらいしか残ってないみたいですよ」

テータムの言葉にウォルトは急に目を輝かせ、こう言った。

「それなら、もうやってみたさ。でも、こればかりはどうもうまくできんよ――」

ところでウォルトは、仕事に忙殺されながらも、周りの人間にちょっとした思いやりを示すことを忘れなかった。友人や従業員の親が亡くなるとかならず悔やみ状を送り、中西部にいたころの学校友だちや教師、仕事仲間などから手紙をもらうと、昔を懐かしむ長い返事を書き送った。彼はまた、多くの慈善団体に対しても援助を惜しまず、とくに子どもたちを助ける事業には力を入れた。スタジオの筋向かいにあるセントジョーゼフ病院とは関係も深く、寄付集めの運動に参加したり、小児病棟をディズニーのキャラクターで飾ったりのサービスを行った。

クリスマスのシーズンが訪れると、ウォルトの秘書たちは大わらわであった。個人的な友人の子どもをはじめとして、彼は報道関係者、スタジオの従業員、映画業界の幹部などの子どもの名前を何百人もリストにしており、クリスマスには子どもの一人一人にディズニーのキャラクター商品を贈る習慣があったからである。子どもが十二歳になるまで毎年これを続け、十二歳を越えるとリストからはずしてクリスマスカードだけを送った。ウォルトの秘書はそれぞれの贈り物をまとめ、一つ一つ包装する仕事を任されていた。スタジオにある倉庫の一室はサンタクロースの作業場と化し、ウォルトはときどき立ち寄ってプレゼントの箱を点検しては、自分が指示したとおりの包装ができているかどうかを調べた。もっとも自分の家族への贈り物の準備は、いつもクリスマスの直前になるまでほうっておき、買い物は秘書にてつだってもらった。たいていの場合、リリーと二人の娘へのプレゼントは高価な香水に落ち着いた。

　ウォルトは、業界のお偉方などから届く豪華な贈り物より、簡単で気どらないプレゼントをもらうほうを喜んだ。看護師のヘーゼル・ジョージはウォルトが好みそうなものを見つけだすこつをよく知っており、それに一ドル以上使うことはめったになかった。あるクリスマスに、彼女が雑貨屋で見つけた万華鏡をウォルトに贈ると、彼は光と色の模様が千変万化するようすをひどくおもしろがった。そして自分の部屋を訪れる人をつかまえては、どうしてもそれを覗《のぞ》いてみるようにと言ってきかなかった。

　一九六〇年代に、ウォルトは新しいおもちゃを手に入れた。会社の飛行機である。仕事で国内のあちこちに行く機会が多くなり、自家用の飛行機があれば便利だと思ったウォルトは、例によってまず専門家に調査させた。依頼を受けたのは、以前スタンフォード総合研究所の幹部を務め、ウォルトのすすめで独立してエコノミックス・リサーチ・アソシエイツ社を設立していたハリソン・プライスである。ディズニーが会社用の飛行機を購入することは賢明である、という内容の報告をプライスから受け取ったウォルトは、ビーチクラフト社のクイーンエアを一機購入した。

　ウォルトは、この飛行機に乗って出かける旅の準備が嬉しくてたまらず、飛行予定を地図の上で念入りに確認するのだった。飛行機が止めてあるロッキード空港に同乗者が到着すると、ウォルトは彼らの荷物類をいそいそと機内に運び込み、また飛行中は飲み物をみんなに配ったり、調理室の監督もかってでた。彼は昔から飛行機を操縦するのが夢だったが、会社付きのパイロット、チャック・マローンは、そんなウォルトにときどき操縦桿《かん》を握らせてくれた。

この飛行機が、幹部たちの単なる飾りものではなく、会社にとって役に立つ道具であることを確信していたウォルトは、銀行関係者やジャーナリストたちから道楽者と非難されると我慢できなかった。彼は自分がけっして道楽者などではないと信じており、予算を超過してしまうプロデューサーを厳しく叱《しか》ったし、製作費を切りつめる方法をいつも探していた。また会社の財政状況をよく知っておくために、業務部のオービン・メルトンが毎週回してくる報告書や重要事項のメモにもかならず目を通した。

ウォルトはこうして会社の財政を守るという原則を尊重したが、それによって制限を受けるということは拒んだ。ある日のこと、ディズニーランドの大がかりな改修工事の件を話し合うミーティングで、企画担当だったマーク・デービスが説明の冒頭でこうきりだした。

「これをやるのには、金をかけてやる方法と、金をかけないでやる方法と二通りのやり方があるんですが――」

ウォルトは席を立つとデービスの横まで歩いていき、彼の肩に手をかけて言った。

「マーク、君も僕も、安いか高いかってことは気にしないでいいんだ。僕たちはそれがいいものかどうかってことだけ心配すればいいんだよ。僕の持論はね、もしそれが良いものなら、お客さんがその見返りを十分払ってくれるということだ。うちにゃ、コストとか金とかのことを心配するのが商売の人間が、大きな建物に掃いて捨てるほどいるんだから、君と僕は良いショーを作ることだけを考えようや」

開園十年目を迎えたディズニーランドは、アトラクションの数が二十二から四十七にふえており、投資額も千七百万ドルから四千八百万ドルになっていた。さらに入場者総数は延べ四千二百万人を記録していた。十周年を記念する夕食会にはウォルトとロイが揃《そろ》って出席し、ディズニーランドを世界の一大名所に育てあげるのに貢献した多くの人々が招かれた。

挨拶《あいさつ》に立ったロイは、例によって控えめな態度だった。

「えー、みなさんの中で私を知らない方、ないしは知らなかった方も多いのではないかと思いますが、私もずっとこの仕事にたずさわってまいった者です。そして、みなさん方と同様、やはりいろいろ私なりに苦労いたしました。しかし、この十年間はすばらしかったと思います。来園してくださったこれだけ多くの観客のみなさんに感謝すると同時に、お迎えしたお客さまに満足感を与え、あのように何度も繰り返して来ていただくまでにご尽力くださった、そして、こんなに世界じゅうにディズニーランドの名前を広めてくださった関係者各位にお礼を申しあげます。私があちこち旅行をして感じたことなのですが、ディズニーランドの評判はひときわ高く、それは、ここのショーだけでなく、お客を迎える従業員の礼儀正しさ、パークの清潔さと親しみやすい雰囲気のためであります。私は自分の持ち場でもいつも言うのですが、なにか事業をやるには人間の力がいるのだということなんです。みなさん方は私たちの事業における心と魂であり、私はとても感謝しきれない気持ちです。過去十年間のりっぱな実績に対し、みなさん方をこそ祝福したいと思うしだいです」

ロイに続いて立ったウォルトは、にこやかに、昔を懐かしむ調子で話した。

「……この事業を始めるのに、僕たちは問題を山と抱えていました。まず金の心配、つまり、僕らのやろうとしていることを理解できない人がいっぱいいましたから、資金集めでは可能なかぎり圧力をかけねばなりませんでした。三大テレビ局を相手に話し合ったときのことを思い出すんですが、あのとき彼らのほうは、僕らの制作するテレビ番組が欲しいと言うし、僕は僕でこの遊園地を作りたいのだと言い張ったんです。みんな、「なんだってあいつは遊園地なんか作りたいんだ」と首をひねったようですが、僕はちゃんとした理由が思いつかなくて——ただ作りたいと思った、それだけだったんです。……なかでもABCは、テレビ番組のいいやつがのどから手が出るほど欲しかったもんで、この遊園地に金を出す決心をした。ですが五年後になって、ABCの権利をいま買い戻しておいたほうがいいと兄が言いだしまして、そうすることにしました。五十万ドルという彼らの元の投資額に対して、五年後に僕らが払った額はなんと七百五十万ドルでした。でも、思いきってこれをやったのは、賢明でした。

そう、僕の兄は、金の工面や銀行との駆け引きとかで、いろいろと心配の連続でした。……ともかく、このたび十周年を迎えるにあたって、いままで一緒に仕事にたずさわり、パークをここまで育ててくださったみなさんの一人一人に対して、兄とともにお礼を申しあげます。しかしながら、これだけは言っておきたい。これまでのところは、まあ、言ってみれば、リハーサルみたいなもので、これからが本番なんです。ですから、みなさんの中で過去の栄光の上にどっかり座って楽をしようという人がおられれば、えー、もう用はないんです、そういう方には。……

ウォルト・ディズニーに対する称賛の声は止《や》むことを知らなかった。なかでも最高の栄誉は、一九六四年九月十四日、ホワイトハウスでジョンソン大統領から贈られた自由勲章であった。

授与式に臨むため、ウォルトは会社の飛行機でワシントンに向かった。到着後、式典の開始まで十分な時間があったので、車の運転手にリンカーン大統領の記念堂に寄ってくれるように頼んだ。ウォルトは、荘厳なリンカーン像の前にしばらく佇《たたず》んだまま、大理石に刻まれた簡潔な一字一句を読んでいるうち、目に涙があふれてきた。

そのあとホワイトハウスへ直行したウォルトは、民間人に与えられるものとしては最高の名誉である自由勲章を大統領から授与された。表彰状にはこう書かれていた。

「芸術家であり興行主でもあるウォルト・ディズニーは、彼の時代の人々を楽しませることを通じてアメリカに一つの国民的遺産を生みだした」

ウォルトの業績は、彼の孫でさえ認めるところであった。彼は、自分とリリーが、かみなりが鳴るある晩にダイアンの子どもたちの子守をしたときのことを得意になって人に話したものだ。二人が寝ているベッドにころがり込んできた孫たちの一人が、かみなりがドカンと落ちたあと、「おじいちゃん、あのかみなりのスイッチ消してよ」と頼んだ、というエピソードである。ウォルトは、例によってヘーゼル・ジョージの治療を受けているときにもこの話をした。するとヘーゼルは、

「へえ、それで、ちゃんと消してやったの？」

ときいた。ウォルトは返す言葉につまり、こうぼやいた。

「僕がつぎに何を作ろうと思ってるか、君は知ってるかい？　オーディオアニマトロニクスで動く看護師だよ。そしたら君はぽいだからね」

27

ウォルト・ディズニーが手がけた多くの事業の例にもれず、カリフォルニア芸術大学の設立にも長い経緯がある。話は一九三〇年代はじめ、ウォルトがアニメーションの分野における自分の目標を達成するため、新しい世代の漫画家を養成しようと考えはじめたころにさかのぼる。その過程でシュナード美術学院との関係が生まれ、そこでの授業に自分のアニメーターたちを送るのをやめたあともずっと、彼は学院の支援を続けていた。

シュナード美術学院は一九二一年、ネルバート・シュナード夫人の手で創設され、第二次世界大戦後は復員軍人に対する連邦政府の奨学金制度を利用する者が殺到したおかげでかなり繁栄した。しかし、ずさんな経営と従業員による横領事件などが原因となって、一九五〇年代後半には破産寸前にまで追い込まれた。

シュナード夫人は学院で教師をしていたディズニーのアニメーター、マーク・デービスに、ディズニーが奨学金制度を設立してくれないだろうか、と尋ねた。ウォルトが夫人を尊敬していることを知っていたデービスは、ウォルトに直接話をしてみるよう夫人にすすめた。

スタジオの経営がまだ苦しかったころ、シュナード美術学院がディズニーのアニメーターに無料で授業を受けさせてくれたことを覚えていたウォルトは、学院の苦境を訴える夫人に同情し、さっそく資金援助をしたり、スタジオが持つ財政的な専門知識を分け与えた。が、問題が現金を定期的につぎ込むだけでは解決しないことを彼は悟り、カリキュラムの拡充、学生の作品の展示や販売のできる場所づくりを提案するなどして、彼のスタッフとともに学院の近代化に努めたのである。

ウォルト自身の美術に対する個人的な好みは、レンブラント、ゴヤ、ベラスケス、エル・グレコなどによるドラマチックな絵画に傾いていたが、ポール・グスタフ・ドレの挿画なども好んだ。また、若いころにはアメリカの写実主義画家のグループ、アッシュカン派、とりわけロバート・ヘンリの影響を受けていた。だからといって、ウォルトは抽象絵画に反対というわけではなく、事実、『ファンタジア』や『ダンボ』、その他のアニメーション映画の中で部分的にではあるが抽象的な表現を使っているくらいである。ただし、美術学生は基礎を学んだうえではじめて自分自身の表現方法を見つけるのが本筋であると信じていたため、シュナードを訪問して、一年生がペンキローラーなどを手にしてカンバスに向かっているのを見ると、彼はいらだたしい思いをした。

また、さまざまな形の芸術が自由に融《と》け合うことを望んでいたウォルトは、ちょうど、ちがう種類の花を交配してまったく新しい花を咲かせるように、いろいろな技術を幅広く学ばせる学校こそ、若い学生に必要であると考えていた。そのような学校があれば、一九三〇年代にディズニースタジオ内でアニメーターのために作った学校の機能が、より正式かつ広範な形で果たされ、将来必要な人材を、ディズニーばかりでなくハリウッドのほかの映画会社にも送り込むことができる、という実用的な側面もあった。

ウォルトは、そこで例のエコノミックス・リサーチ・アソシエイツ社に頼んでシュナード美術学院の問題点をさぐり、学院を根本的に立て直す解決策を見つけるよう調査させた。結局、二十もの個別調査が行われ、さまざまな解決案が提出されたが、その中には、互いに関連しあう学校群を一箇所に作り、そこで学生が腕を磨くとともに、自分たちの作品を販売して学資を捻出《ねんしゅつ》できるような芸術都市を建設する、という案もあった。

しかし、学校建設のプロジェクトが具体的に動きだしたのは、ロサンゼルス音楽院がシュナードと同じ境遇にあることをウォルトが知ったときであった。この音楽院は一八八三年、エミリー・バレンタイン夫人によって創立され、ロサンゼルスではじめてグランドピアノが置かれた場所であったが、やはり横領事件に遭い、経営のまずさもてつだって急速に傾きつつあった。
ウォルトは、ただ一人の後援者として音楽院を支えていたボン・ヘーゲン夫人と昼食をともにしながら、苦境にあるお互いの学校について活発に意見を交換しあった。そこで夫人は、理科系分野を総合したカルテック、つまりカリフォルニア工科大学の例に倣《なら》い、あらゆる芸術分野を総合したカリフォルニア芸術大学の構想を提案した。こうして、その後〝カルアーツ〟と略して呼ばれるようになったカリフォルニア芸術大学の歴史は、一九六二年、シュナード美術学院とロサンゼルス音楽院の合併により始まったのである。
一九六四年、ウォルトはスタジオの自室でインタビューに答え、彼の頭にあるカルアーツの構想についてこう語っている。

学校があまり大きくなるということは極力避けねばなりません。生徒との親しみが薄くなるし、……巨大な工場みたいになってしまうと創作活動がうまくできなくなる。だからこのスタジオも、大きくなりすぎないようにいつも心がけてきました。……私は実習室というか、ワークショップのアイディアが好きですね。学生が自由に入ってきて、いろんな芸術が学べる。美術の専攻で入ってきたとしても、優れた音楽家になる可能性だってあるんですから。……

想像力っていうやつは直観的なものだ。これは生まれつきの才能だと思うけど、でも、その後の発達が必要です。私の場合、小さいころ、ボードビルをいろいろ見にいって勉強になりました。カンザスシティにいたころ、友人の父親が劇場を一つ持ってましてね。僕らは一週間に三回もショーを見物したもんです。……私自身、もともと政治漫画を描こうと思ってましたが、カンザスシティのフィルム・アドという会社で漫画映画に触れたのが方向転換のきっかけになりました。……でも私は漫画を描くだけでは満足できなくて、カメラマンの仕事を観察しながら露出はいくらかとか、どうしてそういうふうに撮影するのか、などと質問しました。最初は何をきいても答えてくれなかったカメラマンが、そのうち何でも教えてくれるようになって、私に撮影までさせてくれたんです。こうやって私は、いろいろ学んだというわけです。……

現在の大学の問題というのは、学生が幅広い勉強をするのを妨げているということだ。学生は、学位をもらうために単位を山ほど取らなきゃならない。だから、ほかの学科に首をつっこむチャンスもないわけだ。カルアーツでは、そういうことはない。学生は、美術、演劇、音楽、舞踊、文章創作、なんの授業でも取れる。……学生総数も二千名以上にはならないでしょう。そして、できるだけキャンパス内に住まわせる。また、才能のある者であれば、たとえ普通の勉強が苦手であったとしても、成績なんか気にせずに自分を自由に表現する機会を与えてやりたい。……でも私たちは、単なる芸術愛好家みたいな人には来てほしくない。来てほしいのは、才能のある人。そう、カルアーツに入学する条件はただ一つ、才能なんです。

WED《ウエド》の技術力が円熟味を増すにしたがい、第二のディズニーランドを作ることに否定的だったウォルトの気持ちもしだいに変わっていった。テーマパークの焼き直し以上のことをやってみる絶好の時期が来ていると感じた彼は、もう一つのディズニーランドを建てて、それを、より大きな目標を達成するための刺激剤にしようと決心したのである。すなわち、新しいタイプの都市を計画、建設し、清潔で美しく活気に満ちたコミュニティーでの人間生活を実現してみよう、という構想であった。

アメリカ東部にもう一つのディズニーランドを建設する最適の土地を決めるための調査をエコノミックス・リサーチ・アソシエイツ社に依頼したのは、一九五八年のことであった。答えはフロリダと出され、ウォルトはいよいよ自分の計画に自信をもった。フロリダなら、温暖な気候のおかげで年間を通じた営業が可能である。莫大《ばくだい》な投資に対する見返りとして、これはたいせつな要素である。ただ、この土地の唯一の欠点は人口の少ないことであった。千五百万人近くの人口をもつカリフォルニア州において、年間五百万人というディズニーランドの入場者の六〇ないし六五パーセントは州内からの客であるのに対し、フロリダでは州の全人口がたった六百五十万人というのである。しかしウォルトは気にせず、「ま、北部のお客さんを、来る気にさせることだな」と言っていた。

一九五九年にひきつづいて一九六一年、彼はフロリダ州内の具体的な場所を決定するための調査を再度命じ、その結果、第一候補としてオカラ、第二候補としてオーランドの名前があがった。しかし、この時点でウォルトがニューヨーク世界博の準備に入ったことから、フロリダのプロジェクトはわきに置かれることになった。

一九六三年、世界博覧会用の四つの展示館のデザインがもうすぐまとまるというところまでくると、ウォルトはWEDのスタッフにもう一つの大仕事をさせる準備をはじめ、それと同時にフロリダの場所選びに関する三度目の調査をさせた。前回の調査では、将来計画されている重要な高速道路《フリーウェー》のルートが見落とされていたとして、新たにデータが集められた結果、オーランドが理想的な位置であるという報告結果が出たのである。

そこで同年十一月、ウォルトは数名の幹部を伴い、最終的な場所決定をするつもりで東部へ向かった。そして、以前から話のあったいくつかの州の土地を訪れたあと、フロリダ州中央部のオーランド付近を上空から視察したが、帰途立ち寄ったニューオーリンズで、一行は大事件が起きたことを知った。ケネディ大統領が暗殺されたのである。この悲報に触れたあとのウォルトは機内ではほとんど口をきかず、意気消沈したままカリフォルニアに戻った。

ウォルトとロイは、新しいパークを包む周囲の環境を完全にコントロールできるような十分な土地を、フロリダ中央部に購入しようということで意見が一致した。ディズニーランドの周辺が、観光客目当てのけばけばしい宣伝合戦で視覚的にぶちこわしになったという、苦い経験を繰り返さないためであった。周辺の地価が急騰しないよう秘密裡《り》に土地を購入する任にあたるため、早速選ばれたのは、ディズニーランドの事務長で最高顧問弁護士でもあるロバート・フォスターであった。彼は測量地図を研究したり、オーランド、オカラなどの地方新聞に掲載されている土地広告や不動産業者の出したチラシなどを読みあさった。

ロイ・ディズニーと幹部数名は一九六四年二月、フロリダに飛んだが、ウォルトは目だつとまずいのでカリフォルニアに残った。一行はホテルに泊まるさいも偽名を使い、めぼしい地域の調査を密《ひそ》かに行なうと、かなりまとまった土地がいくつかあることをウォルトに報告した。

「よし、ここらで土地を買いはじめよう」

と、ウォルトは応答した。

いよいよフロリダでの秘密作戦を開始することになったロバート・フォスターは、さながらジェームズ・ボンドのようであった。彼は、ディズニーが使っていたニューヨークのある法律事務所を通じて紹介された、ポール・ヘリウェルというマイアミ在住の弁護士にまず会ったが、この男はフロリダ州政府と重要なコネを持つ人物だった。フォスターはディズニーの名を明かさないまま、自分の目的をヘリウェルに伝えた。その目的とは、レクリエーション用地で、しかも農園や商業用建物などにも利用できるに十分な土地面積を手に入れる、ということであった。そこでヘリウェルがフォスターに紹介したのは、州内で幅広い不動産売買の経験をもつロイ・ホーキンズという業者であった。フォスターは名字の代わりにミドルネームであるプライスを使ってロバート・プライスだとホーキンズに名のり、土地所有者との交渉のあいだ中、ずっと〝ロバート・プライス〟で通した。

一九六四年五月ごろまでには具体的な候補地が三箇所に絞られ、ディズニー側としてはその中からオレンジ郡のオーランド市周辺に力を集中することになった。ここには、まとまった大きな区画が三つあるほかに〝隙間《すきま》〟と呼ばれる小間切れの土地が四十八箇所あり、同年八月までに、そのうち大きな三区画は仮契約《オプション》で押さえることができた。問題は〝隙間〟の買収であった。一九一三年に分割されたこれらの小区画はカタログを使った郵便注文方式で販売されたもので、五十名からなるディズニーの作業班が現在の所有者をつきとめて、買いあげの申し出をするという厄介な手続きが始まった。バーバンクのスタジオの会議室にはフロリダ州オレンジ郡の巨大な地図が張られ、その上には、まるで軍隊が戦争で占領した領土のごとく、日ごとに土地の買収状況が書き込まれていった。ウォルトも毎日、その地図の前に足を運び、自ら進行具合を確認した。

ウォルトは、自分の姿を人に見られると土地の買収作戦が危なくなることは承知のうえ、どうしても自分の目で現地が見たかった。そこで彼が数名の幹部を伴って、会社の飛行機でフロリダへ飛んだときのことである。フロリダのある空港で給油のため着陸したさい、一行はターミナルに出ていったのに、ウォルトだけは誰《だれ》かに見つかるとまずいということで、しぶしぶ飛行機のそばで待っていた。すると、若い整備員が彼の顔をじっと見つめ、

「あなた、ひょっとしてウォルト・ディズニー？」

と、尋ねた。ウォルトは、すかさず言い返した。

「冗談じゃない！　しょっちゅう、こうやって人まちがいされちまうんだ。いつか、あのバカ野郎に出っくわした

ら、あんたのおかげで迷惑してるぜって言ってやろうと思ってるんだよ」

ウォルトは、フロリダの予定地を空から視察した。そこは、糸杉の森林と黒々とした沼地が見渡すかぎり広がっていた。こんな原野の中からテーマパークと未来都市を作りだすというのは、まさに気の遠くなるような難題であるかに思えた。しかしウォルトは、「いいぞ、これはうまくいくよ」と、すこぶる満足げであった。

一方、地元オーランドでは、この広大な土地の購入予定者が誰であるかをめぐって、さまざまな噂《うわさ》が流れていた。フォード自動車会社だと言う者もいれば、マクドネル・ダグラス社かディズニーだ、と言う者もいた。不動産業者のロイ・ホーキンズが、たまたまシアトルに行き、そこからオーランドの友人宛《あ》てに絵葉書を送ると、多くの人たちが今度は、この正体不明の土地購入者は、シアトルに本拠地を持つボーイング社にちがいないと噂した。

土地の買収は一九六五年十月までには、あと三百エーカーを残すだけとなった。スタジオには、東部の報道記者がはるばる取材に訪れるようになっていたが、ある記者会見で『オーランド・センティネル』紙の記者が、フロリダで土地購入を進めているのはディズニーか、という質問をした。ウォルトは、どちらともとれるような言いまわしで逃げることもできたのに、そうはせず、「それにはお答えしたくありません」と返答した。

同じ週の週末、ロバート・フォスターはジョー・ポッターとともにオーランドに飛んだ。ポッターはニューヨーク世界博のさい、会長のロバート・モーゼズの右腕として活躍したあと、最近ディズニーに入社していた。二人ともホテルでは偽名を使い、ヘリコプターで上空から現地を視察したり、周辺の土地を実際に歩いてみたりした。

ところが日曜日、ホテルへ帰ってきた二人は、『オーランド・センティネル』紙に「正体はディズニー！」という見出しが載っているのを発見した。ポッターは、ことここに至ってもまだ秘密を守ろうと、わざわざ公衆電話を使ってカード・ウォーカーに連絡をとり、ニュースが漏れていることを報告した。が、このことを聞いたウォルトは、フロリダの計画を公表することを決心した。ポッターとフォスターはオーランドからマイアミに飛び、フロリダ州知事のヘイドン・バーンズに会った。知事は翌日に予定されていたある昼食会で、自らそのニュースを発表したいと申し出た。

こうしてディズニーの計画は、土地の買収が完全に終わらないうちに公になってしまった。そのため、残る区画の地価が急騰し、一エーカー百八十三ドルであったのが千ドルにまではねあがった。ただし、ディズニーがすでに仮契約《オプション》で押さえていた二万七千エーカーは、五百万ドルで取得できた。

十一月十五日、オーランドのチェリープラザホテルで記者会見が開かれた。席上、バーンズ知事は、いかにも政治家らしい仰々しい表現で、ウォルト・ディズニーを、「フロリダ州にエンターテイメントの新世界と楽しさ、さらにまた経済的発展をもたらそうとする、一九六〇年代の代表的人物」であると紹介した。そしてロイ・ディズニーに対しては、「ウォルト・ディズニー・プロダクションズの天才的な財務管理者」と褒めたたえた。

「この事業は、いままで私たちが取り組んだ中で最大のものであります」

記者を前にしたウォルトは、こう口を切った。

「記者のみなさんのためにちょっとご説明しますと、私と兄はこれまで四十二年間、一緒に仕事をしてまいりました。私は小さいころ、何か突拍子もないことを思いつくと、よくこの兄貴のところに話しにいったもんです。すると、兄が私の考えを聞いてまともな方向づけをしてくれるか、あるいは兄にどうしても賛成してもらえないときは、そのまま私が一人で自分のアイディアを何年も温めたあと、結局彼をなんとか味方にひっぱり込むかのどちらかでした。ま、そういうふうにして私たちは摩擦を起こしながらもやってきたんですが、そのおかげで我々の組織に必要だったちょうどいいバランスもとれたのだろうと思います。……しかしながら、このフロリダのプロジェクトについては兄を説得する必要はあまりなく、彼は最初から賛成してくれました。もっとも、そのことがはたして良かったのか悪かったのかは、これからわかることになるのでしょうが――」

続いて報道陣から、このフロリダ・プロジェクトで雇用される従業員のためのモデル都市について、質問が出された。ウォルトは、ここではじめて未来都市の構想を公にすることになった。

「そうですね、モデル都市というか、まあ、未来の都市《シティ・オブ・トゥモロー》という名で呼んでもいいのですが、これに乗りだしたいと思ったのは、私は建築家がよく建てたがる超高層ビルみたいなものは好きではないからです。誰もがいまでも、人間らしく住みたいと願っているでしょう。そのためにやれそうなことはたくさんあります。私は別に車に反対ってわけではないのですが、都市の中に自動車が入りすぎていると思うんです。だから、車はあっても、人間が本来の歩行者に戻れるような設計をすればいい。私は、ぜひ、そういうプロジェクトに取り組んでみたい。それから、学校や公共施設、町の娯楽と生活のあり方なんかにしてもですね、未来の学校を建ててみたいと思っています。……これは、現代という教育の時代の実験的事業になるかもしれませんよ――アメリカからさらに世界に広がっていく規模のね。今日《こんにち》、もっともむずかしい問題は教育だ、と私は考えていますから」

ウォルトはフロリダ・プロジェクトの企画委員会をWEDに設置し、自らそのメンバーの一人となった。同じく委員となったのは、ウォルトのアイディアを具体的な形にする貴重なこつを知っていたジョー・ポッターとマービン・デービスである。そして、この三人だけがプロジェクトの計画書類がしまってある部屋の鍵《かぎ》を持つことになった。

企画の過程を通じて、ウォルトはプロジェクトの全体的な構想と未来都市の設計に心血を注ぎ、テーマパークのほうには、あまり注意を向けなかった。

「テーマパークの作り方は、僕らはもうわかってることだ。新しくできるやつは、ディズニーランドとまったく変わらない――もっとも、フロリダじゃ水がもっといっぱいあるけどね」

と、彼は言った。

ウォルトは未来都市の建設にとりつかれた。彼は科学が生んだ最新の成果を可能なかぎり全部取り入れたいと考え、ジョー・ポッターに指示した。

「各企業が未来について、どんなことを考えているのかが知りたいんだ。科学研究所とかシンクタンクではいま、何をやっているのかを調べてくれ。彼らのノウハウを僕らの企画に生かすんだ」

そこで、五百社にのぼる企業にアンケート用紙が送られ、ポッター以下、何名かのスタッフが数か月をかけて百あまりの工場や研究所、財団などを訪問した。

ウォルトはまた、都市計画について手当たりしだい読みあさった。エコノミックス・リサーチ・アソシエイツ社に依頼した十四件の調査のうち、一件はさまざまなモデル都市に関するものであった。それには、計画的に作られた都市というものは紀元前一九〇〇年ごろからすでに存在しており、ピラミッドを建設する労働者のためにエジプトに作られたのが始まりであると書かれてあった。また、アメリカで一九六〇年代半ばまでにできた百二十五の新しい都市のうち、その計画が成功したのはほんのわずかであり、たいていの場合、古くからの都市が犯した過ちの繰り返しか、あるいはそれをさらに悪化させたものに終わってしまった、と報告されていた。ウォルトは、戦争直後のイギリスで実施された〝ニュータウン〟のプログラムに感心したが、できあがった実際の都市は、単調でぱっとしないものになってしまったようであった。だが、ウォルトは落胆しなかった。質の高い環境を計画的に作ることにより、現代社会の中でも人間らしい生活をすることは可能であると、持ち前の楽天主義で信じていたのである。

また、いくつかの大企業がモデル都市を作ろうと試みて失敗した例にも、ウォルトは意気をくじかれることはなかった。なかには、十箇所のモデル都市の建設を目ざして、企画調査に一億ドルを投じた企業もあったが、その計画は水の泡となってしまっていた。時代おくれの建築基準、保護主義的な労働組合、建材業者の高い請負料、それに近視眼的な政治家など、もろもろの障害に阻まれて、斬新《ざんしん》な変革を実現することができなかったのである。

政治家というものに対し、これまでずっと不信感を抱いてきたウォルトは、政府の干渉なしにモデル都市を開発するという、いままでに例のない自由が欲しかった。ドン・テータムが、ウォルトの望んでいるのは〝実験的な専制君主制〟であると言ったところ、ウォルトは片方の眉《まゆ》をつり上げて、いたずらっぽくきき返した。

「できると思うかね」

「無理ですよ」

テータムはあっさり答えた。

ウォルト・ディズニーの未来都市には名前が必要だった。ある日、WEDのスタッフと昼食をとっていた彼は、しばらく思いにふけっていたが、突然口を開いた。

「僕らが狙《ねら》っているのは、実験的な（Experimental）原型（Prototype）としての都市（Community）の（of）未来（Tomorrow）像だよな。これの頭文字をとったらどうなる？　E－P－C－O－T。そうだ、この名前でいこう、EPCOT《エプコット》だ」

28

一九六六年の元日、ロサンゼルス近郊にあるパサディナ市恒例のローズパレードの先頭車に乗る総指揮者《グランド・マーシャル》として登場したウォルト・ディズニーは、テレビ中継を通じて何百万人もの視聴者の前に姿を見せていた。毎週レギュラー番組に出演する彼を見てきた人々の目には、いつもとほとんど変わらないウォルト・ディズニーであった。白髪こそすこしばかりふえていたかもしれないが、そのまっすぐな髪、短く切り揃《そろ》えた口ひげ、華やかな笑顔、つり上がった眉《まゆ》——どれもいままでと同じだった。しかし毎日一緒に働いている者には、ウォルトの変化がよく見てとれた。彼は前年の十二月に六十四歳を迎えており、かつては尽きることを知らなかったエネルギーも衰えはじめていた。そして「ふらふらする」とか、仕事が忙しくて「へたばった」などとこぼすことがしだいに多くなった。

昔、ポロで負った傷も悪化していた。腰の後ろから左足にかけて痛みが襲い、ヘーゼル・ジョージが毎夕治療をしてくれても、たいした効果はあがらなかった。また顔面痛にも悩まされた。夜寝るころになるとよく発作が起き、それから何時間も顔に温湿布を当てなければならなかった。加えて鼻炎も慢性になり、治療に毎週通った。そのうえ、よく風邪をひき込み、おそらく二回ぐらいだったろうか、軽い肺炎を併発した。肝臓の具合も悪くなり、サンタモニカのセントジョンズ病院に入院して検査を受けたりした。一九六六年のウォルトの予定帳には、医者や病院の予約があちこちに書き込まれていた。彼はパームスプリングスに新しく買った別荘で連休を過ごすことが多くなり、ときにはまる一週間そのままそこに籠《こも》ることもあった。

ウォルトのこうした健康状態は、仕事を未完成にしたまま死ぬだろうという、かつての予言が確かなものになっていくかのようだった。ある夜遅く、ウォルトは、長年つき合ってきた三人の同僚とともにディズニーランドの中を歩いていた。その晩は、パークの建設に協力した主だった人たちを集めて晩餐《ばんさん》会が催され、彼らはその帰り道であった。ウォルトが、

「ああ、じつに楽しかった。こんなに楽しい夜は、いままでだってめったになかったよ」

と、感慨深げに言った。同僚の一人が、

「うん、おもしろかったな。こういうのをもっとたくさん開くようにしなきゃいかんな」

と相槌《あいづち》を打つと、ウォルトはそれを否定して、

「いや、もうこれで終わりさ」

とつぶやいた。

「そんなことはない。またあるよ」

「いや、僕はもう六十四になったんだし、これから若くなるってことはないからね」

同僚たちは、ウォルトがもっと長生きをしてこういう集まりにも今後もっと出るにちがいないと口々に言ったが、ウォルトは、

「いや、そういつまでも生きられるわけじゃない」

と、静かに答えるだけであった。黙りこんでしまったほかの三人に、ウォルトはほほえみを浮かべながらこう言った。

「今夜はとてもすばらしい夜だった、と言うだけでいいじゃないか。僕は今日のことを忘れないよ」

そして、自分の車のところまでやってきた彼はそれに乗り込むと、闇の中に消えていった。

昔にくらべ、ウォルトは自分の家族をより身近な存在として感じるようになっていた。一九六六年のはじめに七人

にもなっていた孫が、彼にはかわいくてしかたなかった。長女ダイアンとロンは六人の子だくさんで、上からクリストファー、ジョアンナ、タマラ、ジェニファー、ウォルター、ロナルドと続いており、次女シャロンとロバートのあいだには、一九六六年の一月に娘のビクトリアが生まれていた。またウォルトにとっては、二人の娘婿が会社の中で活躍しているという事実も嬉《うれ》しいことであった。ロンはプロデューサーとしての才能と指導力を発揮していたし、ロバートもWED《ウエド》においてその創作能力を十分に証明していた。

ウォルトと妻リリーとの絆《きずな》も、いっそう強いものになっていたようであった。二人が手をとりあってスタジオ内を歩き、ウォルトが新しい映画のセットや最新式のオーディオアニマトロニクスの人形を自慢げにリリーに見せている姿が、従業員たちの目にとまった。リリーのほうも、ウォルトが考えつく途方もない計画についていつも心配顔であったが、それが成功すると夫をこのうえなく誇らしく思った。彼女には、ウォルトに寄せられる人々の敬意が嬉しかった。宇宙飛行士を招いてニューヨークで催された夕食会にウォルトとともに出席したときなど、リリーはわざわざカリフォルニアのダイアンに電話をかけ、いちばんの注目を集めたのはウォルトだったと報告したのだった——。

「うちのお父さんが世界でいちばん大事な人だと、みなさんが思ってくださってるようだわよ」

ウォルトは兄のロイに対してもさらに親密な感情を抱くようになっていたらしく、二人は以前にも増して和気あいあいと仕事をした。ロイはフロリダのプロジェクトには大賛成で、資金繰りも着々と進めていた。もっとも、彼は会社の重要な任務から早く身を引きたいと言いつづけた。が、こればかりはウォルトも賛同しかねた。そこで彼は兄の気持ちを変えさせようとしていろいろ工作し、ロイの妻エドナにも電話して、「義姉《ねえ》さん、ロイが一日中、家の中でぶらぶらしてるなんていやだろ?」などと言いながら彼女を味方に引っぱり込もうとした。そしてある日、ウォルトは、ロイの毎日の応援なしでフロリダの大仕事をやってのけることはとうてい考えられないと、兄に向かって強く主張した。結果は例によってウォルトの勝ちであった。ロイは退職の予定を延ばしたのである。

しばしば襲う体の痛みと、早く仕事を片づけねばという焦りとで、スタジオでのウォルトはますます短気になっていった。そしてスタッフに対しても、ささいなことで八つ当たりすることが一度ならずあった。一方で、ウォルト・ディズニーに与えられる社会的名誉はあとを絶たなかった。何よりも彼が喜んだのは、自分の名前がつけられた三つの学校のことである。その一つはペンシルベニア州のタリタウンという町にあり、もう一つは彼の故郷、マーセリーンであったが、ウォルトは特別記念式典に自ら出席するため、どちらの小学校にも汽車ででかけていった。とくにマーセリーンの場合は、この町出身の名士、ウォルト・ディズニーに栄誉が与えられるということと、サンタフェ鉄道のスーパーチーフ号がはじめてマーセリーンの駅に停車するということが重なって、二重の祝いごととなった。

ウォルト・ディズニーの名前を校名につけた三つ目の小学校は、ディズニーランドのあるアナハイム市にあった。式典で挨拶《あいさつ》に立ったウォルトは、お返しに子どもたち全員をゲストとしてディズニーランドに招待し、楽しい一日を過ごしてもらいたいと申し出た――。

「もちろん、学校のある普通の日にディズニーランドに来てくれるのでなければ、ほんとうのお祝いにはなりません」と言って、かってに学校の休日をこしらえてしまったウォルトに、当の小学校側はびっくり仰天したのだった。

体力の衰えにもかかわらず、ウォルトはこれまでになく大量の仕事をこなしているようすであった。WEDには毎日顔を出し、フロリダ・プロジェクトの計画と同時にディズニーランドにおける新しい企画の進行具合を監督した。映画『最高にしあわせ』の制作も進め、編集用フィルムに目を通した。カルアーツの大学建設計画も依然として続けられていたし、テレビのレギュラー番組ではいままでどおりはじまりの部分に出演した。数々の慈善事業に協力する時間もさいており、ロサンゼルス・ミュージックセンターの舞台芸術協議会やカリフォルニア・エンジェルス球団の理事も務めていた。

ウォルトはアニメーション映画の制作に以前より多くの時間を投入するようになった。『眠れる森の美女』を制作したころから、彼自身が長編漫画を直接指導する時間はどうしても削られがちであったため、スタジオのアニメーターたちはウォルトに軽視されているような気がしていた。が、『ジャングル・ブック』の制作が始まって、その状況は一変した。

ウォルトは、キプリングが書いた物語の中から何か長編作を作りたいと長いあいだ考えていたが、この企画はうまい筋書きができないまま何度も流れていた。脚色の努力をした一人ビル・ピートは、ウォルトとはずいぶん激しいやりとりを交わしながらも、協力して良い仕事をしてきた人物だった。だがお互いに短気なピートとウォルトはふたたび衝突し、そのときの衝突がいよいよ最後のものとなってしまった。ピートは、「僕は自分のやり方でやる!」と言いはなったが、ディズニー・スタジオで最終決定を下す権限を持つ者はただ一人しかいなかった。ビル・ピートはスタジオを去っていった。

『ジャングル・ブック』の担当を新たに言いわたされた脚本家はラリー・クレモンズといい、以前、ジャック・ベニーやビング・クロズビーのためにギャグを書いていた人物であった。自由な発想をしてほしいと思ったウォルトは、クレモンズに一冊の本を手渡しながら、こう言った。

「これがキプリングの原作なんだが、まず君にやってほしいのは、これを読まないってことなんだよ」

ディレクターにウーリー・ライザーマン、そして信頼できるアニメーターのベテランを揃えた担当スタッフの努力で、最初の部分の展開はまずまずのできであった。声優に起用されたフィル・ハリス、ジョージ・サンダーズ、ルイス・プリマ、セバスティアン・カボットなどの新しい顔ぶれがこの作品に新鮮さを吹き込み、アニメーターのあいだにも張りがでた。

主人公の少年モーグリとパンサーのバギーラの動画はミルト・カールとフランク・トマス、象の一団はジョン・ラウンズベリー、熊のバルーはオリー・ジョンストンがそれぞれ担当した。そしてアニメーターたちは、個々のシーンのでき具合に満足していた。しかしながら、物語の展開には心配が残った。彼らは『ピノキオ』のときの苦い経験をまだ忘れていなかった。『ピノキオ』は、半分できあがったところでウォルトが作品に欠陥があると言いだし、多額の費用をかけて大規模な調整を行ったのであった。そこで、あるストーリー会議の終わりに、ミルト・カールがみんなの気持ちを代表して発言した。

「ウォルト、全体のストーリーの流れをある程度はっきりさせて、僕たちがいまどの部分をやっているのかがわかるようにしておく必要があるとは思いませんか?」

「思わんね。あらすじ、あらすじってあんまり気にしてたら、しまいにゃどうにも動きがとれなくなっちまうよ」

ウォルトはそう答えると、カールの足をぽんと軽くたたいて付け加えた。

「だいじょうぶだよ」

ウォルトの直感は正しかった。『ジャングル・ブック』の中でつぎつぎに繰り広げられるシーンは、それぞれに登場人物の個性が豊かに出ており、しっかりした筋書きは必要ではなかった。ストーリーボードの会議に臨んだウォルトは、ミッキーマウス全盛時代を思わせるはりきりようで自分の意見をつぎつぎと出した。ある日、会議が快調に済んだあとで、ごきげんの彼はアニメーターたちに言った。

「君ら、もっとしょっちゅう僕を会議に呼んでくれたまえよ。なんせ、僕はギャグマンとしてはスタジオでいちばん給料が安いんだから、いくら使ってくれてもかまわんよ」

ウォルトはこの年一九六六年にも、会社の飛行機に乗ってよく飛び回った。ピッツバーグではウェスティングハウス社の研究所を訪れ、同社が開発した高速輸送システムをはじめ、将来に向けての開発プロジェクトを三日間にわたって視察した。また大都市のショッピングセンターをいくつも見学し、商店のあいだをゆっくり歩きながら人の流れや客の反応などを観察した。だがウォルトは、たいていのショッピングセンターに失望した。どこも機能性ばかりを追求していて、楽しさに欠けていた。

彼は、ディズニー・ワールドという名で呼ばれるようになっていたフロリダ・プロジェクトの建設予定地を訪れ、ヘリコプターに乗って周辺を上空から眺めたり、建物の高さを決めるために気球をいくつか上げるテストを行ったりもした。ウォルトはこの土地の広さにすこぶる満足し、現場にいた幹部のディック・ヌニスに向かって得意そうに言った。

「ほら、まるでマッターホルンの頂上に立って下界を見下ろしてるみたいじゃないか。こっちの方向に十一キロ、あっちの方向に十八キロ——これがみんな、僕らのもんだ。ディズニーランドだけじゃなくて、遊園地があと二つ、三つと町が二つくらい、すっぽり入っちまう。僕らはここでなんでも好きなことがとことんやれるんだ」

その年の七月、ウォルトはヨットを借り、リリーと娘たちの家族全員をひきつれて、カナダ西岸のブリティッシュコロンビア方面に約二週間の船旅に出かけた。家族ばかりが十三人も乗り込んだヨットの中でウォルトは内輪もめの仲裁役をしたり、デッキで読書に精を出したりしたが、船旅の途中で体の具合が悪くなった。声がしわがれ、足はこわばり、ヨットの乗り降りがかなり苦労であるようすが、はた目にもはっきり見てとれた。

スタジオの日課に戻ったあとも、ウォルトの痛みはひどくなる一方だった。七月二十四日、ディズニーランド内の「ニューオーリンズスクエア」をはじめて披露する式典を終えると、彼は検査のため、UCLAの大学病院に入院した。レントゲンを撮った結果、首の古傷のあとにカルシウムがかなりたまっていることがわかった。手術をすれば痛みがすこし和らぐと言われたが、ウォルトは年が明けるまで具合をみることにした。

彼にはまだなすべき仕事が山ほど残っていた。新しいプロジェクトとしては、ミネラルキングバレーのスキー場開発があった。ウォルトは一九五八年、『山の上の第三の男』を制作したさい、スキーに興味を抱きはじめ、持ち前の好奇心でインストラクターと話したりスキー客の意見を聞いたり、ゲレンデを動きまわる人間の流れを見たりした。また、一九六〇年にディズニーは、北カリフォルニアのスコーバレーで開催された冬季オリンピックの開会式の演出を引き受けたが、これがきっかけとなってウォルトは、ドイツのスキー選手でデンバー大学のコーチをしていたウィリー・シャフラーに会った。二人はたちまち意気投合し、ウォルトはスキー場開発のための土地探しとその企画を助けてもらうため、シャフラーを雇い入れた。ウォルトは、それまでに行った調査をもとにして、カリフォルニア州南部、セコイア国立公園に近いミネラルキングバレーに候補地を絞っていた。シャフラーもそこが有望であると認め、さらにエコノミックス・リサーチ・アソシエイツ社の最終調査でも同じ結論が出た。

一九六五年、農務省森林局は、民間企業を対象にミネラルキングのスキー場開発のための入札を行い、ディズニーは三千五百万ドルの見積価格を出して仕事を獲得した。その三十年の借地契約については、ミネラルキングに通じる州の幹線道路《ハイウェー》が建設されることと、開発の基本計画書が一九六九年一月までに提出されることが条件となっていた。

シャフラーが滑降コースを設定する一方で、ウォルトはスキー客用の施設の計画に乗りだした。カリフォルニア州政府当局は、このミネラルキングの開発によって新たにもたらされる巨額の利益に気を良くした。推定では、オープン後の十年間に六億ドルの収入が州の懐に入るというのである。ブラウン州知事は幹線道路建設への協力を確約し、連邦政府からは道路建設費用として三百万ドルが出された。

ブラウン知事とウォルト・ディズニーは一九六六年九月十九日、現地ミネラルキングの山の中で合同記者会見を行い、幹線道路の建設計画を発表した。その日、シエラネバダ山脈の頂には灰色の雲がゆっくりと移動し、気温零下七度という寒さであった。正午に予定されていた記者会見の現場に州知事や報道陣よりもひと足先に着いたウォルトは、ウールのズボンに厚いキャンプ用のジャケットを着ていたが、寒さがこたえているようすだった。彼のやつれた顔には、しわが深く刻まれていた。到着した記者たちはウォルトの元気のない姿に気づいたが、ディズニーの広報担当ボブ・ジャクソンは、海抜の高さと寒さでウォルトの血色が悪いのだと説明した。

州知事が姿を見せると、二本の大木のあいだに置かれた簡素なテーブルの前で知事とウォルトは談話を発表し、プロジェクト成功への抱負を語った。ウォルトは、計画の内容や時期についての記者の質問にいろいろ答えたあと、ストーブで暖をとるため、近くのひなびた雑貨屋の中にひっこんだ。ボブ・ジャクソンが入ってきて、山並みを背景に知事と記念撮影をするから外に出てきてもらえないかと頼んだが、ウォルトは、

「ちょっと数分待ってくれんかね。ひと息ついたら出ていくから」

と、疲れた表情で答えた。

ふたたび笑顔を浮かべて雑貨屋から出てきたウォルトは、ブラウン知事と一緒にカメラに収まると、午後二時には予定のスケジュールをすべて終え、車に乗り込んだ。彼にとって、これが最後の記者会見となった。

ディズニー・ワールドの建設は、その基本計画がまとまるにつれて、当初、ウォルトとジョー・ポッター、マービン・デービスの三人だけで作っていた委員会が拡大された。そして定例会議は、WEDの中でいちばん広いディズニー・ワールド会議室で開かれた。ウォルトは、よく上着のポケットに紙ナプキンを一枚つっ込んだまま会議にやってきたが、そのナプキンには彼が自宅で朝食をとりながら思いついたことがらや図が走り書きされていた。

一方、ディズニー・ワールドの運営については、フロリダ州議会に計画を提出することになっていた。マンハッタンの二倍もあるこの土地には、住民に対する基本的業務を取り扱うなんらかの政府機関が明らかに必要であった。調査の結果、フロリダ州法では、特別な査定区が州に代わってガス、水道、電気、下水、消防、道路建設などの事業主

としての機能を果たしても良いことがわかった。そこでディズニー側としては、公共サービスのためのそうした特別区と、そこの住民の公民権を取り扱う自治体を合わせて発足させる案を提出するに至った。この案はフロリダ州議会において多少の変更を加えられただけで、無事、通過をみた。

WEDにおける企画会議では、検討内容がテーマパーク自体の運営のことになると、ウォルトはもどかしそうな顔をして言いはなった。

「そんなことは、もう、君らにゃわかっとるだろう。過去に学んだようなことはもういいから、将来のことを話し合うんだよ」

彼の頭の中は、EPCOT《エプコット》のことでほとんどいっぱいだった。十月のある日に行われたインタビューの中でも、彼はそのことを話している。

「……僕はどうもせんさく好きな人間らしい。気に入らないものがあると、どうしてこんなことをやるのかな、僕だったらどう改良するかな、と考えはじめるんですよ。たとえば市なんかの自治体ね。僕らは高い税金を払っているのに、道が舗装されてなかったり穴だらけだったりする。道路の清掃員やごみ収集の職員も仕事をきちんとやらない。それに、家や土地の所有者も自分のものをきちんと管理しないで汚いままほっておくもんだから、そこがスラム街になる。どうしてなんだろうね」

質問をしていた記者が、実験都市を作るようなことをして仕事を増やさなくとも、ウォルトにはすでにやることがたくさんありそうだが、と感想をはさんだ。

「おや、君は僕の家内と同じことを言うんだね」

ウォルトはくすくす笑いながら答えた。

「僕がディズニーランドの計画を始めたとき、家内は『どうして遊園地なんか作りたいの？　あんな汚いところ』って言いましたよ。だから僕は、まさにその汚いということが問題なんだ、って説明した。つまり、僕が作るのはそういうふうにはならないってことをね」

十月二十九日、ウォルトは、バージニア州ウィリアムズバーグで、アメリカの自然を守るために尽くした功績によりアメリカ森林協会から表彰を受けた。しかし表彰式を済ませて東部からカリフォルニアに戻った彼は、自分の健康状態がこれ以上手術を延ばせないところにまで来ていることを悟った。息ぎれがひどく、足もひどい痛みのためにほとんど動かすことができなかった。十一月二日の水曜日、ウォルトはセントジョーゼフ病院に入院して再度検査を受け、レントゲン撮影の結果、左肺にくるみ大の影が認められた。そして医師は、手術がぜったい必要であるとウォルトに申しわたした。

予定していた仕事のスケジュールをこなすため、ウォルトはいったんスタジオに帰ったが、手術が月曜日の朝と決まったので、日曜日には一人で車を運転してふたたび病院に戻った。彼は自分のことで周りの人に大騒ぎされたくないと考え、リリーには病院に来ないように言った。しかしダイアンは家族がぜひとも付き添うべきだと主張し、彼女とシャロンとリリーは手術中、ウォルトの病室で待機した。

手術後、担当医師が厳しい顔つきで部屋に入ってきた。ウォルトの左肺が癌《がん》におかされていたため左肺全部を取り除いたこと、リンパ腺《せん》が異常肥大していたこと、今後の見とおしもあまり良くないことなどを報告すると、医師は、

「おそらく、あと六か月から、良くて二年というところでしょうな」

と付け加えた。聞いていた三人はこの宣告に驚き、とくにリリーは、信じられない、いや、信じたくない、という表情であった。それは、二人の娘にもとうてい受けいれがたい言葉であった。

その夜、激しい暴風雨の中をふたたび病院にやってきたダイアンは、父はかならず回復する見込みがある、と自分に言いきかせ、明るい気持ちで父に向かうことができた。ウォルトはまだ集中治療室に寝かされていたが、意識は戻りはじめていた。

「おまえ、いてくれたのかい」

彼は弱々しく尋ねた。ダイアンがうなずくと、ウォルトはいかにも自信ありげに、

「母さんもいたんだね」

と言った。

リリーが病室に入ってくると、ウォルトは強がりを言ってみせた。

「ねえ、リリー、僕は生まれ変わったんだよ。肺は一つになったけど、それ以外は新品同様さ」

入院中のウォルトは元気をある程度まで取り戻したようで、家族が見舞いに来ると陽気になった。ロイの息子で、プロデューサーであると同時にスタジオの理事会メンバーでもあったロイ・エドワード・ディズニーが見舞いに訪れると、ウォルトは、「僕がなったような病気にゃ、君はぜったいなるんじゃないぞ」などと忠告した。

一方、スタジオでは、ウォルトが昔ポロで負った傷の手術を受けたとのみ発表されていたが、大手術であったという噂《うわさ》が広まった。

映画俳優のジョン・ウェインもやはり片方の肺を手術で摘出していたが、ウォルトに、

「仲間入リ、ヨウコソ。高イトコロニダケハ気ヲツケタマエ」

という電報を送ってよこした。呼吸の困難な高度の場所へは行かないように、という意味であった。ウォルトはこの電報を喜び、看護師や見舞い客に披露した。

入院後、二週間を過ぎると、ウォルトは退屈になり、仕事に戻りたくてしかたなかった。彼は医師から退院の許可をもらうと、すぐ秘書のトミー・ウィルクに迎えにくるように電話をした。そしてどうしても自分のオフィスに行きたいと言い張ったウォルトは、スタジオで会社の事業に関する報告書に目を通したり短い会議に二、三出たりした。映画『赤いリボンに乾杯』の脚本についてウォルトの意見を求めにきたウィンストン・ヒブラーはウォルトのやつれように驚いたが、会話をやりとりするうちにウォルトの声もだんだんしっかりしてきた。

「なんともこわかったよ、ヒブ。こんな経験はしたことなかったね。でも、僕はだいじょうぶ。しばらく寝てなきゃいけないだけだ。君たち、映画のほうはしっかり頼むよ。僕もそばにいて助けるから、何か困ったときは、僕がここにいるからね」

ウォルトは脚本について二、三の提案をしたのち、こう付け加えた。

「ストーリーをしっかりやるんだ。ストーリーがいちばん大事なんだからな。それさえしっかりしてりゃ、ほかはみんな自然にうまく収まるんだから」

社員食堂のコラル・ルームで昼食をとったあと、ウォルトはスタッフとともにWEDの建物に行き、仕事の進行状況を見てまわった。ディズニーランドの新しい出し物「カリブの海賊」の具合を機械責任者のロジャー・ブロギーに尋ねると、ブロギーは、無事に完成してパークに運搬されたがさらにテストを重ねる必要がある、と報告した。会社の営業側では、このアトラクションをクリスマスにぜひオープンしようということで焦っているのを知っていたウォルトは、ブロギーに念を押した。

「いいかい、クリスマスにオープンできます、なんて連中に約束するんじゃないよ。このショーはまだ準備ができてないんだから」

それからウォルトは、長編アニメーションを手がけたとき以来、ディズニーランドやディズニー・ワールドの計画までずっと一緒に仕事をしてきたマーク・デービスと話をするため、腰をおろした。デービスは、ミネラルキングバレーで上演するオーディオアニマトロニクスの熊のバンドショーをスケッチの形にしていたが、ウォルトはそれを見て大きな声で笑った。そして、デービスの体重のことをウォルトがからかったので、デービスも思わず、

「僕はともかくとして——。でもあなたはまた、目方をごっそり持っていかれちゃいましたね」

と答えた。が、すぐに、そう言ったことを後悔したデービスはあわてて話題を変え、アトラクション「月世界の探検」の実物大模型ができているからいつでも点検してほしいと言った。

ウォルトは、デービスやディック・アーバイン、ジョン・ヘンチ、そのほかのWEDのスタッフとともにその模型を視察すると、改良すべき点をいくつか指摘した。そして、アーバインのほうを向いて、

「ちょっと疲れてきたな。君、僕をスタジオに送ってくれんかね」

と頼んだ。ウォルトはドアのところまで歩いていくと後ろをふり返り、

「じゃ、マーク、さよなら」

と言った。マーク・デービスはそれまで、ウォルトが「さよなら」などと言うのを聞いたことがなかった。

ウォルトはつぎの日も、そして翌々日もスタジオに顔をみせ、会議を開いたり各部門を回って歩いた。そして最後にもう一人、お別れを言うべき人がいた。看護師のヘーゼル・ジョージである。彼女はウォルトの入院中、見舞い状

をよこしたが、それには「〝お笑い部屋《ラーフィング・プレース》〟でまた会いましょう」と書かれていた。

二人が再会したのは、ヘーゼルがウォルトのがんこな痛みの治療をするあいだ、スタジオのできごとについてお互いに話したり笑ったりして、何百時間という時を過ごしたあの部屋であった。

「さあ、僕らはまた〝お笑い部屋〟に戻ってきたよ」

そう言いながらウォルトは、痩《や》せこけた自分の姿を見て彼女はなんと言うだろうと、その反応をさぐった。

「君に言っときたいことがあるんだが――」

彼はそうつぶやいて、あとは言葉にならなかった。二人は抱き合って、泣いた。


翌日は感謝祭の休日であった。リリーはウォルトを車に乗せてミラー家に行き、お祝いの昼食を一緒にした。ウォルトは孫たちに囲まれ、カナダの船旅のようすを撮った八ミリを見たりして嬉しそうであったが、娘婿のロンには、手術のことを思い出しながらしみじみと語った。

「まったく、あんなにおっかない思いをしたことはなかったな。いつもみんなに警告されていながら、まさか自分の身にふりかかってくるなんて、考えてもみなかったよ」

そして彼は、自分の生活のペースを落とさなければならない、とも言った。

「映画づくりのことは、もう君らプロデューサーに任せるよ。君らはチームとしてやれると思うしね。だってこの三年間、ちゃんとそうやってきたんだもんな。僕はディズニー・ワールドとＥＰＣＯＴのことだけに専念させてもらうよ」

そして、ニヤッと笑ってこう付け加えた。

「それでもね、僕が脚本を読まないってわけじゃないんだよ」

ウォルトは、砂漠地帯に行けばすこしは気分が良くなるかもしれないと思い、リリーと一緒にパームスプリングスへ飛んだ。しかし、別荘には一晩泊まっただけであった。彼の体力はますます衰え、十一月三十日にはセントジョーゼフ病院にふたたび入院した。

ウォルトの衰弱は医師が予想した以上に早かった。コバルト治療によって体は衰え、食欲も減退した。家族の将来のことを心配したウォルトは、弁護士に指示して自分が持っていた会社の株をダイアンのために大量に売った。彼女が、どうしてそんなことをしたのかと尋ねると、ウォルトは、

「おまえとロンのことが心配なんだよ。今度買った新しい家の支払いだってずいぶんあるだろ」

と答えた。

ウォルトには、ダイアンが珍しい食べ物をバスケットに入れて持ってきてくれたとか、そういった小さなことが嬉しかった。彼は家族が見舞いに来てくれるのを喜んだが、ときには一人でいたいと思うこともあり、痛みのひどいときには自分が苦しんでいる姿を妻にも娘たちにも見られたくないようすであった。また衰弱がいっそう激しくなると、彼は服用している薬のせいで意識がもうろうとするときさえあった。何の理由もなく、シャロンに「飛行機に乗り遅れるんじゃないよ」と言ったり、テレビに映っているある有名な女性記者を見て、「おや、ジャクリーン・ケネディじゃないか。あの人はきれいだねえ」などとつぶやくのだった。

十二月五日はウォルトの六十五歳の誕生日であった。しかし彼の容態は悪く、誕生祝いどころの話ではなかった。体力は衰える一方で、声も弱々しく、しわがれていった。

十二月十四日の午後、ウォルトを見舞って帰宅したリリーは、ダイアンに電話した。

「お父さん、ずっと良くなっていたわ。ベッドから降りてたし、腕を何度も私にまわしたりしてね。ずいぶん力も強かった。あれならかならず良くなるわ。だいじょうぶ——」

同じ日の夜、ロイの見舞いを受けたウォルトは弱ってこそいたものの、意識ははっきりとしていた。二人は静かに会社の事業のことを語り合ったが、ウォルトはディズニー・ワールドとEPCOTの計画に夢中だった。彼は正方形の防音パネルで覆われた病室の天井をじっと見つめ、片手をふらふらと伸ばした。そしてフロリダ・プロジェクトの主要地点をあそこ、ここ、と天井に向かってさし示した。ロイもまた、弟のそんなようすに勇気づけられ、帰宅すると妻のエドナに、あれなら回復の見込みが十分あると思う、と語った。

翌朝九時三十五分、ウォルト・ディズニーは急性循環不全のため、死亡した。

世界じゅうが驚きと悲しみに包まれた。ウォルト・ディズニーの死を伝えるニュースはあらゆる国の新聞に報じられ、世界のあらゆる場所で人々はたいせつなものを失ったという寂しさを胸に感じた。各国の大統領や首相、国王が哀悼の意を表し、新聞の社説もこぞってディズニーの功績をたたえた。『ロサンゼルス・タイムズ』紙は、「ディズニーは魔法の筆を持ったイソップ、カラー写真機を持ったアンデルセンであり、バリー、キャロル、プロコーフィエフ、ハリスなどの作家や作曲家が創りあげた登場人物に天才的な技巧で生命を与えた。……ショー・ビジネスの世界でこれほどまでに豊かな遺産を残した人物は他に類をみない」と書き、『ロンドン・タイムズ』紙は、ウォルトが「比類なき芸術性と感動的な美をたたえた作品を作りあげた」と報じた。

『ニューヨーク・タイムズ』紙の記事にはこうある――「絵を描く才能、大衆の夢にとにかくぴったりと合うその豊かな想像力、そして成功への執念。これ以外には何も持たず、無一文から出発したウォルト・ディズニーは、ハリウッドの大実業家となり、世界でも有数のエンターテイナーにのしあがった。新しいアイディアの導入にかけては天才的なその能力。膨大な作品の数々。ますます広範囲になっていった仕事に対しても自ら守りとおした確かな統率力。ディズニーの手は常に大衆の脈拍を感じとっていた。彼はいわば、自らが生きた時代の伝説的存在である――そうした意味で彼に与えられた栄誉は数知れない。しかし以上のどんな説明も、まだウォルト・ディズニーを十分に語ることにはならない。……」

一方、パリの某紙はこう報じている――「世界じゅうの子どもたちが喪に服している。われわれ大人が子どもたちとこんなにも同じ気持ちになったことは、いまだかつてなかった」。オランダのある新聞はウォルト・ディズニーを、「世界じゅうの子どもたちの夢の上に数十年間、君臨した」王様であると評した。メキシコシティの新聞はメキシコの子どもらの悲しみを伝えると同時に、「大人の目に浮かんだ涙もけっして小粒ではなかった」と報じた。イタリア、トリノのある論説者は、ディズニーを、「おとぎの世界に生命を吹き込んだ魔法の詩人」と形容し、デュッセルドルフの新聞は、「ディズニーの真の価値を物語るものは、彼が獲得した数々のアカデミー賞よりもむしろ、老いも若きもがこぞって発したあの歓喜の声である」と書いた。

また、ウォルト・ディズニーの友人であったアイゼンハワー元大統領は、「ディズニーの訴えたものや影響力の及ぶところは、この国のみならず、じつに普遍的であった。彼は、全人類がもつ共通の心の糸に触れたからだ。彼のような偉大な人物は、しばらく現れることはないであろう」と語り、ジョンソン大統領はホワイトハウスからリリーに宛《あ》て、心のこもった哀悼のメッセージを送った。

CBSテレビの夜の全国ニュースで報道された解説者エリック・セバレードの言葉は、その日のアメリカ国民の心情を代表しているといえる。

ウォルト・ディズニーを正確に語るということは、われわれ記者商売をしている者にとってもなかなかむずかしいことです。

ウォルト・ディズニーはまさに独創的な人物でした。アメリカという土壌が生んで育てた奇才、いや、何の形容詞もいらないそのものズバリの奇才でした。ウォルト・ディズニーという人間がいたということは、私たちにとって幸運なめぐり合わせであったといえましょう。そう、今世紀に起こった歴史的偶然の中で彼の存在はもっとも幸運なできごとの一つでした。ディズニーが、笑いとか愛、子どもたち、子犬、昇る太陽、といったものについて人々に語りかけようとしたにもかかわらず、二十世紀が犯してきた数々の過ちからすると、彼はこの時代にはまったくもったいないほどの存在だったのです。

ウォルト・ディズニーはおそらく、世界じゅうの精神科医が治療したよりも多くの悩める心を癒《い》やした。いや、すくなくとも、それを慰めるのに貢献したはずです。……ウォルト・ディズニーは、子どもの中には大人の要素はほとんどなくても大人の中には子どもの要素がたくさんある、という真実をちゃんと心得ていたようです。こんな憂き世ですら、子どもにとってはまったく新しい、きれいなリボンで飾られた贈り物です。ディズニーは、大人に対しても同じであるようにと努力したのです。……

世間一般の見方からすれば、万能のネズミ、空飛ぶ象、白雪姫やこびとの〝ごきげん《ハッピー》〟、〝おこりんぼ《グランピー》〟、〝くしゃみ《スニージー》〟、〝おとぼけ《ドーピー》〟――こうした登場人物はすべて空想であり、現実からの逃避です。ではそれらが大陸間弾道弾や汚染された空気、死に枯れた森林、月面から持ち帰った石の小片と比べて、もっと非現実的なもので、もっと空想的なものなのか。どういう見方をするにせよ、現代は空想の時代でありますが、ディズニーの空想は人間を死に導くような種類のものではけっしてなかった。人々は口々に語っています。ウォルト・ディズニーのような人間は二度と現れないであろうと——。

ウォルトの死は、ディズニーの組織に属する者全員にとって大きな打撃であった。スタジオ、WED、ディズニーランド、フロリダの建設現場、各国に散らばるブエナ・ビスタ社の事務所——。その中にはウォルトと三十年も一緒に仕事をしてきた者もいれば、新米のスタッフもいた。が、ウォルトの頭脳を会社の指針として頼ってきたことでは、誰《だれ》しも同じであった。そしていま、彼が定めた目標めざして手綱をとる任務は兄、ロイ・ディズニーの双肩にかかることになったのである。

ウォルトの葬儀は彼の遺言に従って、ごく内輪にひっそりと行われた。彼が亡くなった日の翌日、遺体は荼毗《だび》に付され、グレンデールのフォレストローン・メモリアルパークでの簡単な埋葬式に立ち会ったのは、わずかに身内の者だけであった。家族は弔問者による献花を断り、代わりに香典はカリフォルニア芸術大学への献金に差し向けてくれるよう依頼した。

ウォルトは療養中、会社の株価が下落することを恐れて、自分の病状が深刻であることを外部に漏らさないよう指示していた。だが驚いたことに、彼が亡くなってから数週間のうちに株は十ポイント上昇した。ロイは、いままでの株価が安すぎたのが原因であると説明したが、同時に、大企業が何社かディズニーを買収しようと工作しているとの噂がウォール街で広まったためでもあった。それによれば、買収後、会社の新しい所有者はディズニー・スタジオに保管されている映画の数々をテレビ局に売り、即座に巨大な利益をあげるらしいというのである。ロイは買収の打診がいくつかあったことは認めたものの、その可能性についてはきっぱりと否定した。

それまでは引退を考えていた七十三歳のロイは、会社をディズニー方式で運営するため、しかたなく全責任を受けて立つ決心をした。彼はＷＥＤでの作業状況を把握し、フロリダの企画を遅滞なく続けるよう命じた。また映画制作のほうはいつもウォルトのそばで仕事をしていた面々で委員会を構成し、カード・ウォーカー、ロン・ミラー、ロイ・エドワード・ディズニー、ビル・アンダーソン、ビル・ウォルシュ、ウィンストン・ヒブラー、ジム・アルガー、ハリー・タイトルといったメンバーが合同で担当することになった。委員会形式で組織を運営するというのがかならずしも最上の方法でないことはロイも認めたが、新しい指導者が生まれるまではほかに方法がないと考えた。

一九六七年の春、フロリダ州議会がディズニー・ワールドの建設を認可する法案を通過させると、それから数年間ロイはカリフォルニアとフロリダとのあいだを頻繁に往復し、塩水の入り混じった沼地が白い砂浜のある青い湖に造成されていくようすを監督した。彼はウォルトの生きていたころにも増して精力的に働き、妻のエドナには、「ウォルトの夢が叶《かな》えられるところまでいったら、僕は退職してあとは若い連中に譲るからな」と約束していた。

膨大な仕事量にもかかわらず、ロイはディズニー式のユーモアを忘れなかった。フロリダの工事現場に行っていたある日、彼はジープに乗って、車輪の跡が深くくい込んだでこぼこ道を揺られたり一面ぬかるみの中をのろのろ走ったりしたあと、空のかなたをじっと見つめて叫んだ。

「やーい、ウォルト、おまえ、よくもこんな仕事を俺《おれ》に残してくれたもんだなあ」

フロリダ・プロジェクトの正式名称は〝ウォルト・ディズニー・ワールド〟に決定された。ロイはその理由をこう説明している。

「フォードの車は誰でも知っているが、創始者がヘンリー・フォードだってことはみんなが知ってるわけじゃない。ウォルト・ディズニー・ワールドという名をつけたのは、これがウォルトの夢だったのだということを、みんなにいつも知っていてもらいたいからなんだ」

一九七一年十月、ウォルト・ディズニー・ワールドは一般公開の運びとなり、ロイはこれですこしのんびりできると思った。年も七十八歳に達しており、仕事を半分に減らしたいと考えていたのである。妻のエドナとオーストラリアに長期の船旅に出かける計画を立てていたし、エドナもこの旅行で夫が気分を持ち直してくれることを期待していた。というのは、ウォルトが亡くなって以来というものロイは意気消沈しており、その状態からまだ完全に抜けだすことができないでいたからであった。

十二月のある金曜日のこと、仕事を終えたロイはオフィスで何かもの思いにふけっているようすであった。一日の予定を済ませたところでときたま飲むのが習慣になっていたスコッチの水割りを自分で作ると、秘書のマデリン・ウィーラーのところにやってきた。彼女は二十八年間もロイの秘書を務めてきた女性であった。ロイは過去のできごとをいろいろ懐かしそうにしゃべったあと、一年後には完全に退職するつもりだと彼女に言った。

「だけど、それからもう半年延ばすかもしれんな。そうすれば僕は映画産業に五十年目を記すことになるよ。そのときまで君も一緒にやってくれるかい？」

退職するのをすでに二年も延ばしてロイのために働いていたマデリンは、もちろん、と答えた。

「ディズニーランドのクリスマスパレードで君に会うかもしれんな」

ロイはマデリンにそう言い残して、オフィスから出ていった。

その週の日曜日にロイとエドナは三人の孫をディズニーランドに連れていく予定にしていたが、ロイの気分がどうもすぐれなかった。彼はこのところ、新しい眼鏡に換えるための検査をいろいろと受けていたが、片目が曇ったようでよく見えないと訴えていた。しかたなく、妻のエドナと息子のロイ・エドワードが子どもたちをディズニーランドのクリスマスパレードに連れていったが、彼らが帰宅してみるとロイがベッドのわきの床に意識不明のまま倒れていた。彼はただちに救急車でセントジョーゼフ病院に運ばれたが、翌日、脳溢血《のういっけつ》で息を引きとった。

会社は新しい首脳部の手に移された。取締役会長に就任したドン・テータムと社長の座を占めることになったカード・ウォーカーの二人は、ウォルトが亡くなって以来、過去五年間ロイと緊密に働いてきた幹部であった。また、すでに制作代表の地位に昇格していたロン・ミラーはその職にひきつづきとどまった。

ウォルトの夢は、ロイの生存中にかなりの部分が実現していた。ミネラルキングのスキー場開発計画は環境保護を求めるグループが訴えでた法的手段のために立ち往生の状態となっていたが、ウォルト・ディズニー・ワールドは建設を終わり、また、ロサンゼルス郡の北部、バレンシアにある六十エーカーの土地には、ウォルトの遺言により遺産の中から出された建設資金が大きな支えとなって、カリフォルニア芸術大学の美しい校舎がようやく完成をみたのであった。

ＥＰＣＯＴの複雑な構想はまだ現実的な計画を立てるまでには至っていなかったが、ウォルトが夢みていたこの未来都市の基盤は、すでにディズニーランドやウォルト・ディズニー・ワールドに見ることができる。一九六三年、ハーバード大学建築学部の卒業式における祝辞の中で、著名な都市計画家、ジェームズ・ラウスはこう述べている。

「諸君のように高度な教養の持ち主を前にしてこのようなことを申しあげるのは、不謹慎とさえ聞こえるかもしれないのですが、現在、アメリカ合衆国における建築設計の最高傑作はディズニーランドであると私は思っています。……遊園地という形態をたまたまとったわけですが、活動の場としての性能、人間尊重の精神、人間に対して果たす機能などの点でその基準を非常に高く設定したため、まったく新しいものができあがったのです。はじめから意図した機能を、気どることなく有効に、しかも採算よく果たしているではありませんか。私には、ディズニーランドが掲げたレベルの高さやそれが達成した目標の数々のほうが、わが国のほかのどんな建築作品よりも多くのことを教えてくれるように思えるのです」

ＳＦ作家のレイ・ブラッドベリはかつて、ウォルト・ディズニーの影響力は今後、数世紀にわたって及ぶであろうと予言したが、確かにウォルトはこの世を去ったのちも世界じゅうの数かぎりない人々の心に生きつづけてきた。ディズニーの名作映画は以前にも増して多くの人々に楽しまれ、ミッキーマウス初期の短編映画でさえ再評価されて人気を集めている。また、封切り当時は失敗作と呼ばれた『ファンタジア』や『不思議の国のアリス』などの長編アニメーションも、新しい世代の観客によってその価値が見直され、かつての汚名を返上した。ウォルト・ディズニーの活動分野が映画制作にのみ限られていたとしても、それだけでアメリカの歴史における彼の地位は不動のものになっていたであろう。しかし、ウォルト・ディズニーの業績はそれにとどまらない。彼はディズニーランドを作りだし、ウォルト・ディズニー・ワールドとＥＰＣＯＴの基礎を築いて、人間生活の限りない未来を指し示したのである。

ラフォグラム社からはじまってウォルト・ディズニー・ワールドに至る道は長かった。ウォルトは自分の旅を終えることなく、彼自身恐れていたとおり、事業の完成を目にしないまま世を去った。だがその夢は彼が育てたスタッフの手に受け継がれ、彼らの努力の結晶が一九七一年十月二十三日、人々の眼前に披露されたのである。

ウォルト・ディズニー・ワールドが開園したその日、尖塔《せんとう》がそびえる「シンデレラ城」の下で六十六か国、百四十五名の音楽家から成る世界交響楽団の指揮をとったのは、アーサー・フィードラーであった。開園式にはリリーをはじめ、ロイ、ダイアン、シャロンの家族など、ディズニー家の全員が列席した。

ロイ・ディズニーはマイクの前に進み、祝典に集まった観衆の後ろに広がる光景をはるかに見渡した。色あざやかに建ち並ぶテーマパークの建物。その向こうにそびえる巨大なリゾートホテル。そして果てしなく続く濃紺の湖と緑の森。ロイはウォルト・ディズニー・ワールドの建設のために力を尽くした何千名もの人に感謝の意を述べたあと、ウォルトの思い出に触れた。

「私と弟のウォルトが二人で一緒に仕事を始めたのは、もう半世紀も前のことです。私が思うに、ウォルトはほんとうの意味での天才でした——豊かな創造力、強固な意志、目的に向かってただひたすら突き進んでいく姿勢。彼は生涯を通じて、わき道にそれたりよけいなことに気をとられたりすることが、まずありませんでした。……」

それからロイはリリーの話に移り、「常にウォルトとともにあり、彼を元気づけ、彼がまちがっていると思ったときにははっきりと意見を出した」女性であると紹介した。

「シンデレラ城」の鐘が『星に願いを』のメロディーを奏でる中、リリーはミッキーマウスに付き添われて斜面の通路を降りてくると、ロイと並んでスポットライトの中におさまった。人々が見守る中で、ロイは彼女に尋ねた。

「リリー、あなたはウォルトのアイディアや夢のすべてを誰よりもよく知っていた人だ。彼がこのウォルト・ディズニー・ワールドを見たとしたら、いったい、何と言ったでしょうか？」

リリーは答えた。

「そうですね。ウォルトは、よし、これで合格だ、って言ったと思いますわ」

あとがき

この伝記の大部分は、ウォルト・ディズニーの親族や同僚を直接インタビューして集めた資料にもとづいている。取材に応じてくださった多くの方がたに心からお礼を申しあげたい。

また、デービッド・スミス氏が館長を務めておられるウォルト・ディズニー・プロダクションズの資料館からも貴重な資料をいろいろ提供していただいた。ウォルト・ディズニーと兄のロイは二人とも、自分たちの足跡を一つの歴史として見る感覚が発達していたのであろう。公私にわたる綿密な記録が保存されており、これは伝記作家にとっては非常にありがたかった。筆者は可能なかぎりウォルト自身の言葉を引用するよう心がけたつもりである。したがって、ウォルトがニューヨークからロイに宛《あ》てて書いた手紙、ストーリー会議の発言記録、毎年ウォルトが妹に書き送っていた手紙などは、たいへん価値の高い資料となった。さらに、娘のダイアン・ディズニー・ミラーがピート・マーティン氏と共著の形で父のことを書いた本をまとめるにあたり、ウォルトは一九五六年、自分の過去を何回かのインタビューの中で語ったが、そのときの長い録音テープが残っていた。またロイ・ディズニーが亡くなる直前に行った三回にわたるインタビューの録音もあり、これらを聞くことができた。

筆者はニュース記者として、二十五年間に何十回もウォルト・ディズニーを直接インタビューした経験があり、また、彼の生涯とスタジオのことをそれぞれ書いた二冊の著書を執筆したときには、それについてウォルトに相談したこともある。筆者はこうした資料を駆使しつつ、ほかの新聞・雑誌に掲載されたおびただしい数のウォルトのインタビュー記事も参考にした。さらに、ディズニー家の家族を写した八ミリ映画や《アリスコメディー》《オズワルド》にまでさかのぼるディズニー映画も見せていただいた。

最後に、カード・ウォーカー、ビンセント・ジェファーズ、ジェームズ・ステュワートの諸氏、およびディズニー家の方がたには特別のご協力をいただいた。ここに深く感謝の意を表したい。

ボブ・トマス

訳者あとがき

ウォルト・ディズニーの名は、日本でも長いあいだ映画やテレビをとおして広く親しまれてきた。しかし、それはあくまでも、ミッキーマウスの生みの親、映画『白雪姫』の制作者、ディズニーランドの建設者としてのディズニーであり、こうした業績を生みだすに至った長い試行錯誤の道のり、彼の創作活動を貫くファミリー・エンターテイメントの哲学、仕事と私生活両面にわたりディズニーを取り巻いていたさまざまな人間模様などについては、ほとんど知られていないといってよい。

私たちは幸運な偶然から、ボブ・トマス氏による原著 ***Walt Disney : An American Original*** に出会った。玉置は通訳者として、能登路はコンサルタントとして、一九八〇年より二人ともカリフォルニアのディズニーランドで東京ディズニーランド・プロジェクトのための仕事をはじめたが、ウォルト・ディズニーについてより詳しく知りたい私たちのためにディズニーの教育担当者が一読をすすめてくれたのが本書であった。私たちが浅学をかえりみずこの本の翻訳を企てたのは、これがディズニーの全生涯を語る伝記の決定版であるということと、そこに描かれた一人の人間の壮大なドラマそのものに魅せられたからであった。

歴史という舞台に一人のヒーローが登場するとき、そこにはかならずそれを決定づけた背景と脇役《わきやく》が存在するということを、本書は雄弁に物語っている。トーキー、テレビという革命的な映像媒体を得てめざましい発展をみせた二十世紀のアメリカ娯楽産業と、それを熱狂的に支えた大衆。そして、弟の夢を巨大なビジネスに変容させた兄ロイ・ディズニーの陰の力。これらの条件が存在しなかったら、ウォルト・ディズニーはカンザスシティの二流漫画家に終わっていただろう。

日本におけるウォルト・ディズニーの理解、研究の一助になればと願いつつ翻訳にとりかかったものの、実際の作業は困難の連続であった。特に訳出のむずかしい特殊用語は数えきれなかった。しかし、訳者が二人ともロサンゼルスに住み、ディズニー関係者に直接問い合わせることができたのは、まことに好都合であった。バーバンクにあるウォルト・ディズニー・プロダクションズの資料館には繰り返し足を運んだが、そのつど館長のデービッド・スミス氏、助手のポーラ・シグマンさんはかなりの時間をさいて私たちの細かい質問に答え、調査作業を助けてくださった。またディズニーランドのベム・シャーマンさんも快く協力してくださった。ディズニーに直接関係のない用語、表現に関しても無数の方がたにご教示をいただいた。さらに本書のイギリス版、ニュー・イングリッシュ・ライブラリー社の ***The Walt Disney Biography*** も参考のため目を通した。なお翻訳中、原著に若干の誤記、誤植があることに気づき、ディズニーの資料館の同意を得て訂正を加えた。私たちは可能なかぎり調べ、正確を期したが、誤解や不備な点がまだ少なからず残されているかと思う。読者のご叱正《しっせい》をお願いしたいしだいである。

最後に、本書の編集・出版にさいしてひとかたならぬお世話にあずかった方がたに対し、心からお礼を申しあげたい。まず、この本の日本語翻訳の意義を認め、出版の話をまとめてくださったウォルト・ディズニー・エンタープライズ社の横山松夫代表と講談社ディズニー室の梨田慧氏。横山氏には脱稿後も、ディズニー関係者の氏名表記を確認するうえでご協力をいただいた。さらに編集の段階で親身になってご指導くださった講談社ディズニー室の貝瀬博文氏、編集者の曽我部愛さん。そして、清書をてつだってくださった尾崎昌子さん。本書がこうして体裁をととのえることができたのは、ひとえにこれらの方がたの忍耐と細かい心くばりのおかげである。

一九八二年十二月

玉置悦子
能登路雅子

『ウォルト・ディズニー　創造と冒険の生涯　完全復刻版』について

講談社が、ディズニー社と契約をして、ディズニーの出版物の刊行を始めたのは、戦後間もない、一九五〇年のことでした。それから、今年で六十年になります。

六十年もの長きにわたって、日本の読者のみなさまに、雑誌や書籍、ムックなど、数多くのディズニーの出版物をお届けできたことを、誇りに思っております。

この六十周年を記念して、『ウォルト・ディズニー　創造と冒険の生涯』を復刊することにいたしました。

本書は、日本の読者のみなさまがウォルト・ディズニーを理解しやすいよう、原書を忠実に訳して、東京ディズニーランドがグランドオープン（一九八三年四月十五日）する直前の一月に初版が刊行されました。さらに、一九九五年に第二版が刊行されています。

今回、復刊するにあたり、現代に合わない言葉づかいなどを修正しています。

初版の刊行から、四半世紀以上の歳月が流れて、東京ディズニーシーもオープンし、日本人にとって、ディズニーというものが、より身近になっています。

本書を読んで頂くことにより、読者のみなさまがウォルト・ディズニーの人となり、彼が創造した作品やテーマパークの背景を、あらためて知ることによって、ディズニーへの理解を深め、新しい発見をして頂ければ幸いです。

復刊によせて——訳者あとがき

一九八三年に本書が刊行されて以来、長きにわたって版を重ね、数多くの読者を得てきたことは、まことに幸いであった。ここ数年は在庫が切れたままになっていたことから、私たち訳者も重版の希望をもち続けていたところ、このたび講談社とディズニー社の出版契約六十周年という記念すべき年に復刊が実現し、これほど嬉しいことはない。

何よりも、この訳書が今なお世に問うべき十分な価値があることを認め、復刊の話を私たちに強く勧めてくださった講談社ディズニー出版事業局長の清田則子氏と出版部長の池内あづさ氏に、厚くお礼を申し上げたい。そして一九九四年に原著の版権を取得し、今回の日本語版復刊を承諾された米国ハイペリオン社のご厚意にも感謝の意を表したいと思う。

このたびの復刊に際しては、原訳書全体を見直し、現代にそぐわない言葉づかいを含む最低限の修正を加えた。詳細にわたり編集の労をとってくださったディズニー出版部の山田享氏に深謝したい。また原訳書の全文を新規に打ち込んでくださった印刷所のみなさま、および、タイプ後の校正作業や索引とのつき合わせを丹念に行なってくださった校閲部のご苦労なしには、この復刻版が完成できなかったことは言うまでもない。

今から三十年前、共訳者は二人とも東京ディズニーランド開園のプロジェクトに参加し、オープンの準備にたずさわる一方で、ロサンゼルスおよび東京で頻繁に会合を重ねながら本書の翻訳に取り組んだ。今回の復刊に際しても、ウォルト・ディズニーの文字通り創造と冒険に満ちた生涯を辿りなおすという懐かしい体験を共有しながら、当時と変わらない共同作業ができたことに感慨をおぼえた。

ディズニーの発想のユニークさ、その作品が現代世界におよぼした影響力についての関心が、エンターテイメントの分野を超えてグローバルな規模で広がりつつある今日、本書がまた新たな世代に読み継がれていくことを、訳者として心から願っている。

二〇一〇年　夏

玉置悦子
能登路雅子

ヤ 行

ラ 行

ワ 行

（※）ウォルト・ディズニー・プロダクションズは1986年に社名をザ・ウォルト・ディズニー・カンパニーと変更している。

マ　行

ナ　行

ハ　行

タ行

サ　行

カ 行

索　引

●ディズニー作品の短編につけた略記号；L＝ラフォグラム漫画，A＝アリスコメディー，O＝オズワルドシリーズ，MM＝ミッキーマウスシリーズ，SS＝シリー・シンフォニーシリーズ，DD＝ドナルドダックもの，TL＝自然と冒険シリーズ。
●テレビ番組には，放映シーズンの年代のあとに，TVの記号を入れた。
●映画作品のうち，ディズニー作品以外のものは年代のあとに，作者名を入れた。
●ウォルト・ディズニーの小項目は，原則として本文記述（初出）の順に配列してある。
●cf.は参照項目を示す。
●ディズニー家関係の人名に付した続き柄は，ウォルト・ディズニーから見た関係である。

ア　行

アーバイン，ディック　*258, 261, 262, 268, 358*
RKO社　*163, 183, 184, 226, 228, 250, 255*
RCA社　*115, 264, 265, 301*
アイジング，ルディ〔ルドルフ〕　*101*
アイゼンハワー，D.D.　*362*
アイワークス，アブ　*81-83, 88, 89, 99, 100, 107-110, 112-114, 121-124, 128, 129, 210, 211*
アイワークス＝ディズニー商業アーティスツ　*82, 83, 88*
『赤いリボンに乾杯』 The Horse in the Gray Flannel Suit（1968年）　*357*
『赤ずきん』Little Red Riding Hood（1922年，L）　*87, 88*
アカデミー賞　*140, 157, 168, 226, 331, 361*
　cf. 映画芸術科学アカデミー
『あざらしの島』Seal Island（1948年，TL）　*226, 236, 270*
〝汗かき部屋〟（スウェットボックス）　*44, 131, 145, 148, 159, 178*
アチソン・トピカ・アンド・サンタフェ鉄道　*53, 55, 57, 66, 112, 230, 350*
アドベンチャーランド⇨「冒険の国」
『アニメーションの芸術』The Art of Animation（B.トマス）　*292*
アバーソン，ヘレン　*184*
『アベ・マリア』Ave Maria（シューベルト）　*176*
アリコート，ジャック　*109, 110, 115*
《アリスコメディー》Alice Comedy　*98-100, 103, 105, 106, 108, 109, 121, 123, 222*
『アリスとカニバルズ』Alice Cans the Cannibals（1925年，A）　*100*
『アリスと三びきのくま』Alice and the Three Bears（1924年，A）　*100*
『アリスのアフリカ狩猟』Alice Hunting in Africa（1924年，A）　*98*
『アリスの海の一日』Alice's Day at Sea（1924年，A）　*98*
『アリスのおっかな冒険』Alice's Spooky Adventure（1924年，A）　*99*
『アリスの西部劇サーカス』Alice's Wild West Show（1924年，A）　*100*
『アリスの不思議の国』Alice's Wonderland（1923年）　*90, 91, 96*
アルガー，ジム　*159, 255, 293, 322, 364*
アルジャー，ホレイショー　*62, 130*
アンダーソン，ケン　*210-212, 239*
アンダーソン，ビル　*293, 364*
アンドリュース，ジュリー　*328, 329, 331*
『田舎踊り』The Barn Dance（1929年，MM）　*120*
イブセン，バディ　*240, 272*
インガソル・ウォーターベリー社　*129*
《インク壺より》Out of the Inkwell（1919年，M.フライシャー）　*90, 95, 133*
『ウィークリー・フィルム・レビュー』誌　*119*

ウォルト・ディズニー
創造《そうぞう》と冒険《ぼうけん》の生涯《しょうがい》　完全復刻版《かんぜんふっこくばん》

2010年11月18日　第1刷発行
2019年 7月 2日　第4刷発行

著　者　ボブ・トマス
訳　者　玉置悦子《たまおきえつこ》
　　　　能登路雅子《のとじまさこ》
装　丁　辻村益朗
発行者　渡瀬昌彦
発行所　株式会社 講談社
　　　　〒112-8001　東京都文京区音羽2-12-21
　　　　電話　編集　03-5395-3142
　　　　　　　販売　03-5395-3625
　　　　　　　業務　03-5395-3615
印　刷　信毎書籍印刷株式会社（本文）
　　　　半七写真印刷工業株式会社（カバージャケット・口絵）
製　本　島田製本株式会社

Printed in Japan

ISBN978-4-06-216332-3
N.D.C. 289 384p 23cm